幻想
用語辞典

新紀元社

● 本書の趣旨

　現代では、神話や伝承、英雄物語そのものよりも、それらをベースにした様々な形のファンタジー作品に、最初に出会う方々のほうが多いのではないでしょうか。あっちでもこっちでも同じ名前のキャラクターがいる、同じ名前のアイテムがある、そう思ったことはないでしょうか。その出自を知らなくても、作品自体を楽しむのに支障はありません。ただ、誰かのイメージを通した世界ではなく、生のままの姿を知りたくなったとき、さらにそれらから自分だけの新しい何かを生み出してみたくなったときに、その足掛かりとなる一冊として、本書をめくってみてもらえれば幸いです。

● 本書の見方

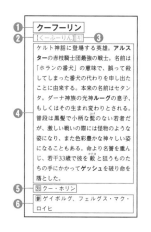

❶項目

　項目は五十音順に収録しています。長音記号（音引き、伸ばす記号）は直前の母音（アイウエオ）として扱い、その他の記号は無視しています。同音で別の用語は、項目の後ろに「（　）」で差別化するための表記を追加しました。

❷項目のよみ

　項目のよみをひらがなで表記しました。

❸項目のカテゴリ

項目を大きく6つの種別に分け、その種別を表記しています。種別は以下の通りです。

- キ …キャラクター。神やモンスターなどで、一個体を表す名称の場合に使用しています。
- 種 …種族。
- 職 …職業。
- 地 …地名。
- 物 …物品。
- 概 …概念。

❹本文

本文内に、本書に項目が立っている用語が含まれている場合、「**アルスター**」のようにゴシック体で表記しました。ただし、一般的かつ頻出する用語については、読みやすさを考慮し、一部ゴシック体にしていないものもあります。

❺別名

項目名に対し、同程度に広く知られた別の名称があり、本文の説明で触れられていない場合、別名として表記しました。

❻参照項目

その項目に関連しつつも、本文で触れられていない項目を参照項目として表記しました。

▍目 次 CONTENTS

あ

アーヴァンク
【あーうぁんく】[キ]

イギリス、ウェールズの民間伝承に登場する怪物。巨大なビーバー、もしくはワニに似た怪物で、コンウィ川のほとりにある「アーヴァンクの淵」を根城に周辺地域を荒らしまわっていたとされる。しかし、村人たちの計略によって、乙女の膝枕で眠っているところを鎖で縛られ退治された。牡牛に鎖でつながれ水場から引きずり出されたとする伝承もある。

アーク
【あーく】[物]

英語のarkはラテン語で「箱」を意味するarcaからきており、現在の英語では、「ノアの箱舟（Noah's ark）」か**十戒**を納めた「契約の箱、聖櫃（Ark of the Covenant）」を指す。スペル違いのarcは、「円弧、弓形」の意味。

アークエンジェル
【あーくえんじぇる】[種]

大天使、アルハンゲロスともいう。偽ディオニシウスの定めた**天使**の階級では第8位。複数系はアークエンジェルス。2枚の翼を持ち、武装した兵士、あるいは聖職者のような姿で描かれる。神と人間との間を取り持ち、悪魔との戦いでは前戦で**守護天使**を率いるのだという。**ミカエル**、**ラファエル**、**ガブリエル**、**ウリエル**の四大天使もアークエンジェルに属していたとされる。

アーサー
【あーさー】[キ]

アルスル、アルトゥルスともいう。ブリタニアの伝説的王で、アーサー王伝説の中心人物。6世紀ごろの実在の人物をモデルにしているともされる。魔法の剣**エクスカリバー**を手に**円卓**の騎士を率いて活躍するイメージが強いが、12世紀以降の騎士道文学では、もっぱら騎士たちに頼りきりの王として描かれていた。カムランの戦いで逆臣**モードレット**と相打ちになったとされるが、その生死に関しては諸説ありはっきりしない。**アヴァロン**などの異界で、復活の時を待っているという伝承も数多く残されている。

アースガルズ
【あーすがるず】[地]

北欧神話に登場する9つの世界のひとつ。アース神族の神々が住む世界で、**巨人**の鍛冶屋をだまして作らせた分厚く高い城壁で囲まれている。人間や巨人の住む地上世界とは虹の橋**ビフレスト**を渡って行き来していた。神々の住む壮麗な屋敷が立ち並び、世界樹**ユグドラシル**の根のひとつが伸びていたとされる。北欧神話を伝える一部の資料では、ギリシア神話に登場する古代都市**トロイア**とも同一視されていた。

アーリマン

【あーりまん】［王］

→アンラ・マンユ

アアル

【あある】［地］

イアル、イダルともいう。エジプト神話に登場する冥界。冥界神**オシリス**の領土で、古代エジプト語で「葦」を意味する。『**死者の書**』によれば、オシリスの審判で認められた死者たちは、豊かに実った巨大な大麦とエンマー小麦を収穫しながら、この地で永遠に生きるのだという。

アールヴ

【あーるう】［種］

北欧神話に登場する妖精族。光の妖精リョースアールヴと闇の妖精デックアールヴの2種類に分かれている。リョースアールヴは**アールヴヘイム**、もしくは天界ギムレーに住み、豊穣神**フレイ**の支配下にある。太陽より美しい輝く姿で、神々と行動を共にすることも多かった。古来より民間で信仰されており、祖霊の一種とする研究者もいる。一方、デックアールヴは瀝青よりも黒く地下世界**スヴァルトアールヴヘイム**に住むとされ、小人族**ドヴェルグ**と混同されることが多い。

アールヴァクル

【あーるゔぁくる】［王］

アールヴァクともいう。北欧神話に登場する馬。太陽を運ぶ馬車を引く馬の1匹で、名前は「早起き」を意味する。耳の上に**ルーン**文字が彫られ、肩には体を冷やすためのフイゴが取りつけられていた。

参 アルスヴィズ

アールヴヘイム

【あーるうへいむ】［地］

北欧神話に登場する9つの世界のひとつ。光の妖精族リョースアールヴの住む世界で、豊穣神**フレイ**に乳歯が生えたときのお祝いに贈られたものとされる。どのような世界で、どんな場所にあったのかは伝えられていない。リョースアールヴが天界ギムレーに住むとされることから天上にあるとも考えられる。

参 スヴァルトアールヴヘイム

アールマティ

【あーるまてい】［王］

スプンタ・アールマティ、スパンダルマトともいう。**ゾロアスター教**の善神**アフラ・マズダ**が生み出した補佐的神格である陪神**アムシャ・スプンタ**の1柱。大地を守る女神で寛容と愛情を司り、心正しい人々の日々の営みを喜び、悪人たちの台頭を嘆く。アフラ・マズダの左側に座して家畜たちに餌を与え、人間の心が親切で慈愛に満ちた

ものになるよう働きかけるとされる。

アイアン・メイデン
【あいあん・めいでん】物

鉄の処女ともいう。主にドイツに伝わる拷問具、あるいは処刑具とされる鉄製の人形。開閉式の胴体や仮面の裏に、無数の刃や棘が植えつけられている。後世の好事家のために造られたフェイクともされ、まともに機能しそうにないものが多い。なお、ハンガリーの貴婦人エリザベート・バートリが、血を集めるために精巧なオートマタを作らせたという伝説も残されており、こちらもアイアン・メイデンとして扱われている。

アイガイオン
【あいがいおん】地

ギリシア神話に登場する地名。**クレタ島**にある山地で、大神**ゼウス**が父**クロノス**の目を逃れ、密かに産み落とされた、もしくは育てられた洞窟があったとされる。

アイギス
【あいぎす】物

ギリシア神話に登場する魔法の盾、もしくは肩盾、胴鎧。本来は大神**ゼウス**の持ち物で、後に女神**アテナ**に与えられた。ゼウスを育てた牝山羊、アマルティアの革で作られているとされる。後に怪物**メデューサ**の首が取りつけられた。

別 イージス

アイトーン
【あいとーん】生

ギリシア神話に登場する天馬。太陽神**ヘリオス**の黄金の戦車を引く4匹の馬の1匹。ほかの馬の名としてはピュロエイス、エオス、プレゴーンなどが挙げられている。

アイドスキュネエー
【あいどすきゅねえー】物

ギリシア神話に登場する魔法の兜。冥界神**ハデス**の持ち物で、冥界**タルタロス**に幽閉されていた**サイクロプス**たちが神々に解放された際に、お礼の品として進呈された。かぶったものの姿を隠す力を持つが、本人が使うことはめったになく、神々や英雄たちに貸し出されることが多い。

アイム
【あいむ】生

アイニ、ハボリムともいう。**イスラエル**の王**ソロモン**が封印、使役したと伝えられる72柱の悪魔の1柱で、26の軍団を率いる地獄の公爵。蛇、猫、人の3つの頭で両手には松明を持ち、毒蛇にまたがった姿で現れる。悪知恵を授け、秘密の知識に関する質問には真摯に答えるのだという。また、手にした松明であちこちを焼き尽くすとする文献もある。

アヴァターラ

【あう゛ぁたーら】概

インド神話の概念。「降下」の意味で、神が人類を救うために地上に降臨した姿。**シヴァ**神や**インドラ**神もアヴァターラの姿をとるが、特に**ヴィシュヌ**神のとった10の姿が有名。日本語では「化身」と訳される。

アヴァロン

【あう゛ぁろん】地

アーサー王伝説に登場する妖精の島。致命傷を負ったアーサー王が運ばれたとされる。アヴァロンの意味には諸説あるが、林檎と結びつけられることが多い。アーサー王の墓があるイギリス、**グラストンベリー修道院**周辺をアヴァロンと考える研究者もいる。

参 エクスカリバー

『アヴェスター』

【あう゛ぇすたー】物

ゾロアスター教の聖典。『**ヤスナ**』（祭儀書）、ビスプラト（ヤスナの補完）、ビデブダート（除魔書）、**ヤシュト**（神々への讃歌）、ホルダ・アヴェスター（祈祷文集）、逸文の6部構成で、アヴェスター語と呼ばれる古代イラン語で書かれている。現存のものは原典の4分の1程度で、残りの部分はイスラム侵攻で失われた。中世ペルシア語によるザンド・アヴェスターと呼ばれる注釈書も作られている。

アウェルヌス

【あうぇるぬす】地

ローマ神話において冥界の入り口と考えられていた湖。ここから冥界に降るには、ほとりの森で冥界の門の鍵となる黄金の小枝を見つける必要があった。**巫女シビュレ**の助言を受けた**トロイア**の英雄アイネイアスは、ここから冥界に降って亡き父から一族の運命とローマの未来について聞かされたとされる。

アウドムラ

【あうどむら】聖

アウズフムラともいう。北欧神話に登場する原初の牝牛。灼熱の世界**ムスペルヘイム**の熱で溶かされた極寒の世界**ニブルヘイム**の霜から生まれ、同様に生まれた原初の巨人**ユミル**をその乳で養っていた。アウドムラ自身は塩味のする氷、もしくは岩を舐めて飢えをしのいでおり、その氷から原初の男ブーリが生まれたとされる。その後、アウドムラがどうなったのかは伝えられていない。

アエーシュマ

【あえーしゅま】聖

ゾロアスター教における悪魔ダエーワの1人。悪神**アンラ・マンユ**によって生み出された凶暴、憤怒の化身で、血まみれの棍棒を持つ。憎しみをかきたて人々を争わせ、家畜を苦しめるとされる。惑わせられやすい死者の魂を狙

うため**スラオシャ**とは敵対関係にあり、最終的にはスラオシャによって滅ぼされる。

アカシック・レコード
【あかしっく・れこーど】概

アカシャ記録、アカシャ年代記などともいう。地球を取り巻く霊的物質「アカシャ」に記録された、過去から未来に渡る全世界のあらゆる出来事、あらゆる生物の生涯に渡る記憶のこと。特殊な能力や夢を通じて、アカシャから情報を読み取ることができるとされ、それが予言や未来予知の原理として説明されることもある。また、人が生涯を終えるとき、アカシャを見て自分の人生を評価するのだともいう。**神智学**、**人智学**などの近代オカルト思想から生まれた概念で、その名前は古代インドの思想で世界を構成する第5の要素「空（アカシャ）」からとられている。

アカデミア
【あかでみあ】概

英語ではアカデミーともいう。大学、学園、学術的研究機関などのこと。古代ギリシアの哲学者プラトンが紀元前4世紀末に設立した学園「アカディメイア」に由来しており、その名前は現地の聖林で祀られていた英雄アカデモスからとられている。現在のような学術機関としてのアカデミアはルネサンス期（13〜15世紀ごろ）のイタリアに始まり、フランス、ドイツ、イギリス

などを経て形作られたもので、18世紀ごろにヨーロッパ各地に広まった。

アカ・マナフ
【あか・まなふ】キ

ゾロアスター教における悪魔ダエーワの1人。悪神**アンラ・マンユ**によって、**ドゥムジ**の次に産み出された。悪思の化身で、6人のダエーワの筆頭に位置する。**アムシャ・スプンタ**の**ウォフ・マナフ**と対立しており、人々を曖昧な状態にして間違った判断に導くと考えられていた。かつて、教祖ザラスシュトラに侵入を試みたことがあるが、ウォフ・マナフに猜疑心を利用され失敗したとされる。

アガルタ
【あがるた】地

中央アジアに存在すると考えられていた地下王国。19世紀のフランスの作家ルイ・ジャゴリオの『神の子』では「アスガルダ」、ポーランドの鉱物学者オッセンドウスキーの『**獣・人・神**』では「アガルティ」として取りあげられている。19世紀末にフランスのアレクサンドル・サン＝ティーヴ・ダルヴェードルによって書かれた『インドの使命』によれば、ブラフマトマと呼ばれる祭祀王が治める優れた国家であり、住民たちは**アトランティス**の末裔なのだという。近代オカルト思想では一種の理想郷として**シャンバラ**などとも同一視され、多くの人々が探し求め

ることとなった。

アガレス

【あがれす】囲

イスラエルの王**ソロモン**が封印、使役
したと伝えられる72柱の悪魔の1柱で、
31の軍団を率いる地獄の公爵。かつ
ては**力天使（ヴァーチャー）**の地位にあった。ワニに乗
り、大鷹を手にとまらせた賢者の姿で
現れる。様々な言語に関する知識を授
け、逃げる人間の動きを止めて呼び戻
し、地震を起こす力を持つ。
参 堕天使

アキレウス

【あきれうす】囲

ギリシア神話に登場する英雄。海の女
神テティスとテッサリア地方フィティ
アの王ペレウスの息子。テティスの手
で冥界の川**ステュクス**に浸けられたた
め、その体はつかまれていた踵（かかと）以外
武器が通らない。トロイア戦争ではギ
リシア勢として活躍するが、弱点であ
る踵を毒矢で射られて命を落とした。
遺体はテティスの手で「白い島（レウケ）」に葬
られたとされる。

アグニ

【あぐに】囲

インドの火の神。天においては太陽、
空中では雷光、地上では祭壇の炎がア
グニの姿とされる。祭壇で神への捧げ
ものを燃やすと、アグニが神々に届け
てくれる。神々と人間の仲介者であ
り、悪魔から炎によって人々を守る守
護者でもある。仏教に取り入れられ、
十二天のうちの火天になった。

アグネヤ・ストラ

【あぐねや・すとら】物

『**マハーバーラタ**』に登場する強力な
武器。使用すると、燃える火の矢が一
面に降り注ぎ、異常な熱で世界が焼け
こげる。

悪魔

【あくま】種

本来は仏教用語で、人々を誘惑して仏
道修行を妨げる悪神のことをいう。
「魔」はインドの**マーラ**の音写。ユダ
ヤ、キリスト教の**デビル**、**デーモン**、
サタンの訳語として用いられるように
なり、現在はこちらのイメージのほう
が強い。なお、ユダヤ、キリスト教に
おける悪魔は、誹謗（ひぼう）や中傷、誘惑に
よって人々を神に背かせる存在ではあ
るものの、神と並び立つほどの力を
持ってはいないとされている。

『悪魔学』

【あくまがく】物

『**デモノロジー**』ともいう。16世紀の
イギリス国王ジェームズ1世の悪魔学
書。賢者エピステモンと質問者フィロ
マテスの質疑応答形式で書かれてお
り、第1部では死霊と呪術などについ
て、第2部では悪魔の妖力と**魔女**の淫
乱性などについて、第3部では悪霊と

その仲間について扱っている。**魔女狩り**を批判する懐疑主義的な人々への反発から書かれたものだが、基本的には既存の悪魔学書の焼き直しでしかない。なお、ジェームズ1世は北欧で花嫁を迎えた際、魔術による**襲撃**を受けたとされ、それが魔術嫌いの原因とする説もある。

『悪魔憑きと妖術使い』

【あくまつきとようじゅつつかい】物

『デモノマニア』ともいう。16世紀のフランスの法律家ジャン・ボダンの悪魔学書。**魔女**裁判官への手引き書であり、密告者への罪の軽減、被疑者の子供への拷問、密偵の活用や拷問の正当化など、いかなる手段を用いても魔女を断罪することを肯定する内容となっている。また、悪魔や魔女に関する描写は猥雑で生々しく、そういった内容を「楽しんで」書いたのではないかとする研究者もいる。なお、ボダン自身は知識人としては評価されていたものの、高い地位につくことは生涯できなかった。

参 魔女狩り

アケオロス

【あけおろす】キ地

ギリシア神話に登場する河、河神。コリントス湾に流れ込む西ギリシアの大河の化身とされる。変身能力があり、英雄**ヘラクレス**と美女デイアネイラを争った際には、洪水、蛇、牡牛に姿を変えた。しかし、ヘラクレスにはかなわず、角を折られて地下の住居に逃げ戻ったとされる。

参 コルヌコピア

アサシン

【あさしん】職

暗殺者のこと。11～13世紀に中東で活動したイスラム教ニザール派が紛争の手段として暗殺を多用して恐れられたこと、また彼らが麻薬を使用し「麻薬を用いるもの(ハシーシーン)」と呼ばれたことから暗殺者の呼び名となった。このほか、聖山を守る「番人」を自負するアサッサン騎士団に由来するとする説もある。彼らは**十字軍**と激しく争う一方、裏では手を結ぶこともあったとされ、ヨーロッパ、中東どちらの勢力からも恐れられていた。

アザゼル

【あざぜる】キ

アザエル、アザザエル、ハザゼルともいう。ユダヤ教の贖罪(しょくざい)の儀式に登場する魔神。この儀式では2匹の山羊のうち1匹が神に捧げられ、1匹が人々の罪を託され「アザゼルの山羊」として荒野に放たれた。後の伝承では人間の女性との間に子供をもうけた**堕天使**の1人。7つの蛇の頭、14の顔、12枚の翼を持ち、男性に剣と盾の作り方と闘争を教え、女性には宝石や化粧で身を飾る方法と虚栄心を教えた。またユダヤ教、イスラム教では、**アダム**への礼

拝を拒み堕天したとする伝承もある。

足咬み
【あしがみ】物

中世北欧の物語『ラックサー谷の人々のサガ』に登場する名剣。アザラシの牙の柄と錆のつかない鋭い刀身を持つ。「家族のうちで一番かけがえのないものの命を奪う」という呪いがかけられており、この剣の所有者となった青年ボリは、図らずも乳兄弟で親友のキャルタンを殺害することとなった。

アジ・ダハーカ
【あじ・だはーか】王

ペルシアの神話に登場する怪物。3つの口、6つの眼、3つの頭を持つ竜で、悪神アンラ・マンユによって人類を殺戮するために送り出された。蛇王ザッハークとも同一視される。殺せば蛇や蠍などの害虫が体から溢れるため、英雄スラエータオナによってダマーヴァンド山に封印された。しかし、世界の終末には封印を破って人類の3分の1を滅ぼし、英雄クルサースパに退治されるのだという。

アシッド
【あしっど】概

英語で「酸味」、科学的な「酸」のこと。また、俗語では合成麻薬の一種LSDを指す。

アシュヴァッタ
【あしゅゔぁった】物

インドの聖樹。プルーラヴァスという王が半神ガンダルヴァから渡された炎から生まれた。プルーラヴァス王はこの樹から得た炎で祭祀を行い、ガンダルヴァとなってアプサラスのウルヴァシーを妻とした。

アシュヴィン
【あしゅゔぃん】王

インド神話の双子の神。ナーサティアとダスラとも呼ばれる。若く美しい男性の姿をしている。太陽神スーリヤの娘を恋人とする。医師であり、神々と人々を癒し、若返らせる。

阿修羅
【あしゅら】種

インド神話のアスラの漢語訳。修羅とも。仏教では、仏教を守護する8つの種族、天竜八部衆のひとつ。

アズガルド
【あずがるど】地

→アースガルズ

アスカロン
【あすかろん】物地

イスラエルの西にある海岸沿いの古代都市。アシュケロンとも。また、イギリスの守護聖人、聖ジョージ（ラテン語読みではゲオルギウス）の持つ剣。聖ジョージは、リビアのシレナで人々

を苦しめていた毒竜を槍で退治したエピソードが有名だが、この槍をアスカロンだとする説もある。

アスクレピオス

【あすくれぴおす】㋖

ギリシア神話に登場する医療神。**アポロン**とテッサリアの王女コロニスの息子。浮気を疑われた母コロニスがアポロンに殺害されたため、胎内から取り出され**ケンタウロス**の賢者**ケイローン**のもとで育てられた。偉大な医者に成長するが、死者を生き返らせたことから神々の怒りを買い命を落とす。その後、アポロンの抗議により許され神となった。

アスタロト

【あすたろと】㋖

イスラエルの王**ソロモン**が封印、使役したと伝えられる72柱の悪魔の1柱で、40の軍団を率いる地獄の公爵。かつては**座天使**の地位にあった。片手にクサリヘビを握り、竜に乗った天使の姿で強烈な悪臭の息と共に現れる。過去や未来に関することや自然科学、**天使**の創造と堕落について教え、怠惰と無精を勧める。悪魔として扱われることに不満を感じているとする文献もある。中東の女神**イシュタル**、アスタルテと関係があると考える研究者も多い。

㋫ 堕天使

アストゥリアス

【あすとぅりあす】㊢

スペイン最北部に位置する自治領。また、かつてこの地にあった王国のこと。8～10世紀のイベリア半島において唯一のキリスト教国であり、イスラム教国に対する「国土回復運動」の起点となった。後にレオン王国と名乗るが、南部地域で独立したカスティリア王国によって併合されている。しかし、カスティリア王国は引き続き「国土回復運動」の中心として隣国アラゴンを併合するなど勢力を伸ばし、後のスペイン王国の基礎となった。

『アストロノミカ』

【あすとろのみか】㋾

古代ローマ時代の占星術師マニリウスが著した占星術書。『天文学』、『天文譜』と訳される。韻をふんだ文学的な文章で書かれている。

アストラン

【あすとらん】㊢

アステカ帝国を築いたメシカ族の伝説的発祥の地。「鶴の場所」を意味する。北方の沼沢地の島であったと伝えられるが、実際の場所は特定されていない。

アスポデロスの野

【あすぽでろすのの】㊢

ギリシア神話に登場する冥界のひとつ。伝令神**ヘルメス**に導かれた死者たちが赴く場所で、太陽の沈む門の先に

あり、アスポデロスと呼ばれる青白い
ユリの花が咲き乱れるとされる。

アスモデウス
【あすもでうす】王

アスモデ、アスモダイともいう。**イスラエル**の王**ソロモン**が封印、使役したと伝えられる72柱の悪魔の1柱で、72の軍団を率いる地獄の王。かつては**熾天使**（セラフィム）の地位にあった。牡牛、牡羊、人間の3つの頭とガチョウの足を持つ竜に乗った王の姿で現れる。透明になる術や幾何学（きかがく）、数学、天文学、工芸などの知識を授け、隠された財宝のありかを教える力を持つ。『**旧約聖書**』では、サラという花嫁に取り憑き悩ませていたところを旅人トビアと大天使**ラファエル**によって退治されエジプトに封じ込められた。また、ソロモンに反逆し、封印されたともされる。
参 堕天使

アスラ
【あすら】種

インド神話の神である**デーヴァ**と対立する一族。神に匹敵する力を持ち、デーヴァたちと協力して不死の霊薬**アムリタ**を作ったが、アムリタはデーヴァたちに独占され、不死の存在にはなれなかった。天界に作った金の都市、虚空に作った銀の都市、地上に作った鉄の都市の3つの都市に栄えて**三界**を征服したが、**シヴァ**神が神々の力を合わせて放った一矢で滅ぼされ

た。仏教に取り入れられたアスラは**阿修羅**となり、仏法の守護者になった。

アズライル
【あずらいる】王

アズラエルともいう。ユダヤ、イスラム教の伝承における死の天使。イスラムの伝承ではイズライールとも呼ばれ、7万の足と14万の翼、人間の数と同じだけの目と舌を持つ。死を迎えるものの前に快い姿で現れるので、その魂がアズライルに恋してしまい、その間に魂を抜かれるのだという。また、アズライルが大きな書物に名前を書き込むと人間が産まれ、消すと死ぬともされる。**アダム**を作るための塵（ちり）を集めることに成功した唯一の天使とする伝承もある。

愛宕山
【あたごさん】地

京都府京都市北西部に位置する山。都の西側を守護する霊山とされる。山上に鎮座する愛宕神社では、明治時代以前は勝軍地蔵（しょうぐんじぞう）など軍事に関わる神仏が習合して祀られており、武士たちの間で広く敬われていた。また、民間では火災を封じる火伏せの神としても信仰されている。中世以降は山岳信仰の中心地となっており、八大**天狗**のひとり、太郎坊（たろうぼう）の住処とも考えられていた。

安達ヶ原
【あだちがはら】地

福島県中部の安達郡にある原野。古くから鬼が住むとされる黒塚（くろづか）があり、鬼婆伝説が残っている。伝説によれば病気の姫君に仕える乳母が、特効薬となる妊婦の生き肝を奪ったところ、その妊婦が実の娘とわかり発狂して鬼婆と化したのだという。この鬼婆が退治されるまでを描く能や歌舞伎の演目「黒塚」のほか、近隣の観音寺には鬼婆ゆかりの品々が残されている。

『アダパ神話』
【あだばしんわ】物

シュメール・アッカドの神話伝承で、知恵の神エアによって創造された人間の神官アダパの物語。古代エジプトの王都、**アマルナ**などから出土している。あるとき、南風の精に漁を邪魔されたアダパは、その翼を呪いで折ってしまう。これに怒った最高神**アヌ**は、彼を裁くべく天界に呼び寄せた。困ったアダパがエアに相談したところ、エアは神に許される方法を教え、天界で飲食しないように忠告する。アヌはアダパを許し永遠の生命を得る食事を与えるが、アダパはエアの忠告通り口をつけず地上に戻った。これにより、アダパは死すべき存在となる。エアは自分の従者であるアダパが神と同等になることを望まなかったのである。

アダマス
【あだます】物

古代ギリシア世界で、最も貴重とされた鉱物。名前は「征服されない力」という意味で、その名の通り金槌で叩いても砕けず、熱にも強い。唯一、新鮮でまだ温かい山羊の血を用いれば砕けるが、それでも相応の労力と金槌を必要とした。砕けたアダマスは、工具の材料として重宝されたのだという。また、磁力を妨げ狂気を遠ざける力があるとも考えられていた。ダイヤモンドとされることも多いが、本来は硬い鉱物全般に用いられた言葉で、古代の博物誌家プリニウスは6種類のアダマスがあるとしている。この中には金槌や同様の鉱物で叩けば割れてしまうものも含まれていた。

アダマント
【あだまんと】物

古代ギリシアの鉱物**アダマス**の別名。イギリスの詩人ミルトンの『**失楽園**』では、**サタン**の鎧や盾はこのアダマントと黄金によって作られていた。また、地獄の門やサタンを拘束する鎖、**堕天使**たちの鎧は、同種の鉱物と思われるアダマンティンによって作られているという記述もある。

アダム
【あだむ】キ

『**旧約聖書**』に登場する人物。神によって創られた最初の人間。神はほか

の生き物を支配する存在として、自らに似せて土（アダマ）からアダムを作った。**エデンの園**で管理者として暮らしていたが、妻の**イブ**の勧めで**知恵の木**の実を食べたため、園を追放された。また、その罪によって土は神に呪われ、作物を得るのに苦労をするようになった。アダムはその後930年生き、子孫をもうけて人類の祖になった。

アダム・カドモン
【あだむ・かどもん】🈭

ユダヤ神秘主義思想の伝承に登場する「原初の人間」。名前は「転落した**アダム**」を意味する。『**旧約聖書**』におけるアダムとは異なり、完全な神の似姿、理想の人間像とされる。**カバラ思想**においては、その肉体は**セフィロト**を体現するものとも考えられていた。一説には現在の人間は神から発せられた閃光に耐えられず破壊された「器」であり、それを修復しアダム・カドモンの状態にまで戻すことがカバラの目的なのだという。

アックス
【あっくす】🈴

英語で「斧」のこと。石器時代から現代まで実用の道具、武器として広く用いられてきた。エジプトや中東、中国などの古代文明では権威の象徴としても扱われている。多くの文化圏で戦闘用の斧が作られており、武器としての有用さが認められていたようである。

熱田神宮
【あつたじんぐう】🈯

愛知県名古屋市熱田区に鎮座する神社。**三種の神器**のひとつ、草薙剣（くさなぎのつるぎ）をご神体としている。草薙剣は皇子ヤマトタケルの持ち物であったが、東征の際に妃の1人ミヤズヒメに婚約の証として預けられていた。しかし、ヤマトタケルが病没して戻らなかったため、ミヤズヒメにより祀られ熱田神宮の起源になったのだとされる。

アテナ
【あてな】🈭

ギリシア神話に登場する**オリンポス12神**の1柱。戦争と技芸、知識を司る女神で、大神**ゼウス**と知恵の女神メティスの娘。メティスの子は父親を殺すという予言を恐れたゼウスが、身重の彼女を飲み込んだためゼウスの頭から産まれた。その際、すでに槍、盾、鎧を身につけていたとされる。人間の良き保護者である反面、プライドの高さから罰を与えることも多かった。

アテン
【あてん】🈭

アトン、イトンともいう。古代エジプトの神の1柱。太陽神。唯一神。あらゆる生命の源とされ、慈悲深く全てのものに恩恵を施す。また、怒ったり威嚇することもない。**アンク**を下げた太陽、あるいはそこから光線を模した多くの手を伸ばした姿で表される。新王

国時代（紀元前16～11世紀ごろ）から徐々に勢力を伸ばし、アクエンアテン（アメンホテプ4世）によって、唯一絶対の神とされた。しかし、その信仰は古代エジプトにおいて異端のものであり、王の死後破却されている。なお、ユダヤ教などの唯一神信仰の発生と、関係づけられることがある。

『アテン讃歌』
【あてんさんか】物
古代エジプトのファラオ、アクエンアテンが唯一神**アテン**のために捧げた讃歌。太陽の運行とアテンの恩恵を称える内容となっている。アテン信仰の痕跡の多くは破棄されていたが、王の重臣で自身もファラオとなった神官アイの墓所に残されていた。『旧約聖書』との類似が指摘されており、預言者モーセがこの信仰の影響を受けたとする説もある。

アトミック
【あとみっく】概
英語で「原子（力）の」の意味。原子はアトムで、ギリシア語で「分割できないもの」の意味。

アトラス
【あとらす】キ
ギリシア神話に登場する巨人**ティターン族**の1人。プレイオネ、もしくはアイトラとの間に**プレアデス**やヒュアデスなどの娘たちがいる。神々との戦いに敗北し、世界の西の果てで天を支える罰を与えられた。一度、英雄**ヘラクレス**をだまし、この罰を肩代わりさせようとしたこともあったが結局失敗している。彼に同情した**ペルセウス**が**メデューサ**の首を見せたため、石と化し後のアトラス山脈になった。

『アトラ・ハーシス物語』
【あとら・はーしすものがたり】物
古代バビロニアの伝承。『旧約聖書』における洪水神話の原型と考えられている。現存する粘土板3枚は、紀元前18世紀前後のものであるが、物語自体は紀元前20世紀までさかのぼるとする説もある。内容は下働きとして創造した人間たちが引き起こした騒音を快く思わない神が、洪水により人間を粛清することを決めるが、知恵の神**エンキ**によりそれを知らされた人間の王アトラ・ハーシスが建造した大船により、その危機を回避するというもの。なお、アトラ・ハーシスは「最高の賢者」を意味しており、古代シュメールではジウスドラ、アッカドではウトゥナピシュテムがそれぞれ同じ役割を果たしている。
参 ギルガメシュ

アトランティス
【あとらんてぃす】地
ギリシアの哲学者プラトンの著作『**ティマイオス**』と『**クリティアス**』に登場する幻の大陸。また、その大陸

に存在したとされる国家。名前は海神**ポセイドン**の血を引く初代国王、アトラスに由来している。大陸は首都アクロポリスのある島を2重の陸帯と3重の水路が囲む円環構造をしており、豊富な資源に恵まれた豊かな土地柄だった。強大な軍事力を持っていたが、慢心から都市国家アテネに敗北し、さらに神の怒りにより海底に没してしまったとされる。19世紀以降、プラトンの本にはない記述を含む偽史やオカルト思想の登場で超文明を持つ国家と考えられるようになり、創作の世界に大きな影響を与えることとなった。

アドリヴン
【あどりうん】地

イヌイットの神話に登場する冥界。深い海の底にある暗い世界で、冥界の女神セドナが支配している。ここにはセドナの父アングタも住んでおり、セドナに逆らった、あるいは罪を犯した死者の魂を運んでくるのだという。死者たちはここで罪の大きさに従って裁かれた。なお、より深い場所に、死者たちが快活に暮らし、自由に狩猟を楽しむアドリパルミウットという冥界も存在している。

アトロポス
【あとろぼす】キ

ギリシア神話に登場する運命の女神モイライの1柱。姉妹たちが紡ぐ、人間の一生を象徴する糸を切る役割を持つ。

参 クロト、モイラ、ラケシス

アドミラル
【あどみらる】概

イギリスやアメリカの軍の階級のひとつ。日本語では海軍大将と訳される。

アナーヒター
【あなーひたー】キ

ゾロアスター教の補佐的神格である陪神ヤサダの1柱。善神**アフラ・マズダ**の娘。星の王冠と黄金のマントをまとい、2頭立ての戦車に乗った背の高い美女として描かれることが多い。全ての河川の源流である聖なる泉が擬人化された女神で、人々に生命を与え、雨や雲を支配し、豊作をもたらし、男女の種子や子宮、母乳を聖別するとされる。

アナト
【あなと】キ

古代カナアンの女神。「山の貴婦人」、「乙女」の尊称で呼ばれる。嵐と豊穣の神**バアル**の妹にして妻であり、女神アスタルテは姉妹。戦と狩猟を司る女神で、しばしば兜や武器で武装した姿で描かれる。その気性は激しく、夫バアルを殺害した冥界神モトなどは剣でバラバラに切り刻まれ、臼で挽いて大地にばら撒かれた。また、死んだバアルからほかの神に鞍替えした人類の粛清もしている。さらに、名弓欲しさから狩りの名手アクハトを謀殺したこともあった。しかし、これは本意ではな

かったらしく、後に激しく後悔したと
される。

アナンタ
【あなんた】⊞

インド神話に登場する**ナーガ**の王。
神々と**アスラ**たちが不死の霊薬**アムリ
タ**を作成する際、頼まれてマンダラ山
を引き抜いた。

アニマ
【あにま】概

英語で「魂、精神、命」。ラテン語で
は「息」。心理学では、無意識の真の
自己のこと。

アニミズム
【あにみずむ】概

自然に対する考え方の一種。人や動物
だけでなく、石や木など自然のあらゆ
るものに魂や精霊などが宿るという考
え方。

アヌ
【あぬ】⊞

アッカド・バビロニアの神。シュメー
ルにおけるアヌ。天空神であり、権力
や正義も司る。**ウルク**やデールなどの
都市で信仰されていたが、時代が下る
と**マルドゥーク**や**エンリル**が神話の中
心を占めるようになり権威を失った神
となっていった。

アヌビス
【あぬびす】⊞

アンプ、インプともいう。古代エジプ
トの神。墓所の守護神で、ミイラ作り
や遺体を管理する。また、「開口の儀
式」によって死者の身体機能を回復
し、**オシリス**の法廷で天秤を使って死
者の罪の重さを測る役目も与えられて
いた。黒い山犬、もしくはジャッカル
の頭部を持った男性の姿、あるいは飾
り紐を首に巻いた黒犬の姿で表され
る。上エジプトの都市ハルダイを起源
とするが、後にオシリス神話に取り入
れられ、オシリスと**ネフティス**の子と
考えられるようになった。さらに、ギ
リシアでは**ヘルメス**、ローマではメル
クリウスとも同一視されている。

ア・バオ・ア・クー
【あ・ばお・あ・くー】⊞

インドのラジャスターン州ウダイプル
郡のチトールという地に建つ「勝利の
塔」に棲んでいるとされる生き物。半
透明の不定形生物で、塔を登りきらな
いと完全な姿になれない。視力がな
く、唯一感じ取れる人間の影を追って
塔を登ろうとするものの、この塔を登
りきったものは昇天してしまうため、
影を見失って階段を転げ落ちてしま
う。そして、階段の下でまた人間が訪
れるのを待つのだという。19世紀の
アルゼンチンの小説家ボルヘスの『幻
獣辞典』にしか記述がみられず、イン
ドに伝わる生き物なのかどうかはっき

りとしない。

アバドン
【あばどん】圧

ギリシア語ではアポリオンという。『ヨハネ黙示録』に登場する死の**天使**。馬に似た姿で人間の頭、女の髪、ライオンの歯、蠍の尾を持つ。地獄の底無しの淵、奈落の王とも呼ばれ、底無しの淵の鍵を持ち、**サタン**を1000年のあいだ幽閉する役割を与えられている。後の悪魔学では第7階級の悪魔として復讐の女神たちを率いるとされる。また、サタンや**サマエル**と同一視されることも多い。

アバリスの矢
【あばりすのや】物

ギリシア神話に登場する魔法の投げ矢。**アポロン**から賢者アバリスに与えられたもので、持ち主の姿を見えなくし、病気を癒し、未来を予知できるようになる力があった。後に哲学者、数学者、宗教者のピタゴラスに譲り渡され杖として用いられたとされる。

アビス
【あびす】概

英語で「深淵、深海、奥底」の意味。『**セプトゥアギンタ**』では「原初の混沌」、『**新約聖書**』では「地獄」の意味でも用いられている。

アプサラス
【あぶさらす】種

インド神話に登場する種族。美しい若い娘たちの姿をした水の精霊であり、天上の踊り子。不死の霊薬**アムリタ**を作る際、海上から生まれた。人間の王の妃となったウルヴァシーや、全ての美しいものを集めて作られたティロータマーなどのアプサラスが知られている。

アプス
【あぶす】圧

アプスーともいう。シュメール・アッカド神話の神。原初の神であり、真水を司る。塩水を司る妻**ティアマト**と交わり、ラフムとラハムの2柱の神を生み出した。彼らの子孫である神々は大いに繁栄したが、その騒々しさを嫌ったアプスは霧の小人ムンムと相談し、彼らを粛清することを決める。これを知った知恵の神エアは、先手を打ってアプスを眠らせると、その冠と衣を奪いアプスを殺害した。そして、ムンムを地下へと追いやり、アプスの領土を支配するようになる。このエアの領土は、その所有者であった先祖の名をとってアプスと呼ばれた。

アブソリュート
【あぶそりゅーと】概

英語で「完全な、絶対的な、無条件の」の意味。哲学用語としては、「ジ・アブソリュート」で絶対者、神を指

す。温度の一番低い値を指す**絶対零度**
は「アブソリュート・ゼロ」。

アブラサクス
【あぶらさくす】木

アブラクサス、アブラクシスともい
う。**グノーシス主義**の伝承に登場する
魔神。キリスト教異端のグノーシス
派、特にバシリデス派に信仰された。
彼らの教義では、イエス・キリストは
アブラサクスが地上に送り出した幻影
にすぎない。雄鶏の頭で両足は蛇、手
には鞭と「IAO」と刻まれた盾を持っ
た姿で表される。この姿は中世以降、
好んで護符に刻まれ、ギリシア語で解
釈すると365を示す名前は「アブラカ
ダブラ」の呪文の語源となった。

アフラ・マズダ
【あふら・まずだ】木

オフルマズドともいう。ペルシア神
話、**ゾロアスター教**における善神、創
造神。王冠をかぶり、翼を持った姿で
描かれる。天上にある光明の世界に住
み、意思の力によって世界を創造し
た。この世の全ての正しいもの、良い
ものはアフラ・マズダの創造物とされ
る。また、**アムシャ・スプンタ**やヤサ
ダと呼ばれる陪神（補佐的神格）たち
を生み出し、悪神**アンラ・マンユ**や悪
魔**ダエーワ**たちに対抗させた。世界の
終末においてアンラ・マンユに完全な
勝利をおさめるとされる。

アフロディーテ
【あふろでぃーて】木

ギリシア神話に登場する**オリンポス**
12神の1柱。愛と美を司る女神。天空
神**ウラノス**が息子**クロノス**に襲撃され
た際、男根、もしくは血が落ちてでき
た海の泡から産まれたとされる。鍛冶
神**ヘパイストス**の妻であるが、奔放な
性格から様々な神々や人間と関係を持
ち、多くの子供たちを産んだ。大神**ゼ
ウス**の娘とされることもある。
参 アレス

アベル
【あべる】木

『旧約聖書』に登場する人物。最初の
人間**アダム**の第2子。羊を飼うものと
なり、肥えた羊の初子を神に捧げて神
に喜ばれたが、兄**カイン**の嫉妬を買い
殺された。

アベンジャー
【あべんじゃー】概

英語で「復讐者、報復者」。イギリス
やアメリカの軍艦や軍用機など兵器の
名前にも使われている。

アポカリプス
【あぽかりぷす】物

キリスト教で世界の終末を描く文書の
こと。**黙示録**と訳される。ギリシア語
の「啓示」に由来する。

アポクリファ
【あぼくりふぁ】物

→外典

アポロン
【あぼろん】キ

ギリシア神話に登場する**オリンポス12神**の1柱。大神**ゼウス**と**ティターン族**のレトの息子で、女神**アルテミス**の双子の兄。予言、音楽、医療、数学、詩などを司り、疫病神としても恐られた。**デルフォイ**で行われる神託は、特に重要視されたという。月桂冠をかぶり、竪琴や弓矢を持つ優美な姿で描かれ、若者の理想像と考えられていた。後に太陽神と同一視されるようになる。

参 アスクレピオス、アバリスの矢、ピュティア、ピュトン

アマゾネス
【あまぞねす】種

ギリシア神話に登場する女性だけの部族。単数形ではアマゾン。名前は「乳無し」の意味で、弓を引くのに邪魔な右の乳房を幼いころに切除する風習に由来する。黒海周辺を領土とし、弓と馬術、槍、盾などの扱いに優れ、周辺国家を脅かした。基本的に子供を得るため以外に男性と関わりを持たないが、英雄**テセウス**の妻となった女王アンティオペや**ヘラクレス**を好意的に迎えた女王ヒッポリュテのような例外がなかったわけではない。

天津神
【あまつかみ】種

天神ともいう。日本神話に登場する神々。**高天原**に住む、あるいは高天原から降臨した神々がこう呼ばれる。

アマテラス
【あまてらす】キ

オオヒルメムチともいう。日本神話に登場する**天津神**の主神。**『古事記』**では天照大御神、**『日本書紀』**では天照大神と書く。**イザナギ**が黄泉の穢れを祓うために禊をした際に産まれた三貴子の1柱で、左目から産まれた。太陽神でありイザナギに託された**高天原**を統治している。自ら機織りや稲作に励む一方、武装して弟**スサノオ**を出迎えるなど激しい一面もあった。孫の**ニニギ**に**三種の神器**を授け、**豊蘆原瑞穂国**を治めさせたことが日本の国の始まりとされる。天皇家直系の先祖である皇祖神であり、現在は**伊勢神宮**に祀られている。

参 天岩屋戸、タヂカラオ、ツクヨミ、八咫鏡

アマルナ
【あまるな】地

エル＝アマルナ、テル・エル＝アマルナとも呼ばれるエジプトの古代都市。古名はアケトアテン。カイロの南方に位置する。紀元前14世紀ごろ、当時のファラオであるアクエンアテンによって唯一神**アテン**信仰の中心地とし

22

て造営された。アクエンアテンの死後、早々に破棄されたため多くの文物が残されており、公文書である「アマルナ文書」や、「アマルナ美術」と呼ばれる様式の美術品が数多く出土している。

アミー

【あみー】 🗝

イスラエルの王**ソロモン**が封印、使役したと伝えられる72柱の悪魔の1柱で、36の軍団を率いる地獄の総統。かつては**能天使**（パワー）の地位にあった。地獄では炎に包まれた姿をしているが、地上では魅力的な人間の姿で現れる。科学や占星術の知識を授け、秘密の財宝を見つけ、良い**使い魔**を与える力を持つ。悪魔として扱われることに不満を持っており、将来天界に復帰することを望んでいるとする文献もある。

参 堕天使

アミュレット

【あみゅれっと】 物

災難や事故、病気などから身を守るために身につけられる小さな物品のこと。その効果は材質や形状、刻まれた呪文、かけられた呪術などに由来すると考えられている。また、「幸運のコイン」など個人的な経験に基づいたものも多い。これらを用いて呪術を行うわけではなく、単に持ち歩くだけで効果があるとされる。

参 タリスマン

アムシャ・スプンタ

【あむしゃ・すぷんた】 種

アマフラスパンドともいう。**ゾロアスター教**における善神**アフラ・マズダ**が自らの仕事を手伝わせるために生み出した補佐的神格である陪神。**ウォフ・マナフ**、アシャ、**アールマティ**、フシャスラ、ハルワタート、アムルタートの6柱の男女の神々で、それぞれがアフラ・マズダの側面のひとつとしても機能している。また、ここにアフラ・マズダの創造の力を象徴する**スプンタ・マンユ**が加えられることもある。

『アムドゥアトの書』

【あむどぅあとのしょ】 物

古代エジプトの葬祭文書。『アムドゥアトの書』はこのうちの新王朝時代（紀元前16〜11世紀ごろ）のものである。アムドゥアトは「来世にあるもの」という意味で、その名の通り幸福な来世へのガイドブックとなっている。古代エジプト人によってアムドゥアトと呼ばれた葬祭文書は複数あるが、全て太陽神が夜の12時間の間に闇の領域である冥界を旅し、夜明けと共に再生の勝利を得るという点で共通している。

アムドゥスキアス

【あむどぅすきあす】 🗝

イスラエルの王**ソロモン**が封印、使役したと伝えられる72柱の悪魔の1柱で、29の軍団を率いる地獄の公爵。一角

獣、または人間の姿で現れる。オーケストラなどの楽団を必要とせずに素晴らしい音楽を提供し、樹木を思うままに曲げ、良い**使い魔**を与える力を持つ。

アムリタ

【あむりた】物

インド神話に登場する、神々と**アスラ**たちが協力して生み出した霊薬。竜王**アナンタ**が引き抜いたマンダラ山を海に入れ、竜王**ヴァースキ**を巻きつけ、頭と尻尾を引っ張って山を回転させて海を撹拌して作られた。撹拌した海からは太陽、月、女神**ラクシュミー**、酒の女神、神馬ウッチャイヒシュラヴァス、宝珠**カウストゥバ**の順で現れ、最後に美貌のダヌヴァンタリ神がアムリタの入った白壺を携えて現れたのだとされる。

天岩屋戸

【あめのいわやと】地

日本神話に登場する、岩に掘られた横穴と、それを閉じる扉がわりの岩戸。**アマテラス**が弟**スサノオ**の狼藉に耐えかねて身を隠した場所で、**天津神**たちの住む**高天原**にあったとされる。神々の策略によりアマテラスが姿を現すと、二度と使われることがないように注連縄で封印され岩戸は地上に投げ落とされた。

アメノウズメ

【あめのうずめ】 キ

日本神話に登場する**天津神**の女神。『**古事記**』では天宇受賣命、『**日本書紀**』では天鈿女命と書く。**アマテラス**が**天岩屋戸**に隠れた際、半裸で逆さにした桶を踏みながら踊って神々を笑わせ、アマテラスが岩屋戸から出てくるきっかけを作った。天孫降臨にも同行し、異様な外見の**国津神サルタヒコ**を問いただすなどの活躍をしている。後にサルタヒコと結ばれ、**神楽**を仕事とする猿女君の祖となった。

天之尾羽張

【あめのおはばり】物

伊都尾羽張ともいう。日本神話に登場する神剣。握り拳10個分ほどの長さの**十握剣**で、火神**カグツチ**を**イザナギ**が斬り殺した際に使われた。神格を持つ存在でもあり、雷神**タケミカヅチ**などの父として扱われることもある。

天沼矛

【あめのぬほこ】物

日本神話に登場する神矛。『**日本書紀**』では天之瓊矛と書く。名前は「玉で飾られた矛」の意味。**イザナギ**、**イザナミ**の2柱の神が国作りをする際に用いられた。天浮橋からこの矛で混沌とした原初の海をかき混ぜて、矛先から滴り落ちた滴が**淤能碁呂島**になったとされる。

天羽々斬

【あめのはばきり】物

日本神話に登場する神剣。**スサノオ**が**ヤマタノオロチ**を退治した際に用いられた。「ハハ」は大蛇の意味。蛇之麁正（おろちのあらまさ）、蛇之韓鋤（おろちのからさひ）、天蠅斫剣（あめのはばきりのけん）、もしくは単に十握剣（とつかのけん）とも呼ばれる。後に石上（かみ）の地で祀られたとされるが、石上神宮ではなく石上布都魂神社（いそのかみふつみたまじんじゃ）ではないかとする研究者が多い。現在は石上神宮で祀られている。

天叢雲

【あめのむらくも】物

日本神話に登場する神剣。**スサノオ**が**ヤマタノオロチ**を退治した際、自分の剣が欠けたために不思議に思って切り裂いた尻尾から発見された。名前はオロチの体の上に常に雲気が漂っていたことに由来するとされる。スサノオから**アマテラス**に献上され、後に草薙剣（くさなぎのつるぎ）と呼ばれるようになった。

天之八衢

【あめのやちまた】地

日本神話に登場する辻。高天原（たかまがはら）と豊葦原瑞穂国（とよあしはらみずほのくに）の間にあり、方々に分かれた道が続いていたとされる。

アメン

【あめん】キ

アムン、アモン、イメン、アメン＝ラーともいう。古代エジプトの神の1柱。名前は「隠されたもの」を意味する。青い肌に二重の羽根冠、胴鎧をつけた男性の姿で表されるが、牡羊の頭を持つ男性、蛇などの姿でも描かれる。元来はテーベの地方神であったが、テーベ出身のファラオの権力を背景に主要な神々の信仰を取り込み、ついにはエジプトで最有力の神となった。天空や大気の神であり、同時に創造主、全能の神ともされる。また、**ラー**と習合し太陽神としても信仰を受けた。アメン神官団の権威はファラオに匹敵するほど強かったとされる。

アメンティ

【あめんてい】地

ダット、ドゥアトともいう。古代エジプト神話に登場する冥界。名前は「地下世界にあるもの」を意味する。危険な土地であり、ここを旅する死者たちは燃える湖や毒蛇、蠍（さそり）などに脅かされた。そのため、死者たちは危機を回避するための呪文が記された護符や、葬祭文書と共に埋葬されている。

アモン

【あもん】キ

イスラエルの王**ソロモン**が封印、使役したと伝えられる72柱の悪魔の1柱で、40の軍団を率いる地獄の侯爵。犬歯のあるフクロウの頭、狼の胴、蛇の尾を持つ姿、もしくは人間の姿で現れるが口からは炎を吐く。過去と未来の知識や愛の秘密を教え、こじれた友人との仲を取り持つ力を持つ。魔神の中で

最も強靭な肉体の持ち主とする文献も
ある。エジプトの神**アメン**と関係があ
ると考える研究者も多い。

アラクネ

【あらくね】🈚️

ギリシア神話に登場する人物。機織り
が得意な娘で、慢心から女神**アテナ**に
勝負を挑む。しかし、勝負には勝った
ものの、怒ったアテナに顔を打たれた
ショックから自殺した。これを哀れん
だアテナは彼女を蜘蛛（くも）に変えたとされ
る。

『アラビアン・ナイト』

【あらびあん・ないと】🈪

『千一夜物語』、『千夜一夜物語』とも
いう。インド、イラン起源の物語を集
めたアラビア語の説話集。『千物語』
が原典とされ、現在の形になるのは
16世紀ごろのこととされている。17
世紀にフランスの東洋学者アントワー
ヌ・ガランが翻訳して以降、ヨーロッ
パで人気となり様々な翻訳版が作られ
た。内容は妻の裏切りから1夜限りで
新妻を殺すようになったサルタン、
シャーリヤーズを諭すために、大臣の
娘シェーラ・ザードが物語をするとい
うもの。シャーリヤーズはシェーラ・
ザードを殺すことを惜しみ、やがて改
心する。なお、アラジンやアリババ
は、ガランの訳本で付け加えられた話
で本来は関係がない。

アララト

【あららと】🈲

トルコ東部にある山。ビュクアールと
も。『**旧約聖書**』では、世界を滅ぼす
大洪水の後、**ノアの箱舟**が漂着した
地。実際にアララト山では、箱舟の残
骸を探すための調査、探索が何度も行
われている。

アリアンロッド

【ありあんろっど】🈚️

アランロッド、アリアンフロドともい
う。ケルト神話の女神。名前は「銀の
車輪」の意味。『**マビノギオン**』では
グウィネズ（現在のウェールズ北西地
方）王マースの姪とされ、魔法により
産まされた2人の子を愛せない母親と
して描かれている。ウェールズの「か
んむり座」に彼女の名があることか
ら、星や星座の女神と考える研究者も
いる。

アルヴ

【あるう】🈳

→アールヴ

アルカディア

【あるかでぃあ】🈲

現在のギリシア南部ペロポネソス半島
中央の高原地帯。ギリシア神話では、
大神ゼウスと妖精**ニンフ**のカリストの
息子アルカスとその末裔たちが治める
土地で、彼の名をとってアルカディア
と名付けられたとされる。土地柄から

大きな戦乱に巻き込まれず、牧歌的生活が続いたことから、後に理想郷と考えられるようになった。

アルカナ
【あるかな】概

ラテン語の「arcanum」に由来する言葉で、未知のものや隠されたもの（奥義）を意味する。また、**タロット**カードを構成するカードの集まりの意味でも用いられる。

アルカヘスト
【あるかへすと】物

16世紀の錬金術師パラケルススの手稿に登場する謎の液体。後世の錬金術師からは、「万能溶剤」と解釈されている。この「万能溶剤」はあらゆる物質を溶かすと考えられていたが、その方法は余計な要素を除き、本質を解放するというものだった。例えば水や土を溶かすと、その本質である**ウンディーネ**や**ノーム**が現れるといった具合である。

『アルケオメータ』
【あるけおめーた】物

19世紀のフランスの神秘主義学者サン＝ティーブ・ダルヴェードルよる楽曲群。ダルヴェードルの独自理論によって音楽と**カバラ**思想、ヘルメス思想、**占星術**を融合させたもので、200曲以上のピアノ曲からなる。

アルゴー号
【あるごーごう】物

ギリシア神話に登場する魔法の船。船大工の名人アルゴスによって建造されたことから、この名がつけられた。女神**アテナ**が**ドドナ**の森から切り出した魔法の樫材が用いられており、人間の言葉を話すことができる。英雄**イアソン**が黄金の羊皮を入手するために集めた探検隊と共に、コルキスを目指す航海を行った。

アルスヴィズ
【あるすうぃず】キ

北欧神話に登場する馬。太陽を運ぶ馬車を引く馬の1匹で、名前は「賢い」、「快速」などを意味する。蹄（ひづめ）に**ルーン**文字が彫られ、肩には体を冷やすためのフイゴが取りつけられていた。
参 アールヴァクル

アルスター
【あるすたー】地

アイルランド北東部の地名。古代アイルランドの5王国のひとつで、古くはウラド、ウラーなどと呼ばれた。ケルト神話の主な舞台のひとつ。現在は大半がイギリス領北アイルランドに属し、南部の一部がアイルランド共和国に属している。
参 クーフーリン

アルテミス

【あるてみす】 [キ]

ギリシア神話に登場する**オリンポス12神**の1柱。大神**ゼウス**と**ティターン族**のレトの娘で、**アポロン**の双子の妹。野生動物と家畜の守護者であり、狩りも司る。厳格な処女神で、従者たちにも男女関係を禁じ、違反するものには容赦ない罰を与えた。後に月の女神と同一視されるようになる。また、地方によっては多産と豊穣の女神として崇められた。

アルバ

【あるば】 [地]

スコットランドの古い名前のひとつ。ケルト神話では影の国の女王**スカアハ**が若者たちを指導する城のある場所として登場している。

アルファ

【あるふぁ】 [概]

ギリシア文字のひとつ。大文字が「A」、小文字が「α」。アルファベット表の最初に記される文字であることから、第一のもの、一番優れたものを表す際にも使われる。
[参] オメガ

アルフヘイム

【あるふへいむ】 [地]

→アールヴヘイム

『アルマゲスト』

【あるまげすと】 [物]

古代ギリシアの数学、地理学者プトレマイオスが書いたとされる天文学書。天体の動きを数学的にとらえた画期的な書物であるが、現在の常識とは異なり、大地を中心に天体が周回する天動説に基づいている。中世以降のヨーロッパでは天文学者や占星術師たちの教科書的な扱いを受け、コペルニクスなどの天文学者の批判を受けつつも長くその内容が尊重された。名前はアラビア語で「天文学最大の書」という意味。ヨーロッパでは原本ははやくに失われており、アラビア経由で訳本が持ち帰られたためアラビア語の名前が採用されている。

アルマゲドン

【あるまげどん】 [地]

→ハルマゲドン

アルラウネ

【あるらうね】 [種]

「絞首台の小人」ともいう。ドイツの伝承に登場する妖花。泥棒として絞首刑にされた童貞の若者が漏らした精から生じるとされる。**マンドラゴラ**と同一視されることも多い。幅広い葉と黄色い花を持つとされ、引き抜かれると聞いたものが死に至る叫び声をあげた。そのため、採取にはマンドラゴラ同様に犬が用いられたとされる。未来を予知し、富や子宝を与えてくれる

が、力を使いすぎると死んでしまう。現在の妖艶なイメージは、20世紀のドイツの小説家H・H・エーヴェルスの『アルラウネ』に登場する少女アルラウネの影響が強い。

アレクサンドリア
【あれくさんどりあ】地

イスカンダリーヤ（アラビア語）ともいう。マケドニアのアレキサンダー大王が、紀元前4世紀に地中海からインドにかけての交通の要所に配置した都市群。この中でも北アフリカのアレクサンドリアは、プトレマイオス朝エジプトの首都、あるいはローマ第2の都市として栄えた。学問の中心地でもあり、プトレマイオス1世により創設された蔵書量50～70万を誇る大図書館、学術研究機関ムセイオン、さらには世界7不思議のひとつファロスの灯台などがあったとされる。7世紀のイスラム教勢力の侵攻で一時衰退するが、19世紀に入りムハンマド・アリーによって復興された。

アレス
【あれす】王

ギリシア神話に登場する**オリンポス**12神の1柱。大神**ゼウス**と妻ヘラの息子。血なまぐさい戦争の神で、女神**アテナ**と対立することも多かった。女神**アルテミス**の浮気相手、もしくは夫ともされる。本来はトラキア地方の神と考えられ、ギリシア神話での扱いは悪

い。
参エリス

アロケル
【あろける】王

アロケン、アロイエン、アロセールともいう。**イスラエル**の王**ソロモン**が封印、使役したと伝えられる72柱の悪魔の1柱で、36の軍団を率いる地獄の公爵。赤いライオンの頭で燃え盛る瞳の、馬に乗った騎士の姿で現れる。天文学や科学の知識を教え、良い**使い魔**を与える力を持つとされ、かすれた怒鳴り声で話す。

アロンダイト
【あろんだいと】物

円卓の騎士**ランスロット**の持ち物とされる名剣。もっとも、『アーサー王の死』などの物語を含むアーサー王伝説には直接登場していない。そもそも、ランスロットは冒険を楽しむために変装して他人の武具を用いることが多く、狂気や隠遁生活のために何度も自らの武具を手放している。そのような状態でも無類の強さを誇っていることから、彼の武勇を支えたのは特定の武器ではなく彼自身の強さということができるだろう。

『アンガ』
【あんが】物

ジャイナ教の経典。ジャイナ教の中でも戒律が厳格ではない白衣派が用いて

いる。名前は「手足」の意味で、紀元前3世紀〜紀元5世紀にかけての長期にわたって編纂された。全12部のうち11部が現存しており、古代の聖典についての内容を伝えている。

アンク

【あんく】物

アンフともいう。古代エジプトの「生命」を意味するヒエログリフ。また、その形状を模した装飾品。上部にとってのような輪の付いた十字架、もしくはT字型をしている。装飾品としてのアンクは永遠の生命の象徴であり、神の持ち物やその標識として扱われる。後にエジプトのキリスト教分派コプト教にも取り入れられ、彼らを象徴する独自の十字架となった。

アンズー

【あんずー】キ

ズーともいう。シュメール・アッカドの神話に登場する怪物。嵐の鳥と呼ばれ、獅子の頭を持つ怪鳥として描かれる。身につけたものを世界の支配者とする**天命の石板**を神々の指導者**エンリル**から奪い、神々の支配をもくろむが、エンリルの子で戦争と追跡の神**ニヌルタ**によって討伐された。

アンタレス

【あんたれす】物

さそり座の一等星。夏に南の空に見える。赤色で明るいため、火星（アレ

ス）に対抗するもの、の意味のギリシア語から命名された。

アンテモエッサ

【あんてもえっさ】地

ギリシア神話に登場する**セイレーン**たちの棲む島。**スキュラ、カリュブディス**たちの潜む海峡のそばにあったとされる。「花の咲き乱れる」という優雅な名前とは裏腹に、セイレーンたちの周辺は犠牲となった船乗りたちの骨で白くなっていた。

アンドヴァラナウト

【あんどうぁらなうと】物

北欧神話に登場する宝物。**小人**アンドヴァリの指輪もしくは腕輪で、黄金を増やす能力があったとされる。神々がフレイズマル（**巨人**、小人、農夫など様々に伝えられる）の息子オッタル殺害の賠償金を確保するため、悪神**ロキ**によってアンドヴァリが蓄えていた黄金と共に奪われた。怒ったアンドヴァリは、指輪と黄金に「2人の兄弟の死と8人の王の不和の種」になるという呪いをかける。この呪いは神々に発揮されることはなかったが、後に英雄**シグルズ**をめぐる悲劇の引き金となった。

参 ジークフリート、グラム、ファブニール

アンドラス

【あんどらす】　囝

イスラエルの王**ソロモン**が封印、使役したと伝えられる72柱の悪魔の1柱で、30の軍団を率いる地獄の大侯爵。鴉、もしくは梟の頭に**天使**の体で、手には鋭い剣を持ち、黒い狼にまたがった姿で現れる。破壊や不和を好み、気に入った相手には敵対者を滅ぼす方法を教える。また、あらゆる家庭の主人や召使のなかで、注意や用心を怠ったものを殺害するとする文献もある。

アンドレアルフス

【あんどれあるふす】　囝

イスラエルの王**ソロモン**が封印、使役したと伝えられる72柱の悪魔の1柱で、30の軍団を率いる地獄の大侯爵。荘厳な声で話す孔雀、もしくは人間の姿で現れる。幾何学や測量、天文学、巧みな屁理屈について教え、人間を鳥にする能力を持つ。

アンドロマリウス

【あんどろまりうす】　囝

イスラエルの王**ソロモン**が封印、使役したと伝えられる72柱の悪魔の1柱で、36の軍団を率いる地獄の公爵、もしくは伯爵。蛇を握った人間の姿で現れる。泥棒を捕まえ、盗品を取り戻し、秘密の取引や財宝のありかを暴く力を持つ。

アンドロメダ

【あんどろめだ】　囝

ギリシア神話の登場人物。エチオピアの王ケフェウスの娘。母カシオペアがアンドロメダの美貌を誇ったため、海神**ポセイドン**の怒りを買う。ポセイドンがエチオピアに差し向けた怪物の生け贄として差し出されるが、英雄**ペルセウス**に救われ彼の妻となった。

アンヌヴン

【あんぬうん】　地

ウェールズの神話、伝承に登場する異界。不思議な力を持つ人々や動物が住んでおり、様々な魔法の宝物が眠っている。後に、キリスト教の地獄と同一視されるようになった。

別 アンヌン

参 ティル・ナ・ノーグ

アンヌン

【あんぬん】　地

→アンヌヴン

アンブロシア

【あんぶろしあ】　物

ギリシア神話に登場する神々の食べ物。食べたものを不死にする力を持ち、はちみつの9倍も甘い。また、食べるだけではなく、軟膏のように塗り薬としても用いられることもある。神々だけではなく、神々が天界に迎え入れた人間や動物、神々が認めた人間にも与えられた。一説には、大神**ゼウ**

スの息子タンタロスの手で、**ネクタル**と共に地上で売り払われたことがあったとされる。

アンラ・マンユ

【あんら・まんゆ】🈂

アーリマン、アフリマン、アングラ・マンユともいう。ペルシア神話、**ゾロアスター教**における暗黒の地下世界に住む悪神で悪魔**ダエーワ**たちの王。善神**アフラ・マズダ**によって善の精霊、**スプンタ・マンユ**と共に生み出されたとされる。しかし、時代が下るとアフラ・マズダの双子の兄弟で、彼に対抗してこの世のあらゆる悪しきものを創造したと考えられるようになった。世界の終末において、救世主**サオシュヤント**によって滅ぼされる。

イアールンヴィズ

【いあーるんぐぃいず】🈭

北欧神話に登場する深い森。名前は「鉄の森」を意味する。人間の世界**ミッドガルド**の東方にあり、**巨人**の世界ヨトゥンヘイムとの境界になっていた。この森には巨人の老婆が住んでおり、魔狼**フェンリル**の一族を産んだとされる。

イアソン

【いあそん】🈂

ギリシア神話に登場する英雄。叔父に奪われた王位を取り戻すためアルゴー探検隊を集い、叔父の要求する金の羊皮があるコルキスに旅だった。コルキスの王女メディアの協力を得たイアソンは無事目的を果たすが、王座を返さない叔父を惨殺して国民の非難を浴び亡命した。その後、メディアとの関係も急速に悪化し、1人になったイアソンは自殺したとも事故死したとも伝えられている。

📄 アルゴー号

イージス

【いーじす】🈭

→アイギス

イース

【いーす】🈯

フランス、ブルターニュ地方の伝説に登場する都市。王グラロンのもとで繁栄を誇ったが、王女ダユをはじめとする人々の退廃から神の怒りに触れ、一夜にして水中に没した。

委羽山

【いうさん】🈯

中国北方にある山。漢代の思想書『淮南子』の中で、燭龍（燭陰とも）の棲む山として紹介された。

異果

【いか】🈭

中国の怪異談集『酉陽雑俎』で紹介された黄金色の果実。羊飼いが見つけたもので、食べると石になってしまう。

伊賀

【いが】地

三重県北西部に位置する地方。律令制
度下では、伊賀国という一国をなして
いた。甲賀とは隣接している。徳川家
康に仕えた服部半蔵の父の出身地であ
り、忍者を「伊賀者」ということもあ
るほど有名な忍術の里である。

異界

【いかい】地

この世界と普段はつながっていないど
こか別の世界。何らかの方法やタイミ
ングが合う場合、あるいは神のような
力のある存在だけが行き来できる。

戦乙女

【いくさおとめ】種

→ワルキューレ

イクシオン

【いくしおん】王

ギリシア神話の登場人物でテッサリア
の王。神話世界において義父殺しとい
う親族殺人を初めて犯すが、大神ゼウ
スにより清められた。その後、ゼウス
の妻ヘラを奪おうと考えたため、雲で
できたヘラの偽物をあてがわれ、ケン
タウロスたちの祖をもうけている。こ
れらの罪を重視した神々は、死後イク
シオンを冥界タルタロスの燃え盛る車
輪につないだ。

イクリプス

【いくりぷす】概

→エクリプス

イコール

【いこーる】物

ギリシア神話の神々の体に流れている
とされる特別な神血。鍛冶神ヘパイス
トスの作った青銅の巨人タロスに流れ
ていたのも、このイコールであったと
される。

イザヴェル

【いざうぇる】地

北欧神話に登場する原野。名前は「輝
く野」や「常緑の野」など諸説ある。
アース神族の神々が住居と定めた場所
で、後に神々の世界となるアースガル
ズが築かれた。ラグナロクの後は廃墟
となり、生き延びた神々が集ってかつ
ての栄華を懐かしむとされる。

イザナギ

【いざなぎ】王

日本神話に登場する「神代七代」と呼
ばれる神々の1柱。『古事記』では伊
邪那岐命、『日本書紀』では伊弉諾
尊と書く。妹イザナミと共に国作り
を命じられ、日本の国土と多くの神々
を産み出した。火神カグツチを産み命
を落としたイザナミを迎えに黄泉の国
に降りるが、腐乱した彼女の姿に驚き
地上に逃げ戻ると彼女との別離を宣言
する。その後、黄泉の穢れを祓うため

の禊で産まれた**アマテラス、ツクヨミ、スサノオ**ら三貴子たちに国を任せ引退した。

参 天沼矛、淤能碁呂島、キクリヒメ、黄泉平坂

イザナミ
【いざなみ】 神

日本神話に登場する「神代七代」と呼ばれる神々の1柱。『**古事記**』では伊邪那美命、『**日本書紀**』では伊弉冉尊と書く。兄**イザナギ**と国づくりに励むが、火神**カグツチ**を産んだ際に命を落とした。イザナギはイザナミを迎えに**黄泉**の国に降るが、「許可をとるまで姿を見ないでほしい」という約束を破り彼女の腐乱した姿を見てしまう。驚いたイザナギは地上に逃げ帰り別離を宣言。「地上の人間を1日に1000人殺す」と憤るイザナミに対して、イザナギは「1日に1500の産屋を建てる」と答え、この問答から人間の生死が始まったとされている。

参 天沼矛、淤能碁呂島、キクリヒメ、スサノオ、黄泉平坂

石切丸
【いしきりまる】 物

平安時代中期の三条派の刀工、有成作の太刀。有成は三条派の祖である宗近の息子。切先が小さく反りの高い（大きい）優美な姿の太刀で、保元の乱で平清盛と戦った「悪源太」こと源義平が愛用したと伝えられている。

参 小狐丸、三日月宗近

イシス
【いしす】 神

アセトともいう。古代エジプトの女神の1柱。頭巾をかぶり、椅子の標識を頭に載せた古風な衣装の女性の姿で描かれる。名前は「座席」の意味。運命を支配する大女神で、死者の守護者、新生児の守護者など様々な役割を持つ。さらに、全ての存在の名前を知る魔術の女王でもあった。悪神**セト**に殺害された夫**オシリス**を魔術で蘇生して息子の**ホルス**をもうけており、彼がエジプトの王位を手に入れるのを助けたとされる。イシス信仰は密儀宗教として古代ローマにも取り込まれており、ローマ帝国の各地で信仰された。

『イシスとオシリス』
【いしすとおしりす】 物

ギリシアの著述家プルタルコスの著書。古代エジプトの**オシリス**神話をギリシア語に翻訳したもの。その際に一部の神名に、ギリシアの神や怪物のものをあてはめている。オシリスをめぐる物語は、ピラミッドテキストなどの葬祭文書に断片的にしか残されていないため、1つの物語として成立しているこの書物はエジプト神話の貴重な資料となっている。

イシュタム

【いしゅたむ】[キ]

マヤの女神。自殺者の守護神。その姿は、首にロープを巻きつけてぶら下がった姿で表される。彼女は首吊りの自殺者、戦死者、生け贄、出産時に死んだ女性、聖職者を自らの楽園へと導く。**世界樹**ヤシュチェの心地よい木陰にあるその楽園では、あらゆる欠乏と苦しみと無縁な幸福な生活を送ることができるとされている。

イシュタル

【いしゅたる】[キ]

古代アッカド・バビロニアの女神。シュメールにおける**イナンナ**。豊穣と愛を司る女神。また、明けの明星の女神ともされる。戦の女神でもあり、メソポタミアに流入したアッシリアの民にも崇拝された。これらの異なった彼女の神格は、それぞれ鳩、金星、獅子と結びつけられている。イシュタルは『イシュタルの冥界降り』において、冥界の女神**エレシュキガル**に囚われた夫タンムーズを救うために冥界に降る愛情深い女神として描写されている。その一方、『**ギルガメシュ叙事詩**』では、**ウルク**の王**ギルガメシュ**に「最初は熱烈な愛情を示すものの、愛情が醒めれば愛人をひどく冷遇する」と糾弾されている。実際、イシュタルは多くの愛人を持つ女神と考えられていた。

イスカンダル

【いすかんだる】[キ]

紀元前4世紀のマケドニアの国王アレキサンダー3世のペルシア、アラビア語での呼び名。本来「Aliskandar」（アリスカンダル）と呼ばれていたものが、先頭の2文字「Al」が定冠詞「アル」と勘違いされて残りの「iskandar」（イスカンダル）が名前と解釈されたのだという。アラビアでのアレキサンダーには「2本の角」というあだ名がつけられていたが、その由来は諸説ありはっきりしていない。

出雲

【いずも】[地]

現在の島根県東部。日本神話の主な舞台のひとつ。**スサノオ**の**ヤマタノオロチ**退治や、**オオクニヌシ**による国作り、国譲りの神話など、多くの神話が残っている。古くから栄えた土地で、出雲大社をはじめとする重要な史跡も多い。旧暦の10月には出雲に日本中の神々が集まるとされ、別の地域では「神無月」（かんなづき）、出雲では「神有月」（かみありづき）と呼ばれている。

イスラエル

【いすらえる】[地][概]

『旧約聖書』でアブラハムを祖とする民族の名称。また、その民族の興した王国。イスラエルの名は「神に勝つ」の意味で、アブラハムの孫ヤコブが、神との格闘に勝ち、その名を名乗るよう告げられたことに由来している。ヘ

ブライ人、ユダヤ人とも呼ばれる彼らは、紀元前11世紀ごろに地中海南西岸の**カナン**の地にイスラエル王国を築いた。王国は相次ぐ他国の侵略と支配を受け、紀元2世紀ごろローマ帝国に吸収され、民族は各地に離散した。

イスラフィル
【いすらふぃる】天

イスラム教における復活の**天使**。しかし、『**クルアーン**』には名前がない。イスラフィルが息を吹き込むことで、人間は生命を得るともされる。**ジブリール（ガブリエル）**の前任者として、イスラム教を立ちあげる前の預言者ムハンマドを3年のあいだ守護していた。最後の審判の際に復活を告げるラッパを吹き鳴らすが、それに伴う天変地異で自らも滅んでしまうのだという。

イズン
【いずん】天

イドゥンともいう。北欧神話に登場する女神の1柱。アース神族の女神で、「永遠の若さの林檎」をトネリコの箱に入れて管理している。詩芸の神**ブラギ**の妻。**巨人**族のシャツィに脅迫された悪神**ロキ**の手引きで誘拐されたが、激怒した神々に詰め寄られたロキの手で救出された。兄を殺した男の腕に抱かれたとロキに嘲られているが、それが誰を指すのか伝わっていない。

伊勢神宮
【いせじんぐう】地

三重県伊勢市に鎮座する神社。**アマテラス**を祀る皇大神宮（内宮）と、食物神トヨウケを祀る豊受大神宮（外宮）の2社の総称。皇大神宮は、アマテラスの御霊の求めに応じて各地をめぐったヤマトヒメによって創設されたとされ、御霊代として**三種の神器**のひとつ八咫鏡が安置されている。鎌倉時代に登場した御師と呼ばれる下級神官の活動により、室町時代になると庶民の間で伊勢詣が大流行した。

イゾルデ
【いぞるで】天

12世紀のヨーロッパの物語『トリスタンとイゾルデ』に登場するアイルランドの王女。コーンウォール王マルクの妻となるが、**媚薬**を飲んだことから彼の甥**トリスタン**と恋仲になり三角関係に苦しむ。優れた医療技術の持ち主で、重傷を負ったトリスタンを助けるべく彼のもとに駆けつけるが、トリスタンはすでに息絶えており、彼女自身もまた悲しみから命を落とすこととなった。

イタコ
【いたこ】職

東北地方の民間の**巫女**。盲目の女性が多く、修業期間は2〜3年程度。春秋は家々をまわってオシラ様という家神を祀り、夏は恐山などの霊場で家族

の求めに応じて故人の口寄せを行う。

一文字

【いちもんじ】物

備前一文字派の刀工とその作刀の総称。「一」の字のみを銘としたところからこの名があり、さらに福岡、吉岡、片山などの流派がある。なお、新撰組の沖田総司の愛刀とされる「菊一文字」は、福岡一文字派の始祖である則宗が、後鳥羽上皇から菊花紋を賜ったという逸話から創作された架空の刀剣である。

イツァムナー

【いつぁむなー】キ

マヤの最高神。空を飛ぶ双頭のイグアナや蛇など、爬虫類の姿や、蛇を持った老人の姿で描かれる。世界を創り、人間に植物の栽培を教えた。月の女神イシュチェル、または神々の母イシュ・チェベル・ヤシュを妃とする。

イデア

【いであ】概

ギリシア哲学プラトン派の思想における、世界に存在する事物の普遍的原型、判断基準。感覚では捉えることができず、理性でのみ認識することができるとされる。例えば「愛らしさ」のイデアを基準とすれば、愛らしい生き物は、「愛らしさ」のイデアを内包するか、それに似た存在なのであり、「愛らしさ」のイデアを失い、その姿

がかけ離れることで、愛らしさを失うことになる。

イド

【いど】概

エスともいう。精神分析において人格を構成する要素のひとつ。心理学者のフロイトにより提唱されたもので、本能的衝動の貯蔵庫。特に性的衝動であるリビドーと強く結びついている。快楽を求め、快楽に従い、行動の過程を省みることがないため、人格を構成する残りの要素である自我、超自我としばしば対立して葛藤の原因となる。

イナンナ

【いんんな】キ

古代シュメールの女神。後にアッカドの女神**イシュタル**に神格を統合された。「天の貴婦人」とも称される重要な女神で、主神アン、あるいは神々の**指導者エンリル**の子とされている。愛と豊穣の女神、残忍かつ大胆な戦争の女神、天を飾る金星の女神など様々な側面を持つ。その性格は愛情深い反面傲慢で、自分の守護する**ウルク**を発展させようと、知恵の神**エンキ**を酔わせ、彼の持つ創造の力"メ"を強奪するなど、目的のために手段を選ばない狡猾さを備えていた。しかし、『**イナンナの冥界降り**』では、彼女を警戒する姉の**エレシュキガル**の罠により、一度殺害されている。

『イナンナの冥界降り』

【いなんなのめいかいくだり】物

古代シュメールの神話。紀元前20世紀ごろの400行を超える長大な詩をはじめ、多くの写本や関連した物語が残されている。姉**エレシュキガル**の領土である冥界に降りて捕らえられた豊穣の女神**イナンナ**が、彼女の不在中に遊興にふける夫**ドゥムジ**を身代わりとして開放されるという筋書きで、季節の移り変わりを豊穣神の死と再生で表した神話と考えられている。一方、この神話のアッカド語版である『**イシュタルの冥界降り**』では、イシュタルは夫を救うために冥界へ赴くという物語になっている。

『稲生物怪録』

【いのうもののけろく】物

「いのうぶっかいろく」とも読む。備後国三次藩（現在の広島県）藩士、柏 正甫が天明3年（1783年）に書き記した怪談録。武士、稲生武太夫（幼名：平太郎）の体験談を聞き書きしたとされる実録ものであるが、様々な異説がある。内容は友人との百物語に興じた平太郎のもとに、その日から妖怪が次々と現れるようになるという怪奇譚である。1ヶ月の間、絶え間なく現れる妖怪たちに物おじしなかった平太郎は、最終的に妖怪たちの総大将山本五郎左衛門に認められ、退魔の木槌を与えられた。この物語は多くの著作家を魅了しており、平田篤胤や泉 鏡

花、折口信夫らが言及している。

イノセント

【いのせんと】概

英語で「無垢、無邪気、罪のない」の意味。

イブ

【いぶ】主

『**旧約聖書**』に登場する人物。ヘブライ語ではエバ。最初の人間**アダム**のパートナーとして、アダムのあばら骨の一部から神が創造した最初の女性。アダムとイブは**エデンの園**で暮らしていたが、蛇の誘惑にのって**知恵の木**の実を食べたため、エデンの園を追放され、妊娠の苦痛を大きくする呪いを受けた。

イフリート

【いふりーと】種

アフリト、エフリトともいう。アラビア、およびイスラム教の伝承に登場する精霊、もしくは悪魔。精霊ジンの仲間で、その力は5階級のうち2位に位置する。巨大で悪意に満ちた存在であり、遭遇したものを様々な方法で破滅に導こうとすると考えられていた。『**アラビアン・ナイト**』などの物語に登場する封印された魔神たちも、このイフリートの仲間たちである。もっとも、物語では、自分を解放した人間を破滅させようとするも、かえって利用されたり、また封印されたりと狂言回

し的に扱われることが多い。

参 シャイタン

イポス

【いぽす】キ

アイペオス、アイポロス、イペスとも
いう。**イスラエル**の王**ソロモン**が封
印、使役したと伝えられる72柱の悪
魔の1柱で、36の軍団を率いる地獄の
伯爵にして王族。鉤爪のような前歯を
したガチョウの頭と足、ライオンの胴
とウサギの尾を持つ姿か、**天使**の姿で
現れる。過去と未来の知識を授け、大
胆さと才能を与える能力を持つ。

イモータル

【いもーたる】概

英語で「不死の、不滅の」の意味。不
朽の名声を得た人を指す場合もある。
古代ペルシアの近衛隊は常に1万人の
定員を維持したため、「イモータル」
と呼ばれた。

『イリアス』

【いりあす】物

古代ギリシアの詩人ホメロスの作とさ
れる全24巻の長編叙事詩。「イリオン
の歌」の意味で、イリオンは古代都市
トロイアの別名。ギリシアとトロイア
の戦争10年目に起きた英雄**アキレウ
ス**と総大将アガメムノンの反目からア
キレウスの死までの一連の事件を描い
ている。

イリス

【いりす】キ

ギリシア神話に登場する虹の女神。
神々の伝令役や女神**ヘラ**の従者として
各地を飛び回った。しかし、ヘラの恨
みを買ったレトを密かに助けるなど自
分の意思で動くことも多い。黄金の翼
と伝令役を示す杖を持った姿で表さ
れ、**ハルピュイア**たちとは姉妹の関係
にあたる。

イルダーナフ

【いるだーなふ】キ

イルダーナともいう。ケルト神話に登
場する光神**ルーグ**の別名。「百芸に通
じた」の意味。

イルミナティ

【いるみなてい】概

18世紀に登場した秘密結社。ドイツ
のイエズス会士A・ヴァイスハウプト
によって、既存の権力を廃し、神秘主
義的共産主義者による独裁国家成立を
目標に立ちあげられた。世界的な秘密
結社**フリーメイソン**内の1組織であっ
たが、フリーメイソン乗っ取りを目論
む陰謀の末に内部崩壊し、ヴァイスハ
ウプトも危険人物としてドイツを追わ
れている。しかし、その思想自体はフ
リーメイソンと共にフランス革命やア
メリカ建国に影響を与えたとされ、未
だにアメリカ政府の裏でイルミナティ
が暗躍していると考える人々もいる。

イルミンスール

【いるみんすーる】物

ゲルマン民族に属するザクセン人が「全世界を支える宇宙の柱」と考えていたトネリコの大樹、もしくは大きな木製の柱。名前は「天の柱」を意味する。現在のドイツ、ヴェストファーレン州にあったとされるが、8世紀に行われたカール大帝のザクセン人討伐の際に「異教の偶像」として破壊された。

参 世界樹

イルルヤンカシュ

【いるるやんかしゅ】主

古代ヒッタイトの神話に登場する竜神。天候神を打ち倒す程の力を持つとされる。この竜についての伝承は2種類あり、古い伝承では天候神を倒した後、女神イナラシュによって一族と共に宴席に招かれ、油断したところを縛りあげられて殺されてしまう。一方、新しい伝承は、よりドラマチックな物語となっている。イルルヤンカシュに破れた天候神は、眼と心臓を奪われ力を失う。そこで策謀をめぐらし、息子をイルルヤンカシュの娘と結婚させ、引き出物として眼と心臓を要求した。こうして力を取り戻した天候神は、今や親戚のイルルヤンカシュを無慈悲にも殺害して復讐を果たす。そして、知らずに義父をだました息子は、その罪を贖うべく天候神に自らの死を願い、父の手で殺されるのである。

岩融

【いわとおし】物

平安時代末期の武将 源 義経に仕えた僧、弁慶が愛用していたとされる薙刀。義経の活躍を伝える軍記物語『義経記』に「岩通」という太刀が登場するぐらいで、歴史的な文献資料にはほとんど記述がない。15世紀の刀剣書『長享銘尽』では、平安時代の名工、山城国（京都）三条派の宗近作で、寸法は三尺五寸（約133cm）とされている。なお、「弁慶の薙刀」と称される薙刀は日本各地に存在しており、その真偽は分かっていない。

参 薄緑

インキュバス

【いんきゅばす】種

インクブス、夢魔ともいう。中世以降のヨーロッパで信じられていた女性を誘惑する悪魔。貞淑な女性、特に修道女などが狙われた。インキュバスは自前の精液は持っておらず、**サキュバス**が集めたものか、自分がサキュバスに変身して集めた人間のものを用いたとされる。基本的にはインキュバスとの交わりは苦痛に満ちたものであったが、中にはそれを楽しむものもいたのだという。

インティ

【いんてい】主

インカ帝国の太陽神。インカ帝国の祖となったマンコ・カパックとママ・オ

クリョの父親として広く信仰された。

インドラ
【いんどら】［キ］

インド神話の雷神。茶褐色の髪、身体で神象アイラーヴァタに乗り、暴風神群マルトを従え、工芸の神トゥヴァシュトリが鍛えた武器**ヴァジュラ**を持っている。悪竜**ヴリトラ**を倒し、雨をもたらす英雄であり、**メール山**に住む。ヴリトラを倒すもの、の意味でヴリトラハンとも呼ばれる。仏教に取り込まれて帝釈天（たいしゃくてん）になった。

インプ
【いんぷ】［種］

インペットともいう。ヨーロッパの伝承に登場する小鬼。小さな角と小さなコウモリの羽根を持った意地悪そうな子供の姿で描かれることが多い。邪悪な**妖精**などもこの中に含まれていたが、次第に悪魔の子孫、**魔女**の**使い魔**と考えられるようになった。

インフィニティ
【いんふぃにてぃ】［概］

英語で「無限大」のこと。

インフェルノ
【いんふぇるの】［地］

キリスト教の地獄。もともとはギリシャ神話の冥界を表す言葉のひとつで、**ハデス**と同じく死後に行く地下の世界だった。イタリアの詩人ダンテが『**神曲**』の第一部タイトルとして使用し、死後悪人の落とされる世界としてのインフェルノを描いた。『**神曲**』の中では、インフェルノは罪によって9つに分かれており、下に行くほど罪が重い。最下層の**コキュートス**では魔王**ルシファー**が氷漬けになっている。

インペリアル
【いんぺりある】［概］

英語で「帝国の、皇帝の」の意味。大英帝国や神聖ローマ帝国を指す場合が多い。

陰陽
【いんよう】［概］

古代中国で起こった概念で、世界の事象を陰と陽という2つの対極的な要素にあてはめて説明する。男は陽で女は陰、太陽は陽で月は陰、夏は陽で冬は陰のように事象を陰と陽で分けるが、陰と陽は交じり合って循環していくものであり、陰陽を読み解くことで未来を占い、吉凶を判断できるとする。

ヴァーチャー
【ゔぁーちゃー】［種］

力天使ともいう。偽ディオニシウスの定めた**天使**の階級では第5位。天体の動きを支配し、信者に勇気をもたらす。イエスが天に召された際には、**預言者**の前にヴァーチャーが白い服を着た人の姿で現れた。

ヴァーユ
【ゔぁーゆ】[キ]

インド神話の風の神。赤と紫の二頭立ての馬車に乗る。猿の王ハヌマーンの父親。

ウァサゴ
【うぁさご】[キ]

イスラエルの王**ソロモン**が封印、使役したと伝えられる72柱の悪魔の1柱で、26の軍団を率いる地獄の君主。召喚した人間に過去、現在、未来の知識を与える、失せ物や隠されたものを見つけだす能力を持つ。善良な性格をしているとされる。

ヴァジュラ
【ゔぁじゅら】[物]

ヒンドゥー教の神**インドラ**の武器。雷のこと。金剛杵ともいわれる。強力な武器としてインド神話にも登場するが、その形状、材質の描写は様々。実際に密教や仏教の道具としても使われているが、先端が1つの独鈷杵から3つの三鈷杵、5つや9つのもの、先端が丸くつながっているもの、つながっていないものなど様々なタイプのヴァジュラがある。

『ヴァジュラシェーカラ・スートラ』
【ゔぁじゅらしぇーから・すーとら】[物]

南インドで7世紀ごろに成立した仏教の経典。一部が不空三蔵によって漢訳

され、『金剛頂経』として中国に渡った。

ヴァナヘイム
【ゔぁなへいむ】[地]

北欧神話に登場する9つの世界のひとつ。豊穣神フレイやその父ニョルズに代表されるヴァン神族が住む世界。その場所やどのような神々、人々が住むのかは伝わっていない。**ラグナロク**の後も存続しており、戦いに参加せずに生き延びたニョルズは、最終的にヴァナヘイムに帰還するとされる。

ウァプラ
【うぁぷら】[キ]

イスラエルの王**ソロモン**が封印、使役したと伝えられる72柱の悪魔の1柱で、36の軍団を率いる地獄の大公爵。**グリフォン**の翼を持つライオンの姿で現れる。召喚した人間の手先を器用にし、書物に書かれた科学の知識や哲学の知識を授ける能力を持つ。

ウァラク
【うぁらく】[キ]

ヴォラクともいう。**イスラエル**の王**ソロモン**が封印、使役したと伝えられる72柱の悪魔の1柱で、30の軍団を率いる地獄の大総統。双頭の竜に乗った翼を持つ少年の姿で現れる。惑星や蛇の巣の位置を教え、爬虫類を支配し、財宝のありかを教える力を持つ。

ヴァラスキャールヴ

【ゔぁらすきゃーるゔ】地

北欧神話に登場する館。**オーディン**の住居で、屋根は銀で葺かれていた。親切な神々が建てたとされるが、アース神族が謀略を用いて手に入れたともされる。

ヴァルキューレ

【ゔぁるきゅーれ】種

→ワルキューレ

ヴァルキリー

【ゔぁるきりー】種

→ワルキューレ

ヴァルナ

【ゔぁるな】キ

インドの水の神。天の法則リタの守護者であり、リタによって宇宙は正しく運営されている。仏教に取り入れられ、十二天のうちの水天になった。

ヴァルハラ

【ゔぁるはら】地

ヴァルホル、ワルハラ、ワルホルともいう。北欧神話に登場する宮殿。「**喜びの野**」という場所にあり、その上には世界樹**ユグドラシル**と同一視されるレーラズという大樹が影を投げかけている。**オーディン**が集めた戦士**エインヘリアル**をもてなす場所で、屋根は盾で葺かれ、梁は槍、ベンチは鎧で覆われ、一度に800人が通れる扉が

540ももうけられており、その扉を狼と鷲が飾っていた。戦士たちはここで牝山羊ヘイズルーンの出す蜜酒と、毎日料理しても夕方には甦る猪セーフリームニルの肉を振る舞われていたとされる。

参 エルドフリームニル

ヴァルホル

【ゔぁるほる】地

→ヴァルハラ

ウァレフォル

【うぁれふぉる】キ

マラフォルともいう。**イスラエル**の王**ソロモン**が封印、使役したと伝えられる72柱の悪魔の1柱で、10の軍団を率いる地獄の公爵。ライオンの頭とガチョウの足、野ウサギの尾を持つ姿、多くの首を持つライオンの姿、盗人の頭を持つライオンの姿、あるいは**天使**の姿で現れる。文献により**イポス**と非常によく似た能力を持つとするものや、医学や人間を動物に変える方法を教えるとするもの、盗賊を絞首刑台に送るまで親しくするとするものなどがあり、性格や能力ははっきりしない。

ヴァンパイア

【ゔぁんぱいあ】種

東欧の伝承に登場する魔物。**吸血鬼**を意味する英語「ヴァンパイア」の語源。ブコドラク、ストリゴイ、モロイなど地域や民族により様々な呼び名、

種類があり、**人狼**、**魔女**などとも同一視されていた。多くは不自然な誕生や不適切な埋葬、生前の悪業などの理由から「甦った」死者で、親族や周辺地域に害を与えるが必ずしも吸血行為を行うわけではない。肉体と不可分な存在で、遺体を処理（火葬や杭を打ち込むなど）することで退治できるとされる。18世紀ごろ西欧で報告され一大ブームとなり、19世紀には様々な文学作品が生み出された。
参 ダンピール、ノスフェラトゥ

『ウィアード・テイルズ』
【うぃあーど・ているず】物

アメリカのSFホラー雑誌。1923～54年まで発行され、その後も何度か復刊されている。いわゆるパルプマガジンと呼ばれる安価な娯楽小説誌であるが、H・P・ラヴクラフトやロバート・E・ハワード、レイ・ブラッドベリ、ロバート・ブロックといった著名な作家を輩出しており、ファンにとっては半ば伝説的な雑誌となっている。

ヴィーザル
【うぃーざる】キ

北欧神話に登場する神の1柱。**オーディン**と女**巨人**グリーズの息子で、アース神族の中では雷神**トール**に次ぐ力を持つ戦士とされる。オーディンのように未来を知る力があったようで、自らの森で父親の復讐を誓い、将来のために人間が靴を作る際に余らせた三角形の皮革を集めて分厚い靴を作っていた。**ラグナロク**において、オーディンを飲み込んだ魔狼**フェンリル**を退治し、数少ない神々の生き残りとなる。無口な神で悪神**ロキ**の嘲りの対象にはならなかった。

『ウィーデーヴ・ダート』
【うぃーでーう・だーと】物

ヴェンディダードともいう。**ゾロアスター教**の経典『**アヴェスター**』の一部。前半部では善神**アフラ・マズダ**による楽園の創造と悪神**アンラ・マンユ**の侵入、アーリア人の移住など神話的内容を扱い、後半部分ではゾロアスター教における清浄さの規定と、儀礼としての修祓、潔斎、人畜の治療などについて扱っている。

ヴィーナス
【うぃーなす】キ

ローマ神話で重要視される「同意する神々（ディ＝コンセンテス）」の1柱で女神。ヴィーナスは英語読みでラテン語ではウェヌス。もともとはイタリアの庭園や草木を司る女神であったが、後にギリシア神話の**アフロディーテ**と同一視されるようになった。ローマ人の始祖で**トロイア**の戦士アエネアスの母とされ、彼らがイタリアに到達する手助けをしたとされる。そのため、ローマの守護女神とも考えられていた。

ヴィーンゴールヴ

【ゔぃーんごーるう】地

北欧神話に登場する女神たちの神殿。すこぶる美しい館で、礼節を持った人々が生きたまま迎え入れられ、神々と共に暮らすとされる。**ラグナロク**の後も存続する天界ギムレーと同一視されていた。また、戦死者の半数が**ヴァルハラ**宮殿、半数がヴィーンゴールヴに送られ**エインヘリアル**になるともされる。

ヴィヴィアン

【ゔぃゔぃあん】王

ニミュー、ニニアンともいう。**アーサー**王伝説に登場する湖の淑女の1人。**円卓**の騎士の1人**ランスロット**の育ての親であり、アーサー王に仕える魔術師**マーリン**の愛人ともされる。マーリンは彼女に様々な魔術を教えるが、最終的にヴィヴィアンの手で見えない城に幽閉された。アーサー王の姉モルガン・ル・フェイと同一視する研究者もいる。

ウィザード

【うぃざーど】職

英語で魔術師のこと。特に男性の魔術師の意味で用いられる。本来は「賢い人、賢者(ワイズマン)」を意味しており、16世紀ごろから魔術師としての意味も持つようになった。同じく魔法を使う**ソーサラー**や**ウォーロック**に比べ、天才や達人の異名など肯定的な意味で用いられ

ることが多い。

ヴィジャヤ

【ゔぃじゃや】物

インドの雷神**インドラ**が持つ槍。または**ヴィシュヌ**の**アヴァターラ**である聖仙パラシュラーマ、その弟子カルナが持つ弓。

ウィジャ盤

【うぃじゃばん】物

西洋版コックリさんに用いられる占い道具。名前はフランス語の「はい(ウィ)」とドイツ語の「はい(ジャ)」を組み合わせたもの。アルファベットと数字の書かれた板や38枚の札を机の上に置き、参加者が手を乗せた三脚やワイングラスなどが指す文字から霊のメッセージを読み取る。

ヴィシュヌ

【ゔぃしゅぬ】王

インドの神。ヒンドゥー教の三主神の1柱。多数の化身**アヴァターラ**の姿をとり、様々な神話に登場する。代表的なものは『**マハーバーラタ**』の英雄**クリシュナ**、洪水を引き起こす巨魚マツヤ、『**ラーマーヤナ**』の主人公ラーマなど。仏教の開祖ブッダや、**カリ・ユガ**に現れる救世主カルキもヴィシュヌの化身である。神鳥**ガルーダ**に乗り、大蛇シェーシャ、または**アナンタ**を寝床とし、3歩で宇宙をまたぐ。**ラクシュミー**を妻とする。

ヴィジランティ
【ゔぃじらんてぃ】職

英語で自警団のこと。イギリスにはこの種の団体はなく、主にアメリカで用いられる。まだ政府が機能していない西部開拓時代に生まれたもので、武装して自衛や犯罪者の捕縛、処罰を行っていた。

ヴィゾフニル
【ゔぃぞふにる】王

北欧神話に登場する黄金の雄鶏。世界樹ユグドラシルと同一視される大樹ミーマメイズの頂上で雷光のように輝いているとされる。その鳴き声は灼熱の国ムスペルヘイムの長スルトとその妻シンモラを長年にわたり苦しめていた。また、その肉は彼らの住居を守る番犬の好物ともされる。魔法の剣レーヴァティンだけがヴィゾフニルを殺す唯一の武器であったが、スルトとシンモラはなぜかそれを魔法の箱に収め使うことはなかった。

ウィツィロポチトリ
【うぃついろぼちとり】王

アステカ人をアストランからテノチティトランに導いた、アステカの守護神。名前は「南のハチドリ」を意味する。大地母神コアトリクエの子で、太陽神でもあり、人を戦争に駆り立てる軍神でもある。アステカ人は、ウィツィロポチトリは日中は天空を、夜は地下世界を旅していると考え、その旅

の無事を祈願するために、生け贄の血と心臓を捧げた。

ヴィネ
【ゔぃね】王

イスラエルの王ソロモンが封印、使役したと伝えられる72柱の悪魔の1柱で、19の軍団を率いる地獄の王、兼伯爵。猛り狂ったライオンのような姿で手には蛇を持ち、黒い馬に乗って現れる。巧みに塔を建て、敵対するものの城壁を壊し、魔術師や魔女たちの真の名前を明らかにし、海に嵐を起こす能力を持つ。

ウィル・オ・ウィスプ
【うぃる・お・うぃすぷ】王

イギリスの伝承に登場する鬼火。名前は「点火用の藁を持ったウィル（ウィリアム）」の意味。夜道を歩く人を灯火で誘い、沼地やドブなどに落とすとされる。同様の存在はジャック・オ・ランタンをはじめ数多く、地方によって様々な名前で呼ばれている。

ウヴァル
【うゔぁる】王

ワルともいう。イスラエルの王ソロモンが封印、使役したと伝えられる72柱の悪魔の1柱で、36の軍団を率いる地獄の公爵。かつては能天使（パワー）の地位にあった。背の高い、気味の悪いヒトコブラクダの姿で現れ、人間の姿になるときはエジプト語らしき言葉で喋ると

される。過去と未来の知識を授け、敵を友に変え、あらゆる女性の愛を勝ち取らせる能力を持つ。

ヴードゥー

【ヴーどぅー】概

主にハイチ共和国で実践されている民衆主体の宗教。**ロア**と呼ばれる神々、精霊たちへの信仰と、**憑依**を中心とする儀式を特徴としている。ウンフォと呼ばれる集会場ごとで地域差があり、特定の教祖、経典は存在しない。公的に宗教として認められるようになったのは20世紀も末のことで、それ以前はハイチの社会動乱に寄り添う形で様々な役割を果たしていた。その過程でロアたちはカトリックの聖人たちと結びつけられており、現在も聖人たちの姿で祀られている。

参 ウンガン、ボコール

『ヴェーダ』

【ヴぇーだ】物

古代インドの宗教バラモン教と、その発展形であるヒンドゥー教の聖典。「知識」を意味するサンスクリット語に由来し、神から直接授けられた天啓聖典とされる。讃歌集『**リグ・ヴェーダ**』『サーマ・ヴェーダ』、祭歌集『ヤジュル・ヴェーダ』、呪法歌集『アタルヴァ・ヴェーダ』の4つがあり、それぞれが本集「サンヒター」、祭儀書「ブラーフマナ」、森林書「アーラニヤカ」、奥義書「ウパニ

シャッド」の4つに分けられる。書物の形で記されたのは後世であり、聖職者**バラモン**の間で**口伝**されてきた。

ヴェスタ

【ヴぇすた】‌キ

ローマ神話で重要視される「同意する神々」の1柱で女神。ヴェスタは英語読みで、ラテン語ではウェスタ。ギリシア神話の**ヘスティア**と同一視されたローマのかまどの女神で、彼女が司るかまどの「不滅の火」は神聖なものと考えられていた。そのため、名門貴族の娘たちから選ばれたウェスタの**巫女**たちが守っていたとされる。彼女たちは一種の特権階級として扱われたが、30年間引退できず、純潔を失えば生き埋めにされた。

ヴェノム

【ヴぇのむ】物

→ベノム

ウェパル

【うぇぱる】‌キ

セパールともいう。**イスラエル**の王**ソロモン**が封印、使役したと伝えられる72柱の悪魔の1柱で、29の軍団を率いる地獄の公爵。**人魚**の姿で現れる。海を支配して船を導くことも沈めることもでき、敵に負わせた傷を化膿させ蛆をわかせ3日で死に至らしめる力を持つ。

ヴェルダンディ

【ゔぇるだんでぃ】［キ］

→ベルダンディ

ウェンディゴ

【うぇんでぃご】［キ］

アルゴンキン族などの北米の先住民族の伝承に登場する怪物。森林地帯に住む食人鬼で、氷の心臓を持ち、爪先と唇の欠けた骸骨のような姿、あるいは不可視の存在とされる。犠牲者も死後ウェンディゴになるとされ、食人衝動に悩まされる「ウェンディゴ精神病」の名の由来ともなった。寒さと飢餓、それに伴う食人衝動を象徴化した存在と考える研究者もいる。20世紀のイギリスの作家アルジャノン・ブラックウッドが小説化し、後にクトゥルフ神話の怪物として取り込まれた。

『ヴォイニッチ写本』

【ゔぉいにっちしゃほん】［物］

→『ボイニッチ写本』

ウォーター・リーパー

【うぉーたー・りーぱー】［種］

サムヒギン・ア・ドゥールともいう。ウェールズの伝承に登場する**妖精**。名前は「水辺を跳び跳ねるもの」の意味。脚の代わりに翼と尾のあるヒキガエルのような姿で、羊を水中に引きずり込んで食料としている。釣竿に悪さをするが、水から引きあげると体が麻痺する金切り声をあげるので、漁師たちからは嫌われ恐れられていた。

ウォーロック

【うぉーろっく】［職］

英語で魔女の技術であるウィッチ・クラフトを用いる「男性の魔女」のこと。古英語の「裏切り者、詐欺師」に由来する言葉で、古くは「誓いを破るもの、嘘つき」などの意味で用いられた。14世紀ごろから「悪魔と契約したもの」の意味で用いられるようになるが、現在の意味で用いられるようになるのは16世紀に入ってからのこととされる。

ヴォーン

【ゔぉーん】［地］

北欧神話に登場する川。魔法の紐**グレイプニル**で捕らえられ、誰も害することができないように口に剣を差し込まれた魔狼**フェンリル**の閉じられない口から流れ出たヨダレが川になったものとされる。

ウォフ・マナフ

【うぉふ・まなふ】［キ］

ワフマンともいう。**ゾロアスター教**の善神**アフラ・マズダ**が生み出した補佐的神格である陪神、**アムシャ・スプンタ**の1柱。家畜たちの守護神である一方、人間たちの死後の行き先を決めるために行動や発言を記録している。アフラ・マズダの片腕的存在でもあり、アフラ・マズダの右側に座して様々な

助言を行う。また、ゾロアスター教の開祖ザラスシュトラに様々な啓示を与えたとされる。

ヴォルヴァ
【ゔぉるゔぁ】職

北欧の神話、伝承に登場する**巫女**。呪歌によって瞑想状態になり、様々な予言を行うとされる。女神**フレイヤ**が伝えたとされる**セイズ**魔術とも関係が深い。

ヴォルテックス
【ゔぉるてっくす】概

英語で「渦」の意味。渦潮や旋風、炎の渦や渦巻き状の煙、はては社会の流れの渦中など、巻き込まれ、引きずり込まれるものなどの意味でも用いられる。

ヴクブ・カキシュ
【ゔくぶ・かきしゅ】キ

『**ポポル・ヴフ**』に登場する巨人。自らを太陽、月、光であるとし、世界の支配を夢見る力ある存在だったが、英雄フンアフプーとイシュバランケーによって退治された。名前は「7のコンゴウインコ」の意味であり、怪鳥の姿で描かれる石碑もある。

『失われたムー大陸』
【うしなわれたむーたいりく】物

20世紀のイギリスの著作家チャーチワードの著作。1万2千年前に太平洋上で栄えた強大な帝国**ムー**の興亡、そしてムー大陸の消失について描かれている。イギリス陸軍の青年士官だったというチャーチワードが、インドでの任務の際に知り合ったという高僧に見せられた粘土板を解読し、世界中を旅して手に入れたという証拠をもとに書きあげたとされている。この壮大な物語は人気を博し、現在でも多くの創作に用いられている。しかし、その実在については証拠に乏しい。

宇治橋
【うじはし】地

京都府宇治市を流れる宇治川に架けられた橋。橋を守る女神「橋姫」の伝説が残されている。しかし、その逸話は亡夫を想って死んだ女性とするものや、嫉妬から生きながら鬼と化して人々を襲った女性とするものなど多種多様ではっきりとしない。交通の要所であり、7世紀中ごろに架けられて以降、多くの戦いの舞台となった。

薄緑
【うすみどり】物

源氏に代々伝えられていたとされる銘刀。源　義朝から弁慶の父、もしくは伯父の手を経て、義朝の息子である源　義経に伝えられたのだという。本来は膝丸吠丸と呼ばれていたが、義経が手にしたのが新緑の映えるころであったため、薄緑と名付けられた。豊前国（大分県）の名工、長円の作と

される。

うつほ舟
【うつほぶね】物

うつお船、うつろ船ともいう。本来は丸太をくりぬいて空洞にした舟のことだが、時代が下ると本来の形は忘れられ、蓋のついた箱のような船と考えられるようになった。江戸時代後期の小説家滝沢馬琴が中心になって刊行した『兎園小説』などの随筆には、まるでUFOのような形のうつほ舟に乗った、外国人らしい赤毛の女性が常陸国（現在の茨城県）に流れ着いたという話が掲載されている。民俗学者柳田国男が「作り話」と一蹴した通り、日本各地に同様の話は伝わっており実話とは考えづらい。なお、この舟に「悪い」ものを乗せて流すという思想もあったらしく、妖怪鵺の死骸もうつほ舟に乗せて流されている。

優曇華
【うどんげ】物

仏教の説話で、めったにないことの例えとして登場する花。クワ科の実際に存在する植物でもあり、非常に花が見づらい。経典では、咲くのは三千年に一度で、咲いたときは転輪聖王が出現するともされる。

ウラノス
【うらのす】キ

ギリシア神話に登場する天空神。地母神ガイアの子。神々の王としてガイアとの間にティターン族やサイクロプス、ヘカトンケイルなどをもうけるが、彼らの姿を嫌い大地の奥底の冥界タルタロスに幽閉した。これに怒ったガイアと末の息子クロノスの手により、ウラノスは去勢、もしくは殺害され王座から追い落とされた。

参 アフロディーテ

ウリエル
【うりえる】キ

ユダヤ、キリスト教で重要視される天使。手に炎を灯した姿で描かれる。ミカエル、ラファエル、ガブリエルたちと共に四大天使とされることもあるが、『旧約聖書』、『新約聖書』の正典にはウリエルの名は登場しない。各種の偽典の記述によれば、罪人を処罰する地獄の番人であり、最後の審判の際には冥界の門を壊す役割を持つとされる。また、神に選ばれ天に昇った義人エノクの案内役も勤めた。ユダヤ教の伝承ではカバラの知識をもたらした天使であり、エデンの東を守る天使でもある。8世紀の教会会議において天使としての地位を剥奪されたが、後に復権を果たした。

ヴリトラ
【ゔりとら】キ

インドの蛇形の悪魔。巨大な悪魔の軍団を率いて神々と敵対したが、雷神インドラにヴァジュラで貫かれて倒され

50

た。ヴリトラは水をせき止め干ばつを引き起こしていたが、ヴリトラが倒されたことによって、せき止められていた水が解放され、河が流れ始めた。

ウル（神）

【うる】🈂

ウッルともいう。北欧神話に登場する神の1柱。**トール**の妻シヴと巨人（ヨトゥン）の子でトールの継子。アース神族に属する美貌の戦士とされ、弓とスキーを得意としている。決闘の際には加護を求めて名前を唱えられた。「イチイの谷」を意味するユーダリルに住んでいるとされる。ウルの名のもとに誓約が行われるなど古くは有力な神であった形跡があり、デンマークの伝承では追放された**オーディン**にかわって神々を支配していた。

📖『ゲスタ・ダノールム』

ウル（都市）

【うる】🈙

古代メソポタミアの都市。イラクの最南端、ナーシリーヤ市近郊にあるテル・エル＝ムカイヤルに存在した。この地への居住は紀元前5000年ごろから始まっており、シュメールの初期王朝、ウル第3王朝、イシン・ラルサ時代にそれぞれ有力な都市国家のひとつとして繁栄している。都市神は月神ナンナ（アッカドにおける**シン**）。卵型の城壁に囲まれた都市で、その中央にはエテメンニグル（「畏怖をもたらす

基礎の家」の意味）と呼ばれる**ジッグラト**、および神殿があった。ユダヤ教においては、アブラハムの父テラの故郷とされている。

ウルク

【うるく】🈙

古代メソポタミアの都市。現在のイラクのムサンナー県サマーワ市の東方に存在した。都市神は豊穣と愛の女神**イナンナ**。紀元前4000年ごろには都市化していた**ウル**に並ぶシュメール最初期の都市であり、その規模はほかの都市の2倍に匹敵する巨大なものであった。そのため、都市は至高神アンに捧げられたアヌ地区と、イナンナに捧げられたエアンナ地区に分割されている。楔文字の原型となった古拙文字は、この都市で発明されたものである。古代バビロニアの伝説では英雄**ギルガメシュ**が治めたとされ、彼が作ったとされる城壁は約9.5kmにもおよぶ。実際にウルクで発掘された王名表にも、その名が刻まれている。

ウルズ

【うるず】🈂

ウルドともいう。北欧神話に登場する女神の1柱。3柱1組で行動する運命の女神ノルニルの代表格の1柱で、過去、現在、未来のうち過去を担当する。アース神族とされるが、神々の黄金時代を終わらせた3人の巨人（ヨトゥン）の娘と同一視されることも多い。世界樹**ユグドラ**

シルが根を伸ばすウルズの泉のほとりにある館に住み、ユグドラシルが枯れないように泉の水と泥を振りかけているとされる。なお、本来ノルニルはウルズ1柱であったと考える研究者もいる。

参 スクルド、ノルン、ベルダンディ

ウルスラグナ

【うるすらぐな】㊉

ワルフラーン、バフラムともいう。**ゾロアスター教**の補佐的神格である陪神ヤサダの1柱。暴風雨、牡牛、白馬、ラクダ、牡猪（おすいのしし）、15歳の少年、大鴉、牡羊、牡鹿、黄金の剣を手にした勇者の10の**化身**を持つ。悪意ある存在を滅ぼし、祈るものに勝利をもたらすとされる。光明神**ミトラ**の同行者とも考えられていた。

ウルリクンミ

【うるりくんみ】㊉

古代ヒッタイトの神話に登場する巨人。主神**アヌ**に反旗を翻した神、クマルビの子。名前は「クンミ（風の神の守護する都市）の破壊者」を意味する。王位を追われたクマルビは、復讐のため山との間に石の子をもうける。これがウルリクンミで、海底で大地を支える巨人ウベルリの右肩に植えつけられると、数週間で天を突くほどに成長した。神々は彼を排除しようと手を尽くすが、**イシュタル**の誘惑も神々の武器も通用しない。困り果てた神々が

知恵の神エアに助力を求めると、エアはかつて天と地を切り分けた短剣を使うことを提案する。こうしてウベルリの肩から切り離されたウルリクンミは、たちまち海へと転げ落ち、神々の手で焼き物のように粉砕された。

ウルル

【うるる】㊅

オーストラリア大陸にある巨大な一枚岩。ウルルは先住民であるアボリジニの言葉で、イギリスの探検家はこの岩に「エアーズロック」という名前をつけた。アボリジニにとってウルルは聖地であり、精霊が住んでいると考えられていた。

ウロボロス

【うろぼろす】㊉

錬金術や神秘学思想において重要視される、自らの尾をくわえた**ドラゴン**、もしくは蛇の図像。万物の循環性、物質の統一性、再生、原初の混沌など様々な意味合いで解釈されるが、錬金術においては、とりわけ水銀の変化を表すために用いられた。図像自体の歴史は古く、古代ギリシアのヘレニズム時代（紀元前3世紀～紀元1世紀ごろ）にまでさかのぼるとされる。

ウンガン

【うんがん】㊊

ヴードゥー教の指導的立場にある祭司。女性の場合はマンボと呼ばれる。

ヴードゥー教の神々、精霊である**ロア**や先祖霊によって任命されるとされ、その際にランガージュと呼ばれるアフリカ由来の強力な呪文を受け継ぐのだという。実際には共同体の長がこの任にあたっており、長く世襲されたものほど力があるとされている。ロアが信者に憑依（ひょうい）する儀式の管理、信者の育成、**呪医**としての治療行為などその役割は広い。邪悪な魔術師**ボコール**とは表裏の関係にあり、彼らの技術も身につけている。

『雲笈七籤』

【うんきゅうななせん】物

道教の主要な経典を集めて編纂した経典集。北宋の皇帝真宗が命じ、張君房（ちょうくんぼう）が編集責任者となった。120巻からなり、基礎資料から教理書、百科全書の概要まで、広く収録されている。

ウンディーネ

【うんでぃーね】種

四大元素の水に対応する精霊。川や泉に住む。ドイツのフケーの小説『ウンディーネ』やフランスのジロドゥの戯曲『オンディーヌ』の題材とされることで、美しい女性である、気まぐれな性格である、などの特徴が一般的になっていった。

栄光の手

【えいこうのて】物

ヨーロッパの**魔術書**（グリモア）に書かれている魔法の道具。絞首刑になった罪人の手を切り取って血を絞り、塩や硝石、コショウを入れた壺で乾燥させ燭台にしたものとされる。これに罪人の脂で作った蝋燭（ろうそく）を載せ火を灯すと、周囲の人々が眠ってしまう、もしくは使用者が見えなくなると信じられていた。蝋燭ではなく、直接指に火を灯すとする資料もある。主に泥棒やいかがわしい目的のために用いられたとされる。

詠唱

【えいしょう】概

節をつけて歌うこと。また、オペラ内の独唱歌曲アリアの日本語訳。よって、呪文を詠唱する際は節をつけて呪文を歌いあげる。

エインヘリアル

【えいんへりある】王

北欧神話に登場する戦士集団。**ラグナロク**の戦力として、**ワルキューレ**によって戦死者の中から選りすぐりのものが集められた。戦死者の魂のほか、武器で傷ついて死んだものの魂もここに加えられる。彼らは日々**オーディン**の住む**ヴァルハラ**宮殿でもてなされ、昼間は血みどろの戦いを繰り返し、夕方になると甦（よみがえ）って饗宴（きょうえん）を楽しんだ。しかし、ラグナロクで彼らが活躍することはなく、神々は敗北して世界は滅ぼされるとされる。

エヴァンジェリオン

【えゔぁんじぇりおん】概

→福音

エウレカ

【えうれか】概

Eurekaのギリシア語読み。英語ではユリーカ。何かを発見したときの喜びの叫びで、古代ギリシアの哲学者アルキメデスが黄金の冠の純度を計る方法を発見した際にこの声をあげたといわれている。

エヴンニュ・ヴァハ

【えゔぁんにゅ・ゔぁは】地

エヴァン・マッハ、エウィン・ワハなどともいう。ケルト神話における**アルスター**の首都。女王、赤毛のマハによって築かれた。名前は「マハの双子」の意味。現在の北アイルランドの遺跡、ナヴァン・フォートにあったと考えられている。

エーギル

【えーぎる】キ

ギュミル、フレールともいう。北欧神話に登場する神の1柱。巨人族に属しているがアース神族とは一応の同盟関係にあり、妻ラーンと共に海、特に外洋を支配している。黄金の輝きを照明に用いるなど富裕な巨人であり、魔術にも通じていた。スウェーデンとデンマークの間にある**フレーセイ島**（レーセー島）に住んでいたとされる。

エーテル

【えーてる】地

ギリシア語で「空気」もしくは「天空」を意味する言葉で、古代ギリシアにおいて世界を構成する第5の要素と考えられていた物質。近代の自然科学では何もない空間を満たし、光や磁気、熱などを伝達する物質と考えられていた。近代の神秘学思想ではこの考えをさらに推し進め、肉体、霊魂と共に人間を構成する第3の要素で、両者を結びつけているとしている。もっとも、後にエーテルの存在は相対性理論により否定された。なお、現在エーテルと呼ばれているものは、メチルエーテルの略で麻酔、溶剤として用いられている。

エーリヴァーガル

【えーりゔぁーがる】地

北欧神話に登場する川。毒液が流れ、その毒が固まった霜からは毒の霧が漂っていた。原初の巨人**ユミル**を祖とする霜の巨人はこの霜から生じたとされ、そのために狂暴な性質を持っているのだとされる。

参 ヨトゥン

エオス

【えおす】キ

ギリシア神話に登場する暁の女神。**ティターン族のハイペリオン**と**テイア**の娘で、太陽神**ヘリオス**と月の女神**セレネ**とは兄妹の関係。**アフロディーテ**

を怒らせたことから神々よりも人間を愛するようにされ、寿命の短い人間たちとの恋愛に悩むようになった。また、星神アストライオスとの間に北風の**ボレアス**、西風の**ゼピュロス**、東風のエウロス、南風のノトス、さらに様々な星の神をもうけたともされる。

易
【えき】概

中国の民間信仰。世界を陰と陽の要素に分ける**陰陽**の概念に基づき、3つの陰陽の組み合わせであらゆる事象を読み解く占術であり哲学。組み合わせは陽－陽－陽から陰－陰－陰まで8種類あり、これを**八卦**という。また、3つの組み合わせを2つずつ合わせる六十四卦も使われる。伝説では、古代の聖王**伏羲**が八卦を作り、周の文王が発展させて六十四卦とし、孔子が解説をつけたという。

エキドナ
【えきどな】キ

ギリシア神話に登場する怪物たちの母。上半身は女性で下半身は蝮の姿をしている。怪物**テュポーン**との間に地獄の番犬**ケルベロス**や**オルトロス**、毒蛇**ヒュドラー**や**キマイラ**などの子供たちをもうけた。百目の巨人アルゴスに退治されたとされる。

参 スフィンクス

エクスカリバー
【えくすかりばー】物

アーサー王伝説に登場する魔法の剣。アーサーの王位を証明する岩（もしくは金床）に刺さった剣と、その剣が折られた後に湖の淑女から授けられた剣の2振がある。松明30本分の輝きを放つとされ、鞘は持ち主の血を尽きさせず傷を負わせない魔力を持っていた。魔術師**マーリン**は、鞘にこそ価値があるとアーサーに教えるが、この鞘はアーサーの姉モルガンによって盗まれ失われている。また、エクスカリバー自体も奪われることが多く、しばしばアーサーを窮地に陥れた。物語ではアーサーの死後、エクスカリバーは**円卓**の騎士の生き残りの手で湖の淑女に返却されたが、**グラストンベリー**の墓に埋葬されていたという話もある。

参 カリバーン

エクスキュージョナー
【えくすきゅーじょなー】職

英語で刑吏、処刑人、死刑執行人、首切り役人のこと。犯罪者に刑罰を与える役人で、多くの文化圏でその職業柄差別的な待遇を受けてきた。しかし、その一方で名誉職として様々な特権も与えられている。多くは世襲制であり、速やかな刑の執行のための様々な技術を継承していた。文化圏によっては処刑は一種の娯楽であり、あまりにも下手な処刑人には嘲笑や罵倒が浴びせられ、時には暴動が起こることも

あったとされる。

エクソシスト
【えくそしすと】職

祓魔師ともいう。カトリックの職階の
ひとつで、悪魔払いを行う人々のこ
と。ローマ・カトリック教会には17
世紀に成立した悪魔払いの儀式「ロー
マ儀式」が伝えられており、今も多く
の聖職者がこの儀式を学んでいる。悪
魔払いを意味する「エクソシズム」
は、ギリシア語の「exousia」に由来
する言葉で、悪魔払いの本質を表して
いるのだという。実際、ローマ・カト
リック教会の悪魔払いは、「我は全能
の神の名において、汝極悪の霊に厳命
する」という言葉から始まるとされ
る。なお、カトリック以外の教派でも
非公式ながら悪魔払いの儀式は行われ
ている。

エクトプラズム
【えくとぷらずむ】物

霊媒が分泌するとされる霊的な物質。
流動的で主に鼻や口、耳、さらにヘソ
や性器などからも出るとされる。霊を
直接物質化させたり、霊が様々な道具
を操るために用いられるが、光に弱
く、懐疑的な人物がそばにいると出て
こないのだという。19〜20世紀に流
行した交霊会はショー的要素が強いも
のであり、確認されたエクトプラズム
の多くは濡れたモスリン布や噛み砕い
た紙、肺などの動物の組織を用いた紛

い物だった。

エクリプス
【えくりぷす】概

太陽や月の光がほかの天体に遮られて
欠けて見える天体現象。日本語では
「食」または「蝕」。日食は「ソー
ラー・エクリプス」、月食は「ルナ・
エクリプス」。

別 イクリプス

エサギラ
【えさぎら】地

古代バビロニアの神**マルドゥーク**を祀
る神殿。名前はシュメール語で「高き
頭の家」を意味する。**バビロンのジッ
グラト**であるエテメナンキを含む、巨
大な神殿複合体であるが、現在はその
痕跡を残すのみとなっている。

エストック
【えすとっく】物

13〜15世紀のヨーロッパの刀剣。刺
突を目的とした細長い刀身で、断面は
柄付近がひし形で、刃先周辺は丸く
なっている。初期は片手で扱うものが
多かったが、後に両手で扱う長大なも
のも登場した。貫通力が高く、鎖
帷子などであれば突き通すことができ
たとされる。ロシアやポーランドでは
タックと呼ばれていた。

エターナル

【えたーなる】概

英語で「永遠の、不滅の」の意味。詩的表現では、「エターナル・シティ」は永遠の都ローマのこと。また、「ジ・エターナル」で神を指す。

『エタナ神話』

【えたなしんわ】物

断片的なテキストによって知られる古代バビロニアの神話。2つの物語が並行した形で進行していく。1つは強欲な鷲の話で、この鷲は親友である蛇の巣を襲って、その子供たちを食らいつくす。怒った蛇の訴えで、鷲は神々にドブに落とされてしまう。もう1つの物語は疫病に苛まれた都市キシュの話で、神々の指導者エンリルと豊穣と愛の女神イシュタルはこの街を救うべく、新たな指導者として羊飼いのエタナを見いだす。王に即位したエタナは、神の助言に従いドブの中の鷲を見つけ、彼の助力で疫病を癒す魔法の草を手に入れようとした。しかし、物語は彼らが天に向かって飛んで行き、恐怖で墜落するシーンまでしか発見されていない。

エッケザックス

【えっけざっくす】物

ドイツの伝説に登場する英雄ディートリヒの剣。もとはケルンの騎士エッケが、王女から黄金の鎧オルトニトと共に授かった剣だったが、決闘の末エッ

ケを倒し鎧ともども手に入れた。それまでディートリヒはナーゲルリングという剣を愛用していたが、エッケザックスを手に入れたことで、ナーゲルリングは部下のハイメに譲られた。

『エッダ』

【えっだ】物

9～13世紀にかけて成立したと考えられるアイスランド語の北欧古歌謡集。13世紀のアイスランドの詩人スノッリの『新エッダ（散文エッダ）』と、彼が参照したと考えられたことから『古エッダ（歌謡エッダ）』と呼ばれる古写本群の2つに分けられる。『新エッダ』は『ギュルヴィの惑わし』、『詩語法』、『韻律一覧』の3部構成で、神話的内容を多く含む詩の入門書として書かれている。一方、『古エッダ』は30篇前後の詩で構成され、その内容は神話、英雄物語、格言集など幅広い。北欧、およびゲルマン神話の重要な資料とされる。

参 『サガ』、『ヘイムスクリングラ』

エデン

【えでん】地

『旧約聖書』に登場する楽園のある地。天地創造の後、神はエデンに園をもうけて、最初の人間であるアダムとイブを住まわせた。「東のほう」にあり、エデンから流れる川は園でピション、ギホン、チグリス、ユーフラテスの4つに分かれ、園の中央には生命の木と

知恵の木が生えていた。

エトナ火山
【えとなかざん】地

イタリア南西部に位置するシチリア島北東部にあるヨーロッパ最大の活火山。ギリシア神話では鍛冶神**ヘパイストス**の仕事場とされる一方、怪物**テューポーン**がその地下に封じ込められているともされる。

エニグマ
【えにぐま】概

英語で「謎」の意味。また、第二次世界大戦で、ドイツ軍が使った暗号機。

『エヌマ・エリシュ』
【えぬま・えりしゅ】物

古代バビロニアの創世神話。古代アッシリアの都市ニネベの王の書庫から発見され、現在は大英博物館に保管されている。バビロニアにおける重要な聖典であり、新年の祭儀第4日に神官によって朗読されていた。その内容は、古代バビロニアの主神**マルドゥーク**と**ティアマト**の争い、王権確立と世界の創造となっている。

エノク語
【えのくご】概

16世紀のイギリスの女王エリザベス1世の宮廷に仕えた数学者ジョン・ディー博士と、助手で**霊媒**のE・ケリーが**天使**から授かったとされる文字。48文字の表音文字で、天使や精霊などと交信し、彼らのメッセージを記録するために用いられたとされる。20世紀の悪名高い魔術師アレイスター・クロウリーはエノク語を高く評価しており、当時彼が所属していた魔術結社**ゴールデンドーン**でも採用された。もっとも、ケリーが詐欺師であったこともあり、本来エノク語は彼らの発見ではないとする神秘学者も多い。また、エノク語を**アトランティス**の文字と考える人々もいる。

参ネクロマンシー

エバ
【えば】キ
→イブ

エピダウロス
【えびだうろす】地

ギリシアのペロポネソス半島北東部に位置する湾港都市。6世紀後半ごろに**医神アスクレピオス**の聖所が作られ、ギリシア中から多くの人々が治療のために訪れた。彼らはアスクレピオスの聖獣とされる小さな黄色い蛇たちに囲まれて一夜を過ごし、神の到来と治療を待ったとされる。

エピタフ
【えびたふ】概

英語で「墓碑銘」の意味。キリスト教の墓には故人の記録を短い詩にして墓石に刻む習慣があり、これをエピタフ

という。「我が骨を動かすものに呪いあれ」と刻まれたシェイクスピアのエピタフなどが有名。

エペソス
【えぺそす】地

エフェソスともいう。現在のトルコ西部にあった古代都市。小アジア（ヨーロッパとアジアの中継地点）における女神**アルテミス**信仰の中心地で、世界七不思議のひとつにも数えられるアルテミスの大神殿が存在した。この地におけるアルテミスは豊穣の女神であり、多くの乳房を持つ姿で描かれている。

エポナ
【えぽな】キ

ケルト文化圏で信仰されていた馬の女神。馬に乗った姿や馬に餌をやる姿で描かれることが多い。**ガリア**（現在のフランスやベルギーなどを含む地域）での信仰が盛んで、時代が下るにつれローマでも信仰されるようになった。

エメラルド・タブレット
【えめらるど・たぶれっと】物

錬金術の始祖ヘルメス・トリス・メギストスが残したとされる錬金術の書物。その名の通りエメラルドの板に、ごく短いアラビア語とギリシア語で錬金術の奥義が書かれている。古代エジプトで作成されたとされているが、13世紀以前の資料にはその名は見ら

れない。一説にはヘルメス・トリス・メギストスの墓で、遺体が胸に抱いているのが発見されたのだという。

絵文書
【えもんじょ】物

→コデックス

エリクサー
【えりくさー】物

エリキシル、霊薬、錬金薬、万能薬などともいう。錬金術において、対象のあらゆる病を治し、若返らせるとされる神秘の薬。液体とされることが多いが、初期の文献では粉薬とされ、「**賢者の石**」と混同されることも多い。働きかけるものを純化、あるいは良い状態に変成させるという意味では、どちらも働きは同じである。

エリゴス
【えりごす】キ

アビゴル、エリゴルともいう。**イスラエル**の王**ソロモン**が封印、使役したと伝えられる72柱の悪魔の1柱で、60の軍団を率いる地獄の公爵。槍や軍旗、王杓を持つ端正な騎士の姿で現れる。隠された財宝のありかを教え、愛と戦いをもたらす力を持つ。また、兵法に通じ、あらゆる戦術戦略と兵士たちの信頼を勝ち取る方法を教え、必要な物資を調達してくるとする文献もある。

エリス

【えりす】 榊

ギリシア神話に登場する争いの女神。夜の女神**ニュクス**の娘、もしくは軍神**アレス**の妹とされ、労苦、飢餓、戦闘、殺害などの災厄を生み出した。女神たちに不和をもたらし**トロイア**戦争のきっかけとなった、「最も美しい女神へ」と書かれた黄金の林檎を投げ込んだ張本人とされる。

エリューズニル

【えりゅーずにる】 地

北欧神話に登場する館。冥界の女王**ヘル**が住み、病死したものや老衰死したものは、ここでもてなされる。皿は「空腹」、ナイフは「飢え」、ベッドは「病床」と呼ばれるなど、楽園というにはほど遠い場所だった。もっとも、悪神**ロキ**に謀殺された光神**バルドル**のためには、特別に黄金を撒き散らした豪華な館が用意されていたようである。

参 ヘルヘイム

エリュシオン

【えりゅしおん】 地

ギリシア神話に登場する冥界のひとつ。死後の楽園であり、雪や大雨、嵐に悩まされることなく、心地よい西風が吹く土地とされる。神々が気に入った心正しい人々の行く場所で、冥界の裁判官の1人ラダマンテュスによって治められていた。

参 ハルモニア

エリン

【えりん】 地

アイルランドの古い名前のひとつ。ダーナ神族の女神エリウに由来する。ミレシア族がアイルランドに上陸した際、先住していたダーナ神族のエリウとその姉妹バンバ、フォドラが彼らに協力する代わりに、この地を彼女たちの名前で呼ぶように約束させた。この約束が守られ、彼女たちの名前がアイルランドの呼び名として用いられるようになったとされる。

エルサレム

【えるされむ】 地

現在の**イスラエル**とパレスチナにある都市。ユダヤ教、キリスト教、イスラム教共通の聖地。『**旧約聖書**』の時代、**ダビデ**王がこの地をイスラエル王国の首都とし、次代の**ソロモン**王が大神殿を築いた。以来ユダヤ教の中心地であり、ローマ時代にこの地でキリスト教の教祖イエス・キリストは生を受け、十字架にかけられた。イスラム教の預言者ムハンマドは神に導かれて**メッカ**からイスラエルまで「夜の旅」をし、この地から昇天した。各時代で支配勢力は変わり、中世ではイスラム勢力下にあったエルサレムを取り戻すため、**十字軍**が派遣された。第二次世界大戦後、アメリカの後援を受けたユダヤ民族がこの地を含む周辺に現在のイスラ

エルを建国した。

エルダー
【えるだー】地

英語で「年上の、上位の、昔の」の意味。部族などの長老や古老を指す場合もある。エルダー・ツリーはニワトコの木を指す。ニワトコの木はイエス・キリストの磔刑に使われ、裏切り者の**ユダ**が首をつった木ともされ、魔よけになる。

エルドフリームニル
【えるどふりーむにる】物

北欧神話に登場する鍋。**ヴァルハラ宮殿**に集う戦士**エインヘリアル**をもてなすために、料理人アンドフリームニルが魔法の猪セーフリームニルを煮込んでいるとされる。

エル・ドラド
【える・どらど】地

16世紀のヨーロッパで信じられた、南米にあるといわれた伝説の王国。そこでは何もかもが黄金でできており、全身に黄金をまとった王に治められている。

エルフ
【えるふ】種

イギリス、ドイツ、北欧などの伝承に登場する**妖精**。その原型は北欧の**アールヴ**にまでさかのぼることができるとされる。イギリスでは妖精全般の呼び

名として用いられていたが、後に人間に似た小さな妖精たちを指す言葉となった。彼らは独自の王国を持っており、人間とは隔絶した生活をしている。陽気な性格をしているが、人間に悪意を向けるとも考えられていた。緑色の衣服を好み、男性は老人のようで、女性は若く美しい姿をしているのだという。現在の高貴で不死性を持つエルフのイメージは、イギリスの作家トールキンの『**指輪物語**』の影響が強い。

エレウシス
【えれうしす】地

古代ギリシア、アッチカ地方にあった都市。ギリシア神話では娘**ペルセポネ**を冥界神**ハデス**にさらわれた穀物と豊穣の女神**デメテル**が、天界を去って老婆の姿で滞在したとされる場所。デメテル信仰の中心地であり、デメテルとペルセポネを祀り、死後の幸福を約束する「エレウシスの密義」の中心地となった。

エレシュキガル
【えれしゅきがる】キ

古代シュメール・アッカドの女神。冥界の女王。豊穣と愛の女神**イナンナ**の姉。彼女の支配する冥界は7つの高い城壁に囲まれ、その門を通る者は神々といえども無力な裸の姿になることを強いられる。さらに悪霊ナムタルやガルラを遣わして、60もの疫病を地上

に蔓延させることができた。しかし、彼女自身は冥界を出ることを許されていない。情に脆い面があり、イナンナの身代わりに冥界に落とされた**ドゥムジ**に同情し、彼の姉ゲシュティアンナと交代で一定期間地上に戻ることを許している。また、戦争神**ネルガル**に惚れ込み、神々を脅迫して夫として冥界に留まらせたりもしている。

エレボス
【えれぼす】㋖概

ギリシア神話に登場する原初の神の1柱。地下深くの闇を司る。混沌**カオス**から夜の女王**ニュクス**と共に生まれ、ニュクスとの間に神々の住む上天を司る神アイテルと昼の女神ヘメラをもうけた。

エンヴィー
【えんぅぃー】概

七つの大罪のひとつ、「嫉妬」の英語読み。

エンキ
【えんき】㋖

古代シュメールの神。アッカドやバビロニアでは、エアと習合した形で信仰された。水と知恵を司る神で、都市エリドゥの守護神。妻は大地の女神ニンフルサグ。神々の召し使いとなる小神イギギや人間の創造を示唆し、彼らに適した仕事を与えた。また、神々の指導者**エンリル**が人類を洪水で滅ぼそうとしたときには人間の王ジウスドラに警告を発し、危機を乗り越える手段を授けている。人類に文化をもたらしたのも彼である。その一方で、エンキには怠惰でだらしない面もあり、妻ニンフルサグの怒りを買い瀕死の状態まで追い詰められたこともあった。

エンキドゥ
【えんきどぅ】㋖

『**ギルガメシュ叙事詩**』の登場人物。神の血を引く**ウルク**の王**ギルガメシュ**の暴政を阻止すべく、神々が生み出した半獣人。その全身は毛で覆われ、女性のように長い髪を持ち、野獣たちと野に暮らしていた。彼の存在を危険視したギルガメシュは、神聖娼婦を彼のもとに送って誘惑させる。この娼婦との交わりによって獣性を失ったエンキドゥはウルクへと導かれ、倒すべき相手であるギルガメシュと出会う。2人は激しくぶつかり合うが、互いの力量と人格を認め合い親友となる。また、同等の友を得たことによってギルガメシュの暴政も終わった。しかし、エンキドゥはギルガメシュとの冒険の中で彼が犯した罪の代償として、神々から死を賜ることになる。

エンジェル
【えんじぇる】概

→天使

エンシェント
【えんしぇんと】概

英語で「古代の、太古の」の意味。

円卓
【えんたく】物

アーサー王伝説に登場する魔法の机。魔術師**マーリン**の作、もしくはアーサーが結婚した際に花嫁**グィネヴィア**の父から贈られた祝儀の品とされる。「円卓」の名の通り円形で身分の上下なく歓談できるが、その人数は13～150人と物語によってまちまちである。円卓には自動的に座るべき騎士の名前が金文字で書き込まれるが、1つだけ名前のない席があり、これは呪われた席と考えられていた。しかし、後にこの席は円卓の騎士**ランスロット**の息子**ガラハッド**の席であると判明することになる。

参 ガウェイン

エンチャント
【えんちゃんと】概

英語で「魅了する、魔法（呪文）をかける」の意味。チャントは「唱和、聖歌、**詠唱**」、エンは「中に」を意味する。心の中に呪文をかけ、魅了すること。

円柱のイラム
【えんちゅうのいらむ】地

アラビアの伝承に登場する幻の都市。アード大王の息子シャッダードが20年の歳月をかけて建設させた都市で、1千の円柱を持つ金銀宝石で飾られた宮殿を1千も連ねた壮麗なものだった。しかし、このあまりに贅沢な都市は神の怒りに触れ、シャッダードたちはあと1日でイラムに入ろうというところで滅ぼされてしまう。そして後には無人の都市だけが残されたのだという。なお、イラムについては短いながらも『**クルアーン**』で触れられており、有名な話だったことが伺える。

エンブレム
【えんぶれむ】概

英語で「象徴、しるし、記章、**紋章**」の意味。

厭魅
【えんみ】概

蠱毒（こどく）と共に**呪禁道**（じゅごんどう）で用いられた呪術のひとつ。人形や、髪の毛や爪のような対象の体の一部などを用いて、間接的に害を与えることを目的としている。天皇や貴族を狙った呪詛事件が頻発したこともあり、奈良時代に成立した養老律令（ようろうりつりょう）などでは使用を厳しく禁じられていた。藁人形と五寸釘を用いる丑（うし）の刻参りなども、この厭魅のバリエーションのひとつである。

エンリル
【えんりる】キ

古代シュメール・アッカドの神。天の神アンと大地の女神キの子で大気の

神。都市ニップールの守護神。父であるアンの任命のもと、神々の指導者として権勢をふるった。また、人間にツルハシなどの工具を与え、都市の建設を助けている。このため工具の材料となる銅は"エンリルの強き髪"と呼ばれた。立派な王としての役割を持つ一方で、乙女であった女神ニンリルを凌辱し、小神イギギを酷使し、騒々しいという理由から人間たちを滅ぼそうとする暴君的な一面もあった。また、彼の権威は世界の理を記した**天命の石板**に保障されたもので、これを奪われ王座を追われたこともある。
参アンズー

『黄金伝説』
【おうごんでんせつ】物
→『レゲンダ・アウレア』

黄金の夜明け団
【おうごんのよあけだん】概
→ゴールデンドーン

大江山
【おおえやま】地
京都市西北に位置する山。古くは山城国と丹波国、丹後国を結ぶ交通の要所とされた。平安時代に都を荒らしまわったという伝説の残る鬼たちの首領、**酒呑童子**の住処とされるが、こちらの大江山は現在の京都府南部の亀岡郡にある大枝山（老ノ坂峠周辺）のこととする説もある。なお、酒呑童子の

住処に関しては、滋賀県と岐阜県の境にある伊吹山とする資料もあり一定ではない。

オーガ
【おーが】種
オーグルともいう。ヨーロッパの伝承に登場する人食い鬼。巨人の姿をしていることもあれば、人間の姿をしていることもあるなどその姿は一定ではない。強力な魔力を持っているが頭の回転は悪く、知恵や勇気のあるものによって退治される。一説によれば、17世紀の童話作家シャルル・ペローによって用いられ始めたとされる。

オオカムヅミ
【おおかむづみ】キ
意富加牟豆美とも書く。日本神話に登場する神の1柱。**イザナギ**が**黄泉**から逃れる際に、追っ手を追い払うために用いた桃。その功績から、自分を助けたように人々を助けるようにと命じられ名前を与えられたのだという。中国の神仙思想などの影響から、桃には邪気を払い、命を与えるという伝承があり、桃太郎伝説の成立とも関係が深いとされる。

オーク
【おーく】種
イギリスの作家トールキンの『**指輪物語**』を中心とする作品群に登場する亜人種。生命を創造できない悪の存在モ

64

ルゴスが、尖兵とするべく捕らえた**エルフ**たちを改造して生み出したとされるが、作中でもこの経緯ははっきり描かれてはいない。様々な形態や種族が存在するとされるが、おおむね残忍で卑劣な性格をしている。『指輪物語』をモチーフにしたTRPGや、それに続くコンピューターゲームなどで豚の顔を持つ亜人種のイメージが定着し、後の創作に大きな影響を与えることとなった。

オオクニヌシ

【おおくにぬし】🈪

日本神話に登場する**国津神**の1柱。『**古事記**』では**大國主神**と書く。『**日本書紀**』では大己貴神。**スサノオ**の6世代後の孫、あるいは息子。**出雲**の主神で、多くの名前や配偶神を持つ。『古事記』では彼を疎む兄弟神ヤソガミたちから逃れるためスサノオの治める**根の国**に赴き、数々の試練を潜り抜けたとされる。その後、地上に戻るとヤソガミを征伐し、**スクナヒコナ**やオオモノヌシなどの協力を得て国作りに励んだ。**高天原**から国譲りを要求された際には、神としての地位を約束させ引退したとされる。

大俱利伽羅

【おおくりから】🈴

南北朝時代の相模国（神奈川県）の刀工、広光作とされる刀。本来は3尺（約90cm）を越える幅広で切っ先の大きい太刀であったが、短く磨りあげられている。伊達政宗の愛刀のひとつで、差裏（刃を上にして腰に差したときの体側）に大きな俱利伽羅龍（剣に巻き付く龍）の彫刻があることから名付けられた。

オーズレーリル

【おーずれーりる】🈴

北欧神話に登場する釜。**小人**族のフィアラルとガラルが賢者クヴァシルの血から「詩人の蜂蜜酒」を醸すために、壺ボズンとソーンと共に用いられた。そのため、「詩人の蜂蜜酒」そのものと混同されることも多い。賠償の品として巨人スットゥングが所有していたが、彼の娘グンロズを誘惑した**オーディン**によって中身は強奪されている。スットゥングに追いかけられたオーディンは慌てて少量の蜂蜜酒をこぼしたが、これは「へぼ詩人の分け前」と呼ばれ、誰でも飲むことができるのだという。

オーディン

【おーでぃん】🈪

北欧神話に登場する神の1柱。アース神族の主神。原初の男性ブーリの息子ボリと女巨人ベストラの息子で、兄弟2人と共に原初の巨人ユミルを殺害して世界を創造した。帽子を目深にかぶった片目の髭の老人の姿を好むが、黄金の甲冑に身を包んだ姿をとることもある。戦争、魔術、詩芸などを司

り、王侯貴族や詩人から信仰された。知恵の泉の水を飲むため片目を担保として捧げ、首を吊って**ルーン**文字を見いだすなど知識に貪欲で、多くの巨人からも知識を盗み出した。また、**ラグナロク**における戦力を集めるため、王侯、戦士たちに不和の種を巻き、その命を奪ったともされる。北欧のキリスト教化が進むと悪魔、妖怪の類いと考えられるようになった。

參 ヴァルハラ、エインヘリアル、グングニル、スレイプニル、フェンリル、ベルセルク、ロキ

大典太

【おおてんた】物

平安時代の刀工、筑後国（福岡県）三池派の典太光世作の太刀。**天下五剣**のひとつ。太刀としては短く幅広で反りが高い（大きい）勇壮な姿で、柄付近に樋が彫られている。代々足利将軍家に伝えられていたが、後に豊臣秀吉の所有となった。前田利家（もしくは息子の利常）の姫君の病を祓うためにたびたび貸し出され、最終的には前田家の所有となったという逸話が残されている。

オートクレール

【おーとくれーる】物

フランスの叙事詩『ロランの歌』の主人公ロランの親友オリヴィエの愛剣。鍔は黄金、柄は水晶でできている。

參 デュランダル

オーブ

【おーぶ】概

英語で「珠、球体」の意味。また、王権の象徴である、上部に十字架のついた宝玉のことも指す。天体や惑星の意味で使われることもある。

大鎧

【おおよろい】物

平安時代に登場した日本の鎧。上級武士が用いるもので、太刀や弓を用いた馬上での戦いに適した工夫がなされている。反面、重く扱いづらいため、次第に実戦では用いられないようになっていった。

オーラ

【おーら】概

人から発散される雰囲気、香り、気体などのこと。古代ギリシア語の「そよ風、息吹」を意味するアウラに由来する言葉で、近代以降のオカルティズムでは霊的エネルギーの意味でも用いられる。

オガム文字

【おがむもじ】概

アイルランド語、ピクト語圏で2〜3世紀ごろに成立した表音文字。点と直線で構成された20文字のアルファベットで、主に部族名や名前を石碑に残すために用いられた。ケルト神話ではダーナ神族の1柱**オグマ**の発明とされている。

オカルト

【おかると】概

神秘的なこと、超常的なこと。16世紀ごろから用いられ始めた言葉で、ラテン語の「隠されたもの」（オカルティウム）に由来する。具体的には**占星術**、**魔術**、**錬金術**、交霊術、心霊学といった知識のことで、こうした題材を扱う学問を「オカルティズム」、「隠秘学」、「神秘学」などと呼んだ。本来はまじめなものであるが、現在はインチキや迷信といった意味合いを含んで、侮蔑的に用いられることも多い。

『オカルト哲学』

【おかるとてつがく】物

16世紀のドイツの魔術師コルネリウス・アグリッパの手による魔術書。1532年刊行。全3巻からなり、第1巻では自然魔術、第2巻では数学的魔術と宇宙の調和についての秘儀、第3巻では祭儀的魔術と天使、悪魔について記載されている。善霊、悪霊、惑星霊について著した第4巻も存在するが、これはアグリッパの死後弟子が書いた偽書とされている。

オグマ

【おぐま】キ

ケルト神話に登場するダーナ神族の詩芸と弁舌の神。**フォーモリア**族との戦いでは戦士としても活躍した。**オガム文字**の発明者とされ、**ガリア**（現在のフランスとベルギーなどを含む地域）

の神オグミオスとも同一視される。

オケアノス

【おけあのす】キ

ギリシア神話に登場する河神。天空神**ウラノス**と地母神**ガイア**の息子で、世界を取り巻き循環する大河の神格化。**ティターン**族の指導者の1人であったが、大神**ゼウス**たちに味方し神として迎えられた。妻テテュスとの間に3000の河川の神、3000の泉の女神たちをもうけたとされる。

長船

【おさふね】物

備前国（びぜんのくに）（岡山県南東部）長船派の刀工とその作刀の総称。鎌倉時代中期の光忠（みつただ）を祖とする一派で、長船地方を根拠地として室町時代を通じて最も繁栄した。長光（ながみつ）、景光（かげみつ）、兼光（かねみつ）などをはじめ多くの優秀な刀工を排出しているが、それぞれ得意とする作風は異なっている。

『オシァン』

【おしゃん】物

18世紀のスコットランドの詩人J・マクファーソンの歌集。スコットランドの王フィンガル（アイルランドの**フィン・マックール**）の活躍をその息子オシァン（オシーン）が伝えたという古歌を収集、翻訳したものとして発表された。しかし、現在では創作や改編が多くの部分を占めると考えられてい

る。ロマン主義に大きな影響を与え、ナポレオンが戦場で懐中していたという逸話があるほどの人気だった。また、ヨーロッパの王室ではオシァンの息子オスカルなど登場人物の名が子供につけられたという。

オシリス
【おしりす】[王]

イウ・ス＝イル・ス、ウシルともいう。古代エジプトの神の1柱。死と復活、豊穣を司る神で、死者の罪を測り、正しいものには永遠の命を約束した。上エジプトの王の象徴である白冠、アテフ冠をかぶり、牧杖と殻竿を持ったミイラの姿で描かれる。名前の語源に関しては諸説あり、判然としない。地上最初の王として君臨していたが、弟の悪神セトの策略により殺害されたとされる。その死体はバラバラにさればらまかれたが、妻イシスの手で回収、蘇生された。しかし、体の一部を失った不完全な蘇生であったため、結局オシリスは冥界を支配する神となったのだという。ブリシス、アビュドスの2都市を中心に、エジプト各地で崇拝を受けていた。

オセ
【おせ】[王]

イスラエルの王ソロモンが封印、使役したと伝えられる72柱の悪魔の1柱で、3つの軍団を率いる地獄の大総統。王冠をかぶった豹、もしくは人間の姿で

現れる。中世西欧における必須教養科目である自由七科（文法学、修辞学、論理学、算術、天文学、幾何学、音楽）の知識を授け、相手に気づかせることなく姿を変えたり、自分が王であるという妄想にとりつかせたり、秘密を暴き出したりする力を持つ。

『オデュッセイア』
【おでゅっせいあ】[物]

古代ギリシアの詩人ホメロスの作とされる、全24巻の長編叙事詩。トロイア戦争にギリシア勢として参戦したオデュッセウスが、海神ポセイドンなどの妨害を潜り抜けながら故郷イタケに戻り、妻ペネロペに言い寄る求婚者たちを一掃するまでの10年間の航海を描いている。

[参] セイレーン、モーリュ

鬼
【おに】[種]

日本の伝説、伝承に登場する怪物。目に見えない存在や得体のしれない存在を表す「おに」に、中国で幽霊や化け物の総称として用いられた漢字「鬼」をあてたものとされる。幽霊や1つ目の怪物、姿を現さない怪物、人間が妄執から変化した怪物など、古くはその姿も様々であったが、仏教と共に伝わった地獄の獄卒や夜叉、羅刹の姿の影響を受け、現在のような角を生やした強面の巨人の姿で描かれるようになった。なお、牛の角に虎の毛皮の腰

巻は「鬼門」を表す「丑寅」の方角を、3本の指は仏教における「慈悲」と「知恵」の2つの徳を欠くことを表すとされる。

鬼丸

【おにまる】物

鎌倉時代の山城国（京都）粟田口派の刀工、国綱作の太刀。全体が均等に反り、手元から切っ先にかけて緩やかに細くなっている。鎌倉幕府の執権、北条時頼を悪夢で悩ませていた火鉢の飾りの小鬼を、ひとりでに倒れて斬ったという逸話から「鬼丸」と名付けられた。後に豊臣、徳川家の所有となるが、なぜか本阿弥家に預けて遠ざけており、明治時代になると天皇家に献上された。

淤能碁呂島

【おのころしま】地

日本神話に登場する島。**イザナギ**、**イザナミ**の2柱の神が国作りのために天浮橋の上から**天沼矛**で原初の海をかき回した際に、滴り落ちた滴がこの島になった。2柱の神はこの島に降り立つと天御柱を立てて周囲を周り、出会ったところで求婚し国産みを始めたとされる。

オハン

【おはん】物

ケルト神話に登場する魔法の盾。**アルスター**王コンホヴォルの持ち物で、持ち主に危機が迫ると悲鳴をあげるとされる。アルスターとコナハトの戦争において、英雄**フェルグス**の魔法の剣**カラドボルグ**により3度斬りつけられるが、コンホヴォルは傷ひとつ負わなかった。

オベリスク

【おべりすく】物

方尖、方尖塔ともいう。古代エジプトの装飾的、宗教的な記念柱。名前はギリシア語の「焼き串」に由来しており、古代エジプト語ではケテンと呼ぶ。先端部の四角錐は、ヘリオポリスの太陽神殿に安置された原初の丘にして、太陽光の象徴であるベンベン石を模したベンベトネと呼ばれるオブジェで、建造当時には金箔で装飾されていた。主に神殿や墳墓の正面入り口に2柱1組で設置される。なお、近代の記念柱でも、類似する形状のものはオベリスクと呼ばれている。

オベロン

【おべろん】キ

ヨーロッパの民間伝承にたびたび登場する妖精王。ドイツの英雄叙事詩『ニーベルンゲンの歌』では小人の妖精王アルベリヒ、フランスの騎士物語『ボルドーのユオン』では森の妖精王オーベロンが登場する。それらを踏まえて、イギリスの劇作家シェイクスピアが『真夏の夜の夢』で、**ティターニア**を妃とする妖精王オベロンを描き、

以降そのイメージが定着した。

オメガ
【おめが】概

ギリシア文字のひとつ。大文字が「Ω」、小文字が「ω」。アルファベット表の最後に記される文字であることから、「最後、結末」の意味でも使われる。

参 アルファ

オメヨカン
【おめよかん】地

アステカ神話の最高神オメテオトルの住む天界。天界は13層あり、オメヨカンの下に不明な4層、その下に「夜と昼」「塵と空気」「流れ星の蛇」「小鳥と金星」「戦士と太陽」「銀河」「月と雲」の層が続いた。

オモイカネ
【おもいかね】キ

日本神話に登場する天津神の1柱。『古事記』では思金神、『日本書紀』では思兼神などと書く。天地開闢に際して現れた別天津神タカミムスビの息子。アマテラスが天岩屋戸に隠れた際、神々に指示を出してアマテラスを呼び戻すための策を立てた。『古事記』ではアマテラスの側近として天孫降臨に先立つ交渉役を選び、自らも天孫降臨の一行に加わっている。しかし、『日本書紀』ではこれらはタカミムスビが担当しており、ほとんど活躍して

いない。

オラクル
【おらくる】概

古代ギリシア、ローマで神が人を通して伝えたお告げ。神託、託宣。また、神託を告げる巫女や、神託所も指す。『旧約聖書』では、神が預言者に語らせた預言、またはエルサレム神殿内の聖櫃が安置された至聖所のこと。

オラトリオ
【おらとりお】概

キリスト教音楽の一種。聖譚曲。聖書に題材をとった物語や劇に曲をつけたもの。

オリアス
【おりあす】キ

イスラエルの王ソロモンが封印、使役したと伝えられる72柱の悪魔の1柱で、30の軍団を率いる地獄の侯爵。両手に蝮を握った猛り狂うライオンの姿で、蛇の尾を持つ馬に乗って現れる。占星術の知識を与え、人間を望むままに変身させる。また、地位や名誉、友人や敵からの愛情を手に入れさせる力を持つ。

オリジン
【おりじん】概

英語で「起源、始まり、発端」の意味。始祖は「オリジネーター」。原罪は「オリジナル・シン」。

オリハルコン

【おりはるこん】物

ギリシアの哲学者プラトンの著作『**ク
リティアス**』に登場する金属。幻の大
陸**アトランティス**で産出する。金に次
ぐ貴重な金属であり、炎のように燦然
と輝いている。アトランティスの**ポセ
イドン**の神殿は柱や床がオリハルコン
で敷き詰められていた。

オリンポス

【おりんぽす】地

ギリシア北部、古代テッサリアとマケ
ドニアの国境にまたがるギリシア最高
峰を含む山地で、**デルフォイ**、**ドドナ**
に並ぶ聖域のひとつ。「高山」の意味
で、ギリシアには同じ地名が複数存在
している。ギリシア神話においては、
大神**ゼウス**を含む多くの神々の住処と
され、なかでも有力な12柱の神々は
オリンポス12神と呼ばれる。

〇オリンポス12神と対応するローマの神

ギリシア	ローマ
ゼウス	ジュピター
ポセイドン	ネプチューン
ハデス	プルート
ヘラ	ユノー
アポロン	アポロン
アルテミス	ダイアナ
アテナ	ミネルヴァ
アフロディーテ	ヴィーナス
デメテル	ケレス
アレス	マルス
ヘパイストス	バルカン
デュオニソス	バッカス

オルトロス

【おるとろす】キ

オルトスともいう。ギリシア神話に登
場する怪物。**テュポーン**と**エキドナ**の
子で、母エキドナとの間に**スフィンク
ス**やネメアのライオンなどの怪物をも
うけた。2つの頭を持つ猛犬の姿をし
ているとされる。3頭3身の巨人ゲリュ
オンの番犬として牛を守っていたが、
英雄**ヘラクレス**の手で退治された。

オルナ

【おるな】物

ケルト神話に登場する魔法の剣。
フォーモリア族の王テトラの持ち物
で、引き抜かれると自らの来歴を語り
出すとされる。ダーナ神族とフォーモ
リア族の戦争でテトラが戦死したの
ち、ダーナ神族の詩芸と雄弁の神**オグ
マ**が発見した。

オルフェウス

【おるふぇうす】キ

ギリシア神話の登場人物。竪琴の名手
であり、その演奏は神や人はいうにお
よばず、動物や自然物に至るまで感動
させた。オルフェウス教の創始者であ
り、アルゴーの探検隊にも参加してい
る。死別した妻を復活させるために冥
界に赴くが、冥界神**ハデス**の課した
「後ろを振り返ってはならない」とい

う条件を破ってしまい、永遠に妻を失った。

参 アルゴー号、イアソン、ケルベロス、マイナス

オルラスラハ
【おるらすらは】物

ケルト神話に登場する槍。名前は「燃える黄金」の意味。英雄**フィン・マックール**の持ち物として伝えられ、後に**ムーインデルグ**と共にコナハトの王子たちに贈られた。

オルレアン
【おるれあん】地

フランス中部、ロアール川右岸に面する都市。19世紀まではパリをしのぐ商業、文化の中心地だった。古くは古代ローマの将軍カエサルによる**ガリア**侵攻に抵抗する勢力の拠点で、その後も5世紀には街を包囲するフン族の王アッティラを撃退したり、15世紀の百年戦争では**ジャンヌ・ダルク**によってイギリス軍から解放されるなど多くの歴史的戦いを経験している。

オルロフ
【おるろふ】物

呪われた逸話のあるロシアの巨大なダイヤモンド。ロシア貴族グレゴリー・オルロフが巨費を投じて購入し、かつて愛人関係にあった女帝エカテリーナ2世にプレゼントしたことから「オルロフ」の名がつけられている。もっと

も、オルロフはこのダイヤをもってしても、彼女の寵愛を取り戻すことはできなかった。18世紀に行方知れずになったムガル帝国皇帝シャー・ジャハーンの秘宝「グレート・ムガル」とも、ヒンズー教寺院のスリ・ランガ神像の盗まれた目ともされるいわくつきの品であり、オルロフを王笏に飾ったロシア皇室も後に革命で廃絶している。

蛇之麁正
【おろちのあらまさ】物
→ 天羽々斬
（あめのはばきり）

オロバス
【おろばす】キ

イスラエルの王**ソロモン**が封印、使役したと伝えられる72柱の悪魔の1柱で、20の軍団を率いる地獄の王族。かつては座天使（ソロネ）、もしくは天使（エンジェル）の地位にあった。美しい馬の姿で現れ、人間の姿になったときは、神についての様々な知識を語るとされる。権力や聖職者の地位を与え、誘惑の魔の手から守り、敵と和解させる力を持つ。また、問われれば過去、現在、未来について正確に答える。

参 堕天使

陰陽師
【おんみょうじ】職

明治時代まで存在していた律令制度の役所のひとつ、陰陽寮に所属する役人。定員は6名で、地位はあまり高く

ない。**陰陽道**に基づき、物事の吉凶や方位の吉凶を専門に占った。このほか陰陽寮の役人全体や、民間の呪術師の総称としても用いられている。

陰陽道

【おんみょうどう】概

古代中国の**陰陽**、**五行説**に基づいた呪術や学問。6世紀ごろに日本に伝来し、平安時代に隆盛した。天文、歴数（暦）、卜筮（占い）、卜地（土地占い）などによって物事の吉凶を判断する技術であったが、時代が下るにつれ神道や仏教の技法も取り込まれるようになる。明治時代になると迷信として禁止された。

か

ガーゴイル
【がーごいる】種

ガルグイユともいう。本来はゴシック建築における雨樋の飾りの石像のこと。多くが悪魔や怪物の姿をしており、口から雨水を吐き出す。名前はその音を表したものとされる。時代が下ると宗教的な寓意や、魔除けの意味を持たされるようになった。「不信心なものは食べられてしまう」という脅しに用いられることもあり、怪物としてのイメージも一応定着している。

カース
【かーす】概

英語で「呪い、呪いの言葉、呪物」の意味。教会用語としては「破門」を意味し、祝福を意味する「ブレス」の対義語。

カーディナル
【かーでぃなる】職

キリスト教の聖職者の役職のひとつ。日本語では、枢機卿と訳される。カトリックのローマ教皇の最高諮問機関である枢機卿会の会員を指し、ローマ教皇はこの会員の中から選ばれる。

ガープ
【がーぷ】キ

ゴアプ、タアプ、タップともいう。**イ**

スラエルの王ソロモンが封印、使役したと伝えられる72柱の悪魔の1柱で、66の軍団を率いる地獄の総統、もしくは王族。かつては能天使の地位にあった。コウモリの翼を持った巨人の姿で、4人の王を引き連れて現れる。愛憎を煽り、人間を望む場所に素早く移動させる能力を持つ。また、中世西欧で必須の共用科目とされた自由七科（文法学、修辞学、論理学、算術、天文学、幾何学、音楽）や哲学、過去、現在、未来の正しい知識を授け、魔術師から使い魔を奪うともされる。

参 堕天使

カーマ
【かーま】キ

インドの愛の神。神や人に愛欲、恋情を抱かせることができる。妻はラティ（「快楽」の意味）。オウムに乗り、サトウキビの弓と5本の花の矢を持つ。

『カーマ・スートラ』
【かーま・すーとら】物

4〜5世紀ごろにインドの苦行者マッラナーガ・ヴァーツヤーヤナがサンスクリット語で著した性愛の経典。詳細な技法の解説、「処女の巻」「人妻の巻」「遊女の巻」など様々なパターンの女性の口説き方、性愛に効く薬草術などを解説している。

カーリー

【かーりー】⊞

インドの破壊の女神。**シヴァ**の妃**パールヴァティ**の戦いの側面である**ドゥルガー**の怒りの形相から生まれた。三叉戟などの武器と生首を持ち、頭蓋骨の首飾り、死者の手で作られた腰蓑をまとう。

カールスナウト

【かーるすなうと】物

15世紀の物語『アースムンドの子グレティルのサガ』に登場する名剣。主人公グレティルがハーラマル島の富豪トルフィンから贈られたもので、悪霊化したトルフィンの父の塚に眠っていたとされる。切れ味鋭い短剣であるが、グレティルを殺害した釣針のトルビエルンによって奪われた。その際、トルビエルンはこの短剣でグレティルの首をはね、刃の中央に刃こぼれを作ってしまっている。トルビエルンはこれを自慢の種にしていたが、それが原因で彼を追うグレティルの兄に気づかれ殺害された。

ガーンデーヴァ

【がーんでーうぁ】物

『**マハーバーラタ**』の主人公アルジュナが**シヴァ**神から授けられた弓。無比の強弓で、固有の武器としては『マハーバーラタ』内で最も多く登場する。創造神**ブラフマー**が作り、火の神**アグニ**から譲り受けた。

ガイア

【がいあ】⊞地

ギリシア神話に登場する原初の女神の1柱。大地そのものを体現している。混沌**カオス**の次に産まれ、独力で産み出した天空神**ウラノス**との間に巨人**ティターン族**、**サイクロプス族**、**ヘカトンケイル**を産み出した。自分の意に沿わないものの支配は認めず、ウラノスをその息子**クロノス**に、クロノスをその息子**ゼウス**に倒させている。さらにゼウスにも**ギガース**や**テュポーン**のような怪物たちをたびたび差し向けた。

参 オケアノス、カリュブディス、タルタロス、テイア、テミス、デルフォイ、ハイペリオン、ピュトン、ヘスペリデスの園

カイザー

【かいざー】職

「皇帝」を意味するドイツ語。古代ローマの将軍ユリウス・カエサルに由来している。日本ではドイツ皇帝ウィルヘルム2世をこう呼んでいた時期があり、彼のように両端がピンとあがった髭(ひげ)をカイゼル髭という。

海賊

【かいぞく】職

海上の船舶、沿岸地域から略奪を行う集団。その歴史は古く、時には権力者と結びつくこともあった。北欧の**バイキング**やイギリス私掠船団、カリブ海

賊などが有名。日本では、海運を取り仕切った豪族や海軍の俗称としても用いられる。

参 パイレート

外典

【がいてん】物

キリスト教で正典に次いで重要とされる一群の文書。紀元前2世紀から紀元2世紀ごろに成立した13〜16冊の内容が外典として扱われる。天使に関するエピソードなど、より神話的な内容を含む。ユダヤ教では正典ではないとして『旧約聖書』から外されており、キリスト教内でも、宗派によって扱いは分かれている。英語ではアポクリファで、「隠されたもの」の意味のギリシア語に由来する。

カイム

【かいむ】キ

イスラエルの王ソロモンが封印、使役したと伝えられる72柱の悪魔の1柱で、30の軍団を率いる地獄の総統。かつては天使（エンジェル）の地位にあった。鶫（つぐみ）の姿をしているが、細身のサーベルを持ち、炎の中に立つ人間の姿、もしくは頭に羽飾りをつけ孔雀（くじゃく）の尾をつけた人間の姿で現れることもある。鳥や牛、犬の声、波の音の意味を理解し、未来を知る能力を持つ。また、詭弁（きべん）にかけては右に出るものがいないという。

参 堕天使

カイラス山

【かいらすさん】地

インド神話に登場する山。カイラーサとも。シヴァ神の居住地であり、修行する山。中国のチベット自治区にある実在の山地で、ヒンドゥー教とチベット仏教の聖地になっている。伝説では、頂上には巨大なナツメの樹が生えていて、その根元からガンジス川が流れ出ている。

カイン

【かいん】キ

『旧約聖書』に登場する人物。最初の人間アダムの長子。弟アベルへの嫉妬から弟を殺し、人類初の殺人者となり、土から作物を得られない呪いを受けた。しかし、神はカインが復讐を受けないよう印をつけ、カインを殺すものは7倍の復讐を受けるともした。その後カインはノドの地に住み、子孫は遊牧民や楽師、鍛冶師の一族になった。

ガウェイン

【がうぇいん】キ

グワルフメイ、ゴーバン、ギャバンともいう。アーサー王の円卓の騎士の1人。アーサーの甥で、ランスロットのライバルであり親友。午前9時から12時の間は力が3倍になるという能力を持つ。初期の物語では弁舌爽やかで洗練された騎士であったが、時代が下ると粗野で執念深い人物と描かれるようになった。愛馬はグリンゴレット。

カウカソス

【かうかそす】地

黒海とカスピ海の間にある山地。現在のカウカス（コーカサス）山脈の一部。ギリシア神話では大神**ゼウス**に逆らい、人間に火を与えた**ティターン**族の**プロメテウス**が、岩に鎖で縛られ鷲に肝臓をついばまれるという罰を受けた場所とされる。

カウストゥバ

【かうすとぅば】物

インド神話に登場する宝珠。霊薬**アムリタ**を作る際に海中から現れ、**ヴィシュヌ**神の持ち物になった。

ガオケレナ

【がおけれな】物

ゴーカルン、白ハオマ、白ホームともいう。ペルシア神話に登場する**世界樹**。ウォルシャカ海に根を張る大樹で、世界の終末には人々に不死の霊薬を与えるとされる。悪神**アンラ・マンユ**はこの樹を枯らそうと根を食う蜥蜴、もしくは蛙を生み出すが、善神**アフラ・マズダ**はカユと呼ばれる魚を10匹生み出して守らせた。

参 ハオマ

カオス

【かおす】ギ概

ギリシア神話に登場する原初の神。名前は「開いた口、裂け目」の意味で、英語ではケイオスと読む。宇宙が始まる前の無秩序状態「混沌」を神格化したものとされ、男性と考えられている。

参 エレボス、ガイア、タルタロス、ニュクス

『化学の結婚』

【かがくのけっこん】物

17世紀のドイツの神学者アンドレーエの寓意小説。薔薇**十字団**の啓蒙書のひとつで、**錬金術**の奥義を象徴する王と女王の結婚式に、**ローゼンクロイツ**が招待されるという内容である。王と女王は1度殺され、**ホムンクルス**として蘇り、改めて結ばれる。この過程に登場する様々な事象が、各種の寓意になっているのだという。アンドレーエの実在は疑問視されており、彼こそがローゼンクロイツであるとする説や、イギリスの哲学者ロジャー・ベーコンとする説もある。

火浣布

【かかんぷ】物

中国の伝説に登場する布。火中に投じると汚れが落ちる。様々な資料に登場しており、炎火山の草木の皮を織った布、または絶えず燃える不尽の木に棲む鼠、火光獣または火鼠の毛で織った布など、材料、製法には諸説ある。

カグツチ

【かぐつち】ギ

日本神話に登場する火神。『**古事記**』

では火之迦具土神、『日本書紀』では
軻遇突智と書く。母イザナミに大火傷
を負わせて死なせたことから、父イザ
ナギの怒りを買い斬り殺された。剣を
伝う血からタケミカヅチをはじめとす
る8柱の雷や雨の神々が、その死体か
ら8柱の山の神々が生まれたとされる。
また、カグツチの血はそのほかの草木
や石などに滴っており、火を生み出す
原動力になったとも考えられていた。

神楽
【かぐら】概

祭場に神々を迎え、歌舞や音楽を用い
て神を祀る儀式。天岩屋戸に籠った
アマテラスの気を引くためにアメノウ
ズメが舞い踊ったことに由来するもの
とされる。宮中や皇室と関係の深い神
社などで行われる御神楽、民間で行わ
れる里神楽で区別されており、里神楽
も巫女、伊勢流、出雲流、獅子の4種
類の系統に分類されている。

加持祈祷
【かじきとう】概

加持は密教の呪法で、マントラを唱え
印を結ぶことで仏に近い身になり、仏
の力を得ること。祈祷は経を唱え、現
世の利益と災いを避けられるように祈
願すること。加持と祈祷は別物だった
が、密教で加持のための祈祷が盛んに
行われ、一体化して考えられるように
なった。
参 結印

『画図百鬼夜行』
【がずひゃっきやこう】物

江戸時代中期の狩野派の絵師、鳥山石
燕の妖怪画集。「陰」、「陽」、「風」の
3巻で、古典作品や伝説、民間伝承な
どを題材にした52体の妖怪の名前と
姿が描かれている。収録された妖怪に
は、石燕オリジナルの創作も多いとい
う。その内容が評判を呼び、妖怪の解
説がついた続編『今昔画図続百鬼』、
『今昔百鬼拾遺』、『百器徒然袋』
も次々刊行された。

刀
【かたな】物

日本の刀剣類の総称。緩やかに湾曲し
た片刃の曲刀で、平安時代初期に現在
のような形に変化した。室町時代以降
は打刀のことをいう。長さ2尺（約
60㎝）以上で、刃を上向きにして腰
に差す。江戸時代以降は武士の正装と
して脇差と共に用いられた。

カッツバルゲル
【かっつばるげる】物

16世紀ごろのヨーロッパの刀剣。短
くシンプルな両刃の片手剣で、上から
見るとS字型の鍔が特徴となっている。
ドイツ傭兵として名高いランツクネヒ
トなどに愛用されていた。名前はドイ
ツ語で「喧嘩用」を意味しているとさ
れるが、傭兵たちが猫科の毛皮を鞘に
用いたことから「猫」の名をとって
名付けたとする説もある。

カットラス

【かっとらす】物

18～19世紀ごろのヨーロッパの刀剣。主に海軍などの船乗りに愛用された。名前はラテン語でナイフを意味する「クルテル」に由来している。刀身の形状は様々であったが、船上での活動に邪魔にならないように、短めで幅の広い頑丈なものが多かった。

カテドラル

【かてどらる】物

司教が在任しているキリスト教の聖堂のこと。「司教座」と呼ばれる司教の権威を象徴する座席が、聖堂内にもうけられていることからこの名で呼ばれている。「司教座」がもうけられていない場合は、どれだけ規模が大きく壮麗でもカテドラルとは呼ばれない。また、ラテン語の「神の家」からイタリア語ではドゥオーモ、ドイツ語ではドームとも呼ばれている。

カドゥケウス

【かどぅけうす】物

カドゥケウスはラテン語で、ギリシア語ではケリュケイオンという。ギリシア神話に登場する魔法の杖。黄金造りの杖で、2枚の翼があり2匹の蛇が巻き付いている。また、オリーブの枝で作られていたとも、曲がった2本の角を組み合わせ上の開いた8の字をしていたともされる。本来はアポロンの持ち物であったが、竪琴と引き換えに伝令神ヘルメスに譲り渡された。人々を眠りに誘う魔力があるとされる。なお、錬金術ではエジプトの神トートとヘルメスが集合したヘルメス・トリス・メギストスが始祖として扱われており、その持ち物であるカドゥケウスも様々な事象の象徴として重要視されている。また、医神アスクレピオスの杖にも蛇が巻き付いているため、両者が混同されて扱われることも多い。

カトブレパス

【かとぶれぱす】種

ヨーロッパの伝承に登場する怪物。古くは古代ローマの時代から言及されている。眼を見たものは即死し、その息は地面の草花を枯らしてしまうが、頭が極端に重く、動きが遅いためあまり危険ではないと考えられていた。時代により様々な姿で描かれており、ボサボサ毛が生えた豚のような頭が、腸のような細い首で黒い水牛のような体につながっているという奇妙な姿も伝えられている。

『河図洛書』

【かとらくしょ】物

中国の伝説上の図形。「河図」と「洛書」を合わせて指す。「河図」は黄河から現れた竜馬の背に描かれたもので八卦のもとになり、「洛書」は洛水から現れた亀の背に描かれていたもので、『四書五経』のひとつ『書経』の一部のもとになったという。

カナン

【かなん】地

現在の**イスラエル**、パレスチナの地方の古代の名称。エジプトとメソポタミアに挟まれた地域で、古くから様々な民族が都市を築いていた。『**旧約聖書**』では、エジプトから逃げ出したユダヤ人に、神が「乳と蜜の流れる地」であるカナンを与えることを約束した。ユダヤ人は他民族と戦いながらこの地に定住し、イスラエル王国を築いた。

ガネーシャ

【がねーしゃ】王

インド神話の知恵と学問の神。ガナパティとも呼ばれる。右の牙が折れた象の頭で、騎獣は鼠。**シヴァ神と妃パールヴァティ**の子。シヴァはガネーシャの頭を切り落としたが、後悔して象の頭を載せて蘇生させたため、象頭になった。仏教に取り入れられ、歓喜天(かんぎてん)(聖天)となる。

兼定

【かねさだ】物

美濃国(みののくに)(岐阜県南部)関(せき)の刀工、兼定(かねさだ)一族とその作刀の総称。一族の祖である兼定は和泉守(いずみのかみ)と名乗り、銘は兼定の「定」の字をうかんむりに「之」としたため「のさだ」とも呼ばれた。室町時代を代表する名工の1人で、細川忠興(ほそかわただおき)が愛用した歌仙兼定(かせんかねさだ)などの名刀を鍛えている。新撰組副長、土方歳三は会津に居を移した十一代目兼定を愛用し

ていた。

カノン

【かのん】概

→正典

『カノン・エピスコピ』

【かのん・えぴすこぴ】物

『司教法典』ともいう。10世紀ごろに成立した教会関連文書。異教の信仰や魔術を悪魔崇拝と定義する一方で、それらは力を持たない「馬鹿げた迷信」であると切り捨てている。また、それら異教を信仰する人々を憐むべき存在ともしている。後に異端審問や**魔女狩り**に傾倒する教会関係者にとっては都合の悪い文書であり、正式な教会の文書にも関わらず徹底的に存在を無視された。しかし、カノン・エピスコピに描かれる女神ディアナの祭祀などの様子は、後の**サバト**のイメージ成立に一役買っているともされている。

カバラ

【かばら】概

カバラー、カッバーラなどともいう。12～13世紀の南欧で成立したユダヤ神秘主義思想。名前は「口伝されたもの」を意味する。16世紀のユダヤ人スペイン追放を機にヨーロッパ各地に広まり、18世紀ごろまで様々な分野に影響を与えた。**ゲマトリア**などによる経典解釈や敬虔主義的な信仰生活が特徴で、神からの力の流出と世界の創

造、その際に起きた破壊の修復と神的世界への回帰を基本思想としている。

参 アダム・カドモン、クリフォト、ゴーレム、『セーフェル・イェーツラー』、『セーフェル・ソーハル』、『セーフェル・ハ・バーヒール』、セフィロト、テムラー、ノタリコン、魔方陣、メルカバ

ガブリエル

【がぶりえる】天

ユダヤ教、キリスト教、イスラム教において重要視される大天使。イスラム教では**ジブリール**と呼ばれる。ユリの花を持つ柔和な天使として描かれ、女性と考えられることも多い。**ミカエル**、**ラファエル**、**ウリエル**たちと共に四大天使と呼ばれることもある。神意を人々に伝える天使であり、洗礼者ヨハネの誕生を伝え、聖母**マリア**にイエスを妊娠したことを告げる受胎告知を行い、イスラム教の開祖ムハンマドに啓示を与えた。ユダヤ教の伝承では、**イスラエル**の民の祖であるアブラハムの一族を守り、天界で神のために靴を編んでいるとされる。

鎌鼬

【かまいたち】種

構え太刀ともいう。突然皮膚に刃物でつけたような傷ができる現象。血はあまり出ず、痛みも少ないとされる。原因は諸説あり、はっきりとしない。中部地方を中心とした伝承では鼬（いたち）に似た3匹組の妖怪の仕業とされ、1匹目が転ばせ、2匹目が傷つけ、3匹目が薬を塗るのだという。越後地方では古い暦（こよみ）を踏むと現れるとされ、傷の特効薬も暦を焼いたものである。

ガミジン

【がみじん】天

ガミギュンともいう。**イスラエル**の王**ソロモン**が封印、使役したと伝えられる72柱の悪魔の1柱で、30の軍団を率いる地獄の大侯爵。小さな馬やロバの姿で現れ、人間の姿になるとしわがれた声で話す。中世西欧で必須の教養科目とされた自由七科（じゆうしちか）（文法学、修辞学、論理学、算術、天文学、幾何学（きかがく）、音楽）を教え、煉獄（れんごく）にいる魂や溺死者の魂を呼び寄せる力を持つ。質問には明確に答え、召喚した人間の用が全て済むまで去らないのだという。

カムイ

【かむい】概

北海道に居住していたアイヌ族の言葉で、「神」のこと。アイヌ族のカムイは精霊に近い存在であり、人に災いも恵みももたらす。しばしば動物や人の姿でも現れ、特別に美しかったり、優れていたりする動物や人はカムイだとされる。

『機巧図彙』

【からくりずい】物

18世紀の末ごろの土佐の郷士、細川（ほそかわ）

半蔵頼直が書いた日本の機械技術の啓蒙書。首巻、上巻、下巻の3巻構成で、首巻には掛時計、櫓時計、尺時計の3種類の和時計が、上巻、下巻には「座敷からくり」と呼ばれるからくり人形があわせて9種類掲載されている。構造、材料、寸法などが図版と共に書かれた分かりやすい構成で、江戸、大阪、京都の3都で人気を博した。オートマタの歴史を語る上でも欠かせない資料として、国際的にも高い評価を受けている。

ガラティーン
【がらてぃーん】物

アーサー王の円卓の騎士の1人ガウェインの剣。

カラディン
【からでぃん】物

ケルト神話に登場する怪物的一族。一説にはフォーモリアの末裔とされ、一様に片手片足で父親のカラディンを中心に27人の息子と孫1人が毒槍を持って戦った。コナハトの女王メイヴによるアルスター侵攻の際に、英雄クーフーリンと戦い殺害される。その後、残された子供たちはバビロンで魔術を学び、クーフーリンを敵と狙う人々と共に彼を死に追いやった。

カラドボルグ
【からどぼるぐ】物

ケルト神話に登場する魔法の剣。英雄

フェルグス・マク・ロイヒの持ち物で、幅広い刀身と2つの柄を持つ。名前は「痛烈な一撃」の意味。振るうと虹を描き、山の頂を切り落とすほどの切れ味を持っていた。
参 オハン

ガラハッド
【がらはっど】王

ギャラハッドともいう。アーサー王の円卓の騎士の1人。ランスロットと聖杯を守る漁夫王の娘エレインの息子。ダビデの末裔という血統と、父譲りの武勇、汚れのなさから聖杯探索に成功した。パーシバル、ボールズと共にイエス・キリストの聖別を受け、1年間イスラエルの王として活躍したのち天に召されたとされる。強力な力を持つダビデの剣、聖ヨハネの盾を所有していた。

カラミティ
【からみてい】概

英語で「大災害、災難、苦難」の意味。

ガリア
【がりあ】地

ローマ人が「ガリア人」と呼んでいたケルト系部族が居住していたヨーロッパ西部の地域。現在のフランス、ベルギー、オランダ、ドイツの一部、さらにスイスと北イタリアを含む。この内、フランスからスイスまでの地域がガリア・トランサルピナ、北イタリア

周辺がガリア・キサルピナと呼び分けられていた。ガリア・キサルピナは早い段階でローマの支配下に入って共和制ローマ軍の主力をになっており、有力者の政治基盤として機能した。一方、ガリア・トランサルピナもカエサルの遠征により1世紀にはローマに併合されている。

カリナン
【かりなん】物

1904年、南アフリカのプレミア鉱山で発見されたダイヤモンド。名前は、この鉱脈を発見したトーマス・カリナンにちなんでつけられている。原石で3106カラットあり、当時発見されたダイヤモンドとしては世界最大級のものだった。トランスヴァール政府から、誕生日プレゼントとしてイギリス国王ジョージ7世に贈られ、105個（大粒9つ、小粒96粒）に分割された。分割されたといっても、最大のものは依然530カラット以上の大きさを誇っている。カットは宝石商のアッシャー兄弟が担当し、分割されたうち102個が報酬として払い下げられた。最初にカットに手をつけたジョージ・アッシャーは、カリナンが割れた瞬間気絶したという逸話が残されている。

カリバーン
【かりばーん】物

アーサー王伝説に登場する魔法の剣**エクスカリバー**の古名。イギリスでの古い呼び名で、フランスではカリボール、エスカリボールなどの名で呼ばれている。

カリブルヌス
【かりぶるぬす】物

アーサー王伝説に登場する魔法の剣**エクスカリバー**の古名。12世紀に書かれたジェフリー・オブ・モンマスの偽史『ブリタニア列王史』にみられる。

カリ・ユガ
【かり・ゆが】概

インドの時代の概念。ユガはひとつの時代で、黄金時代であるクリタ・ユガ（172万8千年）からトレーター・ユガ（129万6千年）、ドゥヴァーパラ・ユガ（86万4千年）を経て暗黒期であるカリ・ユガ（43万2千年）の時代になる。カリ・ユガには戦争や災害が起き、悪徳がはびこる。カリ・ユガの終わりに**ヴィシュヌ**の**アヴァターラ**のひとつカルキが転輪聖王として出現し、悪を打ち滅ぼしてまたクリタ・ユガが訪れる。現代はカリ・ユガの時代であるとされる。

カリュブディス
【かりゅぶでぃす】キ

ギリシア神話に登場する怪物。海神**ポセイドン**と地母神**ガイア**の娘。もとは人間の姿をしていたが、英雄**ヘラクレス**から牛を盗んで大神**ゼウス**の怒りを買い、海に投げ込まれ大渦の怪物と

なった。カリュブディスの向かいには怪物**スキュラ**が棲んでおり、この海域を通る航海者たちを、そろって苦しめたとされる。

参 アンテモエッサ、セイレーン

ガルーダ
【がるーだ】種

インド神話の霊鳥。また、その一族。「貪るもの」の意味で、天界から神酒**ソーマ**をもたらした霊鳥スパルナ（美しい翼を持つもの）と同一視されることもある。奴隷となった母のために、不死の霊薬**アムリタ**を神々から分け与えてもらった神話が有名。そのことから、母を奴隷にした**ナーガ**族と敵対するようになり、**ヴィシュヌ**神の騎獣ともなった。仏教では、仏教を守護する8つの種族、天竜八部衆のひとつ迦楼羅天となる。「金翅鳥」と訳されることもある。

ガルドル
【がるどる】概

北欧の神話、伝承に登場する呪歌。ガルドル律と呼ばれる特殊な韻律で構成された歌で、様々な効果を発揮する。**オーディン**はこのガルドルの使い手とされていた。また、雷神**トール**が**巫女**にガルドルを用いて頭にめり込んだ砥石をとってもらおうとするものの、彼女を喜ばせようとしてかえって失敗してしまう話も残されている。

カルマ
【かるま】概

ヒンドゥー教、仏教の概念で、業と訳される。自らの行いによって生じた因果の法則のこと。カルマにより、次の生の運命が決まるとされる。

ガルム
【がるむ】キ

北欧神話に登場する怪物。冥界**ニブルヘル**の入り口を守る番犬で、「犬の内で最高のもの」と評される。**オーディン**が冥界に下った際に吠えたてた、胸を血で真っ赤に染めた犬と同一視されることも多い。**ラグナロク**では鎖を引きちぎって地上に現れ、軍神**チュール**と相討ちになるとされる。

『カレワラ』
【かれわら】物

フィンランドに伝わる民族叙事詩。19世紀のフィンランドの医師エリアス・リョンロートが収集した口伝伝承をまとめたもので、リョンロートの創作による部分も多いため批判もあるが、19世紀のフィンランドやロシアに多大な影響を与えた。全50章からなり、老賢者ワイナミョイネン、鍛冶屋イルマリネン、無鉄砲な女好きレンミンカイネンと、彼らと敵対する闇の国の女主人ロウヒをめぐる物語を中心に、悲劇的な若者クッレルヴォの物語や各種の呪歌などが収録されている。物語の最後にはイエス・キリストと思

わせる赤子が誕生し、自分の時代の終
わりを感じ取ったワイナミョイネンは
船出して姿を消すこととなる。

カロリック
【かろりっく】概

熱素ともいう。古代ギリシアで物質の
持つ「熱」を説明するために考え出さ
れた架空の元素。あらゆる物質に浸透
し、熱い場所から冷たい場所に流れ、
打撃や摩擦により押し出されるとされ
る。また、目に見えず、重さを計るこ
ともできない。19世紀にエネルギー
保存の法則により「熱」が運動の一形
態と定義されたため、カロリックの存
在は完全に否定されることとなった。

カロン
【かろん】キ

ギリシア神話に登場する冥界の渡し
守。冥界の川アケロンに船を浮かべる
老人で、1オロボス銀貨を渡し賃とし
て死者たちを**タルタロス**まで運ぶ。銀
貨を持たないものは100年間さまよわ
なければ船に乗せなかった。

含光
【がんこう】物

中国の伝説の剣。戦国時代末期の『列
子』に登場する。**承影**、含光、**宵練**
は孔周という人の持ち物。

干将・莫耶
【かんしょう・ばくや】物

呉の伝説的な刀鍛冶干将が鍛えた2本
の刀。莫邪は干将の妻の名。干将は最
高の素材をもって剣を鍛えたが、素材
同士が溶け合わなかった。そのため、
莫邪の髪と爪を入れた、または莫邪が
炉に飛び込んだという。そうして鍛え
られた剣は、干将には亀甲形の紋様、
莫邪には波紋形の紋様が浮き出た名剣
となった。

ガンダルヴァ
【がんだるうぁ】種

インド神話の半神の種族で、水の精**ア
プサラス**たちの伴侶。天上の音楽師で
あり、神酒**ソーマ**の番人でもある。仏
教では乾闥婆となり、仏教を守護する
8つの種族、天竜八部衆のひとつと
なった。

カンタレラ
【かんたれら】物

15～16世紀にかけて隆盛を極めたイ
タリアの名門貴族、ボルジア家の人々
が用いたとされる毒薬。その処方は歴
代の当主たちに伝えられ、政敵たちを
排除するために用いられたのだとい
う。白い粉末で水に溶けやすく、分量
によって死期を自由に調整できたとさ
れているが、実在が確認されたわけで
はない。一説には数々の毒物と苦痛を
与えたヒキガエルを加工したもので、
その過程でできる2種類の毒のうち1

つがカンタレラ、1つが水薬の「ト
ファーナ水」だとされている。

カンタロス
【かんたろす】物

古代ギリシアで用いられていた壺、も
しくは酒杯。大きな2つの取っ手と高
い足がついている。ギリシア神話で
は、酒と酩酊の神**デュオニソス**の持ち
物のひとつとされる。

カンテレ
【かんてれ】物

フィンランドの伝統楽器。竪琴の一種
で、『**カレワラ**』によれば老賢者ワイ
ナミョイネンが巨大なカワカマスの骨
を用いて作り出したとされる。このカ
ンテレはワイナミョイネンが闇の国ポ
ポヨラから魔法の石臼**サンポ**を強奪し
ようとした際の戦いで海に落ちて失わ
れたが、後に自らの境遇を嘆く白樺、
金銀を嘴から流すカッコウのとまる
樫、乙女の髪などを用いて新たに作り
直された。

ガントレット
【がんとれっと】物

ゴーントレットともいう。英語で籠手
のこと。鎖帷子のミトン状のものか
ら、金属板で指先1本1本を覆う精密
なものまで、時代や地域によって様々
な形状のものが用いられていた。現在
は乗馬、オートバイ用の長手袋の意味
でも用いられている。

ガンド魔術
【がんどまじゅつ】概

北欧の神話、伝承に登場する魔術。
「ガンド」は本来、魔術師の使う魔法
の杖のことをいう。女魔術師の使う魔
術で、自らの霊を飛ばして対象を攻撃
するとされる。この際、女魔術師の霊
は小動物の姿になるとされ、「ガンド
騎行」などとも呼ばれる。

ギアラル
【ぎあらる】地

北欧神話に登場する橋。死者の赴く冥
界**ヘルヘイム**を流れる川ギョッルにか
けられた黄金の橋で、モーズグズとい
う少女が番人をしている。ヘルヘイム
に行くためにはこの橋を渡らなければ
ならない。一説には罪人が渡ろうとす
ると、糸のように細くなってしまう
のだという。

ギガース
【ぎがーす】種

ギリシア神話に登場する巨人族。複数
形はギガンテス。巨大な槍と甲冑を身
につけているが、両足は鱗に覆われ、
爪先は蜥蜴の頭になっていた。神々に
ティターン族を倒された地母神**ガイア**
が産み出したとも、天空神**ウラノス**の
血から生まれたともされる。神々に戦
いを挑むが敗北し、滅ぼされた。

ギガントマキア

【ぎがんとまきあ】概

ギリシア神話における**オリンポス**の神々と巨人**ギガース**との間に起きた戦争。神々の力を結集した総力戦であったとされる。人間の協力を得たほうが勝利するという予言があり、英雄**ヘラクレス**を招いた神々が勝利した。

帰墟

【ききょ】地

中国の東の海、渤海の東にあるとされた底なしの谷。全ての川が流れ込む。

キクリヒメ

【きくりひめ】主

ククリヒメ、シラヤマヒメともいう。日本神話に登場する女神。『**日本書紀**』では菊理媛神と書く。**黄泉比良坂**で言い争っていた**イザナギ**、**イザナミ**を和解させたとされる。その際、何らかの言葉をイザナギにかけたとされるが、内容は伝わっていない。

亀山

【きざん】地

中国、河南省にある山。伝説の皇帝禹が、暴れまわっていた水神の無支祁を捕らえさせ、この山につないだという伝説がある。

騎士

【きし】職

ナイト（英語）、シュバリエ（フラン

ス語）、リッター（ドイツ語）などともいう。中世ヨーロッパで封建領主に仕えた騎馬戦士。当初は職業的戦士集団にすぎなかったが、後に身分として固定化されるようになった。少年時代から**従士**として先輩騎士の下で学び、騎士叙勲によって任命される。封土を与えられる見返りに、軍役や宮廷出仕などの様々な義務を負った。また、騎士道物語の隆盛や**十字軍**遠征などを通じて、「主君への忠誠」、「教会や弱者の保護」、「礼節」などを旨とする騎士道が重要視されるようになる。戦場での戦い方が大きく変化していく近世以降は、戦場よりも政治の場が戦いの舞台となった。

騎士団

【きしだん】概

騎士たちの集団。巡礼地への護衛集団として発生した**テンプル騎士団**をはじめ、中世ヨーロッパでは、各地に大規模な騎士団が複数あった。騎士団員は修道士の誓いを立て、キリスト教徒を守る存在であったため、信徒からの寄付や土地の寄進で生活し、軍備を整えた。

『**鬼神論**』

【きしんろん】物

15世紀のドミニコ派の異端審問官ニコラ・ジャッキエの悪魔学書。悪魔、および悪魔との契約、妖術などに触れている典型的な内容であるが、妖術師

を異端として処刑することを声高に主張する極端な発想によって悪名高い。

奇跡
【きせき】概

「奇蹟」とも書く。既存の物理法則、自然法則では考えられない現象や出来事。信仰の典拠、神の証明とされることもある。キリスト教で、**聖人**として列聖されるためには、奇跡を起こしているかどうかが重要視される。

義賊
【ぎぞく】職

義侠心を持った賊。義侠心とは、強いものに負けず弱いものを助ける心。

偽典
【ぎてん】物

『**旧約聖書**』と**外典**以外のユダヤ教の文書。内容や年代は様々で、一部の宗派には**正典**と認められているものもある。英語ではプセウデピグラファという。

キビシス
【きびしす】物

ギリシア神話に登場する魔法の袋。**ヘスペリデス**の園に住むヘスペリデス、もしくは3人の老魔女**グライアイ**の持ち物とされる。金糸で織られ金銀で飾られた袋で、怪物**メデューサ**の毒に耐えられる唯一のものだった。英雄**ペルセウス**は、この袋を手に入れメデューサの首を持ち帰った。

キマイラ
【きまいら】キ

キメラともいう。ギリシア神話に登場する怪物。**テュポーン**と**エキドナ**の子で、ライオンの頭に山羊の胴、蛇の尻尾を持ち、口からは炎を吐いた。ライオンと山羊、蛇の頭を持つともされる。天馬**ペガサス**の助力を得た英雄ベレロフォンによって鉛の塊を口に差し込まれたため、自分が吐いた炎で溶けた鉛に体内を焼かれて退治された。

キマリス
【きまりす】キ

イスラエルの王**ソロモン**が封印、使役したと伝えられる72柱の悪魔の1柱で20の軍団を率いる地獄の大侯爵。黒い馬に乗った姿で現れる。文字や文法、巧みな言い回しを教え、隠された財宝を見つけだし、人間を勇敢な兵士に変える力を持つ。アフリカの事柄に通じている。

キメラ
【きめら】キ

→キマイラ

奇門遁甲
【きもんとんこう】概

占星術と**易**を使い、方位の吉凶を見て兵を動かすなどする方術。中国の伝説的軍師太公望（たいこうぼう）が釣りあげた鯉の腹から

出てきた書に真髄が書かれていたという。『三国志』の天才軍師諸葛孔明も戦場で駆使したとも伝えられる。

キャメロット

【きゃめろっと】地

アーサー王伝説に登場するアーサーと**円卓**の騎士たちが集う居城。12世紀の叙事詩人クレチアン・ド・トロワの作品『ランスロ』から用いられ始めた。その正確な場所はわかっておらず、イギリス南西部にあるサマセットのカドベリー城をはじめとして、コーンウォールのティンダジェル、**グラストンベリー**、キャメルフォード、ウィンチェスターなど諸説ある。

キャラバン

【きゃらばん】概

英語で「隊商」。もとはペルシア語で、砂漠を渡って商品を運ぶ集団のこと。

ギャラルホルン

【ぎゃらるほるん】物

北欧神話に登場する角笛。アース神族の見張り番**ヘイムダル**の持ち物で、普段は**世界樹ユグドラシル**に隠されていた。**ラグナロク**を前にヘイムダルによって高々と吹き鳴らされ、その音は世界の隅々まで届くとされる。不思議なことに、巨人の賢者ミーミルはこの角笛で知識の泉の水を飲むとされていた。もっとも、ここでの角笛はミーミルに捧げられた「ヘイムダルの耳（聴

力)」と解釈する研究者もいる。

キュウケオーン

【きゅうけおーん】物

ギリシア神話に登場する料理で、ハッカ入りの麦粥、もしくはハッカと小麦粉を入れた飲み物。穀物と豊穣の女神**デメテル**が地上をさまよっていた際、親切にもてなした**エレウシス**王ケレオスとその妻がデメテルの求めに応じて作ったもの。後にデメテルを祀る「エレウシスの密儀」において、欠かせないものとされた。

吸血鬼

【きゅうけつき】種

英語の**ヴァンパイア**の訳語で、血を吸う魔物の総称。生命力や精神力（場合によっては財産も）を奪う存在を含めていうこともある。現在の貴族的な不死者のイメージの多くは、東欧の伝承をもとにした19世紀以降の西欧の吸血鬼文学や演劇、映画の影響が大きい。イギリスの作家ポリドリの『吸血鬼』やアイルランドの作家レファニュの『カーミラ』、そしてストーカーの『ドラキュラ』などがその原点とされる。なお、血を吸う魔物の伝承自体は、古今東西様々な地域で伝えられている。

救世主

【きゅうせいしゅ】概

世界、または人類の滅びの危機を救う

人。英語では**メシア**、またはキリスト
で、キリスト教の救世主イエス・キリ
ストを指すが、**ゾロアスター教**の終末
を救う**サオシュヤント**、**カリ・ユガ**に
現れるカルキ、**娑婆を導くマイトレー
ヤ**など、各地の神話に救世主は登場す
る。

『旧約聖書』

【きゅうやくせいしょ】物

ユダヤ教の**聖典**。ユダヤ教と同じ神を
崇拝するキリスト教とイスラム教でも
聖典とされる。ユダヤ教では単に「聖
書」と呼ばれる。「旧約」は、キリス
ト教徒の見方で、イエスと神の間に結
ばれた契約を新しい契約「新約」と考
えることによる。「律法(トーラー)」
「預言書(ネビーム)」「諸書(カス
ビーム)」の3つに分かれており、そ
の頭文字T、N、Kをとって「タナハ」
とも呼ばれる。成立年代はばらばら
で、律法は紀元前5世紀ごろから認め
られており、神による天地創造から始
まる古いユダヤ民族の歴史が描かれて
いる。次いで紀元前2世紀ごろに預言
書、紀元1世紀のヤムニア会議で諸書
の内容が決まり、**正典**としての聖書の
範囲が定められた。

キュクロプス

【きゅくろぷす】種

→サイクロプス

キュベレ

【きゅべれ】主

古代フリュギアの女神の1柱。「山の
母神」と称され、自然と豊穣を司る。
獅子の引く戦車に乗った姿や、獅子を
従えた姿で描かれ、ザクロや豊穣の
角、アンフォラと呼ばれる壺を象徴と
している。息子アッティスを愛人とし
ており、それに悩むアッティスは松の
木の下で自ら去勢して命を失ったとさ
れる。また、キュベレの男性神官であ
るガッルスは宦官(男性機能を失わせ
た男性神官)で、女性のように着飾っ
ていたことで知られる。キュベレ信仰
はギリシアを経てローマに流入し、紀
元前204年には国家的な女神として公
式に受け入れられた。しかし、その信
仰と伝承は、一部の識者から淫蕩なも
のとして非難されたという。なお、
キュベレは古代ヒッタイトの女神クバ
バを原型とすると考えられている。

僵尸

【きょうし】種

中国の民間で伝えられていた、蘇る
屍。何らかの事情で正式に埋葬されず
ミイラ化した死体が、仮安置された棺
から動き出し、人を襲うという話が、
江南地域を中心に広まっていた。

玉山

【ぎょくざん】地

中国神話の女神**西王母**の住む山。玉石
が多い。

巨人

【きょじん】種

人間よりも大きな体を持つ、人に似た生き物、種族。世界各地の神話や伝承に様々なタイプの巨人が登場している。北欧神話の巨人には神の敵となる**ムスペル**と、ときに協力し、神と結婚もする**ヨトゥン**がいる。ギリシア神話では神と同じ祖から生まれた**ティターン**や**サイクロプス**が知られている。また、中国の**盤古**や北欧の**ユミル**は、原初の力ある存在であり、その巨体から世界が作られている。

参 ヴクブ・カキシュ、ウルリクンミ、ギガース、テュポーン、トロル、ヘカトンケイル

魚腸剣

【ぎょちょうけん】物

中国の逸話に登場する剣。闔閭、または闔閭に命じられた専諸が呉王の 僚を刺殺した際に使った。短い剣で、焼き魚の中に隠して王の前に運び込んだ。

ギョッル

【ぎょっる】地

北欧神話に登場する川。人間の世界のそばを通り、やがて冥界**ヘルヘイム**に至るとされる。生者の世界と死者の世界を隔てる川であり、冥界に入るにはギョッル川に架けられた黄金の橋**ギアラル**を渡らなくてはならない。

巨門

【きょもん】物

道教の星の名前。北斗七星の柄 杓から2番目の星。西洋名はメラク。

麒麟

【きりん】キ

中国の霊獣。雄が麒、牝が麟。いろいろな姿で描かれるが、全体として鹿のような体で角がある。生きている草や虫を踏まないほど情け深く、正邪を見分けることができ、徳が高い人物のもとに現れる。五行思想では、中央、黄色の象徴。

ギルガメシュ

【ぎるがめしゅ】キ

古代メソポタミアの神話に登場する英雄。実在の王ともされる。3分の2が神、3分の1が人間で、優れた容姿と怪力を誇り、父から受け継いだ**ウルク**を治めていた。手に負えない暴君であったが親友**エンキドゥ**との出会いにより、その力を冒険や神々との戦いに向けるようになる。しかし、神々の怒りを買ったエンキドゥの死をきっかけに、ギルガメシュは死を恐れるようになり「永遠の命」を求めて放浪の旅に出た。賢者ウトゥナピシュテムから「永遠の命」が叶わぬ望みと聞かされたギルガメシュは、それでも餞別として「若返りの草」を受けとるが、これを沐浴中に蛇に奪われ失意のうちに帰還したとされる。

き

『ギルガメシュ叙事詩』

【ぎるがめしゅじょじし】物

古代オリエント世界に広く流布していた英雄叙事詩。19世紀にアッシリア（現在のイラン）の古代都市ニネベの図書館跡で発見された。約3000行のアッシリア語が刻まれた12枚の粘土板によって構成されているが、一部の粘土板の欠損がひどく、現在の翻訳は後に発見された粘土板から内容を補われている。英雄王**ギルガメシュ**の活躍と、「永遠の命」の探求が物語の主軸となっている。さらに、『**旧約聖書**』の原型となる洪水神話や死者の世界の描写などがあり、神話資料としての価値も高い。

ギルド

【ぎるど】概

11〜12世紀のヨーロッパで成立した、商人、手工業者の同業組合。メティエ（フランス）、ツンフト（ドイツ）、アルテ（イタリア）などともいう。国王、あるいは領主の認可を受けた組織で、参加する同業者の共存共栄を目的としており、独自の規律や守護聖人を持つ。手工業者の場合は親方、職人、徒弟の序列があり、ギルドの正式なメンバーは親方で、職人、徒弟はその下で雇用、育成される関係にあった。都市部では大きな発言権を持っており、複数のギルドによって運営されていた都市などもある。しかし、16世紀以降は商工業の構造の変化により、次第に衰退した。

『金烏玉兎集』

【きんうぎょくとしゅう】物

正式な書名は『三国相伝陰陽管轄簠簋内伝金烏玉兎集』。平安時代の**陰陽師**安倍晴明の著書とされるが、実際の作者はわかっていない。江戸時代に流行した、占いのやり方や民間の信仰をまとめた「雑書」と呼ばれるジャンルの代表的な1冊。

禁忌

【きんき】概

特定のものを忌んで禁じること。禁じられる対象は言葉、行為、方角、日時など多岐にわたる。**タブー**と近い概念。

キングー

【きんぐー】王

古代バビロニアの神話に登場する神の1柱。原初の母神**ティアマト**が神々に対抗するべく生み出した神で、第2の夫ともされる。**天命の石板**を与えられ軍団の長に任命されるものの、将としての器は敵将の英雄神**マルドゥーク**におよぶものではなく、一睨みで委縮してしまうほどだった。その後、キングーはマルドゥークに敗れて捕らえられ、その血から人類が創造されたという。

『金枝篇』

【きんしへん】物

イギリスの人類、民俗学者フレーザーの著書。表題はイタリアの伝承に登場する黄金の枝の聖樹からとられた。全13巻（12巻＋補巻）からなり、古代や未開部族の呪術、宗教、王権に関する膨大な資料を比較検討する形で、呪術と宗教の区別、農耕や王権と深く結びついた神話、習俗、伝統について論じている。資料が既存の文献に片寄りフィールドワークや現地での確認が行われていないことなどへの批判もあるが、現在の人類学、民族学、民俗学などの発展に与えた本書の影響は計り知れない。なお、クトゥルフ神話においては、なぜか魔術書（グリモア）のひとつとして扱われている。

ギンヌンガガプ

【ぎんぬんががぶ】地

北欧神話に登場する原初の深淵。宇宙の中心に存在する巨大な穴で、北方に極寒の世界ニブルヘイム、南方に灼熱の世界ムスペルヘイムが存在していた。両者から出る冷気と熱気がぶつかり合うため、ギンヌンガガプの中央付近は穏やかな気候だったとされる。そのためか、オーディンとその兄弟たちはここを原初の巨人ユミルの血で満たして海を、そこに肉体を浮かべて大地を作った。もっとも、オーディンたちが、どこかから海と大地を引きあげたとする伝承もある。

吟遊詩人

【ぎんゆうしじん】職

ミンストレルともいう。中世ヨーロッパで、各地を遍歴しながら自作、あるいは他作の詩を音楽にのせて披露した詩人たちの総称。南フランスのトルバドール、北フランスのトルベール、ドイツのミネジンガーなどの種類がある。初期は民族の伝承などをモチーフとしていたが、次第に騎士の活躍を描く武勲詩や、宮廷ロマンスを扱う恋愛詩などが好まれるようになった。宮廷に仕え、地位は安定しており、13世紀にはギルドや学校も作られている。もっとも、バードのようにより世俗的な吟遊詩人たちも存在していた。

グィネヴィア

【ぐぃねづぃあ】キ

グウェンフィヴァル、ギヴィネーレともいう。ブリタニアの王アーサーの王妃。初期の物語では王権の象徴であり、モードレッドをはじめ、多くの悪漢から狙われ拉致された。後の物語ではランスロットとのロマンスの主役となるが、性格は嫉妬深く短慮な女性として描かれている。アーサーの死後は自らの罪を悔いて修道院で過ごし、後にアーサーと共に葬られた。

参 円卓

クーフーリン

【くーふーりん】キ

ケルト神話に登場する英雄。アルス

ターの赤枝騎士団最強の戦士。名前は
「ホランの番犬」の意味で、誤って殺
してしまった番犬の代わりを申し出た
ことに由来する。本来の名前はセタン
タ。ダーナ神族の光神**ルーグ**の息子、
もしくはその生まれ変わりとされる。
普段は黒髪で小柄な髭（ひげ）のない若者だ
が、激しい戦いの際には怪物のような
姿になり、また色彩豊かな神々しい姿
になることもある。命より名誉を重ん
じ、若干33歳で彼を 敵（かたき） と狙うものた
ちの手にかかって**ゲッシュ**を破り命を
落とした。

別 クー・ホリン
参 ゲイボルグ、フェルグス・マク・
ロイヒ

クー・ホリン
【くー・ほりん】囲
→クーフーリン

グール
【ぐーる】種
アルグールともいう。アラビアの伝承
に登場する怪物。墓場や戦場跡に現れ
死体を好んで食べることから、屍（し） 喰（しょく）
鬼（き）などとも呼ばれる。自分で獲物とな
る人間や動物を殺して食べることもあ
るが、それ以外の食物はほとんど口に
しない。美しい女性のグールが人間に
嫁ぐ話も残されているが、多くの場合
正体を見破られ退治されている。

ククリ
【くくり】物
グルカナイフともいう。ネパールの**グ
ルカ**族が用いる伝統的なナイフ。片刃
で先端が太く、切る側に湾曲した形状
で、柄付近には女性器を象徴するくぼ
みが彫り込まれている。重心が切っ先
付近にあるため、見た目よりずっと扱
いやすい。本来は山岳地方に住むグル
カ族の日用品であるが、勇猛果敢で知
られるグルカ兵が軍用に用いて有名と
なり、現在は多くのメーカーでククリ
を模したナイフが作られている。

『九鬼文献』
【くきぶんけん】物
「くかみぶんけん」とも読む。日本の
超古代史、および新興宗教である「九
鬼神道」の教義を著した偽書。昭和
14年（1939）年に"発見"されたと
され、国体歴史篇3巻、神伝秘法篇20
巻、兵法武教篇11巻、外篇4巻からな
る。ほかの新興宗教系の偽書と異な
り、超古代史よりも技術伝承に重きを
置いており、武術やたたら製鉄の技を
伝えている。

参 『竹内文献』、『東日流外三郡誌（つがるそとさんぐんし）』

ククルカン
【くくるかん】囲
→ケツアルコアトル

草薙剣

【くさなぎのつるぎ】物

日本神話に登場する神剣。『古事記』では草那藝剣などとも書かれる。皇位継承権を象徴する**三種の神器**のひとつ。皇子ヤマタケルが火計で窮地に陥った際、この剣で周囲の草を薙ぎ払って難を逃れたことから名付けられた。もともとの名前は**天叢雲**。盗難や戦乱などにより何度も紛失しているが、その度に何らかの形で戻ってきた。直接見ると死ぬとされるが、**熱田神宮**の伝えるところによると、刀身は白く菖蒲の葉に似た形で中ほどが太く、柄付近は魚骨のようになっているとされる。

九字

【くじ】概

臨、兵、闘、者、皆、陣、列、在、前の9つの文字のこと。この字を唱えながら縦に4本、横に5本の線を引くと、勝利を得ることができる。中国の兵法が発祥で、**修験道**などで用いられる。

グシオン

【ぐしおん】キ

グサイン、グソオンともいう。**イスラエル**の王**ソロモン**が封印、使役したと伝えられる72柱の悪魔の1柱で、40の軍団を率いる地獄の公爵。犬の頭をした人間の姿で現れる。全ての質問、特に過去、現在、未来の事柄に答え、名誉と威厳を与え、敵対するものを和解させる力を持つ。

クシナダヒメ

【くしなだひめ】キ

日本神話に登場する**国津神**の1柱。『古事記』では櫛名田比売、『日本書紀』では奇稲田姫と書く。**出雲**に住むアシナヅチ、テナヅチ夫婦の娘。**ヤマタノオロチ**の生け贄にされるところを**スサノオ**に助けられ、スサノオの妻となった。上に7人の姉がいたとされるが、全員ヤマタノオロチの犠牲になっている。『日本書紀』では**オオクニヌシ**の母とされる。

九頭竜

【くずりゅう】キ

日本の伝説、伝承に登場する**龍神**。名前の通り9つの頭を持つ。仏教においては水天**ヴァルナ**に仕える存在で、その力は数ある龍神の中でも際立ったものとされる。日本では九頭竜川流域や戸隠、箱根、京都などに社があるが、それぞれ現地に棲んでいた龍が説得、退治などされ祀られたものが多い。戸隠の九頭竜は生き神であり、言い伝えによれば深夜に炊いた米3升を供えると、明け方にはなくなっているのだという。また、梨が好物で、これを供えるか食べないことを約束すると虫歯を治してくれるともされる。一方、京都では弁財天がその正体と考えられ、九頭竜弁財天として信仰を受けてきた。なお、一部の創作では「くとうりゅ

う」と読み、クトゥルフ神話と結びつけられることもある。

参 ヤマタノオロチ

口伝
【くでん】概

技術、伝承などを口頭で伝えること。口授とも。

クトニア
【くとにあ】キ

ギリシア神話で冥界の神々を指す形容詞。一部の惑星の名称としても用いられる。また、アテナイ王エレクテウスの末娘の名前。アテナイと**エレウシス**との戦争において、神託により勝利を得るための生け贄に選ばれ、自ら命を絶った。2人の姉妹も彼女の後を追ったとされるが、姉妹は生き延びたとする資料もある。

国津神
【くにつかみ】種

地祇ともいう。日本神話に登場する神々。天孫降臨以前から**豊蘆原瑞穂国**に住みついていた神々がこう呼ばれる。**天津神**より下に置かれることもあるが、**出雲**の主神**オオクニヌシ**のように、天孫降臨後も大きな勢力を誇る神々も存在した。

グニパヘッリル
【ぐにぱへっりる】地

北欧神話に登場する洞窟。冥界**ヘル**へ

イムに通じる洞窟で、その前には冥界の番犬**ガルム**がつながれていて冥界に向かう死者たちを威嚇していた。

クヌム
【くぬむ】キ

フヌム、ヘネムウともいう。古代エジプトの神の1柱。角が大きく開いた野生の牡羊の頭部を持つ男性、あるいは牡羊の姿で表される。ナイル川の第一瀑布にあるエレファンティネの古い神で、そこで妻サテト、アヌケトと共に崇拝を受けていた。また、ヘル＝ウェルでは命の女神**ヘケト**を妻としている。ナイルの洪水、洪水のもたらす肥沃な粘土、生命の再生を司り、時代が下ると陶工の神、世界の起源となる原初の卵を造る創造神ともされた。また、荒々しい牡羊の姿から、繁殖や異民族を退ける神としても崇拝されている。後に太陽神**ラー**、冥界神**オシリス**、大気の神シュウ、大地の神**ゲブ**と結びつけられ、その魂の集合体としても扱われた。

参 プタハ

グノーシス主義
【ぐのーしすしゅぎ】概

1〜3世紀にかけてエジプトのアレキサンドリアなどの地中海周辺地域に興った宗教思想運動。名前はギリシア語の「gnosis」に由来している。極端な二元論、「認識」による神の直視と救済、至高の存在からの神的要素の

流出と回帰を思想の主軸としており、東洋や中近東の宗教哲学、ギリシアのプラトン主義などの影響が強い。2世紀のアレキサンドリアの司教オリゲネスによってキリスト教にも導入された。しかし、イエス・キリストの受難と昇天を、流出と回帰の象徴に過ぎない絵空事と断じたため、異端思想として弾圧をうけている。

供物

【くもつ】概

「ぐもつ」とも読む。神仏に祈願、占い、懺悔などの目的で供える飲食物、物品などの総称。古くは神と人とをつなぐための行為であり、飲食物であれば祭祀の後に共食され、物品であれば祭祀の参加者に分け与えられた。しかし、神仏への進呈物としての考えが強まると、祭祀の後に破棄されたり、一種の財源として扱われるようになる。そのため、時代が下ると金銭で代用されることも多くなった。

九曜

【くよう】概

インド占星術の概念で、太陽系の5つの惑星と太陽、月の7つを指す**七曜**に架空の天体である羅睺星と計都星の2つを加えたもの。サンスクリット語ではナヴァグラハという。羅睺星は目には見えないが、太陽の通り道である黄道と、月の通り道である白道の交わるところにひそみ、蝕を引き起こす星と

された。計都星は不規則に現れる凶星であり、彗星や蝕の際に見える太陽のコロナではないかと考えられている。

クラーケン

【くらーけん】種

北欧の伝承に登場する海の怪物。18世紀の神学者ポントピダンの『ノルウェー博物誌』以降有名になった。島と間違えるほどの巨体と船のマストほどの巨大な触手を持つとされる。香気や糞で魚をおびき寄せ、それを餌としており、その食事は数ヶ月にも及ぶ。そのため豊漁のシンボルとされたが、その一方で船を海に引きずり込むとも信じられていた。

グライアイ

【ぐらいあい】キ

ギリシア神話に登場する3人1組の魔女。名前は「老婆」の意味で、その名の通り老婆の姿をしている。また、1つの目、1つの歯を3人で使いまわしていた。**ゴルゴン**たちの姉妹であり、英雄**ペルセウス**に脅迫され、泣く泣く彼女たちの居場所を教えたとされている。その際、魔法の品々を彼に与えたとする伝承もある。

クラウン

【くらうん】物

英語で「栄冠、王冠」の意味。派生して、王位や王権、国王そのものもクラウンと呼ばれることもある。皇太子は

「クラウン・プリンス」と称される。

グラシャ＝ラボラス
【ぐらしゃ＝らぼらす】（キ）

カークリノラース、カーシモラルともいう。**イスラエル**の王**ソロモン**が封印、使役したと伝えられる72柱の悪魔の1柱で、36の軍団を率いる地獄の総統。**グリフィン**の翼を持つ犬の姿で現れる。あらゆる芸術と科学を即座に教え、過去、現在、未来の事柄に詳しく、人間を透明にする力を持つ。また、人々に殺人や流血の惨事を引き起こすようにそそのかす。**ナベリウス**の乗り物にすぎないとする文献もある。

グラストンベリー
【ぐらすとんべりー】（地）

イギリス南西部の田舎町。古くは湿地であり、冬になると海水が流れ込んで湖のようになった。アリマタヤのヨセフが**聖杯**を持ち込んだという伝説があり、5世紀にはすでに修道院が立てられている。また、12世紀に起きた修道院火災の修復工事中、**アーサー**王の墓が発見され話題になった。もっとも、修道院は現在史跡となっており、墓の埋葬物も17世紀の宗教改革の際に盗掘され残っていない。かつての地理的状況とアーサー王とのつながりから、この地が異界**アヴァロン**と考える研究者もいる。

グラズヘイム
【ぐらずへいむ】（地）

北欧神話に登場する土地、もしくは建物。名前は「喜びの世界」を意味する。**オーディン**の**ヴァルハラ**宮殿の建つ場所とされるが、神々の住む黄金作りの建物とされることもある。

クラブーサハ
【くらっぶーさは】（物）

ケルト神話に登場する剣。名前は「灰色の杖」の意味。英雄**フィン・マックール**の持ち物として伝えられ、フィアナ騎士団の生き残りキィルタの手によって聖パトリックに譲渡された。

グラディウス
【ぐらでぃうす】（物）

紀元前7世紀～紀元5世紀ごろのヨーロッパの刀剣。ラテン語で「刀剣」を意味する。ローマ軍で用いられていたグラディウスは短く幅の広い両刃の片手剣で、切っ先が鋭く、振り回すよりも突き刺すことに優れていた。盾を構えて整然とした隊列で戦う、ローマ軍独特の集団戦で威力を発揮したとされる。

グラディエーター
【ぐらでぃえーたー】（職）

ラテン語のグラディアトルの英語読みで、古代ローマの奴隷階級のひとつ。剣闘士、剣奴ともいう。特別な訓練を受け、円形闘技場などで真剣勝負を披露した。本来は古代エトルリアの葬送

儀礼であったが、紀元前3世紀ごろ
ローマに取り入れられ娯楽化したと考
えられている。多くの場合、奴隷、戦
争捕虜、罪人がグラディエーターと
なったが、皇帝自らが競技に参加する
こともあった。もっとも、その扱いに
は批判も多く、スパルタクスのように
反乱に走るものも出ている。キリスト
教の隆盛と共に下火になり、4世紀末
ごろに廃止された。

グラトニー

【ぐらとにー】概

七つの大罪のひとつ、「暴食」の英語
読み。

グラビティ

【ぐらびてぃ】概

英語で「重力」の意味。無重力は「グ
ラビティ・ゼロ」。

鞍馬山

【くらまやま】地

京都市北東部に位置する山。牛若丸こ
と　源　義経が中腹にある鞍馬寺に預
けられた際、天狗たちから兵法と武術
を学んだという伝説が残されている。
天狗たちは奥の院や魔王堂の周辺を住
処としており、太郎坊を中心に様々な
天狗たちが集まっていたのだという。
魔王堂には太郎坊が祀られているとさ
れているが、実はその正体は金星から
来たサナートクラマという魔王だとす
る説もある。

グラム

【ぐらむ】物

北欧神話に登場する名剣。ドイツの
ジークフリート伝説では**バルムンク**と
呼ばれる。上流から流した毛糸の束を
水のように両断し、金床を真っ二つに
する切れ味を持っていた。**オーディン**
がヴォルスング家の婚礼に現れて樹に
突き刺した剣が原型とされる。この剣
はヴォルスング家の英雄シグムンドの
持ち物となるが、彼を**エインヘリアル**
に加えようとするオーディン自身の手
で折られた。シグムンドの息子**シグル
ズ**を引き取った鍛冶屋レギンがこの剣
の残骸から鍛えたのがグラムとされ
る。レギンの兄で竜に姿を変えた**ファ
ブニール**退治に用いられ、その後もシ
グルズの活躍を支えた。

参 アンドヴァラナウト

クラン

【くらん】概

氏族ともいう。共通の先祖を持つとい
う認識で結ばれた集団、共同体。多く
の場合、先祖は神話的、伝説的存在で
系譜は曖昧であり、血縁関係が明確な
集団は別にリネージとも呼ばれてい
る。同じ氏族名を持つ複数の家族で構
成されており、地位や財産の相続は家族
ごとに父系、あるいは母系で一本化さ
れている。排他的な面があり、婚姻な
どについても氏族内の意見が強い。古
代社会では氏族間での合議を中心とす
る氏族制度も存在したが、権力構造の

強大化、複雑化によって次第に影響力を失っていった。

グリード
【ぐりーど】㊂

七つの大罪のひとつ、「貪欲」の英語読み。

クリシュナ
【くりしゅな】㊎

インドの叙事詩『**マハーバーラタ**』の英雄。**ヴィシュヌ神**の**アヴァターラ**のひとつでもある。『マハーバーラタ』の主人公アルジュナを助け、戦争で目覚ましい活躍をする。猟師が誤って放った矢に足の裏を射られて最期を遂げる。

クリス
【くりす】㊩

16世紀から現在まで用いられている東南アジアの短剣。左右非対称の刀身に多くの装飾が施されている。マレー半島のクリスのように特徴的な波打つような形状のものもあるが、ごくシンプルな形状のものもあった。主に儀礼目的で用いられたとされる。

『クリティアス』
【くりてぃあす】㊩

古代ギリシアの哲学者プラトンの著作。『**ティマイオス**』の続編にあたり、哲学者ソクラテスとクリティアスという人物の会話で進む、対話篇と呼ばれる形式で書かれている。理想国家**アトランティス**について語られているが、大神**ゼウス**が堕落したアトランティス人を罰することに決めたところで終わるという未完の作品で、その後の物語がどのように展開するのかわかっていない。

クリフォト
【くりふぉと】㊂

クリポート、ヒツォーニムともいう。ヘブライ語で「殻」を意味する。ユダヤの神秘主義思想において、**アダム・カドモン**が堕落した際に産み出されたとされる悪しき存在。神が発した力の源である「閃光」を閉じ込めてしまう殻で、人間の罪を糧として厚みと強靭さを増すとされる。**カバラ**思想は、「閃光」をクリフォトから解放、修復して神のもとに戻すことを目的のひとつとしている。

グリフォン
【ぐりふぉん】㊮

グリュプス、グリフィンともいう。ギリシア神話に登場する怪物。鷲（わし）の頭とかぎ爪の前足、翼を持ったライオンの姿をしている。世界の北の果て、もしくはインドの北方に棲むとされ、黄金を好んで集める習性があった。そのため、アリマスポイ人などの周辺住民から常に黄金を狙われ争ったとされる。

クリムゾン

【くりむぞん】概

色の名前。深く濃い紅色。血生臭い、顔を紅潮させる、激しい、などの意味でも使われ、苛烈なイメージがある。

グリモア

【ぐりもあ】物

グリモアール、黒の書ともいう。中世以降のヨーロッパで流布していた魔術書の総称。その内容は雑多で、悪魔や天使、惑星の霊といった存在を使役する方法、護符の作成方法といった固いものから、恋愛や金銭の悩みなど身近な問題を解決するための「おまじない」まで様々であった。権威付けのために『旧約聖書』のモーセやソロモン、魔術師、はては法王などが作者として名をあげられている。15世紀以降は安価な印刷版も出回るが、伝統的に手書きの写本のほうが効果があると考えられていた。当時の教会各派はこれらを危険視しており、関係のない多くの書物までもが「禁書」とされている。

参栄光の手

クリューサーオール

【くりゅーさーおーる】キ

ギリシア神話の登場人物。海神ポセイドンと怪物メデューサの息子で、天馬ペガサスの兄弟。英雄ペルセウスがメデューサの首を切った際、その血だまりから生まれた。黄金の剣、もしくは槍を持つ勇猛な戦士で、3頭3身の怪物ゲリュオンの父になった。

グリンブルスティ

【ぐりんぶるすてぃ】キ

グリンブルスティンともいう。北欧神話に登場する魔法の猪。豊穣神フレイの乗り物で、小人族（ドヴェルグ）のブロッグとシンドリによってミョルニル、ドラウプニルと共に作り出された。黄金の毛皮を持ち、夜でも昼でも、空でも海上でも、どんな馬よりも速く走ることができる。さらに、夜でも暗黒の国でも周囲が暗くならないほど輝いていた。なお、ブロッグたちは悪神ロキと「イーヴァルディの子ら」より優れた品が作れるか賭けをしており、これらの宝物で見事勝利を勝ち取っている。

参 グングニル、スキーズブラズニル、ドラウプニル、ミョルニル

『クルアーン』

【くるあーん】物

『コーラン』ともいう。アラビア語で書かれたイスラム教の根本経典。その内容はアッラーが大天使ジブリールを通じて開祖ムハンマドに啓示したものとされ、『旧約聖書』、『新約聖書』と共通部分の多い天地創造、最後の審判などのイスラム的世界観の解説に加え、宗教規範、法的規範、異教徒へのメッセージなど多岐にわたる。現在の形に編纂されたのは、7世紀の第3カリフ（イスラム教最高指導者）、ウス

マーンの時代で、一説には章の最初と終わりが類似した内容になる円環構造をしているのだという。名前には「読誦されるもの」という意味があり、音楽的にも優れている。原典に忠実であるべきと考えられており、本来は翻訳は認められていない。

参 サバーニーヤ

クルースニク
【くるーすにく】種

クレスニクともいう。東欧の伝承に登場する善の精霊、吸血鬼狩人の集団。白い胞衣（羊膜）をかぶって産まれた子供や12人兄弟の12人目がなるとされ、一定の年齢に達すると仲間たちに迎え入れられる。赤い胞衣をかぶって産まれたクドラクをはじめとする吸血鬼や魔女の仇敵で、地域や共同体の禍福をめぐって火炎や動物の姿に変身して激しく争うのだという。

参 ダンピール

グルカ
【ぐるか】種

ネパール中部の山岳地帯に住む民族。勇猛さで知られ、18世紀に周辺地域を制圧してグルカ朝（現ネパール王国）を建国した。19世紀にインド方面に進出したイギリスに敗北して従属国となるが、グルカ兵は英領インド軍の中心的な戦力として活躍したとされる。

参 ククリ

クルセイダー
【くるせいだー】職

→十字軍

クルセイド
【くるせいど】概

→十字軍

クル・ヌ・ギア
【くる・ぬ・ぎあ】地

古代シュメール・アッカド神話に登場する冥界。名前は「帰還することのできない土地」という意味。冥界の女王エレシュキガルの領土であり、知恵の神エアが治める甘い水の世界アプスの下に存在している。7つの高い城壁に囲まれており、その門をくぐるごとに1枚ずつ衣服をはぎとられていく。最後の門をくぐり終えたときには、丸裸でまるで死体のような様相になってしまうという。また、暗く寂しいこの場所は、乾燥して埃が舞い散っておりここに住む死者たちは土埃くらいしか食べることができない。

グルファクシ
【ぐるふぁくし】キ

北欧神話に登場する名馬。巨人フルングニルの自慢の1頭で、オーディンのスレイプニルに劣らずに走ることができた。そこで、オーディンは策略でフルングニルを雷神トールと決闘させ殺害し、この名馬を得ようとする。しかし、トールはグルファクシを息子のマ

グニに与えため、オーディンのもくろみは脆くも崩れさった。

グレイプニル
【ぐれいぷにる】物

北欧神話に登場する魔法の紐。一見すると絹のように滑らかで柔らかい紐にしか見えないが、ほどこうとすればするほど食い込み切れることがない。日に日に巨大になる魔狼**フェンリル**を恐れた神々が**スヴァルトアールヴヘイム**の住人、もしくは**小人**（ドヴェルグ）族に作らせたもので、猫の足音、女の髭（ひげ）、山の根、熊の腱、魚の息、鳥の唾（つば）を材料としていた。これらのものは根こそぎ材料にされたので、現在は残っていないことになっている。

クレイモア
【くれいもあ】物

15～18世紀ごろのヨーロッパの刀剣。両刃の両手剣で、切っ先側に開いた緩やかなV字型の鍔（つば）の両端にクローバーを象徴する輪飾りがつけられている。長さは一定ではなく、2mを越えるようなものもあった。名前はゲール語の「巨大な剣」（クラゼヴォ・モル）に由来しており、スコットランド高地地方の戦士**ハイランダー**に愛用された。英国、米国軍の対人地雷の名称としても用いられている。
参 ダーク

クレセント
【くれせんと】概

英語で「三日月」の意味。オスマン帝国の旗に三日月が描かれていることから、オスマン帝国の新月旗、またはオスマン帝国そのものを指すこともある。**紋章**に先が上を向いた三日月が入っていると次男を示す。

クレタ島
【くれたとう】地

古代ギリシア語ではクレテ。エーゲ海最大の島で、ミノア文明が栄えた場所。クノッソスの宮殿などの豊富な遺跡が残っており、牡牛と双斧ラビリスが信仰の対象とされていたと考えられている。ギリシア神話では大神**ゼウス**とフェニキアの王女**エウロペ**の息子ミノスの一族が治めていた。
参 アイガイオン、ダイダロス、テセウス、ミノタウロス

グレムリン
【ぐれむりん】種

第一次世界大戦時にイギリス空軍の軍人たちが考え出した妖精。邪悪な存在ではないが、飛行機関連の機械的トラブルから書類のミスまで様々なことが彼らの仕業とされた。毛のまばらな小さなウサギのような姿で、赤いチョッキに緑のズボン、もしくは飛行ジャケットにブーツを身につけている。高いところは大好きだが、自分の力で空を飛ぶことはできない。

グレモリー
【ぐれもりー】王

ゴモリーともいう。**イスラエルの王ソロモン**が封印、使役したと伝えられる72柱の悪魔の1柱で、26の軍団を率いる地獄の公爵。公爵冠をかぶり、ラクダに乗った美しい女性の姿で現れる。過去、現在、未来に関して正しく答え、隠された財宝のありかを教え、女性、特に少女の愛を得る力を持つ。

クレリック
【くれりっく】職

キリスト教の聖職者のこと。古くは正式に叙階式を受けたもののことをいう。4つの上位身分（**司教**〔ビショップ〕、**司祭**〔プリースト〕、**助祭**〔ディーコン〕、**副助祭**〔サブディーコン〕）と、4つの下位身分（侍祭〔アコライト〕、**祓魔師**〔エクソシスト〕、読師〔レクター〕、守門〔オスティアリー〕）に分かれており、中世においては税の免除や治外法権などを与えられた、一種の特権階級であった。また、当時の社会を3分する「祈る人」、「戦う人」、「耕す人」という身分のうち、人々の霊的な部分を担う「祈る人」であり、知識人として教育や公文書の作成などにも関わっていたとされる。

グレンデル
【ぐれんでる】王

イギリス最古の英雄叙事詩『ベーオウルフ』に登場する怪物。荒野で孤独に暮らすように宿命づけられた、**カイン**の末裔とされる巨人族。そのため、デンマーク王フロースガールが宮殿を築き宴会を催すようになると、この騒ぎに怒り、またうらやんで**襲撃**するようになった。その**襲撃**は12年に及ぶが、噂を聞きつけたスウェーデンの英雄ベーオウルフに腕を引き抜かれ撃退される。その後、ベーオウルフは彼の腕を奪い返しに来たグレンデルの母も退治しているが、そのころにはグレンデル自身も腕の傷がもとで命を落としていた。

クロケル
【くろける】王

プロケル、プケルともいう。**イスラエルの王ソロモン**が封印、使役したと伝えられる72柱の悪魔の1柱で、48の軍団を率いる地獄の公爵。美しい**天使**の姿で現れる。あらゆる知識、特に数学の知識を授け、争乱や水害の幻を起こし、水や温泉の温度を調節する能力を持つ。

クロト
【くろと】王

ギリシア神話に登場する運命の女神モイライの1柱。人間の一生を象徴する糸を紡ぐ役割を持つ。

参 アトロポス、モイラ、ラケシス

クロノス
【くろのす】王

ギリシア神話に登場する神。天空神**ウラノス**と地母神**ガイア**の子。ガイアを怒らせたウラノスを退け、神々の王と

なった。しかし、自分も子供によって地位を追われると予言されたため、妻レアとの間に産まれた子を次々飲み込んでしまう。レアは最後の子ゼウスと石をすり替えてクロノスに飲ませると、密かに育てあげたゼウスにクロノスを倒させた。クロノスは本来農耕神であり、後に時間と結びつけられるようになったとされる。

黒魔術

【くろまじゅつ】概

悪意を持って用いられる魔術のこと。また、悪魔との契約や、悪霊の使役によって力を得る魔術も黒魔術と呼ばれる。白魔術との対比で用いられる言葉で、両者の間に明確な違いがあるわけではない。

黒ミサ

【くろみさ】概

利己的な目的を叶えるために行われる魔術的儀式。キリスト教の正餐式のパロディであり、祭壇には裸女を用い、讃美歌の代わりに暴言が、香の代わりに悪臭を放つ汚物が用いられた。時にはぶどう酒の代わりに幼児の血で聖杯が満たされることもあったとされる。魔女の集会で行われるものとして神学者たちが詳細な記録を作っているが、歴史的にはそう古いものではない。17世紀のフランス国王ルイ14世は、自身の毒殺未遂事件を機に「火刑法廷」と呼ばれる特別法廷を立ちあげた

が、その過程で多くの宮廷関係者が黒ミサに関わっていたことを知り驚愕したとされる。

グングニル

【ぐんぐにる】物

北欧神話に登場する魔法の槍。悪神ロキがイタズラで雷神トールの妻シヴの髪を丸刈りにした代償として、「イーヴァルディの子ら」と呼ばれる小人（ドヴェルグ）族に依頼して作らせた3つの宝物のひとつ。穂先にルーン文字が刻まれた槍で、投げれば狙いをはずすことがない。巨人族を相手に振るわれることはなく、もっぱらエインヘリアルにする有能な戦士たちの命を奪うために用いられた。

参 グリンブルスティ、スキーズブラズニル、ドラウプニル、ミョルニル

軍神

【ぐんしん】概

戦争、武運を司る神。いつの時代も戦争は重要事だったため、軍神も大きな力を持つ主要な神とされることが多い。ギリシア神話ならばアレスやアテネ、北欧神話ならオーディンやチュール、ケルト神話ではモリガンなど。日本では、応神（おうじん）天皇を神格化した八幡神（やはたのかみ／はちまんしん）が武運を祈る神として、広く武士に信仰された。

卦

【け】概
→八卦（はっけ）

ゲイボルグ

【げいぼるぐ】物

ケルト神話に登場する魔法の槍。名前の意味は「死の槍」、「袋槍」など諸説ある。**アルスター**の英雄**クーフーリン**が武術の師である影の国の女王**スカアハ**から授けられた。海竜の骨でできており、敵に突き刺さると体内で爆発的に広がり抜けなくなるとされる。しかし、その真価を発揮するには、足で投げるという特別な技術が必要だった。

ゲイ・ムアスリ

【げい・むあすり】物

ケルト神話に登場する槍。混血児**ブレス**の息子ルアダンのために鍛えられた槍で、名前は「母方の親族の槍」の意味。ルアダンが鍛冶神ゴブニュを襲撃した際、作業中だったゴブニュがこの槍で反撃してルアダンを殺害したため、本来の持ち主の手に渡ることはなかった。

ケイローン

【けいろーん】主

ギリシア神話に登場する賢者。半人半馬の**ケンタウロス**の姿をしているが、河神**オケアノス**の娘と馬に化けた**クロノス**の息子。穏やかで優れた知性を持ち、多くの英雄を育てた。不死の存在であったが、あやまって**ヒュドラー**の毒矢で射抜かれたことに苦しみ、**プロメテウス**に不死の能力を譲って死ぬことを選ぶ。後に大神**ゼウス**により天にあげられ射手座となった。

ゲーティア

【げーてぃあ】物

ゴエティアともいう。ギリシア語の「妖術」（ゴエス）を語源としており、中世以降は魔術の儀式や邪悪な術を指して用いられるようになった。書物としてのゲーティアは、**ソロモン**王が使役したとされる72柱の悪魔の姿や能力、その使役方法を書いたもので、**魔術書（グリモア）『レメゲトン』**の第1部として収録されている。後に20世紀の魔術師マクレガー・メイザースやアレイスター・クロウリーらによって翻訳、整理されたものが出版された。

穢れ

【けがれ】概

日本古来の概念。死や出血、出産などで発生する、忌避すべきもの。穢れは**禊**（みそぎ）によって浄化しなければ周囲を汚染していくと考えられ、朝廷から民間レベルまで、穢れを隔離、浄化するための様々な手順や儀式があり、厳密に行われていた。

逆鱗

【げきりん】物

龍の喉元に1枚だけ逆さに生えた鱗。

穏やかな時は背中に乗れるような龍も逆鱗に触れると殺される、という中国の例え話から、力のある者を特に怒らせるポイントのこと。

『ケサル王伝』
【けさるおうでん】物

チベット族のケサル王を主人公とする長編叙事詩。紀元前2世紀～紀元6世紀ごろの伝承を、11～13世紀の間にまとめたものと考えられている。ケサル王は白梵天王の子で、人間として降臨し、妖魔や敵軍を打ち負かし、**三界**を安定させる。原文は百万行にも及び、世界で最も長い。この物語はモンゴルにも伝わり、『ゲセル・ハーン物語』の原型となった。

化身
【けしん】概

→アヴァターラ

『ゲスタ・ダノールム』
【げすた・だのーるむ】物

12世紀のデンマークの歴史家、サクソ・グラマティクスによって書かれたデンマークの歴史書。全編ラテン語で書かれており、神話や伝説を扱う第1部（1巻～9巻）、過去のデンマークを扱う第2部（10巻～13巻）、サクソの時代を扱う第3部（14巻～16巻）に分かれている。『**エッダ**』とは異なる視点で描かれる北欧神話の神々や、当時の習慣、風習、イギリスの劇作家

シェイクスピアの『ハムレット』の原型となった物語が収録されているなど資料的価値が高い。
別 『デンマーク人の事績』

ケストス
【けすとす】物

ギリシア神話に登場する魔法の帯。巧みな細工と縫い取りが施された美しい帯で、神々や人間を問わずあらゆるものを魅了する力を持っていた。本来は愛と美の女神**アフロディーテ**の持ち物であるが、ほかの女神たちに貸し出されることもあったとされる。

結印
【けちいん】概

印を結ぶこと。印とは、サンスクリット語で「ムドラー」といい、何らかの意味を持った手や指の形のことである。仏像の手の形はそれぞれ意味のある印であり、密教では**加持祈祷**の際、**マントラ**を唱えながら印を結ぶことによって仏に近づこうとする。

ケツアルコアトル
【けつあるこあとる】キ

マヤ、アステカ、トルテカで広く信仰された善神。「羽毛のある蛇」の意味。ククルカン、グクマッツ、エエカトルと表記される神などとも同一視される。創造神でもあり、人間を作り、火やトウモロコシをもたらす農耕神でもある。暗黒神**テスカトリポカ**と対にな

る存在。ケツアルコアトルとテスカトリポカは、この世界の前に4つの世界を創造し、破壊しており、今は両神が協力して作った5つめの世界である。ショロトルという双子の兄弟がいる。

結界
【けっかい】概

本来は仏教用語で、修行僧が戒律を守れるようにするために特別に区切った地域のこと。結界の中では食料の備蓄など、戒律で禁じられた行為も許されていた。また、**密教**では魔が入り込まないよう、修行場は結界で区切られている。ここから転じて、現在では区域を限定することや、一種の聖域の意味で用いられることも多い。

ゲッシュ
【げっしゅ】概

ケルト文化圏において王や英雄に与えられる魔術的な禁止事項、**タブー**。多くの場合、ゲッシュを破ることは死に直結している。本来は運命や自らの宣言によって定められるものだが、後には他人から強制される呪術の一種と考えられるようになった。
参 クー・フーリン、ディルムッド

ケットシー
【けっとしー】種

カット・シー、ケイト・シーともいう。アイルランドやウェールズの伝承に登場する猫妖精。緑色の瞳をした大きな黒猫で、胸元に白い斑点がある。独自の王国を持っているが、人間の世界に潜り込んで猫として生活しているものも多い。猫王の葬列を見たという客人の話を聞いた飼い猫が、「次の王は俺だ」と家を飛び出していく話は各地に残されている。

ゲブ
【げぶ】キ

古代エジプトの神の1柱。多産や豊穣を司る大地の神で、身を起こそうとする黒い男性の姿、もしくは象徴である雁を頭に載せ、正装をした男性の姿でも表される。死者を地下に捕らえる悪神ともされ、地震はゲブの笑いと考えられていた。妻の天空神**ヌート**との間に**オシリス、イシス、セト、ネフティス**、ホルス（オシリスの息子とは別の神）をもうけており、ファラオの保護者ともされる。

ゲヘナ
【げへな】地

キリスト教の地獄。**イスラエル**の南西にある「ヒンノムの谷」（ヘブライ語でゲイ・ベン・ヒンノム）に由来する。ヘブライ語ではゲヒノム、ギリシア語ではゲヘナ。『**旧約聖書**』時代、ヒンノムの谷は、**モロク**神など異教の神への供儀として子どもが焼かれていた場所であり、『**新約聖書**』時代には、ゲヘナは罪人が永遠の炎で焼かれる場所となった。

ゲマトリア

【げまとりあ】概

数秘術ともいう。ユダヤ神秘主義思想において、神名や聖書を解釈するための技法のひとつ。ヘブライ語のアルファベットを数字に置き換えて名前や語句などの単語の数価を導きだし、同じ数価を持つ単語と比較することで、1つの文章から隠された教訓や秘密を引き出すことを目的としている。文字や単語の数価を求めるための手法は複数あり、その解釈も一定ではないため、例えば神を表す「YHVH」の4文字ですら70を越える解釈を得られるのだという。

参 テムラー、ノタリコン

『獣・人・神』

【けもの・ひと・かみ】物

20世紀のポーランド人鉱山技師オッセンドウスキーの著作。ロシア革命による動乱に巻き込まれたオッセンドウスキーが、モンゴルを経て中国に脱出する際に見舞われた、驚天動地の冒険を記録したという態の実録本。この冒険の中で、彼は世界の王の秘密を知る生き仏や、神秘的な独裁者などの奇怪な人物に出会い、ラマ僧からは伝説の楽園アガルティについての情報を教えられている。しかし、この冒険譚は多くの探検家から捏造であると指摘を受けている。

参 アガルタ

ゲリ

【げり】キ

北欧神話に登場する狼。**フレキ**と共に**ヴァルハラ宮殿**で食事をする**オーディン**の足元に侍り、ぶどう酒しか口にしないオーディンに代わって食事を片付けている。血や死体を「ゲリの餌」と表現することもあり、**軍神**としてのオーディンの一側面を表しているとする研究者もいる。

参 フギン、ムニン

ケリュケイオン

【けりゅけいおん】物

→カドゥケウス

ゲルギャ

【げるぎゃ】物

北欧神話に登場する足枷。魔法の紐**グレイプニル**で縛られたれた魔狼**フェンリル**を固定するために用いられた。

ケルヌンノス

【けるぬんのす】キ

ケルト文化圏で広く信仰された神。鹿の枝角とトルクと呼ばれるΩの字型の装飾品を持つ男性の姿で描かれる。フランス、パリのノートルダム寺院の地下から発見された記念碑に名前があったことから、類似する姿の神の総称として用いられるようになった。獣を従えた図像が多く、獣の神と考えられている。

ケルピー
【けるぴー】 [キ]

スコットランドの伝承に登場する妖精、悪魔。アイルランドの**水棲馬**と同一視、あるいは混同されることもある。馬の姿、もしくは水草や貝殻を髪につけた美しい若者の姿で人間を誘い、水の中に引き込んで殺してしまう。川や湖などの淡水を好み、海などには現れない。手綱を用いて飼いならせば、素晴らしい乗馬になるのだという。また、夜中に水車を回す手伝いをしているとする伝承もある。

ケルビム
【けるびむ】 [キ]

智天使ともいう。偽ディオニシウスの定めた**天使**の階級では第2階級。単数形はケルブ。4体1組で現れ、人間、牡牛、ライオン、鷲の4つの顔を持ち、4枚の翼のうち2枚で体を隠し、残り2枚で互いに触れあい、子牛のような足の裏のまっすぐで青銅のように輝く足という姿で、自ら動く車輪を引き連れて神の座る玉座を運ぶ役割を持つ。また、全身に無数の目を持ち、6枚の翼で体を覆った姿で、常に神を賛美しているともされる。**エデン**の東を炎の剣と共に守る天使でもあり、イスラム教では**ミカエル**の流した涙から生まれるとされる。

ケルベロス
【けるべろす】 [キ]

ギリシア神話に登場する怪物。**テュポーン**と**エキドナ**の子で、3つの頭を持ち、蛇の尾を持つ猛犬。さらに、背中にも無数の蛇の頭が生えていたとされる。冥界**タルタロス**の入り口を不眠不休で守る恐ろしい番犬であったが、はちみつと小麦で作った菓子でなだめることができた。また、**オルフェウス**の竪琴に聞き惚れ眠ってしまったり、英雄**ヘラクレス**の手で地上世界に連れていかれたこともある。

『ゲルマニア』
【げるまにあ】 [物]

古代ローマの歴史家タキトゥスの著書。全46章のうち前半はゲルマニア（ヨーロッパ中部のゲルマン人居住地域）に住む人々の社会、宗教、慣習、風俗などを、後半は北欧地域の地理や諸民族について扱っている。当時のローマ社会の退廃を批判する目的で書かれたとされ、多少理想化された部分はあるものの、当時のゲルマニアや北欧地域を知る上では欠かせない資料となっている。

ケレス
【けれす】 [キ]

セレスともいう。ローマ神話に登場する女神の1柱。作物の育成を司る農耕の女神である一方、地下の女神としての側面もあり、地母神テレスと同一視

されることもあった。ギリシア神話の流入と共に**デメテル**と同一視されるようになり、本来の性格は失われたとされる。

軒轅剣
【けんえんけん】物

中国の伝説上の皇帝、**黄帝**の剣。軒轅は黄帝の号。皇帝の敵蚩尤を倒す際に使われた。

原罪
【げんざい】概

キリスト教の概念で、人が全て生まれながらに持つ罪。神によって作られた最初の人間**アダム**とその妻**イブ**が蛇の誘惑によって、**知恵の木**の実を食べたことが最初の罪であり、その罰として**エデン**の園を追放された人間は堕落した存在で、あらゆる悪徳を犯してしまう。その罪を贖い、人を救い、永遠の国に導くのが**救世主**イエス・キリストであるとする。

賢者
【けんじゃ】概

知恵に優れた人。英語ではワイズマンという。神話や物語では、**アーサー**王を助けた**マーリン**、**ギルガメシュ**に忠告したウトゥナピシュテムなど、主人公を助け助言する役どころが多い。

賢者の石
【けんじゃのいし】物

哲学者の石ともいう。錬金術においてあらゆる物質を純化、変成させると考えられている物質。蝋のようで重く、「白い石」は卑金属を銀に、「赤い石」は卑金属を金に変化させる触媒になるとされる。また、医薬品として用いることで、あらゆる病気を癒し、人を若返らせる効果があるとも考えられていた。地上で最も貴重なものでありながら、子供の玩具にされるようなありふれたもので、地上で最も卑しい物質と表現する資料もある。なお、錬金術師パラケルススの魔剣は、この「石」が柄頭に納められており、「Azoth」の文字が刻まれている。

ケンタウロス
【けんたうろす】種

ギリシア神話に登場する半人半馬の一族。**イクシオン**の末裔とされ、性格は好色で野蛮で酒好きだった。ギリシア北東部のテッサリア地方に住んでいたが、ラピュタイ族の王の結婚式で女性たちに襲いかかったため追い払われる。その後、**アルカディア**地方に移り住むが、ここでも問題を起こし英雄**ヘラクレス**によって討伐された。**ケイローン**、ポロスなどの理性的なケンタウロスもいるが、彼らは出自が異なっている。

玄武

【げんぶ】軍

中国の霊獣。**四神**のひとつ。亀と蛇が絡み合った姿をしている。**風水**では北にある大山には玄武が棲むとされる。**五行説**では、黒、北、冬の象徴。**道教**では真武帝として奉じられている。

建木

【けんぼく】地

中国の伝説で、神や仙人が天と地を行き来する梯子（天梯）として使われる大木。所在地は天地の中央の都広野や**弱水**のほとりなど様々。

コアテペトル

【こあてぺとる】地

アステカ文明を作りあげたメシカ族が**テノチティトラン**に至る旅の途中で居住した山。山頂には**コアトリクエ**の祠堂があり、コアトリクエはこの祠堂で**ウィツィロポチトリ**を身ごもった。後にテノチティトランに築かれたウィツィロポチトリのピラミッドもコアテペトルと名付けられた。

コアトリクエ

【こあとりくえ】軍

アステカ神話の地母神、月の女神。アステカ帝国の守護神である太陽神**ウィツィロポチトリ**の母であり、創造神**ケツアルコアトル**の母ともされる。

コヴェナント

【こゔぇなんと】概

英語で「契約、誓約」の意味。『旧約聖書』では、神と人との間に結ばれた契約のこと。**聖櫃**は「アーク・オブ・ザ・コヴェナント」で、約束の地は「ランド・オブ・ザ・コヴェナント」。

甲賀

【こうが】地

滋賀県南東部に位置する郡、および市。都からそれなりの距離であり、山がちで守りが堅く、古くから自治が盛んな土地柄だったとされる。そのため、甲賀流忍術と関係が深い甲賀伴党（応天門の変で失脚した伴氏の一族）などのように政争に敗れたのち、居を移す人々も少なくなかった。また、**修験道**や近江の薬売りとも関係が深く、現在も製薬会社が多い。こうした条件が、いわゆる「忍者の里」としての甲賀を形作ったとする研究者もいる。**伊賀**とは古くから交流があり、フィクションのような極端な対立関係があったわけではない。

姮娥

【こうが】軍

→ 嫦娥

黄帝

【こうてい】軍

中国の伝説上の5人の帝王、五帝のひとり。漢民族の始祖とされ、律や暦の

ような国家安定に必要な制度を作り、住居や衣服など人々の暮らしに役に立つ様々なものを発明した。また、前帝神農の時代には、反乱を起こした銅頭、鉄額、人身、牛蹄の魔神蚩尤を討伐している。後に黄龍に乗って多くの家臣と共に昇天して仙人になったとされ、道教の始祖の1人とも考えられた。

『高等魔術の教義と祭儀』

【こうとうまじゅつのきょうぎとさいぎ】物

19世紀のフランスの魔術師エリファス・レヴィの魔術の啓蒙書。2部構成で、第1部では魔術に関連した物事や各種のシンボルの、カバラ、錬金術、キリスト教的視点から解釈が、第2部では実践編として種々の魔術の解説や必要な道具類についての説明がなされている。迷信的な扱いであった魔術の本質を学問と再定義した書物であり、近代魔術の成立だけでなく、多くの作家、詩人、魔術師たちに影響を与えたとされている。

高野山

【こうやさん】地

和歌山県伊都郡高野町にある金剛峯寺の山門から奥の院に至る山地一帯。9世紀に空海が真言宗金剛峯寺を建立し、真言密教の総本山となった。修行の場であり、霊場として知られている。明治5年まで女人禁制の地だった。

黄龍

【こうりょう】キ

応龍ともいう。黄帝の臣下の翼のある龍。魔神蚩尤と戦い、くだしたという。

降霊術

【こうれいじゅつ】概

→ネクロマンシー

ゴエティア

【ごえてぃあ】物

→ゲーティア

コー・イ・ヌール

【こー・い・ぬーる】物

イギリス王室に伝えられているダイヤモンド。名前はペルシア語で「光の山」を意味する。ヒンドゥー神話の光明神の子カルナの額の石、シヴァ神の神像の目にはめられていた石など様々な伝承を持つ。16世紀以降ムガル帝国の歴代皇帝が所持していたが、18世紀にムガル帝国を攻めたペルシア王ナーディル・シャーによって略奪された。ナーディルの死後、シク王国、ついでイギリス軍の所有となり、最終的に東インド会社創立250周年を記念してビクトリア女王に贈られた。当時、186カラットの大きさであったが、万国博覧会では「カットが冴えない」と酷評されている。そこで再カットを施され世界的な評判を得ることとなった。現在は108.93カラットになっている。

こ

『コーラン』

【こーらん】物

→『クルアーン』

ゴールデンドーン

【ごーるでんどーん】概

黄金の夜明け団ともいう。19世紀末にW・W・ウェスコット、S・R・M・メイザース、W・R・ウッドマンらによって創設された魔術結社。当初はオカルト同好会的な存在であったが、メイザースの改革により西洋思想を中心とする魔術結社となった（当時の神秘学は**神智学会**をはじめ東洋思想に片寄っていた）。団の存在は近代魔術に大きな影響を与えたが、メイザースの独裁的態度はしばしば団内を混乱させている。さらに女性詐欺師が本来架空の存在であった指導者シュプレンゲルを名乗って起こした醜聞により、団の名は地に落ちてしまう。結果、ゴールデンドーンは20世紀初頭に3つの団体に分裂し、事実上消滅した。

コールドロン

【こーるどろん】物

英語で「大釜」の意味。古代ヨーロッパでは祭器として重要視され、古代の祭場からの考古学的な発見物も多い。豊穣の象徴、死と再生の象徴と考えられており、アイルランドやウェールズの伝承には魔法の大釜が数多く登場している。

参 ダグザ、ムリアス

ゴーレム

【ごーれむ】物

ユダヤ教の指導者ラビによって生み出されるとされる人造人間。土、粘土、膠（にかわ）などで作られ、断食行の後に呪文と共に額に「真理（emeth）」と書きこむ、あるいは呪符を口に入れることで生命を得る。日ごとに巨大になり邪悪な性質を帯びるので、7日ほどで額の文字から「e」を消し「死（meth）」とすることで人形に戻した。16世紀のプラハで作られたという伝承があり、ユダヤ教会堂の屋根裏には今も廃棄されたゴーレムが眠っているとされている。20世紀に入り、グスタフ・マイリンクの小説『ゴーレム』やゴーレムの登場する各種の映画などで広く知られるようになった。

参 カバラ

五岳

【ごがく】地

古くから中国で信仰の対象となった5つの山。五嶽とも。東岳泰山（たいざん）、南岳衡山（こうざん）、西岳華山（かざん）、北岳恒山（こうざん）、中岳嵩山（すうざん）の5つ。泰山は五岳の筆頭で、生死の時期を司る東岳大帝が住み、歴代の皇帝は即位時に泰山で封禅の儀式を行う。衡山には水中生物を司る神、華山は金属と鳥類を司る神、恒山は河川と動物を司る神、嵩山は沢と山林を司る神が住む。

コカトリス

【こかとりす】種

ヨーロッパの伝承に登場する怪物。英語訳の『欽定約聖書』に名前が見られるが、その伝承が成立したのは14世紀ごろとされる。蛇の尻尾を生やした雄鶏の姿で、雄鶏が堆肥の上に産んだ卵をヒキガエルが温めると生まれると考えられていた。強力な視線であらゆる生物を殺害し、有毒の息は周囲の植物を枯らし、飛ぶ鳥を落とすとされる。**バジリスク**の伝承から派生したもので、しばしば混同して扱われている。

小烏丸

【こがらすまる】物

日本刀の祖、大和国（奈良県）天国の作と伝えられる太刀。小振りで身幅が広く、切先近くまで樋が彫られ、その切先から半ばまでが剣のような諸刃造りとなっている。**伊勢神宮**の御使姫の烏が桓武天皇に届けたという伝説から名付けられ、瀬戸内海を荒らしていた藤原純友征伐の褒美として平家伝来の家宝となった。同様の作りの刀剣も小烏丸と呼ばれている。

小狐丸

【こぎつねまる】物

平安時代の名工、山城国（京都）三条派の宗近作と伝えられる太刀。謡曲の『小鍛治』では、一条天皇の勅旨を受けた宗近が稲荷明神の使いの小狐と鍛えたとされている。一方、雷神に悩まされた醍醐天皇のもとに白狐が届けたもので、後に九条家に伝来したという逸話も残されている。このほかにも小狐丸と呼ばれる太刀の記録は各地の神社に残されており、複数あったと考えるほうが自然かもしれない。

コキュートス

【こきゅーとす】地

ギリシア神話の冥界を流れる5つの川のひとつ。「号泣」の意味で、埋葬されない死者はこの周辺を100年の間さまようと考えられていた。13世紀の詩人ダンテの『神曲』では、魔王**ルシファー**の座す氷に閉ざされた地獄の最下層として描かれている。

参 ステュクス、レテ

五行説

【ごぎょうせつ】概

中国に伝わる思想。紀元前5世紀末ごろに成立したとされる。宇宙の事象を木・火・土・金・水の5つの元素にあてはめて説明する。相性がよくお互いをいかしあう相生と、相性が悪くお互いを消しあう相克の組み合わせがある。

相生相克

コクーン
【こくーん】概

英語で「繭」の意味。派生して、武器などの保護被膜もコクーンと呼ばれる。また、「繭で包む、保護する」の意味にもなる。

五嶽
【ごごく】地

→五岳

『国王頌栄』
【こくおうしょうえい】物

『ケブラ・ナガスト』ともいう。アクスム王国（現在のエチオピア東北部）の伝説的な王、メネリク1世とその血脈について記した年代記。アクスムのイェシャクによって14世紀ごろに編纂された。この年代記によればメネリク1世はソロモン王とシバの女王の子であり、十戒の石板を収めた聖櫃の正当な継承者とされている。この聖櫃

は、今なおエチオピアのシオンのマリア教会に安置されている。

『古事記』
【こじき】物

8世紀初期に成立したと考えられている日本最古の歴史書。天地開闢からウガヤフキアエズまでの上巻、神武天皇から応神天皇までの中巻、仁徳天皇から推古天皇までの下巻による全3巻。『日本書紀』と合わせて「記紀」と書かれることも多い。古い記録の混乱を嘆いた天武天皇の命で、稗田阿礼が学んでいた記録を、元明天皇の代に太安万侶が文章化して献上したものとされる。

小姓
【こしょう】職

英語ではペイジという。武士や騎士など身分の高い人々に仕え、身の回りの世話をする若者のこと。武士の場合でも騎士の場合でも、主人から様々なことを学ぶ重要な修業期間と考えられていた。日本では江戸時代に制度化され、役職のひとつとなっている。

五神山
【ごしんざん】地

中国の伝説的な5つの神山。岱輿、員嶠、方壺、瀛洲、蓬莱の5つ。帰墟の中にある。高さ3万里、頂上の広さは9千里。豪華な宮殿、不死の果実、玉の樹が生える。

ゴスペル

【ごすぺる】概

→福音

虎徹

【こてつ】物

江戸時代前期の武蔵国（関東南部）の名工、長曽祢興里 入道虎徹とその作刀の総称。越前国（福井県）で甲冑師として名を馳せていたが、50代で江戸に居を移し刀剣も手掛けるようになった。当時の武士に流行した反りの少ない刀身で、切れ味は鋭く、当時から最上大業物と評されている。また、彫刻の腕も優れていた。新撰組局長、近藤 勇 の愛刀とされるが、真偽は定かではない。

参 業物

コデックス

【こでっくす】物

樹皮で作られた紙の両面に文字と絵を描き、アコーディオン状に折りたたまれた本。マヤ文明で用いられ、神話や歴史、暦や予言、天文観測などが綴られている。日本語では絵文書と訳される。スペイン人の侵攻の際に焼き捨てられ、現存するものは4冊のみとされている。それぞれ保管されている場所の名から、『ドレスデン絵文書』『マドリード絵文書』『パリ絵文書』『グロリア絵文書』と呼ばれる。

蟲毒

【こどく】物

中国の民間呪術で使われた毒。瓶に様々な毒虫を入れて共食いさせ、生き残った虫を「蟲」といい、蟲の排泄物は致命的な毒になるとされた。蟲を使った呪術は 巫蟲 術 といい、中国や日本では蟲毒を所持することを禁止する法律があった。

参 厭魅

コトシロヌシ

【ことしろぬし】キ

日本神話に登場する国津神の1柱。事代 主 神と書く。**出雲**の主神**オオクニヌシ**の長男で、**高天原**からの国譲りの要求に対する回答を任された。一説には託宣の神とされ、その事から重要な判断を任されたのだと考えられている。この時、コトシロヌシは浜辺で鳥狩りや釣りに興じていたが、**天津神**の使者が来ると即座に 恭 順 の意思を示して呪術で姿を隠したという。

参 タケミナカタ

言霊

【ことだま】概

言葉が持つ霊力のこと。また、言葉を発することで霊力が発揮されるという思想。和歌の言葉が「あめつちをうごかす」という考え方に基づくもので、一説には万葉の時代には成立していたともされている。近世以降の国学者、神道家などにも重視された。もっと

117

も、本来は呪文や祝詞などの特別な言葉のみが力を持つと考えられていたようである。

コピス

【こぴす】物

紀元前10～2世紀ごろのヨーロッパの刀剣。片刃の曲刀で、日本刀などとは逆に刃のついた側に向かって緩やかに湾曲している。名前は古代ギリシア語の「切る」に由来しており、古代ギリシアで用いられていた。本来はギリシアの刀剣ではなく、周辺諸国から持ち込まれたものと考えられている。

ゴブリン

【ごぶりん】種

ヨーロッパの民間伝承に登場する**妖精**。人間の半分ぐらいの大きさの醜い小人で、多くの場合は悪意ある存在と考えられた。人家に住み着くとされ、イタズラで住人を悩ませる。また、集団で人間を襲うこともあった。礼儀正しい子供には親切であり、贈り物をすることもあるとされる。

五芒星

【ごぼうせい】概

五角形の頂点を1つおきに結んでできる星形の図形。Aを5つ並べてもできることから「ペンタルファ」とも呼ばれる。古来、世界各地で魔術的な力を持つと考えられてきた。西洋では魔術などに用いられる「**ソロモン**の紋章」、

日本では**陰陽師**の安倍晴明が用いたとされる「晴明紋」などがある。ヨーロッパの魔術では逆さま（上に頂点が2つある）のものは、邪悪な図形として解釈されることも多い。

コボルト

【こぼると】種

ドイツの民間伝承に登場する**妖精**。小人の姿をしていると考えられ、人家に住むものと鉱山に住むものがいるとされる。気に入った人間には家事を手伝ったり、良い鉱物のありかを教えたりと親切に振る舞うが、気に入らない人間には様々ないたずらをした。鉱物のコバルトは彼らから名前を取られている。現在イメージされる犬のような姿はゲームの影響によるものである。

コムラーデ

【こむらーで】職

ウィングド・フサール、ウイング・フッサーなどともいう。17～18世紀に活躍したポーランドの騎兵。左胸にマリア像、右胸に十字を描いた分厚い胸甲を豹皮などで覆い、投げ縄を防ぐための羽飾りを背中に着けた派手な姿から、「異教徒を罰する天使」などとも評された。ペナントつきの馬上槍や2丁のピストル、長い刺突剣、曲刀などを装備した精鋭部隊であり、多くの戦果をあげたとされる。

ゴモラ

【ごもら】地

『旧約聖書』に登場する町。近隣の**ソドム**と共に滅ぼされた。『旧約聖書』では「ソドムとゴモラ」というセットで扱われるが、ゴモラの具体的なエピソードは書かれていない。

ゴリアス

【ごりあす】地

ケルト神話に登場する都市。アイルランド北方の4島にあるダーナ神族の故郷のひとつで、この都市から光神**ルーグ**の魔法の槍がもたらされた。

参 ブリューナク

コリシュマルド

【こりしゅまるど】物

17～18世紀ごろのヨーロッパの刀剣。**レイピア**から発展したスモールソードの1種。刺突を目的とした両刃の片手剣で、軽量化のために切っ先付近が極端に細く、攻撃を受け流すために中ごろから柄付近は幅広く断面が三角形なのが特徴となっている。ケーニヒスマルク伯爵が考案したもので、彼の名のフランス語読みから名付けられた。

『五輪書』

【ごりんのしょ】物

17世紀の剣豪、宮本武蔵が晩年に書いたとれる兵法書。地、水、火、風、空の5巻構成で、武蔵の生前は「五巻」、あるいは「地水火風空之五巻」などと呼ばれていた。「地の巻」では5巻の構成や大将と士卒の兵法の解説、「水の巻」では心構えや身のこなし、5つの基本の型と戦術、「火の巻」では先手や地の利の取り方、心理戦術、「風の巻」では他流の分析と比較、「空の巻」では兵法全般への総論などが扱われている。

ゴルゴタ

【ごるごた】地

キリスト教の教祖イエス・キリストが十字架に張りつけられて処刑された丘。エルサレムの郊外にあり、「頭蓋骨」を意味するアラム語グルガルタに由来する。ラテン語でカルウァリア、英語でカルバリともいう。キリスト教が国教となった後のローマ帝国下で聖墳墓教会が建てられた。

ゴルゴン

【ごるごん】種

ギリシア神話に登場する怪物。ステンノ、エウリュアレ、**メデューサ**の3姉妹。蛇の絡み合った髪と猪のような牙、青銅のかぎ爪と黄金の翼を持つ。その姿を見たものは、恐ろしさから石になった。もともとは美しい女性たちであったが、女神**アテナ**の怒りを買い、このような姿にされたのだという。末の妹メデューサだけが不死ではなく、英雄**ペルセウス**に退治された。

参 ペガサス

コルヌコピア

【こるぬこぴあ】物

ギリシア神話に登場する魔法の角杯。大神**ゼウス**を養った牝山羊、アマルティアの角から作られた杯で、**ヘスペリデスの園**でとれる果実で満たされている。その中身はゼウスの力で尽きることがなく、あらゆる富や食料を無尽蔵に生み出した。また、一説には河神**アケオロス**が英雄**ヘラクレス**にへし折られた角から作られたともされる。

参 アイギス、テュケー、フォルトゥナ

コロシアム

【ころしあむ】地

円形の競技場のこと。古代ローマの屋根のない円形闘技場、劇場コロッセウムからとられた呼び名。なお、コロッセウムは闘技場周辺に皇帝ネロの巨像（コロッサス）が立てられていたことから中世になって名付けられたもので、建設当時はフラウィスの円形闘技場（アンフィテアトルム・フラウィウム）と呼ばれていた。

コロネル

【ころねる】概

英語ではカーネルという。軍の階級のひとつで、陸軍大佐。

金剛

【こんごう】物

サンスクリット語の**ヴァジュラ**の漢訳語。硬いもの、堅牢なものを指す言葉として使われる。宝石として使われる場合はダイヤモンドのこと。

『金剛頂経』

【こんごうちょうきょう】物

正式には「金剛頂一切如来真実摂大乗現証大教王経」。唐の不空（ふくう）が『**ヴァジュラシェーカラ・スートラ**』を訳したもので、**密教**の重要な経典である。不空訳は3巻で、一般に『金剛頂経』といえばこれを指すが、これは原典の一部の訳であり、ほかにも様々な訳のバージョンがある。

コンポジットボウ

【こんぽじっとぼう】物

合成弓ともいう。力を増すために異なる3つの素材を組み合わせた弓で、主に木材、動物の角、腱などが用いられていた。古代エジプトの時代から、すでに存在していたとされる。弾力が増すことで小型でも強い矢を放つことができたが、弓を引くための腕力や工夫も必要だった。合成弓による騎射は13世紀に世界を席巻したモンゴル帝国の主力武器のひとつとされる。

崑崙山

【こんろんさん】地

中国の西方にあるとされた伝説の山。神仙の集う地で、楚辞の時代には天帝の住まいとされ、また**西王母**（さいおうぼ）の住まいともされた。

さ

サージェント
【さーじぇんと】概

軍の階級のひとつで、軍曹。

サーベル
【さーべる】物

18～20世紀ごろのヨーロッパの刀剣。ハンガリー騎兵が用いた長刀が原型とされる。騎兵用の片手剣で、軽騎兵用は片刃で緩やかに湾曲した刀身、重騎兵用は重く真っ直ぐな刀身のものが多かった。18世紀以降の外観が統一された欧米の軍隊において、制式軍刀の大半を占めていたとされる。

サーム
【さーむ】キ

ペルシア神話に登場する英雄。**フェリドゥーン**王からヴァフラヴァーン（勇者）の称号を与えられた老戦士で、イラン東部ザーブリスターンの領主。代々王家に仕えた名門ナリーマン一族の誇りから、白髪の息子**ザール**のことを恥じて山中に捨てさせる。しかし、霊鳥**シームルグ**に育てられたザールの噂を聞くと、後悔の念から息子を迎えに行き後継者として育てあげた。

ザール
【ざーる】キ

ペルシア神話に登場する英雄。老戦士**サーム**の息子。生まれつき白髪であったことから父に捨てられ、霊鳥**シームルグ**に育てられた。成長すると己の行為を恥じたサームに迎えられ、彼のあとを継ぎイラン王家に仕える。父譲りの武勇で活躍し、イランの新たな王を選ぶキングメーカー的立場も経験するが、長寿が災いしイラン王家によって一族が滅ぼされるのを見届けることになった。

西王母
【さいおうぼ】キ

中国の伝説に登場する仙女。崑崙山（こんろんさん）に住む虎歯豹尾の女性で乱れた髪に飾りをつけているとされたが、後に絶世の美女と考えられるようになった。夫である東王父（とうおうふ）が男仙を、西王母が女仙を統括するとされ、食べれば不老長寿をもたらす**仙桃**の桃園を支配している。不老不死をもたらし、邪悪なものを倒すとして現在も信仰を集めるが、反面刑罰を司る厳しい面も持ち合わせているという。漢の武帝に仙桃を与え行いを諭すなど、英雄や偉人を援助する逸話も多い。

サイクロプス
【さいくろぷす】種

ギリシア神話に登場する1つ目の巨人族。天空神**ウラノス**と地母神**ガイア**の子供たちで、冥界**タルタロス**に幽閉されていたところを神々に救い出される。サイクロプスたちはその礼として

121

大神**ゼウス**の雷霆（らいてい）など様々な道具を進呈し、鍛冶神**ヘパイストス**のもとで働くようになった。このほか海神**ポセイドン**を父とする狂暴なサイクロプスもおり、こちらは英雄**イアソン**に退治されている。

別 キュクロプス

サイズ

【さいず】物

欧米で用いられる農具の一種で、小麦や草を刈るための大鎌。古くは中世から農民の武器として転用されていたとされる。15世紀ごろから登場する戦闘用のサイズは、刃が柄に対して縦につけられ、湾曲も緩やかだった。魂を刈り取るという意味で、欧米の**死神**のモチーフともされている。

『西遊記』

【さいゆうき】物

中国の明代の長編小説。作者は呉承恩（ごしょうおん）。神力を持つ猿の孫悟空（そんごくう）が、豚の猪八戒（はっかい）、河童の沙悟浄（さごじょう）と共に玄奘三蔵（げんじょうさんぞう）を守護して旅をする。

サオシュヤント

【さおしゅやんと】キ

ゾロアスター教における**救世主**。暁の出る国にあるというカース湖に保存された3つの種によって1000年ごとに1人の乙女が身ごもり、3人のサオシュヤントが生まれるとされている。ゾロアスター教を世に広めて人々を導く存在で、最後のアストワス・ウルタは世界の終末において悪魔たちの王**アンラ・マンユ**を滅ぼし死者たちを甦らせる役割を持つ。

『サガ』

【さが】物

12～14世紀に隆盛した古ノルド語の北欧散文物語群。神話、伝説、歴史などが主題であり、内容により「古代のサガ」、「王のサガ」、「アイスランド人のサガ」、「司教のサガ」などの分類がある。これらになぞらえて、後代の叙事文学を「サガ」と呼ぶことも多い。

参 『エッダ』、『ゲスタ・ダノールム』、『ヘイムスクリングラ』

ザガン

【ざがん】キ

ザガムともいう。**イスラエル**の王**ソロモン**が封印、使役したと伝えられる72柱の悪魔の1柱で、33の軍団を率いる地獄の総統にして大王。**グリフィン**の翼を持つ牡牛の姿で現れるが、人間の姿になることもできる。水をワインに、血を油に、狂人を賢人に、鉛を銀に、銅を金に変えるなど優れた**錬金術**の知識を持つ。

サキュバス

【さきゅばす】キ

スクブク、女夢魔ともいう。中世以降のヨーロッパで信じられていた男性を誘惑する魔女、もしくは悪魔。美しい

女性の姿で現れて男性の精液を集め、**インキュバス**に託す、もしくはインキュバスに変身する。サキュバスは女性のもとに現れるインキュバスより問題視されていなかったらしく残された記述は少ない。醜い姿ともされ、サキュバスとの交わりは氷の洞窟を貫くような苦痛とされる場合もある。

サタナイル
【さたないる】🈺

『旧約聖書』偽典の『第2エノク書』に登場する**堕天使**。**サタン**の別名ともされる。堕天して人間の女性たちと交わった堕天使たちの先導者で、ほかの堕天使たちや彼らの子供である巨人ネフェリムたちと共に第5天国の炎の渓谷に幽閉された。その後は神に選ばれ天界に昇った義人エノクの勧めに従い神に許しを請う歌を歌っているとされる。ボゴミール派などの一部の異端的な教派では、イエスより先に生まれた神の長子とされることもあった。

サタン
【さたん】🈺

ユダヤ教、キリスト教、イスラム教における神の敵対者。名前はヘブライ語で「敵」や「告発するもの」、「中傷するもの」などを意味する。『旧約聖書』においては神に人間を試すように持ちかける存在に過ぎないが、『新約聖書』では神に反逆して地に投げ落とされた**堕天使**の長、人間に対する誘惑者とし

て扱われている。中世以降、地獄の支配者、悪魔たちの長と考えられるようになり、詩人ダンテの『神曲』やミルトンの『失楽園』がそのイメージを決定づけた。**ルシファー**や**サマエル**などと同一視されることも多い。

ザックーム
【ざっくーむ】🈺

『**クルアーン**』に登場する植物。名前は「不信の木」を意味する。イスラム教の地獄**ジャハンナム**に落ちた罪人たちの空腹を満たす食物とされ、悪魔の頭のような果実が実る。その果実は溶岩のように熱く、食べれば腹の中は熱湯のように煮えたぎった。ザックームの果実は、イスラム教への不信心と、その結果としての精神的な死を比喩したものとする研究者もいる。

ザッハーク
【ざっはーく】🈺

ペルシアの伝説に登場する王。イラン王朝5代目。**アジ・ダハーカ**と同一視される。凡庸なアラビアの王子であったが、悪魔**イブリース**に惑わされ父王を殺害し、さらに両肩に人の脳を食う蛇を植えつけられた。その後、イラン王**ジャムシード**から王座を奪い、世界の盟主となる。次代の王と予言された**フェリドゥーン**殺害をもくろむが、かえって民衆に英雄の存在を教えることになり反乱の末**ダマーヴァンド**山の洞窟に幽閉された。

サテュロス

【さてゅろす】[キ]

ギリシア神話に登場する山野の精霊。牧神パンの子孫で、酒と酩酊の神デュオニソスの従者。山羊の角、耳、下半身を持つ好色な男性として描かれる。

ザナドゥ

【ざなどぅ】[地]

18世紀のイギリスの詩人S・T・コールリッジの未完の詩『クーブラ・カーン』に登場する、皇帝クーブラ・カーンが住む都。本来はマルコ・ポーロの『東方見聞録』に登場する、モンゴル皇帝フビライ・ハンが夏を過ごすために造った「上都」の訳語とされる。『クーブラ・カーン』において、快楽の都として描写されたため理想郷の代名詞と考えられるようになった。

サバーニーヤ

【さばーにーや】[キ]

サバーニャともいう。『クルアーン』に登場する天使。名前は「棒でつつくもの」を意味する。懲罰を司る19人の天使たちで、イスラム教の地獄ジャハンナムに落ちた罪人たちに責め苦を負わせるとされる。

サバト

【さばと】[概]

悪魔や魔術師、魔女たちが行うと考えられた真夜中の集会。本来はユダヤ、キリスト教の安息日の集会のことである。14世紀以降の記録に残るサバトの様子はキリスト教の儀式のパロディであり、異端審問や魔女狩りを通じて形作られたものでしかない。

サブナック

【さぶなっく】[キ]

サルマクともいう。イスラエルの王ソロモンが封印、使役したと伝えられる72柱の悪魔の1柱で、50の軍団を率いる地獄の侯爵。ライオンの頭を持つ完全武装の兵士の姿で、青白い馬に乗って現れる。塔や城塞の建築に優れ、良い使い魔を与え、敵に負わせた傷を化膿させ蛆をわかせる力を持つ。しかし、逆に傷を癒す力を持つとする文献もある。

サマエル

【さまえる】[キ]

ユダヤ教における死の天使で、悪魔たちの王。12枚の翼を持つ。本来は熾天使（セラフィム）より上位に属しており、イスラエル以外の全ての地域を守護していたが納得せず、イスラエルを担当するミカエルに戦いを挑み敗北したとされる。イブを誘惑した蛇や悪魔アスモデウス、グノーシス主義の造物主ヤルダバオトなどと同一視される。

侍

【さむらい】[職]

主君に対して武力をもって仕える人々のこと。平安時代は内舎人（うちどねり）や帯刀（たちはき）、滝

口、北面などの皇族や公家などの警備役のことで、じっとそばにいて見守ることを意味する「さぶらう」からその名が取られた。警備役には地方の有力武士が任命されたことから、後に上級武士の呼び名のひとつとなった。江戸時代には武士階級、あるいはその中でも将軍に直接謁見できる御目見以上の身分のものがこう呼ばれている。

左文字
【さもんじ】物

筑前国（福岡県北西部）、左派の刀工とその作刀の総称。「左文字」の名は左派の祖である左衛門三郎が、銘を「左」と一字だけ切ったことに由来している。左衛門三郎は南北朝時代を代表する名工で、正宗の弟子とされる正宗十哲の1人。短刀を得意とし、太刀は板部岡江雪斎の愛刀江雪左文字などごく少数しか残っていない。

サラスヴァティ
【さらすゔぁてい】キ

インドの女神。サラスヴァティは河の名前であったが、神格化され河の神となった。**ブラフマー**神の妃だが、**ヴィシュヌ**神の妃とされることもある。蓮華の花に座り、弦楽器を奏でる姿で描かれる。仏教に取り入れられ、学芸と財宝の神である弁財天になった。

サラマンダー
【さらまんだー】種

四大元素の火に対応する精霊。火の中に棲み、サンショウウオや蜥蜴の姿をしている。蜥蜴も英語ではサラマンダーという。火が十分に高温になるとサラマンダーが現れる、太陽の光を凹型レンズでガラスの球体に集めた物質を飲むとサラマンダーを従えられるなどの伝説がある。

サルタヒコ
【さるたひこ】キ

日本神話に登場する**国津神**の1柱。『**古事記**』では猿田毘古神、『**日本書紀**』では猿田彦神と書く。天孫降臨に際して**天之八衢**に現れ、ニニギ一行の案内役を買って出て高千穂へと案内した。その容貌は非常に個性的で、全身が輝いて天地を照らしていたとも、身長と鼻が大きく目は鬼灯のように輝き、口の縁が赤かったともされる。後に**アメノウズメ**と夫婦になっており、中世以降は道祖神や庚申信仰と結びつけられた。

参 天狗

サルミュデッソス
【さるみゅでっそす】地

ギリシア神話に登場する国。トラキア地方にあったとされる。海神**ポセイドン**の息子で**予言者**のピネウスが治めていた。かつてピネウスは神々の不興を買い盲目にされたが、太陽神**ヘリオス**

125

はさらに彼を苦しめるべく怪物**ハルピュイア**を送り込んだ。これにより、サルミュデッソスは食事時になるとハルピュイアの**襲撃**を受けるようになったとされる。この**襲撃**は**イアソン**率いるアルゴー探検隊にハルピュイアが退治されるまで続いた。

📚 アルゴー号

サレオス
【されおす】🔲

ザエボスともいう。**イスラエル**の王**ソロモン**が封印、使役したと伝えられる72柱の悪魔の1柱で30の軍団を率いる地獄の伯爵。公爵冠をかぶった立派な兵士の姿で、ワニに乗って現れる。穏和な性格で、男女の愛をもたらす力を持つ。

三界
【さんがい】🔲

ヒンドゥー教、仏教で使われる言葉で、全世界のこと。ヒンドゥー教では天上の世界、空中の世界、地上の世界の3つ、仏教では欲界、色界、無色界の3つに分かれている。

サンダルフォン
【さんだるふぉん】🔲

ユダヤ教の伝承に登場する天使。**メタトロン**の双子の兄弟とされ、神に選ばれて天界に昇った預言者エリヤが変身した姿とされる。あまりに巨大なため、**十戒**を受け取りに来た古代**イスラ**

エルの指導者モーセを怯えさせた。イスラエルの民の祈りから神に捧げる紫と赤の花冠を編み、赤ん坊の性別を決め、悪の天使**サマエル**と戦うなどの役割を持つ。

ザントマン
【ざんとまん】🔲

サンドマン、砂男ともいう。ドイツを中心とした欧米の伝承に登場する妖精。魔法の砂の入った袋を担いだ裸足の老人で、その砂を目にかけられると眠ってしまうのだという。欧米ではかつて、「夜更かししているとザントマンに目をえぐられる」と、子供をしつけるために便利に使われていた。その一方で、ザントマンの砂をかけられると良い夢を見ることができるとも伝えられている。19世紀のドイツの作家E・T・A・ホフマンの『砂男』で有名になったともされているが、この小説の砂男は主人公を悩ます昔話のトラウマでしかない。

サンポ
【さんぽ】🔲

『**カレワラ**』に登場する魔法の石臼（いしうす）。鍛冶屋イルマリネンが闇の国ポポヨラの女主人ロウヒの依頼で、彼女の美しい娘を嫁に貰うことを条件に作成した。白鳥の羽毛、子を産んだことのない牝牛の乳、1粒の小麦、羊毛を材料としており、小麦粉や塩、金などを無限に生み出す力を持つ。完成したサン

ポはポポヨラの銅山にいくつもの箱に鍵をかけてしまわれていたが、ポポヨラが裕福になることに怒った老賢者ワイナミョイネンらによって強奪され、彼らを追撃したロウヒたちとの争いの中で破壊され海に流された。サンポの破片が流れ着いた場所には、小さな幸せが訪れたとされる。

ジークフリート
【じーくふりーと】囲

ドイツ、ゲルマン文化圏の伝説、伝承に登場する英雄。北欧の**シグルズ**にあたる。初期の物語では高貴な血を引く孤児であるが、ドイツ中世の叙事詩『ニーベルンゲンの歌』以降は、過保護に育てられた王子とされた。しかし、その武勇は並ぶものがなく、悪竜の返り血を浴びて背中の肩甲骨の間以外は不死の肉体となっている。ブルグント族の王グンテルの妹クリームヒルトとの結婚を条件に、グンテルと処女王**ブリュンヒルト**の結婚を取り持つが、そのやり方が詐欺めいていたことが妻同士の間に誤解と争いを生み、ブリュンヒルトの命を受けたブルグント族の忠臣**ハーゲン**に暗殺された。
参 タルンカッペ、バルムンク

『シークレット・ドクトリン』
【しーくれっと・どくとりん】物

19世紀のロシアの神智学者ヘレナ・P・ブラヴァツキーの著書。1888年刊行。**神智学**の基礎となる教本で、全

4巻の予定であったが2巻のみ出版された。ヒマラヤの地下僧院に眠る『ヅヤーンの書』を翻訳したものとされるが、実際にはチベット仏教を主とした東洋思想と西洋的な神秘学思想を独自解釈によって融合させたものと考えられている。第1巻では「世界創生」の歴史を、第2巻では「人類創世」の歴史として幻の大陸とそこに住んでいた霊的種族の進化について扱っている。
参 レムリア

シーフ
【しーふ】職

英語でこっそりとものを盗む泥棒（こそどろ）のこと。もともとは「うずくまる」ことを意味していた。盗賊、かっぱらいなどの意味でも用いられる。なお、暴力的な強盗はロバー、他人の家に押し入る押し込み強盗はバーグラーと呼ばれる。

シーブ・イッサヒル・アメル
【しーぶ・いっさひる・あめる】物

『ギルガメシュ叙事詩』に登場する植物。親友である**エンキドゥ**を神々の呪いで失った**ギルガメシュ**は死を恐れ、不老不死を求めて旅に出る。彼は長い旅の果てに神々から永遠の命を授かった賢人ウトゥナピシュテムと出会うが、永遠の命を得るための試練に失敗してしまう。そんな彼にウトゥナピシュテムが教えたのが、海底に生える若返りの植物シーブ・イッサヒル・ア

メルであった。首尾よくこの植物を得たギルガメシュであったが、沐浴中に蛇に持ち去られてしまい、失意のうちに**ウルク**へと帰還することとなった。一方、蛇はこの植物の力により脱皮して若返る力を得たのだという。

シームルグ

【しーむるぐ】🈚

サエーナ鳥ともいう。ペルシア神話に登場する霊鳥。あらゆる植物の種を作る百種樹、もしくはエルブルズ山脈に棲む巨大な鳥で、その翼を広げると雨雲が広がるかのように空が暗くなり、降り立った場所は芳香に包まれた。人間に勝る深い叡知と慈悲の心を持ち、羽根には癒しの力があったとされる。父親に捨てられた白髪の**ザール**を育て、彼が父親のもとに戻った後もザールの一族を見守り続けた。

シールド

【しーるど】🈩

英語で盾のこと。敵の攻撃から身を守るために用いられる防具。紀元前から世界各地で用いられており、手に持って用いるもの、地面に設置するものなどがある。木の板や木の板に革を貼り付けたもの、金属の板など材質は様々だった。ヨーロッパでは**騎士**階級の象徴であり、**紋章**は盾に描かれた文様から発展している。古くは日本でも用いられていたが、戦術の変化により次第に手持ちの盾は用いられなくなって

いった。

シヴァ

【しづぁ】🈚

インドの破壊神。ヒンドゥー教の三主神の1柱。世界を破壊する際に黒い姿で現れるため、マハーカーラ（大きい黒）とも呼ばれる。聖牛ナンディンに乗り、三叉の戟**ピナカ**を武器とし、額に第三の眼がある。踊る姿でもよく描かれ、「舞踏者の王」の意味でナタ・ラージャとも呼ばれる。女神**パールヴァティ**を妃とする。仏教に取り入れられ、大自在天となった。また、マハーカーラとして大黒天ともなる。

シウテクトリ

【しうてくとり】🈚

アステカ神話の火の神。名は「トルコ石の王」の意味。魂の導き手ともされる。

シェオール

【しぇおーる】🈭

『**旧約聖書**』に登場する死後の世界。地下にある暗い世界で、全ての死者は、死後にラファイムという霊の姿でその世界に赴く。その世界には何の楽しみもないが、責め苦もない。

ジェネラル

【じぇねらる】🈷

ゼネラルともいう。英語で将軍、総督、司令官などの高位の軍人のこと。もともとは「種族を導く人」を意味し

ていた。「全般的な」、「一般的な」、「総括的な」などの意味もある。

ジェボーダンの獣
【じぇぼーだんのけもの】王

ベートともいう。18世紀のフランスを恐怖のどん底に陥れた怪物。被害者は約1000人に及び、そのほとんどが女性や子供だった。ルイ15世により度々討伐隊が編成されたが効果は上がらず、最終的に土地の猟師がそれらしい狼を退治して事件は終結している。もっとも、その死体は腐り、悪臭を放ったため王への謁見は認められず、本当に獣だったのか確認はされていない。巨大な頭と長い口先、鉤爪を持ち、背中に黒い筋が1本走っているとされ、当時の再現図などもハイエナのような怪物が描かれている。また、人間の仕業であったとする説も根強い。

潮干玉・潮満玉
【しおひるたま・しおみつたま】物

日本神話に登場する魔法の宝珠。海神ワダツミの持ち物で、潮満玉は海水を溢れさせる力を、潮干玉は海水を干す力をそれぞれ持っている。ワダツミの娘婿になったヤマサチヒコに授けられ、彼を憎む兄ウミサチヒコを懲らしめるために用いられた。

シオン
【しおん】地

エルサレムの南東にある丘であり、ダ

ビデの墓所がある。転じて、エルサレムの都や民族を指す詩的な表現ともなった。

尸解仙
【しかいせん】職

「尸解」は道教の術のひとつで、刀剣や木を死体に見せる術のこと。その術を会得し、自分の死を演出して仙人になったのが尸解仙である。仙人のランクでは、天仙、地仙の下位にあたる。

『死海文書』
【しかいもんじょ】物

1947年以降、死海西岸の洞窟や付近の遺跡から発見された古写本の総称。紀元前3世紀～紀元1世紀ごろまでのものが中心で、『旧約聖書』と外典、偽典、注釈書、ユダヤ教エッセネ派と考えられるクムラン教団の文書などが含まれている。「義の教師」という指導者や、「光と闇の戦い」と終末論など原始キリスト教思想との類似が指摘され、新旧聖書をつなぐ重要な資料と考えられている。

式神
【しきがみ】種

陰陽師に使役される下級の神々。童子や小動物、異形の鬼神など様々な姿をしているとされるが、姿が見えないことも多い。陰陽道の六壬式占という儀式で使用された式盤に書かれている十二月将、三十六禽などに由来するも

のとされ、名前もこの「式」に因んだものと考えられている。なお、現在も四国に残る「いざなぎ流」では、儀式に用いる様々な形に切った形代(かたしろ)の紙を式神と呼んでいる。

『屍鬼二十五話』
【しきにじゅうごわ】物

11世紀のインドの詩人、ソーマデーヴァの説話集『カター・サリット・サーガラ』内で語られる説話中説話。とある修行僧に死体を運ぶように頼まれた勇敢な王が、その死体に取り憑いた屍鬼に物語を聞かされ、質問に答えさせられるという形式で語られる。**シヴァ神が妻パールヴァティ**に語り、諸事情から怪物ピシャーチャの言葉で血文字で書き記されたという幻の大作『ブリハット・カター』の一部ともされている。

シグルズ
【しぐるず】王

北欧神話に登場する英雄。ヴォルスング族の王シグムンドの息子。父の仇フンディング族の打倒、悪竜**ファヴニール**退治などの武功を重ね、最後はギューキ一族の王女グズルーンと結ばれる。しかし、義兄グンナルにかつて愛を誓い合った王女**ブリュンヒルト**を娶せたことから彼女の怒りを買い、暗殺された。ファヴニールの心臓を食べたことで、鳥の言葉を理解できたとされる。

参 グラム、ジークフリート

地獄
【じごく】地

罪を犯した者が死後に責めさいなまれる世界。多くの宗教で、罪を犯すと死後に地獄へ行く、という概念がある。キリスト教の**ゲヘナ**、北欧神話の**ヘルヘイム**、ギリシア神話の**タルタロス**などの世界。もともとは仏教用語で、サンスクリット語の「ナラカ」の漢訳語。「奈落(ならく)」とあてられるときもある。仏教では**六道**のひとつで最も悪い 業(カルマ) を積んだものが行く世界。様々な地獄があり、罪に応じて割り振られる。

『地獄の辞典』
【じごくのじてん】物

19世紀のフランスの作家コラン・ド・プランシーの著作。タイトルには「地獄」とあるが、実際には古今東西の悪魔や怪物、伝説、呪術、迷信など3799項目にも及ぶ雑多な内容を扱ったオカルト辞典である。M・L・ブルトンによる本書の各種イラストは、後の創作の世界に大きな影響を与えた。

司祭
【しさい】職
→プリースト

『死者の書』（エジプト）
【ししゃのしょ】物

エジプト学者ウォーリス・バッジが編

集した古代エジプトのテキスト集。中核となるのは『アニのパピルス』と呼ばれる紀元前1250年ごろの巻物。古代エジプトの死生観や信仰、讃歌、呪文などが記されている。

『死者の書』（チベット）

【ししゃのしょ】物

原題は『バルド・トェドル』。チベット仏教の経典で、死後49日間に聞くと解脱できるという。著者も成立年代も不明とされるが、おそらく8世紀ごろに成立したものと考えられている。

『四書五経』

【ししょごきょう】物

中国や日本で古来重視されてきた古典。朱子学の聖典である『大学』、『中庸』、『論語』、『孟子』の四書と、儒教の経典とされる『易経』、『書経』、『詩経』、『礼記』、『春秋』の五経のこと。江戸時代には寺子屋などで教科書とされていた。

『十万白龍』

【じゅうまんはくりゅう】物

原題は『ルーブン・カルボ』。チベットのボン教のひとつ、白ボン教の聖典。白ボン教の創設者シェンラブが龍族に問いかける形で、この世の成り立ち、解脱する方法などが説かれている。

四神

【しじん】概

中国古来の概念で、東西南北の方位に4つの伝説上の生き物をあてる考え。東に青龍、南に朱雀、西に白虎、北に玄武。前漢時代から壁画などに描かれており、五行説や風水、道教にも取り入れられて、広く信仰された。

四大元素

【しだいげんそ】概

古代ギリシアから中世ヨーロッパ世界で信じられた世界の物質、事象を構成する4つの元素のこと。タレスから始まり、アリストテレスの提唱した土、水、火、空気の4つが定着した。この考えは錬金術、占星術、魔術にも取り入れられた。

四大精霊

【しだいせいれい】概

四大元素に対応する精霊。土はノーム、水はウンディーネ、火はサラマンダー、空気はシルフという精霊が司っていると考えられ、それらの精霊を通すことで元素を操ることができると考えられた。

七支刀

【しちしとう】物

「ななつさやのたち」ともいう。奈良県天理市の石上神宮に祀られる神剣、もしくは矛。両刃の直刀で、両側に3本づつ交互に枝刃が伸びている。刀身

で一番厚くなる鎬（しのぎ）の部分に金象嵌が
あり、4世紀に和王の要請で百済の王
と王子が作成したこと、兵難を逃れる
効果があることなどが書かれている。

七星剣

【しちせいけん】物

中国の神話、創作物に登場する剣。北
斗七星の加護を持ち、邪を祓う力があ
るとされた。『三国志演戯』では悪漢
董卓（とうたく）の暗殺に用いられ、『西遊記』で
は金閣（きんかく）と銀閣（ぎんかく）が天界から盗み出した。

七曜

【しちよう】概

中国とインドの**占星術**の概念。火星、
水星、木星、金星、土星の5つの惑星
に太陽と月を加えた7つの天体のこと
を指し、現在の日本の曜日制度のもと
になった。

参 九曜

十戒

【じっかい】概

『旧約聖書』で神から**イスラエル**の民
に与えられた10の戒め。神はこれを
石板に自らの指で記し、**シナイ**でモー
セに与えた。この石板はアカシヤ材の
箱に入れられ、神殿に安置された。

参 聖櫃（せいひつ）

ジッグラト

【じっぐらと】物

ジグラト、ジグラット、重層塔ともい

う。古代メソポタミアの神殿に併設さ
れた巨大な塔で、主に2つのタイプの
様式が知られている。1つはテラスを
幾層にも連ねこれを傾斜路で連結した
もので、頂上部には神々がいつでも立
ち寄ることができるように、小さな神
殿がしつらえられていた。もう1つの
タイプはより不規則な形で、最下段の
テラスには地上から昇るための階段、
もしくは傾斜路が作られている。これ
らの塔、特に**バビロン**のものは『**旧約
聖書**』の**バベルの塔**の説話の原型に
なったと考えられている。

『失楽園』

【しつらくえん】物

イギリスの詩人ミルトンが1667年に
出版した叙事詩。**天使**との戦いに敗れ
た**サタン**が復讐のため**イブ**に**知恵の木**
の実を食べさせて**原罪**を負わせるとこ
ろから、救世主キリストによる人類の
救済の約束を描く。後天的に全盲に
なったミルトンは全12巻の長編を全
て口述筆記で創作した。

四天王

【してんのう】概

帝釈（たいしゃく）天に仕え、仏教の四方を守る守
護神。**須弥山**（しゅみせん）の中腹にある四王天（しおうてん）に住
み、東を持国（じこく）天、南を増長（ぞうちょう）天、西を
広目（こうもく）天、北を多聞（たもん）天が守っている。

使徒

【しと】 概

キリスト教の概念で、イエスの弟子、イエスの教えを広める人。「使徒」が指す内容は様々な解釈があるが、最も一般的で限定的な意味では、イエスの布教活動に付き従った、特に親しい12人の弟子たちのことを指す。ほかにはイエスの復活を見届けた人、イエスから布教を命じられた人、イエスの教えを広める人全般、などの解釈もある。

シトリー

【しとりー】 キ

ビトルともいう。**イスラエルの王ソロモン**が封印、使役したと伝えられる72柱の悪魔の1柱で、60の軍団を率いる地獄の王族。**グリフィン**の翼と豹、もしくは様々な動物の頭を持った姿で現れるが、人間の姿になるときは非常に美しい姿となる。男女の間に情熱の炎を掻き立て、女性に自らの意思で服を脱がせる、もしくは秘密を暴き笑いものにする能力を持つ。

シナイ

【しない】 地

古代**イスラエル**の指導者モーセが神から**十戒**を授かったとされる山。ホレブの山とも呼ばれる。エジプト北東部のシナイ半島南部にあるムーサー山や半島先端部の山脈郡など、その位置に関しては諸説ありはっきりしない。

死神

【しにがみ】 種

人を死に誘う神、悪霊。ギリシアの**タナトス**、エジプトの**アヌビス**、北欧の**ワルキューレ**など、死に関わる神々がこう呼ばれることもある。人の寿命を定め、魂を刈り取る死神の存在は西洋的概念とされ、日本ではあまり一般的ではなかった。一応、人間の死を定めた女神**イザナミ**が割り当てられることもある。なお、落語の演目「死神」は、『靴直しのクリスピノ』というイタリア歌劇の翻案で明治時代の作品である。

ジハード

【じはーど】 概

イスラム教における聖戦。アラビア語の「努力する」に由来する言葉で、本来はイスラム教世界を維持、発展させるための「奮闘努力」全般を意味する。自身の欲望との戦いは「アッラーのためのジハード」、イスラムの敵対者に対する戦いを「アッラーの道にかけてのジハード」ともいう。聖戦の意味で用いられる場合も、あくまで法律に基づいた迫害や侵略に対する防衛戦であり、単に戦争という場合には「キタール」が用いられる。

シバルバー

【しばるばー】 地

マヤ神話の冥界。地下にあり、いくつもの川を渡った先にある。罪人や悪人

が死後に訪れ、悪魔による責め苦を受ける。

紫微
【しび】物

中国の星の呼び名のひとつ。北斗星の北東、小熊座を中心とする15の星を指す。紫微は天の軸であり、天帝の居る場所とされた。

シビュレ
【しびゅれ】職

ギリシア、ローマの神話、伝承に登場する女**予言者**、**巫女**。世界各地に10名、もしくは12名がおり、**アポロン**の神託を伝えたとされる。イタリア南部の古代都市クマエのシビュレがその代表格で、ローマの王タルクイニウスに後のローマ帝国で重視されることになる4冊の予言書を売りつけた。キリスト教に取り込まれて以降は、イエスにまつわる様々な予言を行ったと考えられるようになる。

ジプシー
【じぷしー】種

ジタン、ボヘミアン（フランス語）、ツィゴネル（ドイツ語）などともいう。ヨーロッパを中心に、世界各地に散在する少数民族。名前は「エジプトの民」に由来しているが、実際にはインド北部の出身と考えられている。本人たちは「人間」を意味するロム（複数系はロマ）と名乗っており、馬の飼育や売買、鍛冶、占い、舞踊などを生業に箱馬車での流浪生活を営んでいた。しかし、現在では定住生活を送るものも多い。独自の宗教を持ち、悪霊や**吸血鬼**などに関する様々な伝承を伝えている。

ジブリール
【じぶりーる】キ

ジャブラーイールともいう。イスラム教における大天使**ガブリエル**のこと。600枚の翼を持つ巨大な**天使**とされるが、多くの場合は不可視であり、またディファヤ・イブン・ハリーファという若者に似た姿で開祖ムハンマドのもとを訪れることもあった。アッラーの玉座の前に座す力ある存在であり、「信頼できる霊」とも呼ばれ、ムハンマドに神の啓示である『**クルアーン**』を書くように強要したとも伝えられている。

シミター
【しみたー】物

英語で三日月刀のこと。中東、アジアの曲刀の総称として用いられることが多い。

『シャー・ナーメ』
【しゃー・なーめ】物

『王書』と訳される。10～11世紀ごろのペルシアの詩人フェルダウシーによって書かれた6万語に及ぶ対句形式の長編叙事詩。神話の時代からササン朝ペルシア滅亡までの王や英雄たちの

活躍を、宿命論的な視点で描いている。純粋なペルシア語で書かれており、ペルシア文学の最高傑作との呼び声も高い。

シャーマン

【しゃーまん】職

原始宗教、未開社会での宗教において、神がかりとなり祈祷や予言、治療などを行う宗教者。シベリアのツングース系諸部族の呪術師「シャマン」から名付けられた。祈祷においては、呪歌や舞踏、激しい音楽、薬物などを用いて忘我の状態に陥り、神々や精霊、死者の霊などと交信する。また、自らの魂を冥界に送り、そこで必要な知識や情報を得るのだともいう。血統、伝統、神霊による指名など、シャーマンになる理由は様々であるが、多くは社会から隔絶された存在で、地域によっては死人として扱われた。また、厳しい修行や試練が必要ともされている。

参 呪医、巫女

シャイタン

【しゃいたん】王

シャイターンともいう。イスラム教におけるサタン。悪魔だけではなく、邪悪な性質を持つ精霊や人間、病気、害獣なども含めてこう呼ばれることが多い。精霊ジンの仲間ともされ、その力は5階級のうち3位に位置する。『クルアーン』では一貫してアダムや人間を誘惑する存在として描かれているが、彼らの権威が及ぶのは自らシャイタンの軍門に降ったものたちだけであり、神に対抗するほどの力を持つ存在ではない。

邪眼

【じゃがん】概

邪視、イーブルアイなどともいう。悪意のこもった視線で人を害すること。また、そうした力を持った人々をこう呼ぶこともある。洋の東西を問わず、その存在は根強く信じられており、現在でも邪眼に対抗するためのお守りやおまじないは数多い。ヨーロッパでは魔女がこうした力を持つと考えられていたが、19世紀の教皇ピオ9世のように聖職者でも邪眼を持つと信じられることもあった。

参 バロール、ファーティマの手

弱水

【じゃくすい】地

中国の伝説に登場する川。崑崙山の丘を流れる。その流れは弱弱しく、どんなに軽いものでも沈んでしまうのだという。

シャクティ

【しゃくてい】概

ヒンドゥー教の概念。シャクティは重要な力であり、神の力の一面である。宗派によってとらえ方は異なり、この力を宇宙の最高原理とする派や、配偶

神の姿をとって顕れ、男女の交わりによってその力を得られると考える一派もいる。

邪視

【じゃし】㮈

→邪眼

シャックス

【しゃっくす】王

カクス、スコクスともいう。**イスラエル**の王**ソロモン**が封印、使役したと伝えられる72柱の悪魔の1柱で、30の軍団を率いる地獄の公爵、兼大侯爵。コウノトリの姿で現れ、しわがれた声で話す。召喚した魔術師に忠実であると主張するが、魔法の三角形に閉じ込めない限り嘘つきで信用ならない。命じられれば人間から視力、聴力、話す力を奪い、悪霊に守られていない財宝のありかを教える力を持つ。また、金持ちから財宝を奪い、命じられれば1200年後に返還するともされる。

娑婆

【しゃば】地

仏のいる仏国土（ぶっこくど）のひとつで、我々の生きるこの世界のこと。仏の属する世界は浄土（じょうど）であるが、娑婆の仏であった釈尊（しゃくそん）（ブッダ）は入滅してしまったため、現在の娑婆世界は穢れた地、穢土（えど）（けがれ）である。56億7000万年後に弥勒菩薩（みろくぼさつ）（マイトレーヤ）が現れ、娑婆世界を救うとされている。

ジャハンナム

【じゃはんなむ】地

イスラム教における地獄。ヘブライ語の「**ゲヘナ**」に由来しているが、「一見好ましく見えるが、近づくと嫌悪し顔を背けたくなるもの」という解釈もある。7つの門があり、罪人たちはそれぞれの罪に対応した門を潜る。火獄とも訳される灼熱の大地で、その住人たちは何度焼かれても皮膚が再生し、体を焼かれる苦しみを味わい続けなければならない。また、食事は奇妙な果実**ザックーム**と熱湯、膿などである。さらに、不正に財貨を蓄えたものは、地獄の業火で焼かれた財貨で焼き印を押されるともいう。もっとも、こうした責め苦は永遠のものではなく、最終的には神の慈悲で消滅し、その中にいた人々も救われるとされている。

参 サバーニーヤ

ジャベリン

【じゃべりん】物

英語で投擲用の槍のこと。古代から様々な文化圏で用いられてきた。威力を増すために、「槍投げ器」のような道具も作られている。近世以降、戦場で用いられることは少なくなったが、投擲用の槍を投げる「やり投げ」は、現在もオリンピック競技のひとつとして世界中で親しまれている。

シャマシュ

【しゃましゅ】$\boxed{王}$

古代アッカド・バビロニアの神の1柱。古代シュメールにおけるウトゥ。太陽神、正義の神。太陽円盤をシンボルとし、のこぎりを武器とする。主にバビロニアの都市ラルサやシッパルで崇拝され、その神殿はエファッバル（輝きの館の意味）と呼ばれた。月の神**シン**と女神ニンガルの子で、愛と美と金星の女神**イシュタル**は妹。妻はアヤ。光をもたらすため天空を旅し、あらゆるものを見聞きする。そして、悪事を暴露し、救済を求める人々に救いの手を差し伸べた。現存する世界最古の法典として名高いハムラビ法典も、このシャマシュが王に書きとらせたものとされる。

ジャムシード

【じゃむしーど】$\boxed{王}$

イマともいう。ペルシアの伝説に登場する王。イラン王朝4代目にあたり、鉄製の武具、豪華な衣服、身分、医療、文化的な生活などを人々にもたらした。700年に及ぶ統治の大半で善政を敷くが、あるときから突然おごり高ぶるようになり、神と民衆に見放される。最後はアラビアの王**ザッハーク**に捕らえられ、のこぎりで処刑された。

シャムシール

【しゃむしーる】$\boxed{物}$

13～20世紀ごろの中近東の刀剣。名前はペルシア語で「ライオンの尻尾」を意味する。片手用の曲刀で、柄が切る側に湾曲しており、横から見ると柄と刀身が緩やかなS字を描いている。直角に飛び出した柄頭は「ライオンの頭」と呼ばれていた。刀身は切っ先に向けて細くなっている。16世紀以降はインドのムガール帝国などのイスラム文化圏で幅広く用いられた。

『ジャンガル』

【じゃんがる】$\boxed{物}$

モンゴルの叙事詩。英雄ジャンガル・ハーンとその部下たちの伝承をまとめたもので、15～17世紀ごろに成立したと考えられている。この叙事詩はジャンガルチと呼ばれる**吟遊詩人**たちによって伝えられ、現在では『元朝秘史』、『ゲセル・ハーン物語』と共にモンゴル古典3大名著として扱われている。

シャングリラ

【しゃんぐりら】$\boxed{王}$

イギリスの作家ジェームズ・ヒルトンの『失われた地平線』に登場する理想郷。チベットの奥地にあり、カトリックのペロー神父によって創設された寺院を中心として近代的で優れた施設を備えている。ストレスのない生活から住人たちは長寿を誇り、定期的に新たな住民を迎えることで閉鎖的な血統になることを防いでいた。2001年、中国雲南省でこの小説をもとにした都市、香格里拉市が作られ観光の名所

となっている。

ジャンヌ・ダルク
【じゃんぬ・だるく】王
「**オルレアンの乙女**」とも呼ばれる。イギリスとの百年戦争で混乱する15世紀のフランスを救った少女。北フランスの富農の娘で、17歳の時に**天使**、**聖人**の「声」に導かれ、フランス皇太子シャルル7世に謁見した。その際与えられた聖母**マリア**の旗と鎧、「声」の導きで発見したフィエルボワの剣を手に前線で兵士たちを鼓舞。オルレアン解放を皮切りに破竹の勢いで進軍して皇太子に戴冠式を行わせている。しかし、以降は敗戦を重ね、最終的にイギリス軍に捕らえられ異端者として火刑に処された。その後、1456年には再審により名誉が回復され、1920年には聖人として認定されている。ナポレオン1世のプロパガンダにも用いられ、その名声は不動のものとなった。なお、彼女の死後5年後、国王や親族を巻き込んだ偽物騒動も起きている。

シャンバラ
【しゃんばら】地
チベット仏教の経典『時輪タントラ』などに登場する伝説の仏教国。ブッダの入滅に先駆けて12,000点にも及ぶ重要な経典が運び込まれたとされ、現行の諸経典はこれらを簡略化したものとされる。イスラム教勢力とは敵対関係にあり、シャンバラとイスラム教勢力が最終戦争を行うという予言は周辺国家に大きな影響を与えた。20世紀のロシアの神秘思想家ニコライ・リョーリョフ以降、近代オカルト思想では指導者マハトマの治める理想郷とされ、地下王国**アガルタ**などとも同一視されるようになっている。本来はヒンドゥー教の神**ヴィシュヌ**の**化身**カルキが治めた国の名。

銃士
【じゅうし】職
ムゥスクテル（フランス語）、マスケティア（英語）ともいう。17世紀に登場したフランス国王直属の精鋭部隊。アンリ4世が創設した近衛銃兵隊に、息子のルイ13世が当時最新鋭だった**マスケット**銃を装備させたことから始まったとされる。国王自らが隊長であるため、どの部隊よりも身分は高く、王家、要人の警護、罪人の逮捕、連行など様々な仕事をこなした。

従士
【じゅうし】職
英語ではスクワイヤという。有力者に仕え、彼らを守り軍事的役割を果たす人々。古代ゲルマンから始まった制度で、従士は自由意思による契約で主人に忠誠を誓い、主人は衣食住や武具、軍馬などを提供して彼らを保護する。封建社会においては身分化され、世襲のものとなった。

呪医

【じゅい】職

メディシン・マン、ウィッチ・ドクターなどともいう。未開社会において、呪文、呪具、呪薬などを用いて病気の治療を行う人々。病の起こるメカニズムをその共同体における世界観、宗教観と絡めて解き明かす存在であり、多くは**シャーマン**などの宗教的指導者を兼ねることが多い。

シュヴァルツ

【しゅヴぁるつ】概

ドイツ語で「黒」の意味。対義語は「白」のヴァイス。

十字軍

【じゅうじぐん】概

聖地奪還のため西欧キリスト教諸国が行った軍事遠征。軍事遠征自体をクルセイド、その参加者をクルセイダーという。名前は参加者が十字架を指標としたことに由来しており、11～13世紀にかけて計7回（8回ともされる）の遠征が行われた。当初は聖地奪還や**エルサレム**王国建国など華々しい成果をあげたものの、同じキリスト教国のビザンチン帝国を攻撃するなど利益目的の軍事活動が横行するようになり、最終的にはイスラム教勢力に軍事的敗北を喫している。しかし、この遠征によるビザンチン、イスラム文化の流入や、地中海貿易の発展は、後の西欧諸国の発展に大きな影響を及ぼすこととなった。

参 テンプル騎士団

十二宮

【じゅうにきゅう】概

西洋占星術で使われる概念で、春分の日の太陽の位置を起点として、黄道に沿って30度ずつに分けられた12の領域のこと。黄道上の12の星座を指す黄道12星座とは別物。十二宮は男性、女性に二分され、活動的なカーディナル、忍耐強いフィックスト、柔軟なミュータブルの性質で三分、火水風地のエレメントで四分される。

白羊宮	アリエス	カーディナル	火
金牛宮	タウロス	フィックスト	地
双児宮	ジェミニ	ミュータブル	風
巨蟹宮	キャンサー	カーディナル	水
獅子宮	レオ	フィックスト	火
処女宮	ヴァルゴ	ミュータブル	地
天秤宮	ライブラ	カーディナル	風
天蠍宮	スコーピオ	フィックスト	水
人馬宮	サジタリウス	ミュータブル	火
磨羯宮	カプリコーン	カーディナル	地
宝瓶宮	アクエリアス	フィックスト	風
双魚宮	ピスケス	ミュータブル	水

参 ゾディアーク

十二神将

【じゅうにしんしょう】概

仏教の概念で、薬師如来の信徒を守る12柱の守護神。12の願に対応し、12の方角を守る。十二支にも対応している。

毘羯羅	びぎゃら	子
招杜羅	しょうとら	丑
真達羅	しんだら	寅
摩虎羅	まこら	卯
波夷羅	はいら	辰
因達羅	いんだら	巳
珊底羅	さんてら	午
頞儞羅	あにら	未
安底羅	あんてら	申
迷企羅	めいきら	酉
伐折羅	ばさら	戌
宮毘羅	くびら	亥

修験道
【しゅげんどう】概

山岳修行を通じて超自然的な能力を獲得し、それをもとに様々な救済活動を行うとされる宗教。奈良時代末から鎌倉時代にかけて次第に形を整えたとされる。多くは役小角を開祖としており、その祭祀やまじないには密教、**陰陽道**など国内の様々な宗教からの影響が強い。明治初年の神仏分離、修験道廃止によって大打撃を受けたが、昭和20年の宗教法人令公布以降、多数の修験道教団が設立され、現在に至っている。

守護神
【しゅごしん】概

守り神ともいう。国家、地域、民族、親族、家族、個人、職業集団、社寺などを守護するとされる神々。キリスト教においては、**守護天使**や守護聖人が

これにあたる。現在は、比喩的表現として特定の団体や個人に対して用いられることも多い。

守護天使
【しゅごてんし】概

中世以降のキリスト教カトリック教会において、人間を守り魂を救済すると考えられていた**天使**。異教徒、悪人を問わずあらゆる人間に守護天使が存在しているが、その働きかけは間接的なものが多く、最終的な決定権は人間の側にあるとされる。天使が人を守り導くこと自体に関しては聖書中に何ヶ所か記述がある為、ほかの宗派でも否定されているわけではない。なお、国家や共同体などの集団を守護する天使や、動物、自然を守護する天使も存在するとされている。

呪禁
【じゅごん】概

日本にかつてあった、**道教**由来の術のひとつ。呪文や太刀などを用いて、邪気を制し、祓う。律令制度では、呪禁師という役職があった。

参 陰陽道

数珠丸
【じゅずまる】物

平安時代の名工で備中国（岡山県西部）の青江派に属する恒次作とされる太刀。**天下五剣**のひとつ。大ぶりで、全体的に反りが高い（大きい）。日蓮

宗 開祖の日蓮の愛刀とされ、柄に数珠が巻きつけられていたことから名付けられた。実戦には用いられたことがないという。江戸時代中期に行方知らずとなり、現在は兵庫県にある法華宗の本興寺が所蔵している。

酒呑童子

【しゅてんどうじ】囲

日本の伝説、物語の登場する**鬼**。大江山を根城にして京の都を荒らしまわっていたとされる。普段は酒好きの童子の姿であるが、本性を現すと体が五色に塗り分けられた巨大な鬼の姿となる。その出自は物語によって様々であるが、寺と結び付けられることが多い。また、**ヤマタノオロチ**の血を引くとされることもある。室町時代ごろに成立した『酒呑童子絵巻』では、源頼光ら一行によって退治された。

シュトローム

【しゅとろーむ】概

→メイルシュトローム

シュバリエ

【しゅばりえ】職

→騎士

ジュピター

【じゅぴたー】囲

ローマ神話で重要視される「同意する神々」の1柱で主神。ジュピターは英語読みで、ラテン語ではユ

ピテル。光や気象現象を司るイタリアの天空神で、古くは石の形で信仰されていたとされる。ギリシア神話の主神**ゼウス**と同一視されると、その役割は次第に大きくなり全世界の至高の支配者として信仰されるようになった。その役割から、敬意を込めて「至高の神」とも呼ばれる。

須弥山

【しゅみせん】地

仏教で世界の中心にあると考えられた高い山。ヒンドゥー教にも同じ概念があり、サンスクリット語ではメール、またはスメールという。仏教では、須弥山の中腹に**四天王**がおり、頂上には帝釈天が住む善見城があり、三十三天が住む。ヒンドゥー教では神々や**ガンダルヴァ**たちが住む。

参 メール山

呪文

【じゅもん】概

口に出して唱える、あるいはものに書きつけることで、超常的な存在や自然、人間、動物などに影響を与えることができるとされる言葉、文句。特殊な動作、儀式を伴うこともある。大抵は命令や懇願の形をとるが、意味のわからない言葉の羅列ということも多い。宗教儀礼、魔術、呪術の根幹をなす要素のひとつであり、一言一句厳密に定められている。

参 スペル

ジュワイユーズ

【じゅわいゆーず】物

フランスの大帝シャルルマーニュ（カール大帝）の伝説の愛剣。キリストを磔刑にした聖槍の切っ先が柄に埋め込まれており、日に30回その輝きを変える。

修羅

【しゅら】種

→阿修羅

シュリンクス

【しゅりんくす】物

パンフルートともいう。ギリシア神話に登場する牧神パンの愛用する葦笛。長さの違う葦の管を横に並べて、息を吹き掛けて音を出す。パンの求愛を拒んだ妖精ニンフのシュリンクスが葦に姿を変えてしまったため、彼女を忍んでパンが作ったとされる。

シュルパク

【しゅるぱく】地

古代メソポタミアの都市。チグリス川とユーフラテス川の間にあり、現在のイラクのテル・ファラにあたる。都市神は穀物の女神ニンリル。『**ギルガメシュ叙事詩**』では世界最古の都市とされており、洪水から生き延びた賢人ウトゥナピシュテムは、この都市の王であった。

純鈞剣

【じゅんきんけん】物

中国古代の名剣。越王允常が干将と並び称される名工王冶子に鍛えさせた5振りの剣のひとつ。名剣の例としてたびたび引用される。

参 干将・莫邪

承影

【しょういん】物

中国の伝説の剣。戦国時代末期の『列子』に登場する。承影、**含光**、**宵練**は孔周という人の持ち物。

嫦娥

【じょうが】キ

中国の女神。弓の名手羿の妻。夫婦のための不老不死の薬を独り占めし、罪悪感から月に隠れ住んだ。

別 姮娥

照海鏡

【しょうかいきょう】物

中国の逸話上の道具。海水が黒いとき、海中を百里先まで見通すことができる鏡。海中の怪魚や暗礁を避けることができる。

召喚

【しょうかん】概

何かを呼び出すこと。英語ではサモン。もともといた場所に呼び戻すことは召還。中世ヨーロッパの**グリモア**では、**魔法円**を用いて悪魔を召喚する方

法が紹介されている。

瘴気
【しょうき】概

汚染された沼や川、土地、火山、動物の死体などから発生する、悪臭を放つ有毒な空気のこと。19世紀に病気の原因としての細菌類、微生物の類が確認されるまで、西欧では熱病をはじめとする感染症の原因と考えられていた。

鍾山
【しょうざん】地

中国の伝説上の山。顔が人、身体が龍の山神、燭陰が棲む。燭陰の眼が開けば昼になり、閉じれば夜になる。

浄土
【じょうど】地

仏が属する世界。仏ごとに1つずつあり、阿弥陀如来の住む世界が極楽浄土、薬師如来の住む世界は浄瑠璃浄土。穢れも争いもない清らかな世界である。対して仏のいない娑婆世界は穢土といわれる。

照妖鏡
【しょうようきょう】物

姿を隠している妖魔を映し出す鏡。1つのアイテムでなく、魔を映す鏡全般を指す。『西遊記』にも登場し、主人公孫悟空は照らし出される側である。

宵練
【しょうれん】物

中国の伝説の剣。戦国時代末期の『列子』に登場する。昼は影のみ、夜は光のみが見え、ものを斬ってもくっついてしまう。承影、含光、宵練は孔周という人の持ち物。

ショーテル
【しょーてる】物

17〜19世紀ごろのエチオピアの刀剣。切る側に大きく湾曲したS字型の刀身を持つ。相手の持つ盾越しに傷を負わせるための工夫とされているが、その極端な形状は利点よりも扱いづらさが勝るものだった。

女媧
【じょか】キ

古代中国の伝説の女帝。人の頭に蛇の体を持ち、人間を作った。その後も天の穴を塞ぎ、天の四方を支える足をつけるなど、世界を保ち、人類を繁栄させる女神。
参 伏犧

『諸世紀』
【しょせいき】物

→ 『百詩篇』

不知火
【しらぬい】概

陰暦8月（8月下旬から9月）ごろ九州の有明海、八代海の海上に無数の光が

143

明滅して見える現象のこと。『日本書紀』には景行天皇が熊襲征伐に向かった際、海上の無数の火に助けられ無事に上陸したという話が残っている。この火が誰のものとも知れなかったことから「知らぬ火」＝「不知火」と呼ばれるようになったのだという。水面と大気の温度差による複雑な屈折現象が原因とされている。

シリウス
【しりうす】物

おおいぬ座の一等星。冬に南の空に見える。全天で最も明るく輝く星。「焼き焦がすもの」の意味のギリシア語に由来している。エジプトではアセトと呼ばれ、女神**イシス**を表す星、ナイル川の洪水を引き起こし、恵みをもたらす星として愛された。
参天狼

シルフ
【しるふ】種

四大元素の風に対応する空気の精霊。美しく賢明な種族で、人間と結婚することもあるが、粗野な行いや不品行なことをすると、去ってしまうという。同じ空気の精エアリアルもシルフと同一視される。シルフィードはシルフの伴侶あるいは娘とされる。

四霊
【しれい】概

中国の4種の力ある霊獣。『礼記』に

よれば、**龍**、**麒麟**、**鳳凰**、亀のこと。

白魔術
【しろまじゅつ】概

人々に対して有用な効果を持つ魔術。自然に備わる力を用いる魔術ともされる。どちらかといえばイデオロギー的な呼び名であり、教会から否定される魔術（**黒魔術**）との対比で用いられることが多い。

シン
【しん】キ

古代アッカド・バビロニアの月神。古代シュメールにおけるナンナ。神々の指導者**エンリル**の息子で、正義と太陽の神**シャマシュ**、愛と美と金星の女神**イシュタル**の父。天と大地を照らす存在とされ、暦を司る神であることから運命を定めるとも考えられていた。下弦の三日月を象徴としおり、牡牛とも結び付けられている。バビロニアの都市**ウル**、アッシリアの都市ハラシを中心に広く信仰されていた。

ジン
【じん】種

アラビア、およびイスラム教の伝承に登場する精霊、もしくは悪魔。神によって熱風から作られたとされ、力を持つものから順にマリード、**イフリート**、**シャイタン**、ジン、ジャーンという5つの階級に分かれている。彼らは巨人や美女など様々な姿に変身でき、

砂漠や廃墟、孤島などの人里離れた場所に住むと考えられていた。また、独自の王国を築いており、建物は宝石で作られているのだともいう。ジンの性質は千差万別で、人間に幸運をもたらすものもいれば、天変地異や災厄を引き起こす邪悪なものも存在した。女性のジンの中には人間の妻となるものもいたとされる。

深淵

【しんえん】概

深い淵、穴、割れ目などのこと。底知れない、奥深い、どん底など比喩的な意味でも用いられる。

参アビス

シンカルコ

【しんかるこ】地

アステカ神話の死後の世界のひとつ。戦死した兵士やお産で亡くなった女性が行くところとされた。「トウモロコシの家」の意味で、西の果てにある。

『神曲』

【しんきょく】物

イタリアの詩人ダンテの叙事詩。1万4,233行にもなる大作で、1307年から書き始められた。原題は「喜劇」の意味の「コメディア」で、後年「神聖な」の意味の「ディヴィーナ (Divina)」が付け加えられた。日本語訳の「神曲」は森鷗外が名付けたもの。三位一体の象徴として3にこだわり、全体が

「地獄篇」「煉獄篇」「天国篇」の3篇、各篇が33歌、これに序歌を加えて100歌で構成されている。地獄、煉獄、天国のそれぞれの世界を詳細に描写しており、地獄の最下層には悪魔大王となった**ルシファー**が氷漬けになっている。

『信仰の砦』

【しんこうのとりで】物

15世紀に刊行された、改宗ユダヤ人アルフォンスス・スピナの著作。悪魔学、妖術論について論じた、もっとも初期の刊本として名高い。全5章からなり、内容は「信仰とは」、「異端者との戦い」、「ゼウス信仰」、「サラセン人について」、「悪魔教とその全貌」となっている。裁判記録などを含めた実例を交えた記述は当時の貴重な資料であり、その主張も同時代の著作よりも穏当なものだった。

真言

【しんごん】概

マントラの漢訳語。**密教**で瞑想を深めたり、力を得たりするために唱えられる。

参陀羅尼

神智学

【しんちがく】概

神秘的な体験や啓示などにより、直感的に神の本質や隠された叡知を得ることができるとする哲学、思想を持つ学

問の総称。狭義的には20世紀の神秘思想家H・P・ブラヴァツキーとH・S・オルコットにより創設された神智学協会の思想や活動のことをいう。天球が7つの霊的段階を経て最初に戻る「回帰」、人類発生の起源となる「根源人種」からの段階的霊的進化、**カルマ**と**輪廻**などを軸とする思想で、こうした知識は「大師」もしくは「マハトマ」と呼ばれる霊的アドバイザーからもたらされたものとしている。

参 グノーシス主義

人智学
【じんちがく】概

20世紀のドイツの哲学者R・シュタイナーが創設した人智学協会の哲学、思想、および活動のこと。直感的な思考と論理的な客観視を積み重ね、統合することによって世界の本質を認識する手段としている。また、シュタイナーは世界を人間の住む「物質界」、時系列が逆転した集合意識の世界「遊星界」、色彩と音響で構成された「神界」の3つに分類し、その果てにあらゆる情報が記録された**アカシック・レコード**が存在すると定義した。もともと、シュタイナーは**神智学**協会に属していたが、思想の違いから離脱し人智学協会を立ちあげたのだとされる。

神道
【しんとう】概

日本固有の宗教、信仰。「惟神の道」とも呼ばれ、神と人を仲介することを目的としている。神域を設け、自然神、祖霊神に神饌や歌舞などを供えて祈る呪術的信仰に始まり、律令国家による制度化や**仏教**、**道教**、儒教などの影響を受け体系化された。もっとも、明確な教義、経典は存在していない。平安時代以降、仏教と結びつけられるが、後にそれに反発する神道家による独自解釈も登場した。明治時代に国家宗教として仏教と切り離されると同時に再編され、現在の神社神道の原型が形作られている。一方、民間では神がかり的教祖が創設した各種の教派神道が隆盛した。戦後は国家と切り離され、民間宗教のひとつとなっている。

『神統記』
【しんとうき】物

『テオゴニア』ともいう。古代ギリシアの詩人ヘシオドスの叙事詩。詩の女神**ムーサ**たちへの呼び掛けから、宇宙の開闢、**ウラヌス**、**クロノス**、**ゼウス**らによる、天界の3代にわたる権力争奪の歴史と神々の血統が1022行にわたってうたわれている。しかし、しかし、あくまでヘシオドス個人の意図でまとめられた系譜であり、詩人ホメロスの『**イーリアス**』、『**オデュッセイア**』などが伝える系譜とは違っている部分も多い。

神農窟

【しんのうくつ】地

湖北省のあたり、千仞の絶壁の上にあるとされる洞窟。その洞窟の前にはありとあらゆる薬草が生えている。神農穴ともいう。

『新約聖書』

【しんやくせいしょ】物

『旧約聖書』と合わせて、キリスト教の**正典**とされる27の文書。キリスト教の教祖イエス・キリストの言動を伝える**福音書**、**使徒**の宣教活動をつづった「使徒行伝」、使徒たちの手紙、世界の終末を記した『**ヨハネの黙示録**』が収録されている。「新約」は、『旧約聖書』で**預言者**モーセが神と交わした契約を古い契約とし、イエス・キリストが神と交わした契約を新しい契約とするキリスト教徒の立場によるもの。

『侵略の書』

【しんりゃくのしょ】物

『来寇の書』、『レボル・ガバラ・エリン』などともいう。11世紀ごろのアイルランドで成立したと考えられる偽史。天地の創造とノアの娘ケスティルの入植、それに続くパーホロン、ネメズ、フィル・ボルグ、ダーナ神族、ミレシアらの入植、侵略者**フォーモリア**との争いなどについて書かれている。聖書的な世界観とアイルランド固有の神話のすり合わせが試みられており、登場する神々や魔物は人間の王族や英雄、魔術師としてしか扱われていない。しかし、具体的な逸話や信仰について資料が残されていないケルトの神々を知る上では、重要な資料となっている。

人狼

【じんろう】種

狼男、ライカンスロープ、ワーウルフ、フランスではルー・ガルー（本来はガルーのみでワーウルフの意味）、ドイツではヴェアボルフなどともいう。ヨーロッパの伝説、伝承に登場する怪物。人間から尾のない狼、もしくは狼と人間の中間的姿になって人々を**襲う**とされ、特に女性や子供を好むと考えられていた。人狼になる理由は、悪魔との契約や魔術、特殊な出自など様々であるが、中には狼に噛まれた、狼の足跡に溜まった水を飲んだなど事故的なものもある。東欧では**吸血鬼**などと同一視されることも多い。15〜17世紀にかけて盛んに報告されるようになり、裁判で裁かれた記録も残されているが、実際は狂言や濡れ衣も多かった。満月による変身や銀の武器を弱点とするなどの特徴は映画などで設定されたもので、当時の記録には見られない。

彗星

【すいせい】物

箒星ともいう。太陽系内をめぐる小型の天体の一種。本体に氷などガスの

す

素となる成分が多いため、太陽に近づくとそれらが蒸発し、長く尾を引いて見える。日本や中国では妖星と呼ばれ、災いの前兆とされた。英語ではコメット。

『水滸伝』
【すいこでん】物

中国、明代の作家施耐庵の長編小説。中国四大奇書のひとつ。梁山泊に集った宋江をはじめとする108人の豪傑が活躍する物語。北宋時代の逸話集『大宋宣和遺事』などにもとになった話が収録されている。

水棲馬
【すいせいば】種

アッハ・イーシュケもいう。アイルランドやスコットランドなどの伝承に登場する妖精。見事な毛並みの馬の姿をしており、海や塩水湖などの周辺に姿を現す。また、髪に水草のついた美しい若者に化けて女性を誘惑するとも考えられていた。うかつに背中に乗った犠牲者は、その背中に貼り付いてしまい、水中に引きずり込まれて肝臓以外を貪り食われるとされる。同様に馬の姿で水辺に現れるケルピーと混同されることも多い。

スィドラ
【すいどら】種

ナツメの木の一種で、その葉には死体の腐敗を防ぐ効果があるとされる。

『クルアーン』によれば、楽園の第六、もしくは第七天に「最果てのスィドラ」と呼ばれる樹木があり、この樹木より先は被創造物の知識が及ばない世界が広がっているのだという。そして、アッラーから現れる知識や奇跡は、まずこの場所に降ろされると考えられていた。天界巡りをすることになったイスラム教の開祖ムハンマドも、大天使ジブリールをここで目撃している。

スヴァルトアールヴヘイム
【すゔぁるとあーるうゔへいむ】地

北欧神話に登場する9つの世界のひとつ。デックアールヴ、もしくは小人族の住む地下世界とされる。

参 アールヴ、グレイプニル

スヴェル
【すうぇる】物

北欧神話に登場する魔法の盾。太陽の熱で大地が燃えないように太陽の前に立てられ熱線を遮っているとされる。

スーフィズム
【すーふぃずむ】概

イスラム教神秘主義のこと。初期の行者が「羊毛」の粗衣をまとい「スーフィー」と呼ばれたことからこの名がある。8世紀ごろに硬直化した指導者層への反発から禁欲主義運動として始まり、ギリシア哲学やユダヤ、キリスト教思想、インド神秘主義思想などの

影響のもと11世紀ごろに体系化され、13世紀には教団化するに至った。神の愛、神との合一を説き、苦行を通じて恍惚、忘我の状態となる独自の修行を行うとされる。

スーリヤ
【すーりや】 囲

インドの太陽神。暁の女神ウシャスを恋人とし、その後ろを追いかけていく。炎の髪を持ち、7頭の金色の馬に引かれた車で天をめぐる。

スカアハ
【すかあは】 囲

ケルト神話に登場する影の国の女王。有望な若者を鍛える学校を開いており、**クーフーリン**やその友人フェルディアなどを育てた。しかし、その修行は命がけの危険なものだったとされる。オイフェという姉妹と領土を争っていたが、クーフーリンの援軍により勝利した。
参 アルバ

スカジ
【すかじ】 囲

北欧神話に登場する女神の1柱。巨人族のシャツィの娘で、本来は巨人族。父を殺害した神々に賠償を求めるため、完全武装で単身アースガルズに乗り込んだ。神々は彼女の要求を飲み、「足だけを見て」神々から花婿を選ぶことに同意する。スカジは光神**バルド**ルを相手に望んでいたが、選んでしまったのは港と富の神ニョルズだった。海を愛するニョルズと山を愛するスカジの結婚生活はすぐに破綻するが、彼女は神々のもとに残り**オーディン**の愛人になったとされる。弓矢とスキーを得意としていた。

スガバ・トゥネ
【すがば・とぅね】 物

ウェブ・スイーパーともいう。ケルト神話に登場する魔法の船。海神**マナーナン**の持ち物で、帆もオールも必要とせず、目的地まで自動的に航海し、乗り手の人数や積み荷に合わせて大きさが変わる。後に彼の養い子である光神**ルーグ**に贈られた。

スカラベ
【すからべ】 物

タマオシコガネ属の昆虫。いわゆるフンコロガシ。また、その姿を模した装飾品の総称。そのフンを球状にして転がす様子を太陽の運行に見立てられ、フン球から生まれる様子から太陽、自生、多産の象徴とされるようになった。スカラベを模した装飾品は王族から庶民にまで愛好されており、護符のほか印章、有翼スカラベや心臓スカラベのような副葬品としても用いられている。さらにスカラベの頭を持つ太陽神ケプリも信仰されていた。

スキーズブラズニル
【すきーずぶらずにる】物

北欧神話に登場する魔法の船。悪神**ロキ**がイタズラで雷神**トール**の妻シヴの髪を丸刈りにした代償として、「イーヴァルディの子ら」と呼ばれる**小人**族に依頼して作らせた3つの宝物のひとつ。常に順風を受けて好きな方向に進むことができ、完全武装の神々全員を乗せられるほど大きいが、布のように畳んでポケットに納めることができた。豊穣神**フレイ**の持ち物となり、船の中でもっとも優れていると評された。

参 グングニル、グリンブルスティ、ドラウプニル、ミョルニル

スキュラ
【すきゅら】キ

ギリシア神話に登場する怪物。3重の歯を持つ6つの犬の首と12本の足を持つ。海に棲み、人を襲うときには1度に6人を捕らえて食べてしまう。もとは美しい妖精**ニンフ**であったが、魔女キルケーに嫉妬され、水浴びをする湖に毒を投げ込まれ怪物になったとされる。

参 アンテモエッサ、カリュブディス、セイレーン

スキンファクシ
【すきんふぁくし】キ

北欧神話に登場する名馬。アース神族デリングの息子で昼を司るダグの乗る馬で、そのたてがみが光輝いて昼間の明るさをもたらすとされる。戦士たちの間では最高の名馬と評されていた。

参 フリムファクシ

スクナヒコナ
【すくなひこな】キ

日本神話に登場する神の1柱。『**古事記**』では少名毘古那神、『**日本書紀**』では少彦名命と書く。天地開闢の際に現れた造化三神の1柱カミムスビの息子で、あまりに小さいために手の指の股から落ちて地上にやってきた。蛾、もしくはガチョウの皮を衣にしている。医薬や、呪術を防ぐ禁厭に詳しく、**出雲**の主神**オオクニヌシ**と共に国作りに邁進するが、その道の半ばで冥界とされる常世国に旅立った。

宿曜
【すくよう】概

インド占星術と西洋占星術の流れをくむ中国の**占星術**。インドにもともとあった、日ごとに月の宿る領域を表す二十八宿、あるいは二十七宿という概念に、西洋の**十二宮**、十二支などを組み合わせたもの。原典である『宿曜経』は、**密教**を発展させた唐の高僧不空がインドから持ち帰り翻訳したとされ、空海が日本にもたらした。

スクルド
【すくるど】キ

北欧神話に登場する女神の1柱。3柱1

組で行動する運命の女神ノルニルの代表格の1柱で、過去、現在、未来のうち未来を担当する。アース神族とされるが、神々の黄金時代を終わらせた3人の巨人（ヨトゥン）の娘と同一視されることも多い。ワルキューレとしても名前があげられているが、彼女が両方の役割を果たしていたのか別の女神なのかははっきりしない。

参 ウルズ、ノルン、ベルダンディ

スクレープ
【すくれーぷ】物

中世北欧の歴史書『ゲスタ・ダノールム』に登場する名剣。飛び抜けて鋭く、邪魔するものは一刀両断にし、一旦鞘（さや）から抜かれれば、その刃の通らぬ物はないとされる。デンマーク王ヴェルンドの持ち物であったが、息子オッフォが物言わぬ愚か者であったため、息子以外の手に渡るよりはと地中深くに隠された。しかし、実はオッフォが実力を隠していただけであり、その怪力に耐える剣がないことがわかると掘り出され彼に与えられた。もっとも、オッフォは錆びついたこの剣を信用していなかったようである。

スケイル・メイル
【すけいる・めいる】物

革や金属など硬い素材の鱗状の板を連ねた鎧。紀元前にはすでに登場しており、時代を問わず世界各地で同様の鎧が用いられていた。

朱雀
【すざく】王

中国の霊獣。四神のひとつで、南方を守護する。朱鳥（しゅちょう）ともいう。赤い鳥の姿をしており、鳳凰（ほうおう）と同一視されることもある。風水では南にある池に朱雀が遊ぶとされる。五行説では南、赤、夏を象徴する。

朱雀門
【すざくもん】地

平城京（奈良県）、平安京（京都）の南北を走る朱雀大路（すざくおおじ）の北側に位置する門で、大内裏（だいだいり）の南部中央に位置する正門。平安京の朱雀門には、いつのころからか風流な鬼が住み着いており、音楽の名人 源 博雅（みなもとのひろまさ）と笛を合奏して「葉二（はふたつ）」と呼ばれる名器を与えたのだという。ほかにも双六（すごろく）の名人紀長谷雄（きのはせお）と勝負をして死体から作った美女を与えたり、歌人の歌に感動して感想を述べたりと多くの逸話を残している。

スサノオ
【すさのお】王

日本神話に登場する神の1柱。『古事記』では須佐之男 命（すさのおのみこと）、『日本書紀』では素戔 鳴 尊（すさのおのみこと）と書く。イザナギが黄泉（よみ）の穢れ（けがれ）を祓うために禊（みそぎ）をした際に生まれた三貴子（さんきし）の1柱で、鼻から生まれた。イザナギから海原を託されたが治めようとせず、母に会いたいと泣き暮らしたために追放される。姉アマテラスに別れを告げるべく訪れた高天原（たかまがはら）で

は乱暴狼藉を働くが、**出雲**に降りたのちは一転**ヤマタノオロチ**を退治するなど英雄的な活躍をした。また、息子イソタケルと共に数々の樹木を日本にもたらしたともされる。最終的には地下世界の**根の国**の支配者となった。

参 天叢雲、オオクニヌシ、草薙剣

鈴鹿山

【すずかやま】地

三重県と滋賀県の県境にある山、山脈。東海道の難所のひとつで、古くから関所が設けられていた。坂上田村麻呂の妻となり大嶽丸退治に尽力した鬼女鈴鹿御前や、女盗賊立烏帽子の住処であったという伝承が残されている。また、壬申の乱の際、大海人皇子をこの地に住む老夫婦がかくまったとされ、後に鈴鹿大明神として祀られている。

スターゲイザー

【すたーげいざー】概

英語で「星を眺める人」。そこから「天文学者、占星術師」でもあり、「空想家、夢想家、予言者」の意味でもある。

スティグマ

【すてぃぐま】概

英語で「傷、刻印」の意味。ギリシア語の「刻印」に由来し、もともとは罪人や不具を意味するマイナスの意味合いだったが、キリスト教で**聖人**に起こ

る奇跡のひとつである**聖痕**を意味する言葉として広まり、神聖なイメージでも使われる。

スティレット

【すてぃれっと】物

16～19世紀ごろのヨーロッパの短剣。名前は蝋板に文字などを書き付けるための道具「ステュルス」に由来している。断面が三角、もしくはひし形の刀身は錐のように細長く、刺突に特化していた。イタリアなどでは暗殺用短剣として恐れられ、しばしば携帯を禁じられていたとされる。しかし、戦場では鎖帷子や甲冑の隙間を狙える頼もしい武器のひとつだった。砲兵用に刀身に目盛をつけるなど様々な機能を盛り込んだものも存在している。

ステュクス

【すてゅくす】地

ギリシア神話に登場する、冥界を流れる5つの川のひとつ。河神**オケアノス**とテテュスの娘ステュクスが支配する。神々にいち早く味方した功績から、神々が神聖な誓いを行う際には必ずこの川の水を飲んで行われるようになった。もし誓いを破った場合、まず9年間昏睡状態におちいり、さらに誓いが守られない場合は追放されるのだという。

ストラス

【すとらす】甲

ソラスともいう。**イスラエル**の王**ソロモン**が封印、使役したと伝えられる72柱の悪魔の1柱で、26の軍団を率いる地獄の王族。鴉の姿で現れるとされるが、図版などでは冠をかぶった足の長いフクロウのような姿をしている。人間の姿で現れたときは、天文学や植物の性質、宝石の価値などを教えるとされる。

スパルトイ

【すぱるとい】種

ギリシア神話に登場する、耕された大地に撒かれた竜の牙から生まれた戦士たち。名前は「撒かれた男たち」の意味。都市国家スパルタの祖ともされる。古代都市テーバイの創設者カドモスが竜を退治した際、戦争と知恵の女神**アテナ**の助言を受けて生み出した。彼らは生まれてすぐに殺しあいを始め、生き延びた5人がカドモスに忠誠を誓った。なお、竜の牙から生まれる戦士は、英雄**イアソン**が金の羊皮を手に入れる際の試練にも登場している。
参 ハルモニア

スピリット

【すぴりっと】概

ラテン語のスピリタス（命の息）に由来し、英語で「精神、魂、心」のこと。または超自然的な精霊や亡霊などの存在の意味でも使われる。

スフィンクス

【すふぃんくす】甲

古代エジプト、メソポタミアなど中近東の神話に登場する神獣につけられたギリシア語の呼び名。人頭獅子を「アンドロスフィンクス」、羊頭のものは「クリオスフィンクス」、鷲頭のものは「ヒエラコスフィンクス」などという。エジプト、ギザの**ピラミッド**にあるスフィンクス像は、太陽神ハルマキスを表したものとされる。ギリシア神話では美しい女性の頭と乳房、獅子の体、鳥の翼を持つ怪物で、**テュポーン**と**エキドナ**の娘。女神ヘラの命令で古代都市テーバイ周辺を荒らしていたが、英雄オイディプスによって退治された。

スプリガン

【すぷりがん】種

イギリス南西部の伝承に登場する妖精。妖精たちや彼らの住む塚、財宝を守る番人で、かつてこの地に住んでいた巨人の亡霊ともされる。醜く非常に小さいが、巨大な姿に変身することもできる。常習的な盗人でもあり、人間の子供と自分の醜い子供を取り替えることもあるとされている。

スプンタ・マンユ

【すぷんた・まんゆ】甲

スペナーグ・メーノーグともいう。**ゾロアスター教**の善神アフラ・マズダが生み出した補佐的神格である陪神**アムシャ・スプンタ**の1柱。聖霊とも訳さ

れ、創造を司る。アフラ・マズダの神格の一部と解釈されることも多い。悪神**アンラ・マンユ**と共にアフラ・マズダによって生み出され、**スプンタ・マンユ**は善を選び、アンラ・マンユは悪を選んだのだという。

スペル
【すべる】概

英語で魔法の力を持つ言葉、**呪文**のこと。一般的には「文字の綴り」の意味で用いられる。ゲルマン祖語の「伝える」に由来する言葉で、魔法的な意味を持つようになるのは16世紀に入ってからのことだった。

スライム
【すらいむ】種

アメーバー状の体を持つ不定形生物の総称。本来は鉱物などの微細な粉塵と水が混じった泥状の物体のことをいう。『**ウィアード・テイルズ**』に掲載された「スライム」という作品において、海底で生まれた貪欲な不定形生物の名前として用いられて以降、怪物の名前として定着した。作品によって性質や能力は千差万別であるが、コンピューターゲームなどでは序盤の敵のイメージが強い。

スラオシャ
【すらおしゃ】主

ゾロアスター教の補佐的神格である陪神ヤサダの1柱。美形の義神と称賛され、斧を持ち甲冑に身を包んだ戦士姿で描かれる。服従と聴覚を司り、天界で最初に善神**アフラ・マズダ**に帰依した。救いを求める民衆の声を聞き届け悪魔たちと戦い、世界の終末には悪魔**アエーシュマ**を滅ぼす。また、死後の世界で死者たちを出迎え、**ミトラ**、ラシュヌと共に死者たちの行き先を決めるとされる。

スルト
【すると】主

北欧神話に登場する怪物。宇宙の南方に位置する灼熱の世界**ムスペルヘイム**の長で、普段は炎の剣を持って国境を守っている。**ラグナロク**の際には**ムスペル**たちの先頭に立って**アースガルズ**を攻め、豊穣神**フレイ**を殺害し、世界を焼き尽くす炎を放つとされる。「黒いスルト」とも呼ばれ地下世界と結びつけられており、火山や溶岩の擬人化と考える研究者もいる。
参 レーヴァティン

スレイプニル
【すれいぶにる】主

北欧神話に登場する名馬。灰色で足が8本あり、陸はいうに及ばず、空でも海でも自由に飛ぶことができた。太陽と月、女神**フレイヤ**を報酬に**アースガルズ**の城壁作りを請け負った巨人（ヨトゥン）の鍛冶屋の仕事を邪魔するため、巨人の馬スヴァジルファリを牝馬に化けた悪神**ロキ**が誘惑した際に産まれたとされる。

オーディンの愛馬だが、必要があれば使者となる神々に貸し出された。神々と人間の間では最高の名馬とされる。

スレイヤー
【すれいやー】概

英語で「殺害者、殺し屋」の意味。ファンタジー小説やゲームなどには「○○スレイヤー」という武器や人物が数多く登場している。特にドラゴンを退治する「ドラゴンスレイヤー」というモチーフは、多くの作品に影響を与えた。

スロウス
【すろうす】概

七つの大罪のひとつ、「怠惰」の英語読み。

スンナ
【すんな】概

イスラム教の開祖ムハンマドの生前の行動、言行のこと。アラビア語で「慣習」、「行為」を意味する。シーア派では宗教的指導者イマームの言行も含まれる。ムハンマドの死後、『**ハディース**』によって伝えられ、イスラム法の統一的解釈のための典拠とされた。

聖遺物
【せいいぶつ】物

キリスト教において崇拝の対象とされた聖者の遺体や遺品、奇跡的な逸話を持つ物品などのこと。病気を癒す効果などが期待され、聖遺物を保管する教会には多くの参拝者が訪れた。そのため、人気のある聖遺物の所有権を巡って、壮絶な争奪戦が繰り広げられたとされる。また、11世紀から始まる**十字軍**遠征では、多くの聖遺物が聖地エルサレムや周辺諸国から持ち帰られた。多くは宝石で飾られた聖遺物入れに納められ教会に安置されているが、個人の所有物として武器や装飾品に組み込まれることもある。

参 ジュワイユーズ、デュランダル

聖骸布
【せいがいふ】物

キリスト教の**聖遺物**のひとつ。イエス・キリストが埋葬された際に、その遺体を包んだ布で、超常的な力によってイエスの肖像が写し取られているとされる。聖骸布と呼ばれる布は世界各地に存在しているが、14世紀に「発見」されたイタリアのトリノに保管されている聖骸布は、写真のネガの形で詳細なイエスの全身像が描かれており、その真偽をめぐって激しい論争が繰り広げられた。一説には**テンプル騎士団**が崇拝していた男性像も聖骸布だったのではないかといわれている。

聖痕
【せいこん】概

キリスト教の概念で、キリスト教の創始者イエスが磔にされたときに傷を負った両手、両足、脇腹、額などに外

的要因なく浮かびあがる傷のこと。**聖人**にもたらされる奇跡のひとつ。

参 スティグマ

聖書

【せいしょ】物

→ 『旧約聖書』

→ 『新約聖書』

聖人

【せいじん】概

知識と徳に優れた人物、また信仰に篤く修行を積んだ人物を指す。特にキリスト教のカトリック派においては、英雄的な行動をした信仰者を聖人として教会が公式に認定し、記念日を定め、特定の町や職種の守護聖人として崇拝する制度がある。聖人に認定されることは「列聖」といい、12世紀ごろから教皇庁のもとで管理され、死体が腐敗しない、**聖痕**がある、奇跡を起こしているなど各種の条件が設けられたが、それ以前の聖人は自然発生的なもので、キリスト教布教のために各地の神話や土着宗教の神、英雄を聖人として取り込んだものもあった。

参 『レゲンダ・アウレア』

セイズ魔術

【せいずまじゅつ】概

北欧神話や北欧の伝承に登場する魔術。ヴァン神族の女神**フレイヤ**が伝えたとされる性魔術で、性的な恍惚と極度の疲労を伴うため「男らしくない」

と考えられていた。**オーディン**も得意としていたが、悪神**ロキ**の嘲りの対象となっている。『**サガ**』などの文学では巫女**ヴォルヴァ**を中心に車座となり、呪歌を歌うことで巫女をトランス状態にして予言が行われる描写がある。

聖槍

【せいそう】物

キリスト教の教祖イエス・キリストが処刑された際にイエスを刺した槍。持ち主の名前をとって「**ロンギヌスの槍**」ともいわれる。イエスの奇跡によって所有者に大いなる力をもたらすとされ、様々な伝説が作られた。現在、聖槍とされるものはバチカンのサン・ピエトロ大聖堂をはじめ、数ヶ所に所蔵されている。

聖典

【せいてん】概

それぞれの宗教で、最も尊いとされる文書、経典。ほとんどの宗教では、神の教えや信者がとるべき行動が文章の形で著されており、それを聖典として信仰の指針とする。『**ヴェーダ**』や『**クルアーン**』は神の言葉を記した経典、『**旧約聖書**』は信徒の行動の記録、『**マハーバーラタ**』は叙事詩の形だがいずれも聖典とされる。

正典

【せいてん】概

それぞれの宗教において、正しいと認

められた文書、経典。英語ではカノン。とくにキリスト教では、**外典**と差別化するために使われる語。

セイバー

【せいばー】 物

英語で**サーベル**のこと。騎兵の意味で用いられることもある。また、アメリカのジェット戦闘機F-86の愛称でもある。

聖杯

【せいはい】 物

グラールともいう。処刑されたイエスの血を受けた、あるいは最後の晩餐で用いられたとされる器。後にアリマタヤのヨセフの手により、イギリスの**グラストンベリー**に持ち込まれたとされる。12世紀の叙事詩人クレチアン・ド・トロワの**アーサー**王の物語群に登場して以降、中世を通じて多くの人々の想像力を掻き立てる素材となった。聖杯伝説の源流は、ケルト伝承に登場する魔法の巨釜と考えられている。

参 コールドロン

聖櫃

【せいひつ】 物

『**旧約聖書**』で神から授かった**十戒**を刻んだ石板を収めた箱。『旧約聖書』内では「契約の箱」「掟の箱」と呼ばれる。アカシヤ材の箱で、純金で覆われており、箱の蓋として、神の降臨する純金の台座が置かれる。**ソロモン**王

の時代に**エルサレム**の大神殿に安置されたが、王国が滅んだ後の行方は記されていない。

生命の木

【せいめいのき】 物

エデンの園の中央に生えている2本の木のうちの1本。その実を食べると永遠の命を得ることができる。**アダム**と**イブ**の追放後、エデンの園は閉ざされ、**ケルビム**ときらめく剣の炎によって生命の木は守られている。キリスト教では、いまの世界が終わった後、教えを守った正しい人は復活し、生命の木の実を食べ、永遠の命を得ることができるとする。「命を司る木」というモチーフはオリエントやエジプトの神話にも登場し、それらの総称として使われることもある。

参 知恵の木

青龍

【せいりゅう】 キ

中国の霊獣で、**四神**のひとつ。青い**龍**の姿をしている。**風水**では東の大河は青龍の住処となる。**五行説**では青、東、春の象徴となる。

青龍偃月刀

【せいりゅうえんげつとう】 物

中国の三国時代の英雄関羽の愛刀。「偃月刀」は実際に使われていた武器で、長い柄の先に刀身をつけたもの。関羽の刀は、柄に**青龍**が彫られていた

ため、この名で呼ばれている。

セイレーン
【せいれーん】種

ギリシア神話に登場する怪物。複数形はセイレーネス。河神**アケオロス**の娘で、頭、もしくは上半身は女性、それ以外の部分は鳥の姿をしていた。**人魚**の姿で描かれることもある。南イタリアの海の難所に棲み、美しい歌声で通りかかる船乗りたちを引き寄せてはむさぼり食っていた。しかし、英雄**イアソン**率いるアルゴー探検隊や英雄オデュッセウスが彼女たちの誘惑を退けたため、悔しさから自殺したとされる。

参 アルゴー号、アンテモエッサ、『オデュッセイア』、オルフェウス、カリュブディス、スキュラ

セイント
【せいんと】概

→聖人

ゼウス
【ぜうす】主

ギリシア神話に登場する**オリンポス**12神の1柱。農耕神**クロノス**とレアの息子。天界を支配し、人間界の法と秩序、正義と王権を司る。神々の中で最も強く、常に先頭に立って敵対者たちと戦った。恋多き神でもあり、多くの女性たちとの間に神々や英雄、王族の祖などをもうけている。王杓（おうしゃく）と雷霆（らいてい）

を持ち、鷲（わし）を引き連れた威厳ある壮年の男性の姿で描かれる。

参 アイギス、アテナ、アポロン、アルテミス、アレス、ヘラ、ヘラクレス、ペルセウス

『セーフェル・イェーツラー』
【せーふぇる・いぇーつらー】物

『形成の書』、『創造の書』ともいう。2〜6世紀にかけて成立したと考えられるユダヤ教神秘主義思想の聖典。ヘブライ語のアルファベットである22の「文字」、1〜10までの「数字」、そして「音」を通して神の意思が表され、世界の創造が行われたとする神秘主義的宇宙論が展開されている。

参 カバラ

『セーフェル・ソーハル』
【せーふぇる・そーはる】物

『セーフェル・ハ・ゾハール』、『光輝の書』ともいう。13世紀のユダヤ教指導者であるラビ、モーセス・デ・レオンによって書かれたユダヤ教神秘主義思想カバラの聖典。当初はカバラ思想を学ぶカバリストにのみ重視されていたが、後にユダヤ民族の中で『トーラー』、『タルムード』に次ぐ地位を得るようになった。ラビのシモン・ベン・ヨハイが息子や友人、門弟と共に各地を巡り、様々な話題を論議するという形式で20篇ほどの物語が書かれており、隔絶された神「アイン・ソフ」が「**セフィロト**」を介して現在の

神にいたり、創造が行われるという解釈がなされている。

『セーフェル・ハ・バーヒール』
【せーふぇる・は・ばーひーる】物

『バーヒールの書』、『清明の書』などともいう。12世紀後半に成立したとされる、ユダヤ教神秘主義思想**カバラ**の初期の聖典。ユダヤ教指導者であるラビ、ネフニア・ベン・ハカナーの著作とされ、ラビのアモライとラフマイによる対話形式で聖書解釈が行われている。**セフィロト**に基づく天地創造の秘密や神と人間との関係、**輪廻**思想、ヘブライ語アルファベットの解釈、戒律や祈祷の奥義など、後のカバラ思想の根幹をなす内容が多いが、全体的に不明確でまとまりがない。また、バビロニアやシリアなどの神秘主義思想の影響が強く、ユダヤ教の視点からその内容を批判する文献も残されている。

セーレ
【せーれ】キ

イスラエルの王**ソロモン**が封印、使役したと伝えられる72柱の悪魔の1柱で、26の軍団を率いる地獄の王族。翼のある馬にまたがった、長髪の美男子の姿で現れる。瞬く間にあらゆる事柄を行う力を持つ。一瞬でどこへでも移動し、盗まれた品々を手にいれるが、ことの善悪には無関心であるとされる。

世界樹
【せかいじゅ】物

宇宙樹ともいう。天地を貫くようにそびえ立つ巨大な樹木のこと。このような巨大な樹木に関する伝承は世界中に残されているが、「世界の秩序の象徴」、「天地を支える柱」、「様々な生き物の住処」、「あらゆる植物の祖」など、その意味や役割は地域ごとに異なり、共通しているわけではない。

参 イルミンスール、ガオケレナ、ユグドラシル

セクメト
【せくめと】キ

セヘメト、サクメトともいう。古代エジプトの女神の1柱。2本の肩紐のある衣装を身にまとった牝ライオンの頭の女性、あるいは牝ライオンの姿をとる。太陽神**ラー**の娘とされ、古くから信仰を受けていた。また、メンフィスでは創造神**プタハ**の妻とされる。王家の守護と戦いを司る女神であり、太陽の運行を表すラーの眼とも考えられていた。よく似た役割と外見を持つ湿気の女神テフヌトや、猫頭の女神**バステト**と同一視されることも多い。大変好戦的な女神で、名前は「力強い女」を意味する。ラーの命令で人間たちを成敗した際には、危うく絶滅させるところだった。神々は彼女を止めるために、血の色に染めたビールで酔い潰さねばならなかったとされている。

絶対零度

【ぜったいれいど】概

熱力学的に定義された絶対温度の0度。熱運動が完全に消滅した状態を指し、一般的に使われている摂氏温度でいうと−273.15℃である。

セト

【せと】王

セテク、スティ、ステクともいう。古代エジプトの神の1柱。四角い耳と長い鼻先を持つ謎の生物の頭部を持つ、正装した男性の姿で描かれる。また、異国の神**バアル**の姿をとることもある。天空神**ヌート**と大地の神ゲブの子で、母親の腹を突き破って誕生した。その暴力性は兄**オシリス**にも向かい、これを殺害している。性豪とされるが**妻ネフティス**との間に子供はない。正義の女神**マアト**の対立者であるが、同時に太陽神**ラー**の守護者でもある。また、嵐、暴風、砂漠を司り、害獣をけしかけ、異国の人々を守護するとも考えられていた。そのため、外国人王朝では信仰されたものの、後代の王朝では邪悪な存在と見なされた。

ゼパル

【ぜぱる】王

イスラエルの王**ソロモン**が封印、使役したと伝えられる72柱の悪魔の1柱で、26の軍団を率いる地獄の公爵。赤い衣を着た武装した兵士の姿で現れる。女性に男性への愛を燃えあがらせたり、逆に女性を不妊にしたりする力を持つ。

ゼピュロス

【ぜぴゅろす】王

ギリシア神話に登場する風の神。星神アストライオスと暁の女神**エオス**の息子で、春の訪れを告げる穏やかな西風を司る。恋多き神で、後に花の女神となるクローリス、虹と伝令の女神**イリス**、その姉妹でもあるハルピュイアのポダルゲーなどを妻にしたとされる。穏やかな恵み深い性格をしているが、**アポロン**の寵童ヒュアキントスに恋心を抱き、嫉妬から殺害するなど激しい一面もあった。妻たちとの間に多くの子をもうけたほか、雌馬と交わり英雄**アキレウス**の戦車を引く2頭の駿馬をもうけたともされる。英語ではゼファーといい、「そよ風」の意味でも用いられている。

セフィラ

【せふぃら】概

ユダヤ神秘主義思想の概念「**セフィロト**」の構成要素。神から流出した力の位相を示すものとされ、流出界に属する王冠、叡知、理解、創造界に属する愛、厳格、美、形成界に属する永遠、尊厳、基礎、物質界に属する王国の10個に分類される。さらに、ここに隠されたセフィラとして知識がつけ加えられることもある。

参 カバラ

セフィロト

【せふぃろと】概

「生命の樹」ともいう。ユダヤ教神秘主義思想カバラにおける象徴的図形。後に近代魔術思想にも取り込まれ、様々な研究、解釈が行われた。3又の樹状に配置された10の円形セフィラとそれを結ぶ22の経路からなり、隔絶された無限の神「アイン・ソフ」からの力の流出と世界の創造を象徴する一方、神との合一を目指す修行の過程を象徴するなど、この図1つに様々な寓意が込められている。

『セプトゥアギンタ』

【せぷとぅあぎんた】物

『旧約聖書』のギリシア語訳のバージョンのひとつ。ギリシア語で「70」の意味であり、日本語では『七十人訳聖書』と訳される。紀元前3世紀から紀元前1世紀の間にアレクサンドリアなどで訳されたものの集成。

セベク

【せべく】神

ソベク、スコスともいう。古代エジプトの神の1柱。名前は「復元されたもの」、「復元を為したるもの」を意味する。創造と戦の女神ネイトの息子で、太陽円盤と羽根飾りや角飾りをつけたワニ頭の男性、あるいはワニの姿で描かれる。ワニと洪水を支配するファラオの守護者として信仰されたが、恐怖の対象でもあった。オシリス神話で

は、オシリスの死体やホルスの切断された両腕を回収し、復元を助けたとされる。中王国時代以降、アメンやラーの信仰に取り込まれ、セベク＝ラーとしてエジプト全域で信仰された。

セラフィム

【せらふぃむ】種

熾天使ともいう。偽ディオニシウスの定めた天使の階級では最高位。セラフィムは複数形で単数形はセラフ。6枚の翼を持ち、2枚で顔、2枚で足を隠した姿で描かれる。地位のわりにその役割に言及した資料は少なく、『旧約聖書』にも神を称え、預言者イザヤの口に燃える石炭を押しあて口下手を直した程度の記述しかない。偽典の『第3エノク書』では、東西南北に対応する4人のセラフィムがおり、神に提出された「イスラエルを滅ぼすべき」と進言するサタンの書板を焼き尽くしたとされている。

セルキー

【せるきー】種

イギリス北部の諸島地域の伝承に登場する海の妖精。つぶらな瞳の美しい人間の姿をしているが、海では毛皮に身を包んでアザラシの姿になる。男性のセルキーは好色で人間の女性を誘惑するが、産まれてくる子供には水掻きがあった。一方、女性のセルキーは毛皮を奪われない限り人間と関わることはない。彼らの血が海で流されると、大

嵐が起きるとされている。同様のものにスコットランドのローンがいる。

セレネ
【せれね】 キ

ギリシア神話に登場する月の女神。**ティターン族のハイペリオンとテイア**の息子で、太陽神**ヘリオス**、暁の女神**エオス**とは兄妹。美貌の羊飼いエンデュミオンを愛し、**ヒュプノス**から永遠の眠りを与えられた彼のもとに通って50人の子をもうけたとされる。また、大神**ゼウス**との間に美貌の娘パンディアももうけている。後に**アルテミス**と習合され、月の女神の役割はアルテミスのものとなった。ローマでは**ルナ**と同一視されている。

『山海経』
【せんがいきょう】 物

中国の戦国時代から前漢にかけて楚で編纂された地理書。全18篇で、各地の産物の解説と共に、神話や伝説が集められ、多数の伝説上の生き物、地名、エピソードが収録されている。日本にも9世紀の末ごろには伝来していた。

戦士
【せんし】 職

戦う人のこと。英語の「fighter（ファイター）」、「warrior（ウォーリアー）」、「champion（チャンピオン）」の訳としても用いられる。古代社会における職業的戦士階級は、自分で武装を用意できる富裕層であり、後に貴族階級を形成することとなった。

『占星四書』
【せんせいししょ】 物

→『テトラビブロス』

占星術
【せんせいじゅつ】 概

天体、特に惑星の運行から人の運命や社会の情勢を占う技術。天文学や暦の作成とも密接に結び付いており、古代社会においては国家の運営を左右する重要な技術のひとつだった。古代バビロニアが起源とされ、エジプト、ギリシア、ローマ、アラビア圏、インド、中国など世界各地に広まり独自の発展をしている。特に古代ギリシアで体系化された占星術は、西洋占星術の基本として**魔術**や**錬金術**の分野にも大きな影響を与えた。天文学の発展により迷信と切り捨てられることも多いが、現在でも占いの分野では根強い人気を誇っている。

参 九曜、七曜、十二宮、宿曜

『先代旧事本紀』
【せんだいくじほんぎ】 物

『旧事本紀』、『旧事紀』ともいう。9～10世紀の間に成立したもので、神代の終わりまでを扱う1～6巻、神武天皇について扱う7～9巻、大化の改新以降を扱った10巻の全10巻構成となっている。内容は『**古事記**』や『**日本書紀**』などからの抜粋であるが、

物部氏の先祖ニギハヤヒと彼に授けられた**十種の神宝**などの記述があることから、物部氏によって書かれたと考えられている。『古事記』、『日本書紀』と合わせて「三部の本書」と呼ばれ、中世以降の神道家に重要視されてきたが、江戸時代の末ごろになると偽書説が唱えられるようになった。なお、序文によれば蘇我馬子らの　勅（命令）で編纂されたとされている。

栴檀鼓

【せんだんこ】物

中国の伝説に登場する太鼓。敵の襲来を、ひとりでに鳴って知らせる。ウイグルの大河に棲む龍から、夫を得たお礼として贈られた。

仙桃

【せんとう】物

西王母の所有する桃。3千年に1度しか実らない。中国の神仙思想においては、西王母の仙桃は不老長寿の霊薬と考えられていた。

千里眼

【せんりがん】概

天眼通、透視、クレボヤンスなどともいう。遠くの物事、過去や未来の物事、あるいは隠された物事を知る能力のこと。また、そうした能力を持つ人々もこう呼ばれる。その原理や方法には諸説ありはっきりしない。「千里眼」という言葉自体は、中国後魏（5

世紀ごろ）の地方長官、楊逸が独自の情報網を駆使して「千里の眼を持つ」と恐れられた逸話に由来している。世界各地で真面目に研究された時代もあったが、イカサマも多く次第に下火となった。日本でも旧帝大教授の福来友吉が実験を行っていたが、イカサマが行われていたと指摘されスキャンダルとなり学会を追放されている。

ソーサラー

【そーさらー】職

女性の場合はソーサレスという。英語で悪霊などの力を借りる邪悪な術**ソーサリー**を用いる魔術師のこと。本来は「くじ占いの名人」程度の意味であったともされる。

ソーサリー

【そーさりー】概

邪術、呪術、魔術ともいう。悪霊などの力を借りて、意図的に他者に影響を及ぼすための技術。ラテン語の「くじ引き、運命」に由来する言葉で、インド・ヨーロッパ語の祖語では「縛る」ことを意味していた。ここからラテン語で「運命の語り手」、「運命を決める人」などを意味するようになり、中世フランス語を経て魔法の技術全般を指す言葉になったとされる。

創造神

【そうぞうしん】概

この世界を創りだした神。何らかの材

料、またはまったくの無から大地や海、生き物を作り出す。**アフラ・マズダ**、**ブラフマー**、**オーディン**、『**旧約聖書**』の神などがそれにあたる。**ゼウス**のように、主神であっても創造神ではない神もいる。

『創造の書』
【そうそうのしょ】物

→『セーフェル・イェーツラー』

ソード
【そーど】物

英語で剣のこと。刀剣類の総称としても用いられる。両刃の直刀で、初期のものは幅広く肉厚であまり長くないが、金属加工技術の発展により薄く長く、切っ先の鋭いものも登場するようになった。

ソーマ
【そーま】物キ

インド神話に登場する神酒。または、その酒が神格化された神。ソーマ神は月の神ともされる。酒のソーマは、天界より鷲によってもたらされたソーマ草を搾って発酵させた飲料で、力と酩酊、興奮をもたらす。雷神**インドラ**はソーマを飲んで悪竜ヴリトラを倒した。

『蘇悉地羯羅経』
【そしつじからきょう】物

「蘇悉地経」と略されることもある。**密教**の重要な経典。サンスクリット語

のスシッディカラの音訳で、**マントラ**を唱えて各種の成果を得る方法が説かれている。

ゾディアーク
【ぞでぃあーく】概

ギリシア語で「獣の帯」の意味。天球上の太陽の通り道である黄道を中心にした南北8度の範囲の帯。主な惑星と太陽、月はこの帯内を移動する。また、この帯内を12等分した**十二宮**のこと。

ソドム
【そどむ】地

『**旧約聖書**』に登場する古代都市。死海南部にあったと考えられている。住民の退廃的な生活が神の怒りを買い、火と硫黄の雨によって滅ぼされた。近隣に住んでいたアブラハムの甥ロトは、**天使**たちにうながされて妻と2人の娘を連れて逃げるが、「振り返ってはならない」という忠告を破った妻は塩の柱になってしまったとされる。

ソニック
【そにっく】概

英語で「音の、音速の」の意味。

ソハヤノツルキ
【そはやのつるき】物

平安時代の名工、筑後国（福岡県）三池派の典太光世作と伝えられる太刀。短く幅広で表裏に太い樋が彫られている。「ソハヤノツルキ」は一説には 坂

上田村麻呂の愛刀とされ、この太刀の茎に「ソハヤノツルキ　ウツスナリ」とあることから名付けられたのだという。死期を悟った徳川家康が自ら試し切りをして枕元に置き、いまだ不穏な西国に向けて祀るように命じたとされる。

参 大典太

ゾロアスター教

【ぞろあすたーきょう】概

拝火教ともいう。紀元前6世紀ごろに予言者ザラスシュトラによって興された宗教。善神**アフラ・マズダ**と悪神**アンラ・マンユ**による善悪二元論、世界の終わりとアフラ・マズダの勝利を予言する終末論、アフラ・マズダを助ける補佐的神格である陪神たちの存在は後の宗教に大きな影響を与えたとされる。イランを中心に隆盛するが、7世紀以降のイスラム教勃興により衰退した。

ソロネ

【そろね】種

座天使、オファニム、ガルガリンともいう。偽ディオニシウスの定めた**天使**の階級では第3位。複数形はスローンズ。炎を吹き多くの目を持つ巨大な車輪の姿、もしくは天秤を持った姿で表される。ユダヤ教の伝承では、神の戦車を構成しており、**ケルビム**たちが操作していると考えられている。

ソロモン

【そろもん】キ

古代**イスラエル**王国の3代目国王で、2代目国王**ダビデ**の息子。中央集権を推し進め、軍備、交易を重視する政策により国を繁栄させ、**エルサレム**の神殿を建設するなど多くの事業を行った。反面、重税や徴用による国民の疲弊、異教の導入など後の王国分裂の原因も残している。悪魔を操り国を繁栄させたという伝説もあり、近世以降の西欧ではソロモンの名を冠する多くの**魔術書**が出版された。

『ソロモンの大きな鍵』

【そろもんのおおきなかぎ】物

ヨーロッパに流布した**魔術書**のひとつ。14〜15世紀ごろに成立したと考えられている。本来のタイトルは『ソロモンの鍵』だが、『**ソロモンの小さな鍵**』との区別のために『ソロモンの大きな鍵』と呼ばれることが多い。現代訳としては20世紀の魔術師マクレガー・メイザースが大英図書館に残っていた資料を抜粋整理したものと、それを無断引用して宣伝をつけ足したオカルト商のローレンス版が存在している。天使や惑星の霊などを用いた具体的な魔術が書かれた第1部と、魔術師の修養方法や必要な道具類の作成方法が書かれた第2部の2部構成で、図版が多く散漫な内容になりがちなほかの魔術書よりはるかに理解しやすい。

『ソロモンの小さな鍵』

【そろもんのちいさなかぎ】㊐

→『レメゲトン』

ソロモンの指輪

【そろもんのゆびわ】㊐

古代**イスラエル**王国の国王**ソロモン**が、悪魔を操るために用いたとされる魔法の指輪。一部の**偽典**によれば、刻印のついた奇跡の指輪で、**ミカエル**から授けられたものなのだという。一度、悪魔**アスモデウス**によって奪われ海に投げ捨てられるが、魚の腹から見つかった指輪をソロモンが取り戻し、アスモデウスを封印した。ソロモンの死後は、遺体と共に墓に埋葬されたとされる。

ゾンビ

【ぞんび】㊔

中米の島国ハイチの伝承に登場する怪物。本来は、**ヴードゥー教**の祭司**ウンガン**の術で魂を奪われ奴隷化された人間のことをいい、罪人に与えられる最悪の刑罰と考えられていた。また、魔術師**ボコール**によって邪悪な目的のために使役されることもあるともされる。ジョージ・A・ロメロの映画「ナイト・オブ・ザ・リビングデッド」や、その続編「ゾンビ」のヒットにより、地上を徘徊して人肉をむさぼり、さらに病気のように感染して広まるモンスター像が定着し、現在はこのイメージのほうが強い。

た

ダーインスレイヴ
【だーいんすれいう】物

北欧神話に登場する魔剣。鞘から抜かれる度に人を殺め、斬れば狙いをはずすことがなく、少しでも傷を負わせれば、その傷が癒えることはない。デンマーク王ホグニが**小人**族に作らせたものとされる。なお、ホグニは**オーディン**の策略により、親友で娘と恋仲になったセルクランドの王ヘジンと世界の終末まで戦争をし続けているのだという。

ダーク
【だーく】物

16世紀から現代まで用いられているヨーロッパの短剣。両刃のシンプルな刀身で、柄頭は平らに作られている。スコットランド高地地方の戦士**ハイランダー**に、日常の道具や武器として愛用された。18世紀終盤以降は儀礼的な物として扱われるようになり、現在でもスコットランド男性の伝統的正装であるキルトには必須のものとなっている。

太阿剣
【たいあけん】

泰阿とも。中国の春秋・戦国時代の楚王の持っていた名剣。

ダイアナ
【だいあな】㊒

ローマ神話で重要視される「同意する神々」の1柱で女神。ダイアナは英語読みで、ラテン語ではディアナ。もともとはイタリアの森林と野性動物を司る女神であったが、ギリシア神話の**アルテミス**と同一視され狩猟の女神としても扱われるようになった。王政ローマの2代国王ヌマの相談役だった妖精**ニンフ**のエゲリアは、彼の死後悲しみのあまりディアナに泉に変えてもらったという逸話が残されている。

ダイダロス
【だいだろす】㊒

ギリシア神話に登場する偉大な発明家。アテネ王家に仕えていたが、甥の才能に嫉妬して殺害したため追放された。**クレタ島**では怪物ミノタウロスを閉じ込める迷宮**ラビリントス**などを作るが、ミノス王の怒りを買い息子イカロス共々迷宮に幽閉される。その後、飛行用の翼を作りシシリア島に逃れるが、イカロスは途中で太陽に近づきすぎて翼が壊れ墜落死した。

『大日経』
【だいにちきょう】

正式には「大毘盧遮那 成 仏神変加持経 」という。**密教**の根本聖典であり、7世紀ごろに唐の善無畏と一行が訳した。7巻のうち6巻は無行がサンスク

リット語の経典を訳したものとされているが、サンスクリット語の経典は失われている。

ダウジング
【だうじんぐ】概

水脈や鉱脈などの地下の埋蔵物を探すために用いられる棒占いの一種。探知棒と呼ばれる棒を持って歩き回ると、目的のものが埋まっている地点で探知棒が動くのだという。古くはY字型のハシバミの枝が用いられていたが、現在はL字型に曲げた2本の針金や、振り子などが用いられることも多い。一説には、探知棒の動きは無意識の筋肉の働きによるもので、占う人間の経験や予測を反映しているとされる。

ダウル・ダ・バラオ
【だうる・だ・ばらお】物

「コイア・ケサルハル（角を持つ調和の框）」ともいう。ケルト神話に登場する魔法の竪琴。大神ダグザの持ち物で、名前は「甘き林檎のごとき囁き」を意味する。悲しみ、喜び、眠りを引き起こす3本の弦を持ち、ダグザが呼びかけると自動的に移動する。非常に重く大きいため、動き出した竪琴に轢かれた敵が死ぬこともあった。

ダエーワ
【だえーわ】種

ゾロアスター教における悪魔。インド神話の神々デーヴァ神族と語源を同じくしている。悪神アンラ・マンユに仕えて世界を破壊する存在で、アエーシェマやアカ・マナフがその代表として扱われている。選択を誤ったことから悪魔に堕落した存在であり、彼らを信仰することは善神アフラ・マズダに敵対する行為と考えられた。

道
【たお】概

中国の民間宗教である道教の根本概念で、宇宙と人生の根源的な真理を指す。道教ではこの道と一体になることを目指す。

高天原
【たかまがはら】地

日本神話に登場する天津神たちの住む国。アマテラスが治めており、『古事記』や『日本書紀』では天上の世界として描かれている。

ダグザ
【だぐざ】主

ケルト神話に登場するダーナ神族の神。名前は「良き神」の意味。太った体に短いチュニックを身につけた大食漢というユーモラスな姿をしているが、理知的な指導者、勇猛な戦士でもある。様々な女神たちと関係を持ち、詩芸と弁舌の神オグマや恋愛の神オイングスなどの神々をもうけた。生と死を操る棍棒、誰でも満足させる大釜、感情を操る竪琴など多くの魔法の品を

所有している。

参 モリガン

『竹内文献』
【たけうちぶんけん】物

武内宿禰66代の子孫を名乗る昭和の宗教家、竹内巨麿が所蔵していたとされる、古文献、古器物の総称。天空浮舟に乗った天皇が全世界の五色人を支配していたという超古代史を中心に、各種呪術が記された呪術書、兵法書、そのほか伝来の正当性を示す資料や、古代の遺物とされる神宝が含まれている。天皇家による世界統一の正当性を語る内容から、当時の軍人、政財界の大物など一部の人々をおおいに引きつけた。第二次世界大戦の空襲で焼け原本は残っていないとされており、現在残るものも断片的で、中には品の良くない表現が多い資料もある。

参 『九鬼文献』、『東日流外三郡誌』、ヒヒイロカネ

タケミカヅチ
【たけみかづち】キ

日本神話に登場する天津神の1柱。『古事記』では建御雷神、『日本書紀』では武甕槌神と書く。火神カグツチをイザナギが斬り殺した際に滴った血から生まれたとされる。雷神、軍神、剣神など複数の面を持つ神で、国譲りの使者として豊蘆原瑞穂国に派遣された。また、神武天皇の東征の際には苦戦する神武軍を助けるべく神剣布津

御魂剣を授けている。中臣氏（藤原氏）の祖神とされ、奈良県の春日神宮に祀られているが、関東でも古くから茨城県の鹿島神宮などで信仰されていた。

参 天之尾羽張

タケミナカタ
【たけみなかた】キ

日本神話に登場する国津神の1柱。『古事記』では建御名方神と書く。出雲の主神オオクニヌシの次男で、高天原からの国譲りの要求に反対して使者であるタケミカヅチに勝負を挑んだ。しかし、手も足も出ずに撃退されてしまい、長野県の諏訪地方まで逃げ延びる。追い詰められたタケミナカタは、天津神や父、兄への忠誠と諏訪の地から出ないことを誓って許され、諏訪大社の祭神として祀られるようになった。

参 コトシロヌシ

ダゴン
【だごん】キ

古代メソポタミア、およびカナアンの豊穣の神。名前は「穀物」を意味する。また、ヘブライ語においてダグという言語が「魚」を意味することから、ユダヤ人によって海や魚と結びつけられた形で語られた。ウガリトでは、至高神エルと習合した形で崇拝を受けている。そのため、豊穣神バアルもこの神の息子と考えられた。『旧約

た

聖書』では邪神として扱われ、ペリシテ人の都市アシュドドに大きな神殿を持っていたされている。現在、この神はアメリカの作家ラヴクラフトのクトゥルフ神話に取り入れられており、邪悪な旧支配者クトゥルフに仕える神として描かれている。

タスラム
【たすらむ】物

脳球、頭の石などともいう。ケルトの神話、伝説に登場する魔法の投石。倒した敵の脳と石灰を混ぜて固めたもので、投石器を用いて投げつけると必殺の武器になると考えられていた。英雄**クーフーリン**が仕えた**アルスター**の王コンホヴォルの死因も、王宮の宝物庫から盗まれたタスラムで負った傷とされている。

太刀
【たち】物

日本の刀剣類。平安時代初期までの直刀は大刀、それ以降の曲刀は太刀と書き分ける。長さ2尺（約60㎝）以上で、刃を下向きにして腰に佩く（吊るす）。本来は馬上で扱うため、反りが柄付近から強く、長いものが多い。室町時代以降はあまり用いられなくなり、より使いやすいように短く磨り上げられることも多かった。

タヂカラオ
【たぢからお】キ

日本神話に登場する**天津神**の1柱。『**古事記**』では**天手力男神**、『**日本書紀**』では**天手力雄神**と書く。皇祖神**アマテラス**が**天岩屋戸**に隠れた際、アマテラスの手を取って岩屋から引きずり出し、扉替わりの岩戸を地上に投げ落とした。天孫降臨の一行に加わっており、三重県多気郡の、**伊勢神宮**とも関係が深い佐那神社に鎮座したとされる。
参 アメノウズメ、オモイカネ

堕天使
【だてんし】種

傲慢や反逆など様々な理由から神の寵愛を失い、天界を追放された**天使**たちの総称。**ルシファー**をはじめ、**悪魔**と同一視されることも多い。一説には天使の約3分の1ほどが、堕天使であるともされる。

タナトス
【たなとす】キ

ギリシア神話に登場する死の神。夜の女神**ニュクス**の息子で、眠りの神**ヒュプノス**の双子の兄弟。黒いローブに翼と剣を持つ老人の姿で描かれる。英雄**ヘラクレス**に死者を奪い返されたり、コリント王シシュフォスにだまされ幽閉されるなど、絶対的な死の力を振るう存在ではない。

『タナハ』

【たなは】物

『タナッハ』ともいう。ユダヤ教における『旧約聖書』の呼び名のひとつ。『旧約聖書』を内容ごとに分類した『トーラー（モーセ5書）』、『ネイビーム（預言書）』、『ケスビーム（諸書）』という3つの区分から頭文字をとってこう呼ばれている。なお、ヘブライ語の「読む」を意味する「ミクラ」も、『旧約聖書』の呼び名として用いられている。

ダビデ

【だびで】キ

古代**イスラエル**王国2代目国王。少年のころに初代国王サウルの求めに応じて、敵国ペリシテの巨人ゴリアテを投石器で倒している。その後サウルに仕えていたが、その名声、実力を疎まれ命を狙われたため出奔した。サウルの死後、イスラエルに帰還して12氏族をまとめあげた統一王朝を作りあげる。理想の王とされるが人妻を手に入れるために夫を謀殺しているなど、非の打ち所がなかったというわけではない。**メシア**はダビデの末裔から出るとされており、イエスも系譜的にはダビデの末裔ということになっている。

タブー

【たぶー】概

してはいけない行為や、口に出してはいけない言葉、入ってはいけない土地、触ってはいけないものなどのこと。ポリネシア語の「聖なるもの」や「禁止、**禁忌**」に由来している。反対に「俗なこと」を意味するのは「ノア」。禁じられる理由は様々であり、神聖なものの清浄さを保つために禁止されることもあれば、不浄であるがゆえに禁止されることもある。18世紀に報告されて以降、概念として急速にヨーロッパ中に広まった。

ダマーヴァンド山

【だまーゔぁんどさん】地

イラン北部に位置するアルボルズ山脈の最高峰。イランの伝説によれば、世界を滅ぼす邪竜**アジ・ダハーカ**や、アジ・ダハーカと同一視される蛇王**ザッハーク**が幽閉されているのだという。

ダマスカス

【だますかす】地

地中海東岸に位置する都市で、現在のシリアの首都。その歴史は紀元前10世紀と古く、交通の要所として栄えたが、たびたび戦乱に見舞われ支配する国が目まぐるしく変わっている。イスラム圏となった6世紀以降、この地を経由して西欧にもたらされた絹織物は「ダマスク織り」と呼ばれ珍重された。また、伝説の鋼材ダマスカス鋼が作られていた土地でもある。ダマスカス鋼はインド原産の良質なウーツ鋼を撚り合わせて鍛接し、仕上げに酸で加工することで独特の美しい模様を出したも

のだが、細かい技法は既に失われており、現在でも正確に再現されているわけではない。

玉鋼

【たまはがね】物

日本刀の材料に用いられる鋼材。明治時代に軍需品生産施設である工廠で銃弾の材料とされたことから、こう呼ばれるようになった。砂鉄と木炭を交互に重ねて送風しながら低温で熱するタタラ製法によって製造されるが、使った材料の5%程度しか、玉鋼にはならないとされる。リンなどの不純物の少ない良質な鋼材ではあるものの、その製法の手間からしばしば廃絶の危機に陥った。

タラ

【たら】地

テウィルともいう。アイルランドの神話、伝承に登場するアイルランドの支配者「上王（ハイ・キング）」の居住地。正当な王が乗ると声をあげる石リア・ファイルが置かれ、王たちの即位式もここで行われた。現在のミーズ州の遺跡タラのことと考えられている。

参ファリアス

陀羅尼

【だらに】概

仏教に伝わる呪文の形態のひとつ。マントラが比較的短い音節の呪文であるのに対し、陀羅尼は一般的に、導入が

あり主部に入るような長いものであるが、厳密な区別はされていない。

タリスマン

【たりすまん】物

護符ともいう。健康の回復や愛情の獲得、あるいは他人を病気にするなど、様々な願望を積極的に達成するための呪術的な道具類。金属や木材、紙、皮革などに特別な紋章や文字を書き込んだり、刻んだりすることで作成される。その作業は複雑で、魔術師や神官などの専門家によって行われることが多い。願いが成就する、あるいは一定の期間が過ぎて力が失われたと考えられると破棄される。

参アミュレット

タルタロス

【たるたろす】地キ

ギリシア神話に登場する冥界のひとつ。混沌カオスから地母神ガイアと共に生み出された原初の神の1柱ともされる。天空と地上の間と同じ距離の地下深くに位置し、神々に敗れたティターン族が幽閉されていた。時代が下ると悪人を罰する場所と考えられるようになり、神々の意に沿わない人間たちが責め苦を受ける場所とされた。

『タルムード』

【たるむーど】物

『旧約聖書』に次ぐユダヤ教の聖典。『トーラー（モーセ5書）』の解釈に関

するユダヤ教指導者ラビたちの**口伝**を集めた「ミシュナ」と、それに対する注釈「ゲマラ」で構成されており、法律や生活習慣を中心として、医学、天文学、説話などが扱われている。5世紀ごろに成立した『エルサレム・タルムード』と6世紀ごろに成立した『バビロニア・タルムード』があり、3倍近い内容を持つ後者が現在では重要視されている。

タルワール
【たるわーる】物

16〜19世紀ごろのインドの刀剣。片刃の曲刀で、十字型の鍔で柄頭がお皿のような円盤になっている。刀身の形状は様々で、処刑用のものなどは極端に幅広い。柄と鍔、護拳が鋼鉄製で一体化したものはパンシャブ様式と呼ばれた。

タルンカッペ
【たるんかっぺ】物

ドイツの伝説、伝承に登場する魔法の頭巾。隠れ蓑とも呼ばれ、かぶると姿を消すことができると考えられていた。『ニーベルンゲンの歌』に登場するものは、この能力に加えて12人力を得るというもので、**ジークフリート**がニーベルンゲンの一族を滅ぼした際に手に入れたものだった。
参 ネーベルカッペ、バルムンク

タロット
【たろっと】物

占いに用いられるカードのセット。22枚1組の大**アルカナ**と12枚4組（合計56枚）の小アルカナに分かれている。その起源は14世紀のフランス、16世紀のイタリアなど諸説あるが、タロットによる占い自体は放浪生活者の**ジプシー**（ロマ族）によってヨーロッパ中に広められた。カードは正逆（カードの上下）それぞれ意味を持っており、その意味に基づいて占いが行われる。占いの手順は複雑な図形を描くようにカードを配置するものや、単にカードを引くだけの物など様々だった。

タングニョースト
【たんぐにょーすと】キ

北欧神話に登場する山羊。名前は「歯をきしらせるもの」の意味。雷神**トール**の車を引く2匹の山羊の1匹。トールの旅の食料とされることもあるが、骨と皮が無事であればトールの祝福でもとに戻ることができた。

タングリスニ
【たんぐりすに】キ

北欧神話に登場する山羊。名前は「間に隙間がある歯をしたもの」の意味。雷神**トール**の車を引く2匹の山羊の1匹。トールの旅の食料とされることもあるが、骨と皮が無事であればトールの祝福でもとに戻ることができた。

ダンジョン
【だんじょん】地

英語での本来の意味は城にある地下牢のこと。現在では、ゲームなどで目的のものが隠された場所、迷宮の意味で使われる。

ダンス・マカブル
【だんす・まかぶる】概

死の舞踏ともいう。中世末期から近世にかけて盛んに用いられた絵画のモチーフで、フランス語で「骸骨の舞踏」を意味している。その名の通り骸骨姿の死者と生者が輪舞する姿を描いたものと、骸骨姿の人々が生前通りの生活をしているコミカルな姿を描いたものがあった。疫病の蔓延や異常気象による貧困などを背景とする当時の世相を反映したもので、疫病避けの集団舞踏や墓場で行われた慰霊のための舞踏が起源とされている。音楽や戯曲のモチーフともなった。

ダンタリオン
【だんたりおん】キ

イスラエルの王**ソロモン**が封印、使役したと伝えられる72柱の悪魔の1柱で、36の軍団を率いる地獄の大公爵。あらゆる男女の無数の顔を持つ人間の姿で、書物を手にして現れる。他人の心の内を教え、人間の幻を生み出し、あらゆる芸術や科学の知識を授ける能力を持つ。

タントラ
【たんとら】概

ヒンドゥー教から生まれた教えのひとつで、**マントラ**などの技法を使い、悟りに至るという考え。人の知覚と可能性を広げることを目的とし、快楽もその手段とする。その教えを授けてくれる師をグルという。

ダンピール
【だんぴーる】種

アブラシ、ヴァンピールなどともいう。東欧の伝承に登場する**吸血鬼**狩人。吸血鬼が妻や恋人に産ませた子で、不可視の吸血鬼を見つけ出し、殺すことができるとされる。骨や歯のない体で、口から悪臭を放つとされる一方、普通の人間と変わらない姿をしているとする伝承もある。その能力は子孫にも受け継がれるとされ、一種の職業集団にもなっていた。このほか土曜日に産まれた人、双子、眉に斑点のある犬などが吸血鬼の天敵とされる。
参 ヴァンパイア、クルースニク

湛慮剣
【たんりょけん】物

中国の越王句践が持っていた名剣。

貪狼
【たんろう】物

道教の星の名前。北斗七星の柄杓の先の星。西洋名はドゥーベ。

チェイン・メイル

【ちぇいん・めいる】物

鎖帷子ともいう。金属製の輪をつなぎ合わせて作った鎧。通常は綿などを詰めた分厚い服を下地に着る。一説には1世紀前後の**ガリア**人がすでに用いていたとされ、ヨーロッパでは12〜14世紀から盛んに用いられるようになった。刺突には弱く、板金によって各部を補強することも多い。中東世界ではヨーロッパよりも早く導入されており、独自の進化をしている。

知恵の木

【ちえのき】物

エデンの園の中央に生えている2本の木のうちの1本。神は**アダム**と**イブ**にこの木の実を食べることを禁じ、この実を食べると必ず死んでしまうと言った。蛇にそそのかされたアダムとイブが木の実を食べると、アダムとイブは知恵を得たが、神の禁を破った罪でエデンを追放され、労働の苦痛を課され、死すべき身となってしまう。

参 生命の木

地反玉

【ちがえしのたま】物

日本神話に登場する宝物。『**先代旧事本紀**』によれば**十種の神宝**のひとつ。同じ名前を持つ地反大神が、**黄泉平坂**をふさいだ千引石の別名で死神を追い返すと考えられたことから、同じような力を持つと考えられる。

チチェン・イツァ

【ちちぇん・いつぁ】地

ユカタン半島にあるマヤ文明の遺跡。**ケツァルコアトル**と同一視されるククルカンを守護神とし、春分と秋分の日にククルカンの姿が浮かびあがる「ククルカンのピラミッド」（エル・カスティージョ）が遺る。

地母神

【ちぼしん】概

大地、生命を生み出した女神。地母神の概念は多くの神話にあり、メソポタミア神話では、大地のもととなった**ティアマト**、ギリシア神話では実りの神**デメテル**などが地母神にあたる。

チャーム

【ちゃーむ】概

英語で、もともとは「まじない、呪文」の意味。そこから派生し、「魔力」「（魔力で）操る」「護符、お守り」など様々な意味を持つ。現代で第一義に挙げられているのは、「魅力、美貌、色香」など、人を惹きつける、魅了する力。

チャクラ

【ちゃくら】物 概

「輪」という意味で、インド神話に登場する円盤形の武器、またはヨーガの概念。武器のチャクラは**ヴィシュヌ**神の武器としても知られ、ヴィシュヌ神のチャクラはスダルシャナ（美しい姿

175

のもの）とも呼ばれる。ヨーガのチャクラは人体の力のたまるポイントで、身体の中心線に沿って8つ存在する。

チャクラム
【ちゃくらむ】物

→チャクラ

チュール
【ちゅーる】キ

テュールともいう。北欧神話に登場するアース神族の1柱。軍神、法廷の守護者であり、**オーディン**と女巨人の息子、あるいは巨人ヒュミルの息子とされる。神々が**フェンリル**をだまして捕縛した際、いぶかしがるフェンリルの口に右腕を入れて安心させたが、だまされたことに気づいたフェンリルによって右腕を食いちぎられた。**ラグナロク**においては、地獄の番犬**ガルム**と相打ちになるのだという。古代ゲルマンの祖神をルーツとしており、オーディン台頭以前の主神と考える研究者も多い。また、チュールの名は神を示す一般名詞としても用いられている。

『チラム・バラムの書』
【ちらむ・ばらむのしょ】物

スペイン征服後に、ユカタン半島のマヤ人によって書かれた予言の書。チラムはマヤ人の最高神官を指す。『チラム・バラムの書』は10の町や村に保存されており、それぞれ町の名前をつけて「○○の『チラム・バラムの書』」

のように呼ばれる。

チンクェディア
【ちんくぇでぃあ】物

13〜15世紀ごろのヨーロッパの短剣。名前はイタリア語の「五本指」に由来している。その名の通り指を揃えて伸ばしたような形状の幅広の刀身で、柄から3分の1までに3本、次の3分の1は2本、次は1本といった具合に独特な溝が彫られていた。富裕層の庶民の正装に用いられたが短剣としては重く、背中に吊るしていたとされる。

『沈黙の書』
【ちんもくのしょ】物

詳細不明の人物アルトゥスが、1677年に書いたという錬金術書。実際の著者はヤコブ・シラとされる。題名の通り本文中に文章は1つもなく、全てのページが挿絵で表現されている。

ツヴァイハンダー
【つうぁいはんだー】物

15〜16世紀ごろのドイツの刀剣。ドイツ語で「両手剣」の意味で、長い両刃の刀身にバランスをとるための大きな棒状の鍔と長い柄がつけられている。ドイツ人傭兵**ランツ・クネヒト**が愛用していたものは、フォルト（柄付近の刃がついていない部分）と刃の間に敵の武器を弾くための突起があり、フォルトを握って柄を小脇に抱え込んで槍のように使うこともできた。こう

した長大な両手剣は、密集陣形の歩兵や長槍兵の陣形を乱すのに効果的だったとされている。

使い魔

【つかいま】種

ファミリアともいう。魔術師や**魔女**に仕える魔物の総称。彼らの仕事を手伝わせるために、悪魔によって与えられることが多い。大抵は小さな動物や昆虫の姿をしているが、なかには目に見えないものもいるとされる。魔女裁判では、被告人が魔女である証拠として様々なものが使い魔として認定された。

『東日流外三郡誌』

【つがるそとさんぐんし】物

青森県の和田家に伝わる、秘蔵の古文書群。和田喜八郎によって1975〜1998年にかけての長期にわたって発表され続けた。その膨大な量の資料の中では、大和朝廷と対立する荒羽吐族と、津軽王朝の勃興について語られている。現代的なセンスや地方の独立王朝を扱ったテーマで人気があり、土偶の姿をした荒羽吐神など、様々なメディアに影響を与えた。現在では、ほぼ偽書と断定されている。

『月之抄』

【つきのしょう】物

17世紀の隻眼の剣豪柳生十兵衛三厳の兵法書。寛永19年（1642年）成立。

柳生新陰流の技の目録に対する注釈本であり、新陰流の型や心構えについて非常に分かりやすく解説されている。

付喪神

【つくもがみ】種

九十九神とも書く。日本の伝説、伝承に登場する妖怪。100年を経た古道具などが妖怪になったもので、人々を惑わし害をなすとされる。付喪神の害を防ぐためか、かつては年末の煤払いの際に古道具の類を処分するという風習もあった。もっとも、こうした扱いに憤慨した古道具が妖怪になるという筋書きの絵巻物や物語なども存在しており、当時の人々にも釈然としない気持ちがあったものと思われる。

ツクヨミ

【つくよみ】キ

日本神話に登場する神の1柱。『**古事記**』では月読命、『**日本書紀**』では月弓尊、月夜見尊、月讀尊などと書く。**イザナギ**が黄泉の穢れを祓うために禊をした際に生まれた三貴子の1柱で、右目から生まれた。月神でありイザナギから託された夜の世界「夜の食国」を治めている。また、海の世界「滄海原」を治めているともされる。食物神を殺害して**アマテラス**に嫌われたという話が残されており、これが原因で昼と夜に別れて暮らすようになったのだという。

参 スサノオ

テイア
【てぃあ】 キ

ギリシア神話に登場する**ティターン**族の1人。天空神**ウラノス**と地母神**ガイア**の娘。兄**ハイペリオン**との間に太陽神**ヘリオス**、月の女神**セレネ**、暁の女神**エオス**をもうけた。

ディアドラ
【でぃあどら】 キ

ケルト神話に登場する美女。母親のお腹にいるときに凄まじい悲鳴をあげ、将来**アルスター**に悲劇をもたらすと予言される。その後、アルスター王コンホヴォルの婚約者として育てられていたが、若き戦士**ノイシュ**と恋仲になり駆け落ちした。コンホヴォルは計略を用いて彼女たちを捕らえ、ノイシュは処刑されディアドラは自殺する。この一件でコンホヴォルは信用を失い、多くの戦士たちが敵国コナハトに亡命した。

ディアナ
【でぃあな】 キ

→ダイアナ

ディアボロ
【でぃあぼろ】 概

→デビル

ティアマト
【てぃあまと】 キ

古代アッカド・バビロニアの女神の1柱。甘い水**アプス**の妻で、塩水の海を象徴する原初の存在。牝の竜ともされる。夫と交わり神々の始祖となるが、その子孫の1柱である知恵の神エアによって夫を殺された。本来、神々には友好的だったティアマトだが、この暴挙は許せず、11匹の怪物を生み出して一部の神々と共にエアたちに戦いを挑む。一方、エアたちは若き英雄神**マルドゥーク**を中心に抵抗、ティアマトらの軍勢を滅ぼした。その後、ティアマトの遺骸は2つに裂かれて天と地に分けられ、河川や山などを構成する材料とされている。

ディアン・ケフト
【でぃあん・けふと】 キ

ケルト神話に登場するダーナ神族の医療神。片腕を失って王位を退いた**ヌアザ**に銀の義手をつけ、**フォーモリア**族との戦いでは治癒の泉を作るなどの活躍をした。しかしプライドが高く、自分より優れた治療を行う息子ミァハを殺害し、その復活を阻止している。

ディーヴァ
【でぃーうぁ】 職

イタリア語で、オペラ、歌劇の主役の女性歌手のこと。歌姫。

ティオティワカン
【てぃおてぃわかん】 地

→テオティワカン

ティカル

【てぃかる】地

グアテマラ北部にあったマヤの古代都市国家。西暦700年ごろはマヤで最大、最強の国家となった。33人の王が確認されており、**テオティワカン**風の衣装も描かれている。ジャガーの神を守護神とし、数多くの神殿や居住地などの遺跡が残る。

ディスペル

【でぃすぺる】概

英語で「追い払う、消散させる」の意味。心配ごとや疑いを晴らす際に使われる。

ティターニア

【てぃたーにあ】キ

イギリスの劇作家シェイクスピアの『真夏の夜の夢』に登場する妖精の女王。夫である**オベロン**とは違い、妖精の女王として一般的な名前というわけではない。妖精の女王として様々な作品に登場するのはマブであった。

ティターン

【てぃたーん】種

ギリシア神話に登場する巨人族で、天空神**ウラノス**と大地母神**ガイア**の子供たち。複数形はティターネス。ウラノスを王座から退け農耕神**クロノス**を中心とした支配を行うが、クロノスの息子の大神**ゼウス**率いる神々に敗れ**タルタロス**に幽閉された。もっとも、一部のものは神々に迎え入れられている。ゼウスの息子を貪り食った罪で滅ぼされ、その灰から人間が作られたとする伝承もある。

ティタノマキア

【てぃたのまきあ】概

ギリシア神話における**オリンポス**の神々と巨人**ティターン**族との戦争。10年にわたり激しい戦いが行われたが、大地母神**ガイア**の「**タルタロス**に閉じ込められたものたちを味方にすれば勝利する」という予言にしたがい**サイクロプス**と**ヘカトンケイル**を解放した神々がティターン族に勝利した。

『ティマイオス』

【てぃまいおす】物

古代ギリシアの哲学者プラトンの著作。哲学者ソクラテスとティマイオスという人物の会話で進む、対話篇と呼ばれる形式で書かれている。物語の序盤に理想国家**アトランティス**について触れられているが、多くの部分は造物主**デミウルゴス**による世界の創造や超越的な万物の原型**イデア**を中心とする宇宙論に割かれている。

ティル・ナ・ノーグ

【てぃる・な・のーぐ】地

常世の国ともいう。アイルランドの神話、伝承に登場する異世界。地上を追放されたダーナ神族たちが住む地下世界で、住民たちは病いや老いに苦しめ

られることがないとされる。時間の流
れが緩やかで、この地を訪れた旅人が
故郷に戻ると数百年が経過していたと
いう話が多く残されている。
参 アンヌヴン

ティルフィング
【てぃるふぃんぐ】物
→テュルフィング

ディルムッド
【でぃるむっど】キ
ケルト神話に登場する英雄。ダーナ神
族の恋愛の神オイングスに育てられ、
女性たちを魅了する美貌と魔法の黒子
を持つ。フィアナ騎士団随一の戦士
で、仲間からの信頼も厚かった。しか
し、団長フィン・マックールの婚約者
グラーニャと駆け落ちしたことから彼
の恨みを買ってしまう。一時は和解し
たもののフィンの恨みは深く、ゲッ
シュにより死の原因となると予言され
た猪と戦うように仕向けられたディル
ムッドは命を落とした。

ディルムン
【でぃるむん】地
古代メソポタミアの地域。ペルシア湾
にあるバーレーン島からファイラカ島
周辺にかけての地域にあたり、交易で
栄えていた。銅を中心とした鉱物や木
材が貴重な古代シュメールやアッカド
の人々は、ここからそれらの資源を得
ていたとされる。神話では知恵の神エ

ンキの住む、病気も死も存在せず、獅
子が獲物を狩ることもない楽園のこと
で、大洪水を生き延びた賢人ジウスド
ラも居住を許されている。

ディンギル
【でぃんぎる】概
古代シュメール語で、「神」を表す単
語。狭義では至高神アンを示す。元来
は「天空」を意味する言葉で、星をか
たどった楔形文字で表される。

デウス・エクス・マキナ
【でうす・えくす・まきな】概
小説や演劇などにおいて、急場凌ぎの
不自然ともいえる解決をもたらす登場
人物のこと。ラテン語で「機械仕掛け
の神」を意味しており、古代ギリシア
やローマの演劇で大掛かりな舞台装置
を用いて神々や妖精を登場させ、物語
の諸問題を一気に解決させたことに由
来している。現在では批判されること
も多いが、17〜18世紀ごろのオペラ
では好んで用いられた技法のひとつ
だった。

デーヴァ
【でーうぁ】種
インド神話の神の種族。「輝かしいも
の」の意味で、ラテン語のデウスと語
源を同じくする。ゾロアスター教では
ダエーワとなり、悪魔となる。アスラ
と対立する。

デーモン

【でーもん】種

英語で悪魔、人に憑りつく悪霊、鬼神のこと。ギリシア語の神や神と人をつなぐ霊を意味する「ダイモン」に由来するが、ギリシアでもキリスト教の影響が強くなると「ダイモン」は悪魔的な存在とみなされるようになった。『**セプトゥアギンタ**』や『**ウルガタ訳聖書**』の「詩編」には「全ての異教徒の神々はデーモンである」という記述があり、オカルト的な定義ではデーモンは「かつて異教の神々として祀られていた存在」として考えられている。

『デーンガルド』

【でーんがるど】物

9世紀ごろに書かれたゾロアスター教に関するパラフィー語最大の資料。ゾロアスター教を国教としたササン朝ペルシア崩壊後、イスラム勢力下で生き延びた神官たちによって書かれた。全9巻からなり、3〜9巻までが現存する。名前は「宗教の集成」、「宗教の解説」などと解釈されることが多い。統一された主題はなく、各章ごとにゾロアスター教神学や儀礼、社会制度、天文学、医学、他宗教への対応などが扱われている。

テオティワカン

【ておてぃわかん】地

メキシコ中央高原、テスココ湖の北東にある古代都市。最盛期は人口が12万〜20万ほどと推測される巨大都市で、紀元500年ごろから作られ、紀元750年ごろに滅びた。テオティワカンの名は都市が滅びた後アステカ人がつけた名で、「神々の場所」の意味。都市を築いた民がつけた名前はわかっていない。太陽のピラミッドと月のピラミッド、**ケツァルコアトル**の神殿などが遺る。神々はこの世界を創る際にテオティワカンに集って太陽になる神を話し合い、ナナワツィンという神が太陽に、テクシスカトルという神が月になったのだという。

デカラビア

【でからびあ】王

カラビアともいう。**イスラエル**の王**ソロモン**が封印、使役したと伝えられる72柱の悪魔の1柱で、30の軍団を率いる地獄の大公爵。**五芒星**の姿で現れるが、望まれれば人間の姿になる。植物や鉱石の効能に詳しく、鳥の姿をした**使い魔**を与える能力を持つ。

テスカトリポカ

【てすかとりぽか】王

アステカで信仰された神。名前は「煙を吐く鏡」の意味。片足がない姿で描かれる。善神**ケツァルコアトル**の対となる存在で、軍神であり、混沌、破壊、ハリケーンの神。創造神オメテオトルの息子。

デスティニー
【ですてぃにー】概

英語で「運命、宿命」の意味。神に定められた逃れようのない必然的な運命を指し、どちらかといえばいい結果を暗示する言葉。Fateも「運命」を指す言葉だが、こちらは避けられない災難、悲運の意味が含まれている。

テセウス
【てせうす】王

ギリシア神話に登場する英雄。アテナイ王アイゲウスとトロイゼンの王女アイトラの息子。海神ポセイドンの息子ともされる。母方で育ち、成人すると悪党を退治しながらアテナイに向かい、王の息子と証明する剣とサンダルを見せ跡継ぎとして認められた。クレタ島でのミノタウロス退治を皮切りに各地で冒険を繰り広げる一方、王位を継いでからは善政を敷く。後妻の嘘を信じて息子を死なせたことから王位を退き、旅先で殺害された。

テトラグラマトン
【てとらぐらまとん】概

ユダヤ教、キリスト教、イスラム教の唯一神を示す4文字の神聖なヘブライ文字。紀元前15世紀のユダヤ人哲学者フィロンによって命名されたもので、ギリシア語で「4文字」という意味。アルファベットでは「YHVH」、「YHWH」、「JHVH」などと書かれる。みだりに唱えることを禁じられて

おり、母音を書かないヘブライ語表記の問題もあって、本来の読み方は忘れられてしまった。神の名を表すものであることから、強力な力を持っていると考えられ護符などに用いられることも多い。

『テトラビブロス』
【てとらびぶろす】物

ローマ時代の天文学者プトレマイオスの占星術書。『占星四書』、『四書』と訳される。2世紀に書かれ、その後近代になるまで十数世紀に渡り、天文学と西洋占星術の基本にして重要な書とされた。内容の多くは、1世紀前に書かれた『アストロノミカ』にも収録されているが、文学的な『アストロノミカ』に対して、体系的、学術的に書かれている。

デビル
【でびる】種

ダイアブル（フランス語）、ディアボロ（イタリア語）、トイフェル（ドイツ語）などともいう。英語で悪魔のこと。ギリシア語の「悪口を言うもの」に由来する言葉で、ラテン語のディアボロスを経て悪魔の意味で用いられるようになった。強力な悪の霊、諸悪の根源とされ、サタンとも同一視される。『セプトゥアギンタ』や『ウルガタ訳聖書』などの古い翻訳聖書ではデーモンとは分けて扱われていた。

テノチティトラン
【てのちてぃとらん】地

テスココ湖の島に作られたアステカ帝国の王都。現在のメキシコシティ。石造りの巨大な神殿や王城があり、スペイン人に征服されたときには、人口30万人を擁する大都市だった。中央には雨の神**トラロック**と部族神**ウィツィロポチトリ**を祀る神殿があり、その石段は生け贄の血で染まっていたという。

デミウルゴス
【でみうるごす】キ

造物主のこと。本来はギリシア語の「職人」、「創造者」の意味で、古代ギリシアの哲学者プラトンの『**ティマイオス**』に神として登場している。しかし、ここでのデミウルゴスは無から世界を構築する全能の神というわけではなく、すでにあるものを再構築する存在にすぎない。**グノーシス主義**では**ヤルダバオト**とも呼ばれ、物質の世界を作りあげ、自分より優れた**アダム**に嫉妬し**エデン**の園に幽閉する存在、偽りの造物主とされる。

テミス
【てみす】キ

ギリシア神話に登場する女神。法と秩序、正義と掟を司る。天空神**ウラノス**と大地母神**ガイア**の娘で**ティターン**族に属しているが、神々に敬意をもって迎え入れられた。大神**ゼウス**との間に

季節の女神ホーライ3姉妹、運命の女神モイライ3姉妹などの女神たちをもうけたとされる。大地母神ガイアから**聖地デルフォイ**を受け継ぎ、後に**アポロン**に譲り渡した。
参 モイラ

テムラー
【てむらー】概

ユダヤ神秘主義思想における暗号技法。ヘブライ語のアルファベットの最初と最後の文字、最初から2番目と最後から2番目の文字といった具合に文字を置き換えて解釈するアトバシュ、最初と2番目の文字、2番目と3番目の文字といった具合に置き換えるアブガド、前半11文字と後半11文字を置き換えるアルバム、文字を並び替えてしまうハブーフなどの技法がある。
参 ゲマトリア、ノタリコン

デメテル
【でめてる】キ

ギリシア神話に登場する**オリンポス**12神の1柱。穀物と豊穣を司る女神で、農耕神**クロノス**とレアの娘。大神**ゼウス**との間にもうけた娘**ペルセポネ**を深く愛しており、彼女が冥界神**ハデス**に誘拐され結婚することになったことを知ると激怒して天界を去る。デメテルの不在により大飢饉が起きたため、ゼウスはやむを得ずペルセポネが地上と冥界で暮らすという和解案を提示してデメテルを呼び戻した。

参 エレウシス

デュアル
【でゅある】概

英語で「二重の、2つの」の意味。単にたくさんあるうちの2つではなく、両輪のもの、対になるもの、2つからできているもの、の意味を含む。よって、善悪二元論は「デュアリズム」となる。

デューク
【でゅーく】概

イギリスの貴族階級の最高位の称号。日本語では公爵と訳される。デュークの位は王族以外にはほとんど与えられない。

参 ピアレージ

デュエル
【でゅえる】概

二者間で行われる決闘、果し合い。セコンドと呼ばれる介添え人をつける。決闘をする当事者はデュエリストと呼ばれる。

デュオニソス
【でゅおにそす】キ

ギリシア神話に登場する**オリンポス**12神の1柱。酒と酩酊を司る神で、大神**ゼウス**とテーべの王女セメレの息子。妊娠中の母がゼウスの正体を見て焼死したため、しばらくの間ゼウスの太ももに縫い込まれて養育された。成長後は世界各地を巡り、ぶどうの栽培とぶどう酒作りを広める。狂信的な信者集団を引き連れており、信仰を受け入れない地には混乱をもたらした。本来はトラキア地方の神とされる。

参 サテュロス、テュルトス、マイナス

テュケー
【てゅけー】キ

ギリシア神話に登場する幸運の女神。河神**オケアノス**とテテュスの娘で、神罰の女神**ネメシス**の妹ともされる。都市ごとに様々な姿で考えられていたが、豊穣の角杯を持つ姿や目隠しをした姿で描かれることが多い。気まぐれな性格で、気に入ったものには多くの幸運をもたらした。

参 コルヌコピア

テュポーン
【てゅぽーん】キ

ティフォエウスともいう。ギリシア神話に登場する怪物たちの父。冥界**タルタロス**と地母神**ガイア**の息子。火を吹く100本の竜の頭と蛇の下半身を持つ巨人で、**エキドナ**との間に多くの怪物たちをもうけている。神々と戦い大神**ゼウス**を一度は捕らえるが、救出されたゼウスの反撃により**エトナ火山**の地下深くに封じ込められた。

参 オルトロス、キマイラ、ケルベロス、ヒュドラー

デュラハン
【でゅらはん】種

ドラハンともいう。アイルランドの伝承に登場する妖精。首がない、もしくは首を小脇に抱えた姿で現れ、コシュタ・バワーと呼ばれる首無し馬の引く黒い馬車に乗っているとされる。家の戸口で大きな音を立て、戸を開けた人にタライやバケツに入った血を浴びせるが、これはその家で死人が出ることの前兆と考えられていた。首無しの騎士、首無しの女性とされることもある。

デュランダル
【でゅらんだる】物

フランスの叙事詩『ロランの歌』の主人公ロランの剣。ロランの主君シャルルマーニュから神の啓示により賜ったもの。黄金の柄の内部に聖母**マリア**の衣片など**聖遺物**が納められている。ロランの死に際して、敵の手に渡らないように岩に切りつけて折ろうとしたが、刃こぼれひとつしなかった。

テュルトス
【てゅるとす】物

ギリシア神話に登場する魔法の杖。酒と酩酊の神**デュオニソス**や、その女性信者である**マイナス**たちが持っていた。頭に松ぼっくりをつけ、ぶどうのつるや木の蔦を巻きつけたもので、武器として振るえば無類の強さを誇り、様々な奇跡を起こすことができた。
参 カンタロス

テュルフィング
【てゅるふぃんぐ】物

チュルフィングともいう。北欧神話に登場する魔剣。**オーディン**の末裔スヴァフルラーメ王が**小人**（ドヴェルグ）を脅迫して作らせたもので、「柄は金ででき、鉄でも衣服のように切れ、決して錆びつかず、持ち主に勝利を与えること」という注文がつけられていた。小人たちは注文通りの剣を鍛えるが、腹いせに「抜かれるたびに1人の男の命を奪い、3度まで悪い望みを果たすが、持ち主もそれによって死ぬ」という呪いをかけている。その後、この剣は多くの王族、戦士の手を渡り歩くが、呪いを逃れたのは女海賊ヘルヴォールなどごく少数だけだった。オーディンの下半身に不名誉な傷を与えたともされる。

デルフォイ
【でるふぉい】地

ギリシア中部パルナッソス山の麓（ふもと）にあった古代都市。古代ギリシアでは**オリンポス**山や**ドドナ**に並ぶ聖域のひとつで、**アポロン**信仰の中心地だった。古くは大地母神**ガイア**、掟の女神**テミス**が支配していたとされる。アポロンの神殿と神託所があり、**ピュティア**と呼ばれる**巫女**たちが神のお告げを人々に伝えていた。

デル・フリッシュ
【でる・ふりっしゅ】物

ケルト神話に登場する投げ槍。**アルス**

ターの英雄**クーフーリン**の持ち物とされる。

テルモピュライ
【てるもぴゅらい】地

ギリシア北東部の古戦場。古くは一方をエーゲ海、一方を険しいカリドロモン山脈で塞がれた防御に適した地形で、数々の戦いの舞台になった。第2次ペルシア戦争では、クセルクセス王率いるアケメネス朝ペルシアの200万の軍勢をスパルタのレオニダス王を中心としたギリシア連合軍5000人で3日間釘付けにしたと伝えられている。しかし、内通者のため形勢はペルシア軍に傾き、レオニダス王は味方を逃がすため300人の手勢と共に 殿 を勤め討ち死にした。現在は海岸線の後退により幅広い平地になっている。

天下五剣
【てんかごけん】概

平安時代から鎌倉時代にかけての名刀で、**童子切、三日月宗近、大典太、鬼丸、数珠丸**の5振。もっとも、この5振がひとまとめに「天下五剣」と称されるようになったのは、室町時代以降のこととされる。

天狗
【てんぐ】種

深山に住むとされる日本の妖怪。中国では爆音を発する流星などの天体現象を表す言葉であったが、平安時代以降は人々をたぶらかす妖怪、天台宗の僧侶の敵対者と考えられるようになった。初期は糞鳶と呼ばれる猛禽類の姿とされたが、中世以降は**山伏**姿で描かれるようになる。現在よく知られる鼻高天狗の姿は江戸時代以降に広まったもので、それ以前はもっぱら 嘴 のある 鴉 天狗の姿で描かれていた。

天国
【てんごく】地

生前に善い行いをした人が死後に行ける世界。地下にあり、暗いと考えられることの多い**地獄**とは対照的に、空の上、天上にあり、明るく輝きに満ちていると考えられることが多い。神と共に静かに暮らす世界や、贅を尽くすような世界など、タイプは様々である。

天使
【てんし】種

ユダヤ、キリスト、イスラム教における天からの使い。ヘブライ語の「マルアハ」、ギリシア語の「アンゲロス」は使者を意味する。一見、人にしか見えないものから異形のものまで、その姿は千差万別である。その名称や階級も諸説あるが、主なものとしては**セラフィム**（熾天使）、**ケルビム**（智天使）、**ソロネ**（座天使）の上級、**ドミニオン**（主天使）、**ヴァーチャー**（力天使）、**パワー**（能天使）の中級、**プリンシパリティ**（権天使）、**アークエンジェル**（大天使）、**エンジェル**（天

使）の下級と9階級に分類されている。
参 堕天使

天竺

【てんじく】地

中国で3世紀から唐代まで用いられた
インドの呼称。唐代以降は「印度」と
なった。日本でも、中国からこの呼び
名が伝わったが、実際の外国というよ
りは「どこか遠くの神様がいるような
ところ」というイメージで使われるこ
とが多い。

転生

【てんせい】概

死後に別の生命に生まれ変わること。
英語ではリ＝インカネーション。生ま
れ変わりという概念は様々な宗教にみ
られる。仏教やヒンドゥー教では、こ
の生まれ変わりのサイクルから外れる
ことを目標とする。
参 輪廻

テンタクル

【てんたくる】概

英語で「触手、触腕（タコやイカなど
の腕）」の意味。

テンプル騎士団

【てんぷるきしだん】職

正式には「キリストとソロモン神殿と
の貧しい騎士団」といい、聖堂騎士
団、テンプルナイトとも訳される。旗
印は1匹の裸馬に2人で乗る騎士、制
服は白地に赤十字。1119年、**エルサ
レム**巡礼者の保護を目的に、ユーグ・
ド・ペイヤンを中心としたフランス人
騎士らにより騎士修道会として創設さ
れた。十字軍遠征の前線で活躍して名
声を得ると同時に、イスラム圏から多
くの優れた制度、知識を吸収したとさ
れる。寄進や信託業務により莫大な富
を築くが、その富を狙うフランス国王
フィリップ4世の策略により「**バフォ
メット**信仰」など異端の嫌疑をかけら
れフランス支部が壊滅。教皇クレメン
ス5世の解散命令を受け、ほかの支部
も歴史の表舞台から姿を消した。しか
し、彼らの隠し財産の噂は絶えず、**薔
薇十字団**や**フリーメイソン**のようにそ
の末裔を名乗る組織も多い。

『デンマーク人の事績』

【でんまーくじんのじせき】物

→ 『ゲスタ・ダノールム』

天命の石板

【てんめいのせきばん】物

シュメール・アッカド神話に登場する
秘宝。トゥプシマティ。普遍的法律の
刻まれた書板で、世界の至高の支配者
の証とされる。これを胸に掛けて所持
するものは、世界のあらゆる事象を支
配することができた。最初の所持者は
原初の女神**ティアマト**で、彼女が神々
の粛清を行うにあたり、その軍の指揮
官である**キングー**に贈られている。し
かし、ティアマト軍は敗北し、天命の

187

石板は神々の指導者**エンリル**のものとなった。

天狼

【てんろう】物

おおいぬ座の一等星**シリウス**の中国での呼称。

ドヴェルグ

【どうぇるぐ】種

北欧神話に登場する小人族。原初の巨人**ユミル**の死体にうごめいていた蛆のような生き物に、神々が知性と人間に似た姿を与えたものとされる。手先が器用で様々な魔法の宝物を作り出しているが、彼らの邪悪な性質を反映してか呪われた品々も少なくない。普段は岩の間や地面の下などで暮らしており、日光にあたると石化するともされる。同様に地下世界に住む妖精、スヴァルトアールヴと同一視されることも多い。

参 アールヴ

トゥオネラ

【とぅおねら】地

フィンランドの神話、伝承に登場する冥界。全ての死者を受け入れる場所であり、死者はこの暗く寒い冥界で生前の報いを受けるとされる。『**カレワラ**』では老賢者ワイナミョイネンが船を作るための呪歌を手に入れるために訪れるが、トゥオネラに入るためには暗い砂漠を越えて暗い川を渡らなければならなかった。また、本来は生きた人間が訪れるべき場所ではなく、ワイナミョイネンは渡し守の少女をだまそうと四苦八苦している。

彤弓

【とうきゅう】物

中国の神話に登場する弓の名人、羿の弓。羿はこの弓で、10個あった太陽のうちの9つを射落とした。

参 嫦娥

道教

【どうきょう】概

中国の土着宗教。いつ、誰がひらいた宗教というわけではなく、中国古来の**易**や**五行説**、**陰陽**といった概念や伝承に、仏教や儒教などが影響を与え、培われてきた。一般的には周王朝に仕え、後に仙人となった老子の教えが基本概念とされる。

桃源郷

【とうげんきょう】地

陶淵明の『桃花源記』に描かれた理想郷。渓流の奥の桃の林に入り、光の指す洞窟を抜けた先にある。争いのない、穏やかで満たされた村。

道士

【どうし】職

道教の教えを実践し、仙人になることを目的として修業を積む行者。

童子切

【どうじぎり】物

平安時代の刀工、伯耆国（鳥取県西部）安綱作の太刀。**天下五剣**のひとつ。細身で柄付近で大きく反り、切先に向かって身幅が狭くなる優美な姿をしている。源頼光が**酒呑童子**退治に用いたという伝説から名付けられた。名だたる権力者たちの持ち物であったが、徳川秀忠の娘の婚礼で引き出物になって以降、各地を転々とし、現在は国立博物館に所蔵されている。

当世具足

【とうせぐそく】物

戦国時代に登場した日本の鎧。**胴丸**から発展したもので、槍や鉄砲などに対応するために、胴体を一枚板の鋼で覆う形式になっていた。**プレート・アーマー**など、当時持ち込まれていた西洋の技術が大きな影響を与えたとされる。

トゥプシマティ

【とぅぷしまてぃ】物

→天命の石板

『東方見聞録』

【とうほうけんぶんろく】物

13世紀のイタリアの貿易商マルコ・ポーロの旅行記。ベネチア軍提督として参加したコルチューラの戦いでジェノバ軍に捕らえられた際、同じ牢にいた物語作家ルスティケッロに口述筆記させたものとされる。元の皇帝フビライ・ハンに17年間仕え、アジア各地を回った際に見聞きしたことの記録で、当時のアジアの情勢やイタリア商人の考え方を知る貴重な資料となっている。しかし、面白さを優先して誇張された部分も少なくない。黄金の国ジパングの記述は、後の大航海時代の幕開けのきっかけのひとつとなった。

胴丸

【どうまる】物

平安時代中ごろに登場した日本の鎧。革や鋼の小札を紐でつづって胴をぐるりと覆い、右わきで固定する。胴体だけを守る簡便な作りで、当初は下級武士や従卒に用いられていた。しかし、扱いが容易なことから、兜や袖（腕を守る鎧）を追加して身分の上下に関わらず用いられるようになった。より簡便化されたものに、腹巻、腹当がある。

ドゥムジ

【どぅむじ】キ

古代シュメールの神の1柱。アッカド・バビロニアにおけるタンムーズ。牧人の神、豊穣神。名前は「真の子」を意味する。牧人であるドゥムジは、農夫であるエンキムドゥと共に愛と美の女神**イナンナ**に求婚し、イナンナの夫に選ばれ都市**ウルク**の支配者となった。しかし、妻イナンナが冥界に囚われた際、豪奢な衣服を身に着け放蕩三昧の日々を送っていたため、女神の怒りを買って身代わりに冥界に送られて

しまう。ドゥムジの姉ゲシュティアンナは彼を哀れみ、自分が身代わりになることを申し出て、その結果ドゥムジは1年の半分を冥界で、もう半分を地上で過ごせるようになったのだとされる。

ドゥルガー
【どぅるがー】[キ]

インドの女神。**シヴァ**の妃**パールヴァティ**の戦いの側面。また、マヒシャというアスラが暴れた際、**ヴィシュヌ**、シヴァ、**ブラフマー**から放たれた光が女神の姿をとったものともされる。神々から武器を貸し与えられたドゥルガーはマヒシャを追い詰め、最終的にシヴァの槍**トリシューラ**でとどめを刺した。このため、ドゥルガーは10本の腕に様々な武器を持ち、虎に乗った姿で描かれている。

ドゥルジ
【どぅるじ】[キ]

ドゥルグともいう。**ゾロアスター教**における悪魔**ダエーワ**の1人。悪神**アンラ・マンユ**が最初に生み出したとされる女悪魔で、虚偽や不浄、疫病の化身であり、正義を司る**アムシャ・スプンタ**であるアシャと対立している。もっとも、ドゥルジの名は時代が下ると共に女悪魔全般を指す言葉としても用いられた。また、死体を不浄と考えるゾロアスター教では地獄を「ドゥルジの家」とも表現しており、死と腐敗を温

床とするハエの姿で表されることもある。

トーテミズム
【とーてみずむ】[概]

「トーテム」と呼ばれる特定の動物、植物、自然現象を血族集団の先祖、守護神と考え象徴化する、宗教的、社会的制度。北アメリカ、オブジワ族での名称から名付けられた。通常、トーテムは崇拝の対象として傷つけることは禁じられているが、儀礼や祭祀において食されることもある。トーテムは創世神話などと結び付いており、その内容は集団の結束を強めると共に、集団内での禁忌や集団外との婚姻などにも影響を与えた。現代社会においても集団への帰属意識を高めるために、特定のシンボルを用いることは多い。

トート
【とーと】[キ]

トト、ジェフティともいう。古代エジプトの神の1柱。書記の道具一式を持つ、王冠をかぶったトキの頭の男性の姿、もしくはトキの姿で描かれる。また、ヘル＝ジュウと呼ばれる白いヒヒ神と習合し、ヒヒの姿をとることもある。言葉と知識、医療を司る神々の書記で、正義の女神**マアト**の法を記録し、暦と算術を発明したとされる。月の神や魔術の神でもあり、太陽神**ラー**の先触れとして、敵を魔法の言葉で真っ二つにした。**オシリス**神話では、

ホルスとセトの争いを調停し、冥界での審判の書記を務める。エジプト全土で信仰され、特にヘルモポリスでは造物主として扱われた。その多岐にわたる役割から、後にギリシア、ローマのヘルメス、メルクリウスと同一視されている。

『トートの書』

【とーとのしょ】物

20世紀の悪名高い魔術師アレイスター・クロウリーの思想に基づいて作られたタロット、およびその解説書。クロウリー主催の魔術結社「A∴A∴」の機関紙『春秋分点』に掲載された小論文をもととしており、一般的に流布しているウェイト版、あるいはライダー版とは異なる絵柄が用いられ、大アルカナおよび小アルカナの名称も異なる。

トール

【とーる】キ

北欧神話に登場する神の1柱。オーディンと女巨人ヨルズの息子で、アース神族随一の戦士とされる。短気だが情の深い、髭を蓄えた赤毛の偉丈夫として描かれることが多い。巨人族の仇敵であり、愛用の鎚ミョルニルを手に、しばしば巨人の国ヨトゥンヘイムに遠征した。雷神、豊穣、結婚、農民の神など様々な側面を持ち、古くはオーディンよりも信仰を集めていたともされる。ラグナロクでは大蛇ヨルムンガ

ンドを倒すものの、その毒のために倒れるのだという。北欧のキリスト教化と共に物語では妖怪化されるが、巨人の敵としての側面は残されていた。

十種の神宝

【とくさのかんだから】キ

日本神話に登場する宝物。『先代旧事本紀』では天璽瑞宝十種と書かれ、物部氏の先祖ニギハヤヒが天孫降臨に先立ち地上に降りる際に身分の証として授けられたものだった。瀛都鏡、辺都鏡、八握剣、生玉、足玉、死反玉、地反玉、蛇比礼、蜂比礼、種々比礼の10種類で、これらを振るって特別な祝詞を唱えれば死者すら蘇るとされる。

十握剣

【とつかのつるぎ】物

日本神話に登場する剣。名前は、「握り拳10個分の長さの剣」という意味。神話に登場する神々の持ち物で、固有名詞が明記されない場合に十握剣と表現されることが多い。

参 天之尾羽張、天羽々斬

ドッペルゲンガー

【どっぺるげんがー】概

共歩き、コーウォーカーなどともいう。ある人物に細部まで酷似した人物が、本人の目の前、あるいは別の場所に同時に現れる現象。名前はドイツ語の「二重に歩く人」に由来している。

と

ヨーロッパでは死の前兆と考えられており、16世紀のイギリスの女王エリザベス1世や、18世紀のロシアの女帝エカテリーナ2世も自分のドッペルゲンガーを目撃したのだという。

トト
【とと】キ

→トート

ドドナ
【どどな】地

ギリシア西北のエペイロス山の奥地にあった大神ゼウスの聖域。**アポロン**が治める**デルフォイ**に並ぶ神託所があり、セロイと呼ばれる神官が聖なる樫や泉から神託を受け人々に伝えたとされる。この地ではゼウスの妻は女神ディオーネであり、ペレイアデスと呼ばれる**巫女**たちが仕えていた。

トマホーク
【とまほーく】物

17世紀ごろから現代まで用いられている北米の斧。北米先住民族の戦斧で、名前はアルゴンキアン語の「切る道具」（トモハーゲン）に由来している。小型でバランスが良く、投擲用にも用いられた。その扱いやすさからヨーロッパに輸出され、軍の兵装としても一時期採用されている。18世紀に欧米の貿易商によりタバコのパイプを兼ねたものが考案されると、先住民の間で族長の権威の象徴、贈答用として人気となっ

た。米軍の戦術核ミサイルの名称としても用いられている。

ドミニオン
【どみにおん】種

主天使ともいう。偽ディオニシウスの定めた**天使**の階級では第4位。ポテスタ、エクスシアニなどともよばれ、いずれも「支配」の意味。笏、冠、宝珠などをもった姿で描かれる。第2階層の最上位に位置し、下位の者を導き、上位に至らせる役割を持つ。

ドモヴォーイ
【どもゔぉーい】キ

ロシア、東欧の伝承に登場する妖精。髭（ひげ）の生えた毛深い小さな老人の姿をしており、暖かい暖炉のそばに住み着いているとされる。家を守る存在で様々な警告を与えてくれるほか、悪人や悪霊と直接戦うこともある。しかし、邪険に扱われると腹を立て、火事を起こして家を燃やしてしまう。イタズラ好きだが、気に入った家族には幸運を与えるという。

豊蘆原瑞穂国
【とよあしはらみずほのくに】地

日本神話における日本の国土のこと。「豊かに蘆が生い茂る原野に瑞々しい稲穂の実る国」の意味。日本の美称としても用いられる。

ドライアド

【どらいあど】種

ギリシア神話に登場する妖精ニンフの一種。古代ギリシア語ではドリュアス、複数形はドリュアデス。樹木と深く結び付いた存在で、住処としている樹木が倒されると死んでしまった。そのため、斧で武装して森を警備していたとされる。ハマドリュアデスと呼ばれるグループは樹木と一体化しており、姿を現すことはない。

トライデント

【とらいでんと】物

三つ又の穂先に長い柄のついた道具、武器。古代から漁具として用いられてきたが、武器として用いられることもあった。ギリシアの海神ポセイドンやローマのネプチューンなど神々の権威の象徴として扱われることもある。同じように三つ又、二つ又の穂先を持つ農具フォークは軍隊に採用されているものの、トライデントは兵器として採用されていない。もっとも、米軍の戦術核ミサイルの名称としては用いられている。

ドラウプニル

【どらうぷにる】物

北欧神話に登場する魔法の腕輪。オーディンの持ち物で、小人（ドヴェルグ）族のブロックとシンドリが作り出した3つの宝物のひとつ。彼らは悪神ロキと「イーヴァルディの子ら」より優れた品が作れるか賭けをしていた。ドラウプニルは黄金作りの腕輪で、9夜ごとに同じ重さの腕輪が8つ滴り落ちるとされる。オーディンの息子、光神バルドルが命を落とした際に共に火葬されたが、彼を復活させるべく冥界ニブルヘルを訪れた兄弟ヘルモーズに託され神々の世界に持ち帰られた。なお、贈呈品として用いられることも多いが、本体なのか滴り落ちた腕輪なのかは不明である。

参 グリンブルスティ、ミョルニル

トラソルテオトル

【とらそるておとる】キ

アステカ神話の愛と大地の女神。「不浄の女神」の意味で、汚れ（排泄物）を食べ、性欲や放蕩の象徴でもある。頭飾りだけを身に着けた裸身で描かれることも多い。

ドラグーン

【どらぐーん】概

17世紀ごろの銃を装備した騎兵部隊の呼称。彼らの持っていた銃が「ドラゴン」という名称だったため、こう呼ばれた。日本語では、竜騎兵と訳される。「ドラゴン」と「騎兵」というイメージから、ファンタジー小説などでは、竜に乗る兵士を竜騎兵とすることもある。

ドラゴン

【どらごん】 種

ヨーロッパの伝承、伝説に登場する巨大な爬虫類の怪物。4肢のあるもの、翼と1対の足があるもの、翼のみで足がないもの、翼も足もないものの4種類に大別される。蛇類との違いはとさか、あるいは髭（ひげ）、喉袋があることで、火や毒を吐く。自然現象の象徴とされ、神話や伝承においては「英雄（神）の障害」、「宝物の番人」、「生活圏を脅かす存在」、キリスト教においては「悪の象徴」、後の博物誌においては「辺境の生物」などとして扱われた。意外なことに**グリフィン**、象、鷲（わし）、豹など苦手とする動物が多い。

トラロカン

【とらろかん】 地

アステカ神話の死後の世界。雨の神**トラロック**の国という意味で、楽園であり、「水と霧の国」ともいわれる。溺死者や稲妻に打たれたものが行く世界で、この世界で4年過ごすと生まれ変わることができる。

トラロック

【とらろっく】 王

アステカで信仰された雨と稲妻の神。信仰された地域は大河がなく、雨が非常に重要視されたため、トラロックの地位は高く、トラロックの治める死後の世界**トラロカン**は楽園である。

トリシューラ

【とりしゅーら】 物

インドの古代武器。先が三つ又に分かれている鉾（ほこ）で、日本語では「三叉鉾」と訳される。**シヴァ神**が持っている。

トリスタン

【とりすたん】 王

トリストラムともいう。12世紀のヨーロッパの物語『トリスタンとイゾルデ』に登場する騎士。コーンウォール王マルクの甥。**媚薬**を飲んだことからマルクの妻**イゾルデ**と相思相愛となり、忠義と愛情のはざまで苦しんだ。**アーサー**王の**円卓**の騎士として物語に取り込まれて以降は、マルクや親友パロミデスなどの恋敵とイゾルデを巡る戦いをする騎士に単純化されている。

トリニティ

【とりにてい】 概

英語で「三位一体」の意味。キリスト教の概念で、父なる神、子なるイエス・キリスト、聖霊の3つを同一視する考え方。3つで1つとする考え方はキリスト教以外にも、北欧の女神**ノルン**など様々な宗教でみられる。

ドルイド

【どるいど】 職

ケルト文化圏における宗教的指導者。徴税（ちょうぜい）や兵役（へいえき）とは無縁な特権階級で、宗教儀式や裁判を取り仕切り、その知識から王の相談役なども務めた。世

襲^{しゅう}制ではなく、ドルイドになるためには最大で20年にも及ぶ厳しい修業が必要だったとされる。彼らの知識は文章化されなかったため、ギリシアやローマなど他国の記録にしか残っていない。

トルバドール

【とるばどーる】地

11～12世紀の南フランス宮廷で活躍した**吟遊詩人**。中世南フランスのオック語を用い、宮廷ロマンスを得意の題材としたとされる。出身身分は王族から下層民まで多種多様だが、一定以上の尊敬をもって扱われた。トルバドールの様式を取り入れ、中世北フランスのオイル語を用いた吟遊詩人はトルベールと呼ばれている。

トロイア

【とろいあ】地

イイリオンともいう。現在のトルコ、ヒッサリクの丘にあった古代都市。東西の交通の要所として栄えたが、4世紀にコンスタンチノープルが建設されると交易路から外れ忘れ去られた。ギリシア神話では美女ヘレネを巡るトロイア戦争の舞台。10年にわたるギリシア軍との攻防の末、木馬に隠れた兵士たちの奇襲を受けて陥落した。

参 アキレウス、エリス

トロル

【とろる】種

北欧の伝承に登場する妖精。その姿は**ドワーフ**に似た職人風の小人や醜い巨人、赤毛の美女など様々である。多くの場合、騒音を嫌うため教会の鐘が鳴る場所からは逃げ出してしまう。また、日光を浴びると石になってしまうため日中は姿を現さない。人間に幸運や財宝を与えるものがいる一方、害をなすものもいると考えられていた。

ドワーフ

【どわーふ】種

欧米の伝承に登場する小人の妖精。古くは北欧の**ドヴェルグ**にまでさかのぼることができるとされる。大抵は老人のような姿で細工物に優れ、奇妙な脚をしていると考えられていた。また、女性はおらず石から生まれる、朝日を浴びると石になるなどともいう。ドイツの伝承では優しく金銀細工に優れた白ドワーフ、働き者が好きで装飾品を作るのが上手な茶ドワーフ、意地が悪く武器づくりが得意な黒ドワーフの3種類のドワーフがいるとされている。現在の職人気質で勇猛な戦士というイメージは、イギリスの作家トールキンの『**指輪物語**』の影響が強い。

遁甲

【とんこう】概
→奇門遁甲^{きもんとんこう}

ドンヌの家

【どんぬのいえ】 地

チフ・ドゥインともいう。キリスト教布教以前のアイルランドで、死者の集まる冥界と考えられていた場所。現在のアイルランド南西部、ダーシー島沖にある。ケルト神話に登場する入植者ミレシア族の指導者で、先住していたダーナ神族の女神エリウたちを否定して溺死したドンヌ（ドン）の墓。

蜻蛉切

【とんぼきり】 物

室町時代の刀工、三河国（愛知県東部）千子派の藤原正真作（文殊派の同名異人ともされる）の平三角造の大笹穂槍。天下三槍のひとつ。笹の葉に似た長大な穂先で先端から見ると三角形になっており、底面部分に地蔵、千手観音、聖観音の梵字と不動明王の剣が彫られている。徳川家の名将、本多忠勝が愛用した槍で、穂先に留まった蜻蛉が両断されたという逸話から名付けられた。

な

ナーガ

【なーが】種

インド神話に登場する蛇の一族。偉大な**バラモン**であるカシヤパと造物主の娘カドルーの間に生まれた1000匹の竜を祖先とする。天に住み、**ヴィシュヌ**神やブッダに仕えるとされることもあれば、地底世界ナーガローカに住むとされることもある。神鳥**ガルーダ**と始祖のナーガたちはいとこの関係であり、敵対している。

ナイト

【ないと】職

→騎士

鳴狐

【なきぎつね】物

鎌倉時代中期の山城国（京都）粟田口派の刀工、国吉作とされる打刀。刀身の中央で一番分厚くなる鎬がない平造と呼ばれる扁平な形状で、短刀をそのまま大きくしたような姿をしている。山形藩秋元家に伝えられてきたが、名前の由来はわかっていない。

『ナグ・ハマディ文書』

【なぐ・はまでぃぶんしょ】物

1945～1946年にかけてエジプト中部の都市ルクソール南方にあるナイル川のほとりの村ナグ・ハマディで発見された古文書群。古代エジプトで用いられた紙パピルスにコプト語で書かれており、巻物ではなく、ページを綴った現在の本のような形式である。キリスト教の異端グノーシス派の文書が多数含まれており、直接的な資料の少ない**グノーシス主義**の研究材料として重要視されているが、発見当初の扱いはぞんざいで多くの資料が失われた。一時、スイスの心理学者ユングの研究所で保管研究されていた文書もある。

ナグルファル

【なぐるふぁる】物

北欧神話に登場する船。死者の切らないままにされた爪を材料に建造された船で、北欧神話の世界では最も大きい。**ムスペル**の持ち物とされるが、**ラグナロク**に際しては巨人フリュムが舵を取り、巨人族の軍勢が乗船するとされる。北欧には死者の爪を切り、切った爪は砕くという古い風習があり、これは悪魔に利用されないためなのだという。

七つの大罪

【ななつのたいざい】概

キリスト教において、諸々の罪の根元になると考えられていた7つの罪。初期の修道院の生活規範に基づくものとされ、この場合の罪は刑法上の罪ではなく神の教えに背く行為のことをいう。16世紀のイエズス会修道士ピーター・ビンスフェルトの『魔女と悪人

の告白について』において、傲慢は**ルシファー**、強欲はマモン、好色は**アスモデウス**、憤怒は**サタン**、暴食は**ベルゼブブ**、嫉妬は**リバイアサン**、怠惰は**ベルフェゴール**が支配していると定義された。また、傲慢は獅子（孔雀）、強欲は狐、好色は蠍、憤怒は**ユニコーン**、暴食は豚、嫉妬は蛇、怠惰は熊など動物の姿でも表現されている。

ナベリウス
【なべりうす】キ

ケレベス、**ケルベロス**、ケレベルス、ナベルスともいう。**イスラエル**の王**ソロモン**が封印、使役したと伝えられる72柱の悪魔の1柱で、19の軍団を率いる地獄の侯爵。3つの頭を持つ犬、もしくは雄鶏や鴉の姿で現れる。しわがれた声で話すが雄弁で、芸術や科学、特に修辞学の知識を与え、失われた名誉や愛顧を取り戻す力を持つ。

ナンナ（シュメール）
【なんな】キ

→シン

ナンナ（北欧）
【なんな】キ

北欧神話に登場するアース神族の女神の1柱。光神**バルドル**の妻で、彼の葬儀の際に悲しみのあまり胸が張り裂けて死んでしまい一緒に葬られた。死後は**ヘルヘイム**の館で夫と共に暮らしており、使者**ヘルモーズ**に女神**フリッグ**

と彼女の従者フッラのための贈り物を託したとされる。

ニーズヘッグ
【にーずへっぐ】キ

北欧神話に登場する怪物。名前は「怒りに燃えてうずくまるもの」を意味する。黒光りをする有翼の大蛇、もしくは竜で、普段は**ニブルヘイム**の**フェルゲルミル**の泉に身を潜め、死者たちの血をすすっていた。世界樹**ユグドラシル**を枯らすため、配下の蛇たちと根をかじっていたともされる。仇敵はユグドラシルの大鷲で、リスのラタトクスが両者の憎しみを煽っていた。**ラグナロク**が到来すると翼に乗せた死者の魂の重さに耐えかね、墜落するのだという。

参 フレスベルグ

肉芝
【にくし】物

食べると不老不死、または著しく寿命の延びる仙薬。1万年生きたヒキガエル、7〜8寸の小人、土中の人の手のようなものなど、材料とされているものは様々。

にっかり
【にっかり】物

鎌倉時代の備中国青江派の刀工、貞次作とされる脇差。本来は太刀であったが、数度に渡って短く磨りあげられた。そのため、切っ先が極端に大きく反りのない異様な姿をしている。にっ

かりと笑う女怪を斬ったことから名付けられたが、類似する逸話が多く本来の逸話は判然としない。柴田勝家、丹羽長秀、京極高次など多くの戦国武将の手を渡り歩いた。

ニダヴェリール

【にだうぇりーる】地

北欧神話に登場する土地で、「暗い野原」を意味する。北方にあり、神々の宝を鍛えた小人族の鍛冶屋シンドリの館が建っているとされる。

参 グリンブルスティ、ドラウプニル、ミョルニル

ニヌルタ

【にぬるた】キ

古代シュメール・アッカドの神。名前は「大地の主人」の意味。神々の指導者エンリルの息子で、戦争や農耕、天候を司り、都市ニップールの守護神、職人の神ともされる。典型的な怪物退治の英雄神であり、同様の役割を持つ神ニンギルスと習合した形で崇拝されていた。その功績の中で最も有名なのが『アンズー神話』で、ニヌルタは王権の象徴である天命の石板を奪ったアンズーに7つの悪風をぶつけ、身動きができなくなったところを矢で射抜いて退治した。また、石の支配者で煮えたぎる火山クルと戦い、これを討ち果たしたともされる。

ニブルヘイム

【にぶるへいむ】地

北欧神話に登場する9つの世界のひとつ。北方に位置する極寒の世界で、寒冷とあらゆる恐ろしいものは、この世界からやって来るとされる。また、あらゆる川の源とされるフェルゲルミルの泉があり、そのほとりには世界樹ユグドラシルが根を伸ばしている。地下にある冥界ヘルヘイム（ニブルヘル、ヘルともいう）と同一視されることもある。

『日本書紀』

【にほんしょき】物

8世紀初期に成立したと考えられている日本最古の勅撰歴史書。平安時代以前は『日本紀』と呼ばれていた。全30巻で神々の時代である神代から持統天皇の代までの年月を順を追って書く編年体の漢文で書かれている。『古事記』と合わせて「記紀」と書かれることも多い。多分に海外を意識した内容であり、舎人親王、太安万侶らによって編纂された。異説や異伝を併記してあり資料的価値は高い。

ニュクス

【にゅくす】キ

ギリシア神話に登場する原初の女神の1柱で、混沌カオスの娘。夜を司り、地下深くの闇を司るエレボスとの間に多くの光神たちをもうけた。その一方で、運命の女神モイライや神罰の女神

ネメシス、不和の女神**エリス**をはじめとする人間の人生や苦しみを体現する神々も産み出している。
📖 モイラ

如意棒
【にょいぼう】物

『西遊記』の主人公孫悟空の武器。本来は海や河川の深さを測る重りで、如意金箍棒と呼ばれる。頑丈で伸縮自在なため、武器を求める悟空により東海龍王の宝物庫から持ち出された。

ニライカナイ
【にらいかない】地

ニルヤ・カナヤなどともいう。沖縄南西諸島の神話、伝承に登場する異界。海の向こうにあり、人間の世界に豊穣、あるいは災いをもたらす神々が住むとされる。また、死者たちが行く霊界とも考えられていた。稲と火、そして島民の先祖たちがこの地からもたらされたともされる。多くの場合、東方にあるとされているが、地域により一定ではない。

ニルヴァーナ
【にるゔぁーな】概

ヒンドゥー教の概念で、悟りを開いた安楽の境地のこと。仏教では涅槃と訳される。仏教は瞑想によって、ヒンドゥー教は厳しい苦行によって、その境地に至ろうとする。

人魚
【にんぎょ】種

上半身が人間で下半身が魚の姿をした伝説上の生き物。その歴史は古代バビロニアの海神オネアンスや古代シリアの月の女神アタルガティスにまでさかのぼることができるとされる。西洋では美しい姿から誘惑のシンボルとされたが、人魚の娘の悲恋の物語なども多く作られた。一方、東洋では西洋的人魚のイメージが伝わる以前には、サンショウウオに似たものや、人頭魚身のものが記録されているにすぎない。日本では人魚の肉が不老不死の妙薬とされており、それを食べた八百比久尼の伝説が各地に残されている。
📖 セイレーン、マーメイド

忍者
【にんじゃ】職

忍術を用いて情報収集などを行う人々。現在のスパイに当たる。その起源は聖徳太子に関わるものや楠木正成に関わるものなど諸説ありはっきりしない。戦争には必須の存在であり、北条氏の風間、上杉氏の軒猿（あるいは夜盗組）、武田氏の透破、伊達氏の黒脛巾組など、大抵の戦国武将は忍者たちを召し抱えていた。彼らの仕事は情報収集、窃盗や放火などの破壊活動に加え、傭兵業など多岐にわたっていたとされる。もっとも、現在イメージされるような超人的な忍者は、江戸時代の講談や大正時代の立川文庫などに

よって培われたものにすぎない。江戸時代には幕府に**伊賀**、**甲賀**の忍者が召し抱えられていたが、天下太平の世にあって、その仕事の多くは形式的なものにすぎなかった。

『忍秘伝』

【にんぴでん】物

「しのびのひでん」とも読む。**伊賀**の服部氏に伝えられた忍術書。全4巻（目録を合わせると5巻）構成で、忍者の始まりを伝える「伊賀甲賀伝記」に始まり、忍術、忍具の具体的な解説、本書の由来を伝える伝系で終わる。現場での働きを重視した実践的な内容である反面、『萬川集海』や『正忍記』のような「忍術とは？」といった総論的なものはない。古伝の忍術、忍具が多数掲載されているため、忍者研究には必須の資料とされている。

ニンフ

【にんふ】種

ギリシア神話に登場する妖精。ギリシア語ではニュンフェ。複数形はニュンファイ。様々なものに宿る精が美しい乙女の姿をとったもので、森のアルセイデス、谷間のナパイアイ、木々のドリュアデス（**ドライアド**）、山のオレイアデス、水辺のナイアデス、海のネレイデスなどのグループを作っている。多くは陽気な性格で歌や踊りを愛し、神々や人間たちの恋人となった。しかし、中には人間に害をなすような

ものもいたとされる。

ヌァザ

【ぬぁざ】王

ケルト神話に登場するダーナ神族の王。アイルランドに先住していたフィル・ボルグ族との戦いで片腕を失い、一度は王座を退いた。しかし、医療神**ディアン・ケフト**により銀の義手をつけられ王座に復帰し、「銀の腕」（アガートラム）と呼ばれるようになる。**フォーモリア**族との戦いでは光神**ルーグ**に王座を譲り、戦いに専念するも**バロール**に敗北した。別の伝承では英雄**フィン・マックール**の先祖とされ、自らの領地である異界をフィンに奪われている。

参 フィンディアス

ヌート

【ぬーと】王

ヌトともいう。古代エジプトの女神。裸体、もしくは古風な衣装に星をちりばめた女性の姿で表される。大気の神シュウと湿気の女神テフヌトの娘で、天体の運行を司る。また、死者たちの守護者とも考えられていた。かつては夫で大地の神ゲブと密着していたが、通り道がないと怒ったシュウと**ラー**により引き離され、1年のうち360日出産できない呪いをかけられたのだという。しかし、同情した**トート**が5日のうるう日を作ったため、無事出産できるようになった。**オシリス**、**セト**、**イシス**、**ネフティス**、ホルスは、彼女と

ゲブの子供たちとされる。

鵺
【ぬえ】🈱

平安時代に宮中に現れたとされる妖怪。頭は猿で手足は虎、胴は狸で尾は蛇という姿をしていた。鵺は本来小鳥のトラツグミのことであったが、この怪物が鵺の声で鳴くためにこう呼ばれるようになったとされる。毎夜黒雲と共に現れ近衛天皇を苦しめたが、酒呑童子（しゅてん どうじ）退治の英雄 源 頼光（みなもとの よりみつ）の子孫、源 頼政（みなもとのよりまさ）によって退治された。その死体の処理に関しては諸説あり、川に流したとするものや塚に祀ったとするものなどがある。

抜丸
【ぬけまる】🈩

平安時代の伯耆国（ほうきのくに）の刀工、大原眞守（おおはらさねもり）の作とされる太刀。池のほとりで持ち主の 平 忠盛（たいらのただもり）が昼寝をしていた際に、ひとりでに鞘から抜け彼を呑もうとした大蛇（おろち）を追い払ったという逸話から名付けられた。また、立て掛けられた古木が一晩で枯れたことから木枯（こがらし）とも呼ばれる。平家に代々伝えられていたが、現在は行方がわかっていない。

ネイト
【ねいと】🈱

ネトともいう。古代エジプトの女神。弓矢や盾で武装し、赤冠をかぶった姿で描かれる。洪水の神セベクの母。狩猟と武器、戦争を司り、先達の神であるウプアウトと共に、ファラオの障害を取り除いた。また、イシス、ネフティス、セルケトと共に死者を守護する役割も持つ。織物の発明者でもあり、ミイラを包む屍衣も管理したとされる。古くから下エジプトで信仰されており、下エジプト出身のファラオの王朝時代に多くの役割を持つようになった。

ネーベルカッペ
【ねーべるかっぺ】🈬

ドイツの伝承に登場する魔法の頭巾。名前は「霧の頭巾（あるいは笠）」を意味する。ドワーフたちの持ち物で、彼らが地上に出る際に身を隠すために用いられていたとされる。

参 タルンカッペ

ネクタル
【ねくたる】🈬

ネクターともいう。ギリシア神話に登場する神々の飲み物。蜜のように甘く、飲むものを不死にする力を持つ。神々だけではなく、神々が天界に迎え入れた人間や動物、また神々に認められた人間などにも与えられた。一説には、大神ゼウスの息子タンタロスによってアンブロシアと共に地上で売り払われたことがあったとされる。

『ネクロノミコン』

【ねくろのみこん】物

H・P・ラヴクラフトが創作した魔導書。狂えるアラブ人アブドゥル・アルハザードが8世紀ごろに書いた書物で、本来の名前を『アル・アジフ』という。10世紀以降多くの翻訳版が作られたが、異界の神々に関する知識を危険視した人々により禁書として処分され完本はほとんど残っていないとされる。クトゥルフ神話をめぐる物語の多くで重要な小道具として引用されているが、その内容はほのめかし程度ではっきり書かれていない。ラヴクラフト自身も、「恐怖が薄れる」と考え『ネクロノミコン』の内容はあえて書かなかったのだという。もっとも、その名声から『ネクロノミコン』の名を冠する書物は、後年の作家たちによって多数書かれることとなった。

ネクロマンサー

【ねくろまんさー】職

ネクロマンシーを用いる魔術師、占い師のこと。西欧では降霊術は邪悪な術と見なされていたため、表立って行われることは多くなかった。16世紀のイギリスの女王エリザベス1世の宮廷に仕えた数学者ジョン・ディー博士は、助手のE・ケリーと共に降霊術に耽ったことから糾弾されている。また、18世紀の魔術師カリオストロなども、フランス国王ルイ16世の宮廷で降霊術を行ったとされている。

ネクロマンシー

【ねくろまんしー】概

降霊術ともいう。死者を呼び出す魔術。多くの場合は占いや死者との交信のために行われるが、他者を攻撃するための手段としても用いられた。呪文や儀式などによって一時的に死者を蘇生、もしくは死者の霊を呼び出し目的を果たすとされる。悪魔による魔術、魔法と混同して用いられることも多い。様々な文化圏で古くから行われている魔術であり、『**旧約聖書**』などにも死んだ預言者サムエルを呼び出す口寄せの女が登場している。19世紀の西欧で流行した交霊会も死者の霊との交信を目的としているが、こちらは**霊媒**を通して霊と接触するもので、主導権は霊の側にある点が異なる。

根の国

【ねのくに】地

根堅洲国などともいう。地下世界、もしくは冥界であり**スサノオ**が治めている。兄神たちに虐げられ根の国に身を寄せた**オオクニヌシ**は、ここで妻スセリヒメと出会い、その父スサノオから様々な試練を与えられた。祝詞の大祓詞では、この世の罪穢れが最終的に集められ消滅する場所とされている。

ネビュラ

【ねびゅら】物

英語で「星雲」の意味。「ダーク・ネビュラ」で暗黒星雲のことを指す。

ネプチューン

【ねぷちゅーん】 🗝

ローマ神話で重要視される「同意する神々（ディ＝コンセンテス）」の1柱。ネプチューンは英語読みでラテン語ではネプトゥヌス。本来はイタリアの水や液体全般を司る神であったが、ギリシア神話の**ポセイドン**と同一視され海神、船乗りの守護者として扱われるようになった。

ネフティス

【ねふてぃす】 🗝

ネベト＝ヘウトともいう。古代エジプトの女神の1柱。頭の上に自身を表すヒエログリフを載せ、複数の装飾品と古風なドレスを身にまとった姿で描かれる。名前は「城の女主人」の意味。天空の女神**ヌート**と大地の神ゲブの末娘で、兄**セト**を夫としている。しかし、セトとの間には子はなく、冥界神**オシリス**との間にミイラ作りの神**アヌビス**をもうけている。姉**イシス**や戦女神**ネイト**、セルケトと共に死者を守るとされるが、ネフティス独自の信仰や聖域は存在していない。しかし、彼女の髪の房はミイラを包む包帯に例えられ、ファラオが来世に到達するためにはこれを逃れねばならないと考えられていた。

ネメシス

【ねめしす】 🗝

ギリシア神話に登場する神罰の女神。夜の女神**ニュクス**の娘。または、河神**オケアノス**とテテュスの娘で幸運の女神**テュケー**の姉妹ともされる。神々の怒りを買ったものを厳しく罰する反面、不当な扱いを受けるものにはその能力にふさわしい幸運をもたらした。

ネルガル

【ねるがる】 🗝

古代バビロニアの神。疫病と戦争の神、都市クサの守護神であり、王冠をかぶり、悪霊を従えた姿で表される。神々の指導者**エンリル**の子で、傲慢な性格から冥界の女王**エレシュキガル**の使者をないがしろにし、彼女を怒らせた。さらに、弁明に赴いたはずの冥界でエレシュキガルを屈服させ、彼女の夫として冥界に君臨することとなる。アッカドでは英雄神**マルドゥーク**を騙して戦乱を引き起こした悪霊の王エラと同一視され、世界の秩序を逆転させ多くの人々を死に追いやったとされる。

ノアの箱舟

【のあのはこぶね】 🏺

『旧約聖書』に登場する船。最初の人間**アダム**から10代目の子孫にあたるノアが、神の指示を受けて作った。3階建てで、ゴフェルの木で作られ、全ての地上の生き物を1つがいずつ収容できた。神は箱舟の完成後大洪水を起こし、箱舟に乗った生き物以外を滅ぼした。箱舟は洪水が引いた後、**アララト山**に漂着し、新たな世界をスタートさせた。

204

ノイシュ

【のいしゅ】主

ケルト神話に登場する若き戦士。**アルスター**の赤枝騎士団に所属していたが、国王コンホヴォルの婚約者**ディアドラ**と恋仲になり、兄弟と共に国を出る。その後、コンホヴォルからの「罪を許す」という偽りの提案を受け入れたため捕らわれ、兄弟共々処刑された。

ノヴァ

【のゔぁ】概

英語で「新星」の意味。「スーパー・ノヴァ」で超新星。

ノートゥング

【のーとぅんぐ】物

19世紀のドイツの音楽家ワーグナーのオペラ『ニーベルンゲンの指輪』に登場する名剣。北欧神話の**グラム**、ドイツの『ニーベルンゲンの歌』の**バルムンク**にあたる。

ノーム

【のーむ】種

四大元素の土に対応する精霊。グノームともいう。地中に住み、地中を自在に動き回ることができ、地底の財宝や鉱石、宝石の番をしている。

ノスフェラトゥ

【のすふぇらとぅ】種

東欧の伝承に登場する魔物。私生児の両親から産まれた私生児で、死産の後に墓場から動物や昆虫、さらに麦わらの姿などになって舞い戻る。非常に好色で異性と交わることを望み、男女の性的機能を害し、老人から血を吸うともされる。小説『ドラキュラ』をもとに作られた映画『ノスフェラトゥ』のタイトルとなったことから、後の作品では貴族的な不死者のイメージでも描かれている。

参 ヴァンパイア、吸血鬼

ノタリコン

【のたりこん】概

ユダヤ神秘主義思想において、神名や聖書を解釈する技法のひとつ。1つの単語を1つの文章の単語の頭文字（もしくは語末字）を並べたものと解釈する手法と、1つの単語を切り分けいくつかの単語として解釈する手法がある。

参 ゲマトリア、テムラー

ノルン

【のるん】種

北欧神話に登場する女神。複数形はノルニル。運命を司る女神たちで、3柱1組で行動する。黄金の糸を縒って目的の人物の人生を定めるとされ、その爪には**ルーン**文字が刻まれていた。神々や**妖精**族、小人族など出身は様々で、その出身に応じて良い運命を授けたり、悪い運命を授けるのだという。物語などでは子供が生まれると連

れだって現れ、最初の2柱が良い運命
を、最後の1柱が何かに腹を立てて悪
い運命を授けることが多い。
参 ウルズ、スクルド、ベルダンディ

は

ハーゲン
【はーげん】围

ドイツの伝承、物語に登場する騎士。ブルグント族の王グンテルに仕え、英雄**ジークフリート**を暗殺した。『ニーベルンゲンの歌』の後半の主役であり、得難い騎士として称賛されている。しかし、剛直な性格からグンテルと彼の妹でジークフリートの妻クリームヒルトの関係を悪化させており、これがブルグント族滅亡の原因となった。

ハーゲンティ
【はーげんてぃ】围

イスラエルの王**ソロモン**が封印、使役したと伝えられる72柱の悪魔の1柱で、33の軍団を率いる地獄の総統。**グリフィン**の翼を持つ牡牛の姿で現れるが、望まれれば人間の姿にもなる。あらゆる金属を金に変え、澄んだ水をワインに、ワインを水に変える力を持つ。

バーサーカー
【ばーさーかー】職

北欧の神話、伝承に登場する狂戦士**ベルセルク**の英語読み。アメリカのSF作家フレッド・セイバーヘーゲンの「バーサーカー」シリーズでは、異星人の無人殺戮兵器がバーサーカーと呼ばれており、ここから無人ロボット兵器がこう呼ばれることもある。

パーシバル
【ぱーしばる】围

ペレディル、ペルスヴァル、パーシファル、パルツィファルともいう。**アーサー**王の**円卓**の騎士の1人。純真で無教養な田舎者であったが、遍歴の騎士と出会い騎士になることを志すようになった。初期の物語では**聖杯**を守る聖杯城の主の縁者で、彼の跡を継いで聖杯の守護者となる。しかし、時代が下ると聖杯探索に成功した**ガラハッド**の付き添いという扱いになった。

パーシュパタ
【ぱーしゅぱた】物

『**マハーバーラタ**』の主人公アルジュナが**シヴァ**神から授かった武器。正当な理由なく弱者に使えば、全世界が滅びる。最終決戦でパーシュパタによってカウラヴァ軍は全滅した。

パーターラ
【ぱーたーら】地

インド神話に登場する地底世界。大地の女神ともいわれる。

バード
【ばーど】職

ケルト文化圏の世俗的な**吟遊詩人**。名前は「声を高くするもの」を意味する。アイルランドでは世襲的吟遊詩人**フィリ**と区別されており、社会的な地

位は高くなく、音楽に関する正式な教育、訓練を受けていないものが多かった。19世紀に人気を博した叙事詩『**オシアン**』で用いられたことで有名になり、ゲルマン系の吟遊詩人などもバードと呼ばれるようになったとされる。

バーバ・ヤーガ

【ばーば・やーが】囲

ロシア、東欧の伝承に登場する**魔女**。恐ろしく醜い老婆の姿で、鶏の脚が1本生えた家に住み、鍋やヤカン、すり鉢、石臼などに乗って移動する。残忍な方法で子供を貪り食う一方、純真なものや機転の利くものなどには惜しみなく褒美を与える。死神や昼夜を象徴する騎士たちと行動するという伝承もあり、零落した古代の女神と考える研究者もいる。

『バーヒールの書』

【ばーひーるのしょ】囲

→『セーフェル・ハ・バーヒール』

ハーラーハラ

【はーらーはら】囲

インド神話に登場する黒い猛毒。不死の霊薬**アムリタ**を作る際に生み出され、世界を毒の煙がおおうが、**シヴァ**神がハーラーハラを飲むことで世界は救われる。この時にシヴァの首は青くなり、ニーラカンタ（青黒い頸を持つもの）という名でも呼ばれるようになった。

パーリジャータ

【ぱーりじゃーた】囲

インド神話に登場する天界の聖樹。神々が不死の霊薬**アムリタ**を作成した際に海中から生まれた。

バアル（悪魔）

【ばある】囲

→バエル

バアル（神）

【ばある】囲

ベルともいう。古代カナアンの神の1柱。名前は「主」を意味する。至高神エル、もしくは豊穣神**ダゴン**の子で、天候と豊穣を司り、槍や棍棒で武装し、随獣の牡牛を連れた若い戦士の姿で表される。女神アスタルテや**アナト**の兄弟にあたり、アナトとは夫婦。エルに訴え出て神々の支配者となり、前任者である海神ヤムを技巧の神コシャル・ワ・ハシスが作った棍棒「駆逐者」と「反撥者」で滅ぼした。その後、死と冥界の神モトに殺害されたが、アナトにより蘇生され王座に返り咲いている。なお、オリエントには複数のバアルと呼ばれる神が存在しており、フェニキアの天候神ハダドなどとも同一視されている。

パールヴァティ

【ぱーるゔぁてい】囲

インドの女神。**シヴァ**神の妃。また、シヴァ神の最初の妃サティーの生まれ

変わりであり、山の王ヒマーラヤの娘。様々な側面を持ち、**ドゥルガー**や**カーリー**もパールヴァティの側面のひとつ。

拝火教
【はいかきょう】概

→ゾロアスター教

バイキング
【ばいきんぐ】職

ヴィキングとも書く。8～11世紀にかけて北欧を拠点にヨーロッパ、ロシア各地で侵攻、交易を行った北方系ゲルマン、ノルマン民族。名前は古代ノルド語の「ヴィク湾に住む人」に由来する。**海賊**のイメージが強いが、これはあくまで経済活動の一環であり、商人や開拓者としての側面も持っている。また、海外での活動が経済の中心という訳でもなく、地元では農業や漁業、牧畜なども行われていた。もっとも、ヨーロッパへの大規模侵攻もたびたび行っており、ノルマンディー公国の始祖となったロロのように現地で貴族になったものなどもいる。

ハイドロ
【はいどろ】概

英語で「水の、水素結合した」の意味で使われる接頭語。単体では「水治療院、水力発電」を指す。

バイブル
【ばいぶる】物

聖書のこと。ユダヤ教では『**旧約聖書**』のみを、キリスト教では『旧約聖書』と『**新約聖書**』を合わせたものを指す。ギリシア語の小冊子の意味である「ビブリオン」に由来する。

ハイペリオン
【はいぺりおん】キ

ギリシア神話に登場する**ティターン**族の1人。天空神**ウラノス**と地母神**ガイア**の息子。妹テイアとの間に太陽神**ヘリオス**、月の女神**セレネ**、暁の女神**エオス**をもうけた。

パイモン
【ぱいもん】キ

ペイモンともいう。**イスラエル**の王**ソロモン**が封印、使役したと伝えられる72柱の悪魔の1柱で、200の軍団を率い、地獄の北西を治める王。かつては**主天使**（ドミニオン）の地位にあった。宝石をちりばめた王冠をかぶり、ヒトコブラクダに乗って楽団の演奏と共に現れる。優しげな女性の顔をしているが、その声は恐ろしく大きい。あらゆる技術と科学、隠された知識を瞬時に教え、人間に名誉を与える力を持つ。**ルシファー**に忠実であるとされ、ベバルとアバラムという2人の王を引き連れている。

ハイランダー

【はいらんだー】 種

高地人ともいう。スコットランド北西部ハイランド地方に住む人々。勇猛さで知られ、古くからイギリスなどで兵士として雇用されていた。現在でもイギリス軍にはハイランド連隊が設けられている。ケルト人や**バイキング**などを先祖としており、かつては**氏族**（クラン）と呼ばれる血族集団を基本とする封建社会を営んでいた。しかし、18世紀のイギリスで起きたジャコバイトの反乱で中心的な戦力となったため、イギリス政府により氏族解体や伝統衣装の禁止など多くの制約を課せられてしまう。その後、19世紀初頭のロマン主義を背景に「高貴な野蛮人」というイメージが定着。規制も緩和され、以降はスコットランドの民族団結の象徴として扱われるようになった。

バエル

【ばえる】 王

バール、バアルともいう。**イスラエル**の王**ソロモン**が封印、使役したと伝えられる72柱の悪魔の1柱で、66の軍団を率い、地獄の東方を治める王。人間と猫とヒキガエルの3つの頭を持つ蜘蛛（くも）のような姿で現れ、しわがれ声で話す。見た目とは裏腹に優れた剣の使い手とする文献もある。また、奸計を授け、人間を透明にする力を持つ。中東の神**バアル**と関係があると考える研究者も多い。

ハオマ

【はおま】 物

ゾロアスター教における聖なる植物と、それから作られる飲み物。インド神話の**ソーマ**と同一視される。一種の興奮剤と思われるが、ハオマがどのような植物かはわかっていない。予言者ザラスシュトラは、ハオマとそれを砕く道具が悪神**アンラ・マンユ**への対抗手段としている。時代が下るにつれ、人格を持つ神としても扱われるようになった。

『白沢図』

【はくたくず】 物

中国古代の奇書。成立年代、著者ともに不明。伝説の聖王**黄帝**（こうてい）が白澤（はくたく）を手に入れた神話をもとに書かれた。原書は散逸し、ほかの書籍に収録、引用されている内容が残るのみである。

バグナウ

【ばぐなう】 物

バグ・ナグともいう。16〜18世紀のインドの武器。両端に輪のついた金属の板に猫の爪のような刃が4〜5本取りつけられている。輪に親指を通して刃を指の間から出すように握りこんで用いた。名前は「虎の爪」という意味で、まるで猛獣に引っかかれたようなこの武器の傷跡を例えたものとされている。

破軍

【はぐん】物

道教の星の名前。北斗七星の柄の先端の星。西洋名はアルカイド。

パシュパタ

【ぱしゅぱた】物

→パーシュパタ

バシリスク

【ばしりすく】王

ヨーロッパの伝承に登場する怪物。頭頂部に王冠の形をした白い模様のある小さな蛇、もしくは蜥蜴(とかげ)で、槍を伝って騎士や馬を殺すほどの猛毒を持っている。また、その息に含まれる毒も周囲の植物を枯らし、岩を砕くほど強い。しかし、これらの毒は水晶の器で防ぐことができるとされる。バジリスクの弱点はイタチの臭気で、巣穴にイタチを放り込まれると死んでしまうのだという。

パズズ

【ぱずず】王

パズスともいう。古代メソポタミアの伝承に登場する魔神。悪疫を呼ぶ熱風の化身で、悪霊たちの王とされる。妻は**アヌ**の娘で子供や妊婦を**襲**う悪霊ラマシュトゥ。トサカの生えたライオンの顔と手、2組の羽根、鷲(わし)の爪、蠍(さそり)の尾、蛇の陰茎を持つ姿で表される。恐ろしい存在であるものの、悪霊や悪疫を追い払うため、その姿を模した彫像や護符が作られた。

バスター

【ばすたー】概

英語で「破壊する人、物」または「並はずれたもの」の意味。

バスタードソード

【ばすたーどそーど】物

片手半剣ともいう。14～16世紀ごろのヨーロッパの刀剣。名前は「雑種の剣」という意味。切っ先の鋭い両刃の剣で、刀身は長く、必要に応じて両手で扱えるように柄も長めに作られている。一説にはスペインで考案されたものとされ、突くことにも切ることにも優れていた。

バステト

【ばすてと】王

古代エジプトの女神の1柱。ガラガラに似たシストラムという楽器と盾を持った牝猫の頭の女性、もしくは牝猫の姿で表される。しかし、当初は牝ライオンの頭部に描かれたため、湿気の女神テフヌトや荒々しい**セクメト**など、ライオンの頭の女神たちと混同されることも多かった。名前は「軟膏の婦人」、あるいは「ブバスティスのもの」の意味。愛想のよい陽気な女神であり、多産を司り、家庭を守護すると考えられていた。その一方で太陽神**ラー**の守護者であり、敵である蛇を刀で切り殺すとされる。信仰の中心地ブ

は

バスティスの祭儀では、大酒を飲んで酔うことが神聖な行為とされた。

バゼラード

【ばぜらーど】物

バーゼラルドともいう。13～15世紀ごろのヨーロッパの短剣。横に伸びた棒状の鍔と柄頭がH字状になっているのが特徴で、刀身は両刃のものが多い。多くの場合、鍔は先端方向、柄頭は反対方向に湾曲しているが、イタリア製は平行に伸びていた。また、イタリア製のものは大型で、刀剣に分類されることもある。

バッカス

【ばっかす】キ

ローマ神話で重要視される「同意する神々」の1柱。バッカスは英語読みでラテン語ではバッコス。本来はギリシア神話の酒と酩酊の神デュオニソスの別名。イタリアの田園の神リベル・パテルと同一視され、デュオニソスの過激な祭祀と共にバッコスの名で取り込まれた。風俗を乱すものとして禁令が出されており、時代が下った後も祭祀には多くの制限が設けられたとされる。

ハッグ

【はっぐ】キ

オールド・ハッグともいう。西欧の伝承に登場する鬼婆、魔女。夜になると眠っている人の胸に腰掛け、言い様の

ない圧迫感を与えて疲労困憊させるとされる。これは日本の金縛りに近い現象で、古代ギリシアの医師ガレノスは消化不良が原因と考えていた。意地悪な老婆や器量の悪い女性への別称としても用いられており、スコットランドの冬の精霊カリアハ・ヴェーラと同一視されることもある。

パック

【ぱっく】キ

プッカ、プーカ、ポークともいう。イギリスの伝承に登場する妖精。本来は山や廃墟に住む悪霊や邪悪な妖精の総称であったが、16世紀以降になると詩人シェイクスピアが『真夏の世の夢』で生み出した妖精王オベロンに仕える陽気ないたずら者パックのイメージが強くなった。権力者を嫌い、虐げられた人々を助ける妖精ロビン・グッドフェローとも同一視される。

八卦

【はっけ】概

中国の占術、哲学である易の基本概念。3つの陰陽を組み合わせた8種類を八卦といい、それぞれに対応する意味や事象がある。

卦	陰陽	象徴例
乾（けん）	陽ー陽ー陽	天、馬、北西
兌（だ）	陰ー陽ー陽	沢、羊、西
離（り）	陽ー陰ー陽	火、雉、南
震（しん）	陰ー陰ー陽	雷、龍、東
巽（そん）	陽ー陽ー陰	風、鶏、南東

かん 坎	陰－陽－陰	水、豚、北
ごん 艮	陽－陰－陰	山、犬、北東
こん 坤	陰－陰－陰	地、牛、南西

『ハディース』

【はでぃーす】物

イスラム教の開祖ムハンマドの言行**スンナ**に関する記録を集めたもの。アラビア語で「伝承」を意味する。『**クルアーン**』の解釈や『クルアーン』に記述のない宗教上、信仰上の諸問題を解決するための典拠とされ、イスラム教においては『クルアーン』に次ぐ権威を持つ。複数の『ハディース』が伝えられており、「内容（マトン）」だけでなく、その「典拠（イスナード）」も重要視された。

バティン

【ばてぃん】キ

バティム、マティム、マルティムともいう。**イスラエル**の王**ソロモン**が封印、使役したと伝えられる72柱の悪魔の1柱で、30の軍団を率いる地獄の大公爵。蛇の尾を持ち、青白い馬にまたがったたくましい人間の姿で現れる。薬草と宝石の効能に詳しく、人間を瞬時に移動させる能力を持つ。素早く愛想のいい、**ルシファー**の側近とする文献もある。

ハデス

【はです】キ

ギリシア神話に登場する**オリンポス**12神の1柱。冥界の支配者で、農耕神**クロノス**とレアの息子。**ゼウス、ポセイドン**の兄弟であり、くじ引きにより冥界を支配することになった。名前を直接呼ぶことを避けて「富めるもの」とも呼ばれることもある。元人間の3人の裁判官ミノス、ラダマンテュス、アイアコスと共に死者の行き先を決め、滅多に冥界を離れることはなかった。

参 アイドスキュネエー、オルフェウス、デメテル、ペルセポネ

ハトホル

【はとほる】キ

ヘト＝ヘルともいう。古代エジプトの女神の1柱。牝牛の耳を持ち、太陽円盤と立派な角を頂いた正装した女性、あるいは同様の頭飾りをつけた牝牛の姿で表される。名前は「ホルスの家」の意味。受胎と多産を司り、母親と子供たちを守護する。また、愛の喜びや音楽、踊り、酒による陶酔も彼女の役割とされた。葬祭を司り、神々の敵を倒す魔術師ともされる。太古から信仰された大女神で、多くの女神たちと習合した結果、太陽神**ラー**の母もしくは妻、娘、天空神**ホルス**の妻、原初の水の神ヌンの娘とされるなど系統は混乱していてはっきりしない。後に大女神**イシス**に役割の多くを吸収された。

パナケイア

【ぱなけいあ】物

ギリシア神話に登場する万能薬。医神**アスクレピオス**の娘、治癒の女神パナ

は

ケイアに由来する。

ハヌマーン

【はぬまーん】囯

インドの長編叙事詩『**ラーマーヤナ**』に登場する、猿の王スグリーヴァの配下の戦士。主人公ラーマが妻シータを取り戻すのを助ける。風神**ヴァーユ**の息子で、『**西遊記**』の主人公孫悟空のモデルともなった。姿を変え、空を飛ぶことができる。

参 ラーヴァナ

バハムート

【ばはむーと】囯

イスラム教の伝説に登場する巨大魚。『**旧約聖書**』の**ベヒモス**がイスラム教に取り込まれたものと考えられている。『アラビアンナイト』では、大地は天使に支えられており、その天使はルビーの岩山に立ち、岩山の下にはクジャタという牡牛がおり、クジャタは大海に浮かぶバハムートの上に立っている。大海の下には地獄があり、その下にはファラクという大蛇がいると説明されている。

バビロン

【ばびろん】地

古代メソポタミアの都市国家のひとつ。古代シュメール時代には「神の門」を意味する「カ・ディンギル・ラ」と呼ばれていたが、後に同じ意味のアッカド語の「バベル」と呼ばれる

ようになった（異説もあり）。バビロンはその英語読み。紀元前20世紀に誕生した都市で、ハムラビ法典で知られるハムラビ王が周辺地域を併合、統一王朝バビロニアの首都となった。その後、諸外国の圧力に苦しめられるが、ネブカドネザル2世の時代に新バビロニア帝国の首都として最盛期を迎える。もっとも、その栄華も長くは続かず、最終的にアケメネス朝をはじめとする強国の支配下に置かれることとなった。

バフォメット

【ばふぉめっと】囯

テンプル騎士団が崇拝していたとされる悪魔。一説にはイスラム教の開祖ムハンマドの名前をもじった名前とされる。中世から悪魔の名前として知られていたが、その姿については諸説ありはっきりしていない。19世紀以降の悪魔学において、牡山羊の頭と両性具有の体を持ち、**サバト**を支配する悪魔の姿が与えられた。同様に牡山羊の頭を持ち、サバトを支配する悪魔レオナルドと同一視されることもある。

バベルの塔

【ばべるのとう】物

『**旧約聖書**』に登場する塔。大洪水を生き延びた人々の団結の象徴としてシンアルの地にレンガとアスファルトで作られた。その実行力を憂いた神が人々の言葉を混乱（バラル）させたこ

とで、塔の建設は中断され、この塔の
ある町はバベルと呼ばれるようになっ
たとされる。

参 ジッグラト

薔薇十字団
【ばらじゅうじだん】概

17世紀初頭のドイツに突如として現
れた秘密結社。名前は彼らが用いた薔
薇と十字の**紋章**に由来する。魔術師
ローゼンクロイツが始祖とされ、その
歴史や信条、活動は『友愛団の名声』、
『友愛団の告白』などの宣誓書、小説
『科学の結婚』などで発表された。し
かし、活動拠点や結社の詳細は明かさ
れておらず、実在を疑う研究者も多
い。会員は勧誘によって増やされ、
「無償での病人の治療」、「地域社会に
溶け込んだ服装」、「定期的な集会」、
「後継者の選定」、「「R・C」の紋章の
使用」、「結社の存在の1世紀に渡る秘
匿」などが義務づけられる。彼らの博
愛主義的な思想は、当時の知識人たち
を刺激し、類似の組織を多数生み出す
こととなった。

参 ゴールデンドーン、テンプル騎士
団、フリーメイソン

パラダイス
【ぱらだいす】地

ペルシア語のパイリダエーザに由来す
る。原義は「堀で周囲を囲んだ広大な
園」でペルシア王の宮殿の庭を指し
た。ギリシア語で庭園を意味するパラ

ディソスになり、『**旧約聖書**』では、**エ
デン**の園、**天国**の意味で用いられた。

パラディン
【ぱらでぃん】職

中世騎士物語で、名剣**デュランダル**の
持ち主ロランをはじめ、シャルルマー
ニュ大帝に仕えた12人の勇士のこと
を指す。そこから派生し、中世ヨー
ロッパの宮廷で、名誉ある騎士を指す
言葉として使われた。もともとは「宮
中伯」と訳される、宮中の高官、有力
者を指すPalatine（パラティーン）からきている。

バラム
【ばらむ】キ

バランともいう。**イスラエル**の王**ソロ
モン**が封印、使役したと伝えられる
72柱の悪魔の1柱で、40の軍団を率
いる地獄の王。牡牛と人間と牡羊の
頭、蛇の尾を持ち、燃え盛る目をし
て、しわがれ声で話す。また、熊に乗
り大鷹を連れた、角が生えた裸の男の
姿で現れるともされる。過去、現在、
未来について正確に教え、人間を機知
に富ませ、また望むものを透明にする
能力を持つ。

バラモン
【ばらもん】職

インドの身分階級ヴァルナのひとつ。
神への祭儀を司り、最も身分が高い。
バラモンの下には王族・戦士階級のク
シャトリヤ、庶民階級のヴァイシャ、

隷属階級のシュードラ、そして階級外の不可触選民などがいる。修行を積んだバラモンは強い力を持ち、神々すらその影響から逃れられないと考えられていた。漢字では婆羅門と書く。

バルカン
【ばるかん】 [キ]

ローマ神話で重要視される「同意する神々《ディーコンセンテス》」の1柱。バルカンは英語読みでラテン語ではウルカヌス。古くは屋外で祀られる火の神であったが、ギリシア神話の**ヘパイストス**と同一視され鍛冶と火の神として扱われるようになった。なお、アメリカ軍の6連装式機関砲の名前もこの神から採られている。

バルキリー
【ばるきりー】 [種]

→ワルキューレ

パルチザン
【ばるちざん】 [物]

15～17世紀ごろのヨーロッパの長柄武器。穂先は「牛の舌」と表現される手元が広く先が細い形状で、翼と呼ばれる枝刃が両脇に出ている。ゲリラやレジスタンスのことをパルチザンと呼ぶが、こちらは「党に属する人」というフランス語から来たもの。

パルティア
【ばるてぃあ】 [地]

紀元前3世紀～紀元3世紀にかけてイラン高原を支配した古代王国。遊牧民パルニ族族長アルケサスによって建国された。遊牧民由来の優れた軽装騎兵、特に馬上からの弓射を用いた戦術は周辺国家を大いに恐れさせたとされる。陸路、海路の東西貿易の要所を支配下に置いており、一時はローマ帝国に対抗するほどの隆盛を極めた。文化的にはギリシアの影響が強かったが、**ゾロアスター教**や**ミトラ**教などの影響を受け次第にイラン化が進んだとされる。中央集権化の失敗から地方勢力の台頭や内乱を押さえられず、ササン朝ペルシアに滅ぼされた。

バルディッシュ
【ばるでぃっしゅ】 [物]

16～18世紀ごろの東ヨーロッパの長柄武器。三日月型の斧刃を中ごろに作られたソケットと下部の留め金の2ヶ所で柄に固定している。切っ先はあまり鋭くない。当初は歩兵用の短い柄のものが主流であったが、後に防御用に長い柄のものが登場し、短い柄のものは騎兵用に用いられるようになったとされる。

パルテノン
【ばるてのん】 [地]

ギリシア中央部にあるアテネのアクロポリスの丘に建つ神殿。紀元前5世紀

に、女神**アテナ**の神殿として建設された。建物は東から「内室」と「後室」となっており、内室も女神像を安置した「百尺の間」と、「乙女の間」に分かれている。ビザンツ帝国支配下では教会、イスラム支配下ではモスクに改修されるという憂き目にあい、17世紀のトルコ、ベネチア間の戦乱で破壊された。19世紀には彫刻の大部分も持ち去られており、現在は博物館になっている。

バルドル

【ばるどる】神

北欧神話に登場するアース神族の1柱。**オーディン**と女神**フリッグ**の息子で、光輝くような外見を持つ貴公子。「輝く」という名前から、光神とされることが多い。彼の死を恐れたフリッグによって世界中のあらゆるものが彼を傷つけないように誓わされていたが、唯一**ヤドリギ**の若木だけは見逃されていた。これを知った悪神**ロキ**は、盲目の神ホズをそそのかしてヤドリギの若木を投げつけさせバルドルを殺害させている。さらに、ロキは策略でバルドルの復活も阻止したが、**ラグナロク**の後にバルドルはホズと共に帰還して生き残りの神々と合流するのだという。デンマークの伝承では英雄ホテルに退治される悪神として描かれている。

参 『ゲスタ・ダノールム』、ミストルティン

ハルバード

【はるばーど】物

ハルベルト、斧槍ともいう。15～19世紀ごろのヨーロッパの長柄武器。穂先は鋭いスパイクで、その下に斧刃、反対側に鉤がつけられており、切る、突く、叩く、引っかけるといった多彩な攻撃ができた。スイスで考案されたもので、その利便性から16世紀にはヨーロッパ各地で歩兵用の武器として採用されている。儀仗用にも用いられており、現在でもバチカンを守るスイス傭兵の装備として見ることができる。

バルバトス

【ばるばとす】神

イスラエルの王**ソロモン**が封印、使役したと伝えられる72柱の悪魔の1柱で、30の軍団を率いる地獄の公爵、兼伯爵。かつては**力天使**の地位にあった。狩人か射手の姿で、ホルンを奏でる4人の王と共に現れる。過去、現在、未来の知識に精通し、魔術によって隠された財宝を見つけ出す能力を持つ。また、鳥の歌声や犬の吠え声、牡牛の唸り声など動物の声を理解し、争う人間を調停することもできるとされる。

ハルピュイア

【はるぴゅいあ】種

ギリシア神話に登場する怪物。海神ポントスの息子タウマスと河神**オケアノス**の娘エレクトラの娘たちで、虹の女

神イリスとは姉妹。翼のある女性、もしくは女性の顔をした鳥の姿で描かれることが多い。つむじ風の象徴であり、神々の命令を受けて様々なものを奪い去った。トラキア王ピネウスを苦しめていた際、アルゴー探検隊により退治されている。

参 アルゴー号、イアソン

ハルファス
【はるふぁす】魔

マルファスの別名とする文献もある。イスラエルの王ソロモンが封印、使役したと伝えられる72柱の悪魔の1柱で、26の軍団を率いる地獄の伯爵。コウノトリの姿で現れ、やかましい声で話す。都市を建設して武装した人間を集め、人間を戦場に送り出す力を持つ。また、町に火を放つともされる。

ハルマゲドン
【はるまげどん】地

『新約聖書』の一部『ヨハネの黙示録』で、世界の終わりに、悪霊に率いられた全世界の王が集まり、善と悪の最終決戦が行われるとする場所。ハルマゲドンはギリシア語で、英語ではアルマゲドン。「メギドンの山」の意味だが、ほかの箇所では登場しておらず、交通の要衝であったメギドの谷のことだろうという解釈が一般的である。

バルムンク
【ばるむんく】物

ドイツ中世の叙事詩『ニーベルンゲンの歌』に登場する名剣。幅広で鋭い刃を持ち、硬い兜も易々と断ち切ることができる。ニーベルンゲン族の財宝をめぐる争いを調停することの報酬として、英雄ジークフリートに与えられた。しかし、ジークフリートが暗殺された際、その実行犯であるハーゲンに奪われている。ジークフリートの妻クリームヒルトは、この復讐のため兄グンテルとハーゲンを次の嫁ぎ先であるフン族の王アトリ（アッティラ）の元に呼び寄せ、剣を奪い返してハーゲンを殺害した。もっとも、この際の被害の大きさに辟易した家臣の手で、クリームヒルト自身も殺害されている。

ハルモニア
【はるもにあ】神

ギリシア神話に登場する女神。戦争の神アレスと愛と美の女神アフロディーテの娘。大神ゼウスの命令でギリシア東北部にあった古代都市テーバイの創設者カドモスの妻となり、多くの子供たちをもうけた。後に夫婦で蛇の姿に変えられ、楽園エリシュオンに住まわされたとされる。ギリシア語で「調和」を表す語でもあり、哲学者プラトンによって哲学や音楽の概念として取り入れられた。

参 スパルトイ

パレンケ

【ぱれんけ】地

マヤ時代の古代都市国家。現在のメキシコ、チアパス州にある。**ティカル**と同時代の都市。600以上の碑銘がある「碑銘の神殿」は今も完全な形で残り、その地下から出土した翡翠の仮面が有名。ほかにも宮殿や太陽神キニチ・アハウを祀る太陽の神殿などの遺跡が残る。

ハローウィン

【はろーうぃん】概

キリスト教圏で行われる万聖節の前夜祭。名前はアイルランドやスコットランドなどの「万聖節の前日」に由来している。1年の終わりと始まりを祝うケルトの「サウィン祭」が取り入れられたもので、古くは10月31日の夜から始まり、11月1日まで行われていた。この日は冥界や異界との境が曖昧になる日とされ、死者の霊や妖精、そのほか様々な怪物が現れるため、仮装をして篝火を焚くことで災厄を逃れようとしたのだという。こうした風習の名残が、現在のにぎやかな飾りや仮装パーティーの原型になったとされている。

バロール

【ばろーる】キ

ケルト神話に登場する**フォーモリア**族の王。1つしかない目は一にらみで敵の命を奪う**邪眼**で、目蓋は4人がかりで吊りあげなければならないほど重かった。バロールは「孫に殺害される」と予言されており、その予言のとおり、孫であるダーナ神族の光神**ルーグ**に投石機で目を貫かれて討ち取られた。

参 ヌァザ

バロメッツ

【ばろめっつ】種

スキタイの羊、タタールの羊ともいう。ヨーロッパの伝承に登場する植物。羊と植物の合いの子のような存在で、樹木の先端にヘソでつながった姿や、綿花の代わりに羊が咲いたような姿で描かれることが多い。巨大な果実から生まれ食用とされるもの、羊毛の代わりに綿毛を採取されるもの、狼の好物など様々な伝承が伝えられている。

バロン

【ばろん】概

イギリスの貴族階級の称号。日本語では男爵と訳される。

参 ピアレージ

パワー

【ぱわー】キ

能天使、クレテス、デュミナス、ポンティアテスともいう。偽ディオニシウスの定めた**天使**の階級では第6位。複数形はパワーズ。2枚の翼を持ち、武装して鎖でつながれた悪魔を引き連れた姿や、右手にキリストの印章を持つ聖職者のような姿で描かれる。世界を

破壊しようとする悪魔と戦うとされるが、人間にとって障害になる存在とも考えられていた。**サマエル**が率いているともされる。

パン

【ぱん】 キ

ギリシア神話に登場する神の1柱。伝令神**ヘルメス**の息子。牧畜と家畜を司り、自身も牡山羊の角と耳と髭、下半身を持つ。踊りと音楽を好む陽気な性格をしているが、怒ると手がつけられず、戦いの際には聞くものを恐怖に陥れる叫び声をあげた。本来は**アルカディア**地方の神とされる。

盤古

【ばんこ】 キ

中国の伝承に登場する、原始の混沌から生まれた巨人。生まれてから1日に1丈ずつ成長し、盤古の成長に合わせて天地も分かれていった。3万6千年ののち地に伏し、その体から世界が作られた。左目が太陽に、右目が月に、髪や髭は星になり、血は河に、肉は大地になったという。

反魂香

【はんごんこう】 物

中国の伝承に登場する香。焚くことで死者の魂を呼び出し、その在りし日の姿を見ることができるとされる。漢の武帝が、寵愛した李婦人の面影を見るために焚いたのだという。中国の薬学

書『**本草綱目**』によれば、楓や柏に似た姿で香りが100里先まで届くという反魂樹の根を、漆のようにドロドロになるまで煮詰めて練ったもので、この香を焚くことで病人を回復させ、死者を甦らせることもできた。

バンシー

【ばんしー】 キ

アイルランドの伝承に登場する妖精。アイルランドの旧家に死者があると、窓の外で悲痛な泣き叫ぶ声をあげて知らせるとされる。その姿は灰色のケープと緑色の服を身にまとい、真っ赤に目を泣き腫らした女性やフードをかぶった喪服の女性、長い乳房を垂らした鼻の穴が1つで出っ歯の老女など様々で一定ではない。バンシーの乳房を吸うと、その加護が得られるとされる。

『萬川集海』

【ばんせんしゅうかい】 物

「まんせんしゅうかい」とも読む。17世紀に伊賀国郷士の藤林保武によって書かれた忍術書。**伊賀**、**甲賀**に伝わる49流派の忍術をまとめた忍術百科事典ともいえる書物で、内容は**忍者**になるものや忍者を用いるものの心得、敵国に入り込んで情報収集する方法、敵の城などに忍び込む方法、各種の忍術、忍び道具など多岐にわたる。時代の流れで不要になった忍者、忍術が忘れ去られるのを恐れて書かれたとされ、忍者の始まりは天武天皇の時代に

遡るなど権威付け的な内容も多い。

バンディット

【ばんでぃっと】職

英語で山野に潜み旅人を襲う盗賊のこと。無法者や悪党の意味でも用いられる。

パンテオン

【ばんておん】地

全ての神々を祀る神殿。万神殿と訳される。ギリシア語で「全ての神々」の意味。現在ローマ市内に残るパンテオンは紀元前27年に初代ローマ皇帝の重臣アグリッパによって建てられた後焼失したものを、紀元120年ごろにハドリアヌス帝が再建したもの。ローマン・コンクリートとよばれる建材で作られ、ほぼ当時の形のまま残されている。

パンデモニウム

【ばんでもにうむ】地

イギリスの詩人ミルトンが『**失楽園**』で使った造語。**パンテオン**（万神殿）のパロディで、地獄の首都であり、全ての悪魔が集う場所である。万魔殿と訳される。

パンドラの箱

【ばんどらのはこ】物

ギリシア神話に登場する魔法の箱。より古い伝承では壺であったとされる。神々が**プロメテウス**の弟エピメテウスに嫁入りさせた人類初の女性パンドラに、「絶対に開けてはならない」との命令と共に与えられた。実は大神**ゼウス**が人間を罰するために用意したもので、好奇心からパンドラが蓋を開けると、中に詰められていた災厄が飛び散り人間を苦しめるようになった。慌てて蓋を閉めたため中に「希望」が残ったが、古代の詩人はこれを最悪のものと考えたのだという。

バンパイヤ

【ばんぱいや】種

→ヴァンパイア

ピアレージ

【ぴあれーじ】概

英語で爵位のこと。貴族たちに与えられた序列で、多くの特権を伴い、ほとんどの場合は世襲制だった。主な国の序列は以下の通り。

○イギリス

公爵	デューク
侯爵	マーキス
伯爵	アール
子爵	バイカウント
男爵	バロン
準男爵	バロネット

○フランス

公爵	デュック
侯爵	コント
伯爵	アール
子爵	ヴィコント
男爵	バロン

陪審	ババスール
騎士	シェバリエ

〇ドイツ

公爵	ヘルツォーク
侯爵	フュルスト
宮廷伯	ファルツグラーフ
辺境伯	マルクグラーフ
伯爵	グラーフ
男爵	フライヘル
帝国騎士	ライヒスリッター
騎士	リッター

これらは時代により変動もあり一定ではない。社会制度の変化により、現在は名目だけの名誉称号として扱われている。

ビヴロスト

【びぶろすと】物

→ビフレスト

飛燕

【ひえん】概

飛んでいる燕のこと。武術などで素早い身のこなしを燕に例えて呼ぶこともある。

ピクシー

【ぴくしー】種

イングランド南西部の伝承に登場する妖精。若々しい顔をしており、赤い髪と反りあがった鼻、とがった耳を持つ。また、とがった帽子と緑の服を身に着けていることもある。家事や農作業を手伝ってくれることもあるが、基本的にはいたずら好きで、「ガリトラップ」と呼ばれる妖精の輪を描いて人間や馬などを混乱させたとされる。現在は小さな妖精の総称として用いられることも多い。一説には洗礼前に死んだ赤ん坊の生まれ変わりともされている。

髭切丸

【ひげきりまる】物

源氏に代々伝えられていたとされる太刀。奥州（東北地方）の刀工、文寿が鍛えたとも、筑前国（福岡県）に来ていた異国の刀工が八幡神に祈り60日の間鍛えあげた2振の太刀の1振ともされている。罪人や捕虜の首を髭ごと斬ったという逸話から名付けられた。源満仲、もしくは渡辺綱が鬼を斬ったという逸話もあり、鬼切とも呼ばれている。

膝丸

【ひざまる】物

源氏に代々伝えられていたとされる太刀。筑前国（福岡県）に来ていた異国の刀工が八幡神に祈り、60日の間鍛えあげた2振の太刀の1振とされる。罪人の首を膝ごと斬ったという逸話から名付けられた。源頼光が土蜘蛛を斬ったという逸話から蜘蛛切丸とも呼ばれている。また、吠丸、薄緑と同じ太刀とされることもあり、源氏に伝わる鎧にも膝丸と呼ばれる鎧が存在している。

ビショップ

【びしょっぷ】職

司教、主教、監督などともいう。キリスト教の職階のひとつで、古くは司教区と呼ばれる地域を治める最高権力者だった。祭司以下の聖職者を叙階する権限を持ち、教区内の信徒たちを監督、指導する立場にある。

秘蹟

【ひせき】概

秘蹟、または秘跡はカトリックでの呼び名で、ほかに機密（ギリシア正教）、聖礼典（プロテスタント）、サクラメントともいう。キリスト教における神の恩寵を授けるための儀式。カトリック、ギリシア正教では7つあり、洗礼（原罪を洗い流し信者とする）、堅信（頭上に手を置き聖油を注いで聖霊の力で祝福し信心を強める）、聖体（イエスの血肉の象徴であるぶどう酒とパンを与える）、告解（司祭に罪を告白する）、終油（臨終を迎えるものに聖油を塗る）、叙階（聖職者に職階を授ける）、婚姻となっている。プロテスタントでは洗礼、正餐（ぶどう酒とパンを授ける）の2つが行われる。

ヒッポグリフ

【ひっぽぐりふ】種

ヨーロッパの伝承に登場する怪物。鷲の頭と翼と前足、ライオンの下半身を持つグリフィンが牝馬に産ませたものとされる。16世紀のイタリアの詩人アリオストの『狂えるオルランド』に登場して以降有名になった。父親から鷲の要素を受け継いでいるが、下半身は馬の姿をしている。一説には、あり得ないものの例えともされる。

ヒドラ

【ひどら】キ

→ヒュドラー

人身御供

【ひとみごくう】概

人身供犠ともいう。生け贄として人間を神に捧げる行為、また捧げられた人物のこと。方法や目的は様々であるが、かつては宗教儀礼として洋の東西を問わず世界各地で行われていた。しかし、社会構造や価値観の変化により、次第に代用の品が用いられるようになったり、禁止されたりするようになる。生け贄を求める怪物や悪魔の昔話は、人身御供を求める神々の矮小化した姿を伝えるものと考える研究者も多い。日本でも、白羽の矢を立てて生け贄を求める妖怪の話などが各地に残されている。

日本号

【ひのもとごう】物

室町時代の大和国金房派の刀工、正次作とされる大身槍。天下三槍のひとつ。穂先が長く、先端から見ると三角形で底面に倶利伽羅龍（剣に巻きつく龍）が彫られている。福島正則が豊

臣秀吉から与えられたものであったが、酒を強要された黒田家家臣の母里太兵衛が返礼として要求したという逸話が残されている。酒席で歌われる「黒田節」は、この逸話にもとづくものである。

ヒヒイロカネ
【ひひいろかね】物

『竹内文献』などに登場する謎の金属。『竹内文献』によれば、「さびずくさらず、生々と何万年たつとも同じくある」金属で、天皇家しか所有を許されていなかった。三種の神器をはじめとする神宝、神剣のほか、建材などにも利用されていたが、雄略天皇の時代（5世紀ごろ）に、その素材を使い果たしてしまったのだという。現在も天津教の皇祖皇太神宮にヒヒイロカネの神剣、神鏡が伝えられているが、戦災のためその輝きは失われてしまっているとされる。

ビフレスト
【びふれすと】物

北欧神話に登場する橋。神々の住むアースガルズと地上をつなぐ虹の橋で、その色は3色とされ、非常に巧みに頑丈に作られている。神々の見張り番であるヘイムダルは、この橋の袂に自分の館を建て監視の役割についていた。ラグナロクの際にはムスペルの軍勢が馬で渡ろうと殺到し、脆くも崩れ去るとされている。

ビフロンス
【びふろんす】王

イスラエルの王ソロモンが封印、使役したと伝えられる72柱の悪魔の1柱で、26の軍団を率いる地獄の伯爵。怪物の姿で現れるが、求めに応じて人間の姿になる。占星術や天文学、数学や幾何学について教え、植物や鉱物の効能に精通し、死体を移動させる能力を持つ。また、墓の上に蝋燭の灯をともすともされる。

媚薬
【びやく】物

飲ませた相手に恋慕の情を引き起こさせると考えられた様々な薬物。また、性的興奮を引き起こす催淫剤、思考能力を低下させる薬の類いもこの中に含まれる。マンドラゴラやダチュラのほか、各種の動物の生殖器、盛りのついた牝馬、牝犬の分泌物、スパニッシュフライ（ツチハンミョウ）、イモリの黒焼きなど様々なものが材料とされた。物語における便利な小道具のひとつであり、円卓の騎士トリスタンのように英雄たちが媚薬に翻弄された話は数多い。また、ローマ皇帝カリギュラの狂気も、媚薬によって引き起こされたという話も残されている。

『百詩篇』
【ひゃくしへん】物

16世紀のフランスの占星術師ノストラダムスが書いた、膨大で意味深長な

文言でつづられた詩集。1555年刊行。その名の通り100の詩からなる。その内容については深遠な予言である、あるいは当時の世相を反映した予言詩風の風刺であるなど諸説あり定かではない。いずれの詩も曖昧な文言が続いており、読むものによって好きなように解釈できるため、多くの作家や著述家に利用されている。なお、『諸世紀』というタイトルでも有名だが、こちらは誤訳である。

百鬼夜行

【ひゃっきやこう】概

夜、様々な化け物が列をなして出歩くこと。平安時代に書かれた『今昔物語集』や『大鏡』などの書物によれば、姿は見えず、息を殺して陀羅尼を唱えていると危害を加えずに去っていくのだという。また、百鬼夜行が現れた場所は、天皇の住む内裏の南側に集中しているともされる。『百鬼夜行絵巻』の百鬼夜行は年を経た器物が変身したコミカルな付喪神で構成され、朝になり昇ってくる太陽に慌てて逃げだす様子が描かれている。

白虎

【びゃっこ】王

中国の霊獣。四神のひとつ。白い虎の姿をしている。風水では西にある大道は白虎が駆けるとされる。五行説では西、秋を象徴する。

ビューレイスト

【びゅーれいすと】物

→ビフレスト

ピュティア

【ぴゅてぃあ】職

古代ギリシアのアポロン信仰の聖地デルフォイの神託所に仕えていた巫女。洞窟にある地割れの上に三脚の椅子で座り、吹きあがるガスで酩酊状態になりながら神託を行った。当初は若い女性であったが彼女たちが襲われる事件が頻発し、老女が代わりを勤めるようになったとされる。

ヒュドラー

【ひゅどらー】王

ヒドラともいう。ギリシア神話に登場する怪物。テュポーンとエキドナの子で、9、もしくは100の頭を持つ巨大な毒蛇とされる。1つの頭は不死であり、それ以外の頭も切り落とされると2本に増えた。英雄ヘラクレスと彼の甥イオラオスは、傷口を松明で焼いて頭が増えないようにし、不死の頭は石で封じ込めて退治した。ヒュドラーの毒に浸した矢はヘラクレスの必殺の武器になるが、後に彼自身の死の原因ともなっている。

参 ケイローン

ピュトン

【ぴゅとん】王

ギリシア神話に登場する怪物。地母神

ガイアの娘で、**テュポーン**の乳母ともされる巨大な蛇。大神**ゼウス**の妻**ヘラ**の命令で**アポロン**と**アルテミス**の母レトを追い回していたが、産まれて間もないアポロンに退治され、その住処であった**デルフォイ**の地を奪われた。

ヒュプノス

【ひゅぷのす】⊞

ギリシア神話に登場する眠りの神。夜の女神**ニュクス**の息子で、死の神**タナトス**の双子の兄弟。額に翼をつけ角杯を持つ若者の姿で描かれる。人間に好意的な神で、求めに応じて永遠の眠りを与えることもあった。雑多な夢を見せる象牙の門と予知夢を与える角の門を持つともされる。

憑依

【ひょうい】概

ポゼッションともいう。神や悪魔、あるいは人間の生霊、死霊、動物霊などが体内に侵入し、肉体的、精神的に影響を与えること。**シャーマン**、霊媒、チャネラーといった専門家が行うコントロールされた状態と、ごく普通の人々が病気や錯乱状態に陥るコントロールされていない状態に分けることができる。また、特定の血統に受け継がれるものもあり、日本では「憑き物」、「○○筋」、「○○持ち」などと呼ばれ差別の対象となった。

ピラミッド

【ぴらみっど】物

エジプト西方のメンフィス地方にある四角錐の石造遺跡。名前はギリシアの四角錐のパン菓子、「ピラミス」に由来する。墳墓、もしくは葬祭記念建造物と考えられているが、はっきりしない点も多い。形状的には段の連なった階段型ピラミッドと、表面が滑らかな真正ピラミッドに分けられ、方形のマスタバ墓から階段型、真正へと段階を経て発展している。クフ王の大ピラミッドの時代、その規模と建築技術は頂点に達したが、その後は次第に衰退した。なお、エチオピアやメキシコに残る遺跡も、形状が類似することからピラミッドと呼ばれている。

ビルスキールニル

【びるすきーるにる】地

北欧神話に登場する館。スルーズヴァンガルという場所にあるという雷神**トール**の住居。広間に540もの部屋を持ち、人が作った屋根のある建物の中では最大級のものとされている。

ファーティマの手

【ふぁーてぃまのて】物

数字の5を意味する「ハムサ」ともいう。イスラム教文化圏で用いられる護符、装身具。開いた掌を外側に向けた形で、中央には目や数字の5、『**クルアーン**』の一節などが書かれている。中指を中心に左右対称に作られること

もある。本来は北アフリカから西アジアにかけての土着の信仰であったが、後にイスラム教に取り込まれてムハンマドの娘ファーティマへの信仰と結びつけられるようになった。**邪眼**に特に有効と考えられており、家の扉や納屋、家畜に吊されることもある。

ファナティック
【ふぁなてぃっく】概

英語で「狂信者、熱狂者」の意味。

ファブニール
【ふぁぶにーる】キ

北欧神話に登場する怪物。農夫フレイズマルの長男であったが、神々が弟オッタル殺害の賠償の品として差し出した黄金の魔力に魅せられ父を殺害。さらに、分け前を要求する弟レギンを退けると、竜に変身して数々の宝物と共にグニタヘイズの野に引きこもった。ファブニールは人々に恐怖を与えるエギルの兜を所持しており、それが竜の姿になった原因とも考えられる。その後、レギンの養い子である英雄**シグルズ**に退治されるが、死を前に正気に戻り、シグルズに様々な忠告を与えたとされる。賢者とも呼ばれ、その血を口にすると鳥の言葉が理解できるようになった。

ファランクス
【ふぁらんくす】物

古代ギリシア軍で用いられた戦術のひとつ。長槍と盾を装備した重装歩兵を互いを盾で守れるように横並びにした列を幾重にも連ねた密集陣形で、正面からの戦闘には無類の強さを発揮した反面、側面からの攻撃には弱かったとされる。後にマケドニアのフィリッポス2世が改良を行っており、アレクサンダー大王の遠征でも活躍した。

ファリアス
【ふぁりあす】地

ケルト神話に登場する都市。アイルランド北方の4島にあるダーナ神族の故郷のひとつで、この都市から正当な王権を証明する石**リア・ファイル**がもたらされた。
参 タラ

ファルカタ
【ふぁるかた】物

紀元前5世紀～紀元2世紀ごろのヨーロッパの刀剣。スペイン製とされ、後にはローマなどでも用いられた。片手用の曲刀で、刀身は切る側に向かって緩やかに湾曲し、切っ先に重心が来るように中ごろが膨らんでいる。柄は切る側に向かって開いたC型で、柄頭は鳥や馬の頭のような形状をしていた。

ファルシオン
【ふぁるしおん】物

フォールチョンともいう。10～17世紀ごろのヨーロッパの刀剣。短く、重い幅広の曲刀で、刀身は切っ先に向かっ

て緩やかな曲線を描きながら幅広くなっている。棟側は真っ直ぐなことが多い。北欧から持ち込まれたとされる。

ファントム
【ふぁんとむ】概

英語で幻影やお化け、亡霊のこと。また、実体のないものや実体のない感覚などにも用いられる。ギリシア語の「幻想（ファンタジア）」に由来する言葉で、ドイツ語やフランス語などでも同じ意味で用いられている。

フィリ
【ふぃり】職

ケルト文化圏の**吟遊詩人**。世襲制で王族への讃歌や風刺、知識の伝承を役割としていた。社会的地位は高く、各地で尊敬の念をもって迎えられたとされる。厳しい音楽的教育、訓練が必要であり、7つの階級に分かれていた。
参 バード

フィンディアス
【ふぃんでぃあす】地

ケルト神話に登場する都市。アイルランド北方の4島にあるダーナ神族の故郷のひとつで、この都市から神々の王**ヌァザ**の魔法の剣がもたらされた。
参 クラウソラス

フィン・マックール
【ふぃん・まっくーる】キ

ケルト神話に登場する英雄。輝くよう

な外見から「白い（フィン）」と呼ばれる。本来の名はディムナ。修業時代に知恵の鮭の脂で親指を火傷し、それ以降親指を噛むと様々な知識を得られるようになった。アイルランドの上王（ハイ・キング）を苦しめる怪物を退治し、フィアナ騎士団の団長に就任。国内外の敵を相手に大いに活躍するが、配下の**ディルムッド**が死ぬように仕向けたことから信望を失い、騎士団は崩壊した。最期は諸説あり、はっきりとしない。
参 ヌァザ

風水
【ふうすい】概

中国の民俗的な信仰、考え方のひとつ。都市や住居、墓地の地勢、地相を重要視する。**四神**を地形にあてはめる四神相応なども風水の考え。

フェアリー
【ふぇありー】種

英語で妖精のこと。フランス語ではフェという。ラテン語の「fatum（運命、神託）」や「fatare（魔法をかける）」を語源としており、「魔法をかける」という意味の言葉を経て、現在の「妖精」の意味で用いられるようになった。現在の綴りは、16世紀のイギリスの詩人エドマンド・スペンサーの『妖精の女王』から用いられ始めたとされる。かつては恐れられる存在であり、彼らを怒らせないために直接名を呼ばず「良い人々」、「良き隣人」、

「小さな人々」といった言い換えが行われていた。

フェート・フィアダ

【ふぇーと・ふぃあだ】物

ケルト神話に登場する魔法の霧。地上を追われたダーナ神族を、人間の目から隠すために用いられた。海神**マナナーン**からの贈り物のひとつとされる。

フェニックス

【ふぇにっくす】王

ポイニクスともいう。ヨーロッパの伝承に登場する霊鳥。古くは古代ギリシアの時代から記録に残されている。その姿は諸説ありはっきりしない。死期を悟ると古代エジプトの都市テーベに現れて祭壇を築き、その上で自らを焼くとされる。神官たちがその灰を探ると芋虫が現れ、やがて若鳥に成長して挨拶して去っていくのだという。このことからキリスト教圏では、再生のシンボルとして扱われている。

フェニックス（悪魔）

【ふぇにっくす】王

フェネクスともいう。**イスラエル**の王**ソロモン**が封印、使役したと伝えられる72柱の悪魔の1柱で、20の軍団を率いる地獄の侯爵。かつては座天使の地位にあった。不死鳥の姿で現れ、魅惑的な子供の声で話す。詩作と文芸に精通しており、あらゆる学問を教え、

要求にはリズムを持った詩の形で答える。1200年後に天界に戻ることを夢見ているという。

フェリドゥーン

【ふぇりどぅーん】王

ペルシア神話に登場する王。イラン王朝6代目。蛇王**ザッハーク**に父を殺され、次代の王と予言された彼を恐れるザッハークの追求を逃れるべく孔雀色の牝牛やインドの仙人に預けられて育った。成人すると鍛冶屋カーヴェの反乱に合流し、天使に授けられた魔法と牝牛の頭を象った槌矛を武器にザッハークを幽閉して王座に着く。その後、500年間善政を敷いたが、晩年は家族の争いに心を苦しめられた。

ブエル

【ぶえる】王

イスラエルの王**ソロモン**が封印、使役したと伝えられる72柱の悪魔の1柱で、50の軍団を率いる地獄の総統。ヒトデ、もしくは車輪のように頭の周りに5本の足が生えた姿で現れ、回転しながら移動する。哲学や倫理学、薬草の効能について教え、病を癒す力を持つ。また、良い**使い魔**を与えるともされる。20世紀の悪名高い魔術師アレイスター・クロウリーが召喚したという話もある。

フェルグス・マク・ロイ

【ふぇるぐす・まく・ろい】因

ケルト神話に登場する英雄。700人力の怪力と旺盛な食欲、性欲の持ち主。**アルスター**の赤枝騎士団に所属していたが、王コンホヴォルの裏切りに激怒して敵国コナハトへと亡命した。コナハトのアルスター侵攻の際には女王**メイヴ**の愛人、兼参謀として参戦するが、親友**クーフーリン**などの説得もあり戦場から姿を消す。その後、コナハト王アリルによって殺害された。

参 カラドボルグ

フェルゲルミル

【ふぇるげるみる】地

北欧神話に登場する泉。極寒の世界**ニブルヘイム**にあり、黒竜**ニーズヘッグ**やその配下の蛇たちが棲み着いている。また、世界樹**ユグドラシル**の根が伸びる泉のひとつで、世界中の川の源ともされている。

フェンリル

【ふぇんりる】因

北欧神話に登場する怪物。悪神**ロキ**と女巨人アングルボザの間に産まれた3兄妹の1人で、巨大な狼の姿をしている。幼いころは神々に飼われていたが、世話をできるのは軍神**チュール**だけだった。神々はフェンリルを恐れ魔法の紐**グレイプニル**で拘束するが、その際、フェンリルを安心させようとしたチュールが右腕を噛み切られてい

る。しかし、**ラグナロク**が到来するとフェンリルは拘束を破り太陽と月、そして**オーディン**を丸呑みにする。そして、最終的にはオーディンの息子**ヴィーザル**に退治されるのだという。

フォーマルハウト

【ふぉーまるはうと】物

南のうお座の一等星。秋に南の空に見える。秋の星座の唯一の一等星。「南の魚の口」の意味のアラビア語に由来している。中国語の名前は「北洛師門」。

フォーモリア

【ふぉーもりあ】種

ケルト神話に登場する魔物の一族。アイルランド入植を目指す人々を苦しめるが、最終的にダーナ神族に敗北した。魔術や技芸に優れたダーナ神族に対し、フォーモリアは農耕、牧畜の技術を持っていたとされる。フォーモリアのモデルが**バイキング**だと考える研究者も多い。

参 オルナ、ゲイ・ムアスリ、バロール

フォールクヴァング

【ふぉーるくゔぁんぐ】地

北欧神話に登場する館。女神**フレイヤ**の住居で、名前は「戦場」を意味する。セスルームニルという美しい広間があり、戦死者の半数は**オーディン**の**ヴァルハラ**宮殿に、半数はこの館に集

められるとされる。

フォカロル
【ふぉかろる】🈡

フォルカロル、フルカロルともいう。**イスラエル**の王**ソロモン**が封印、使役したと伝えられる72柱の悪魔の1柱で、30の軍団を率いる地獄の大公爵。かつては**座天使**の地位にあった。**グリフィン**の翼を持つ人間の姿で現れる。海と風を支配して人間を溺死させ、軍船を沈める力を持つ。1000年後に天界に戻れることを夢見ているという。

フォラス
【ふぉらす】🈡

フォルカスともいう。**イスラエル**の王**ソロモン**が封印、使役したと伝えられる72柱の悪魔の1柱で、29の軍団を率いる地獄の総統。白髪頭に長い髭を持つ老人の姿で、右手に槍を持ち、大きな馬に乗った姿で現れる。薬草と宝石の効能、論理学や修辞学、手相占いや火占いなどについて教え、人間を透明にし、隠された財宝やなくしたものを見つけ出す力を持つ。また、自分を信じるものに長寿を授けるともされる。**フルカス**と共通する部分が多い。

フォルセティ
【ふぉるせてい】🈡

北欧神話に登場する神の1柱。光神**バルドル**と女神**ナンナ**の息子で、法廷や裁判を司る。彼の住む黄金の柱と銀の屋根を持つグリトニルは「最も良い法廷」とされ、日々あらゆる揉め事が持ち込まれていた。しかし、フォルセティは優れた調停者であり、彼の裁定に満足しないものはいないのだという。

フォルトゥナ
【ふぉるとぅな】🈡

ローマ神話の女神の1柱。運命を司る女神であり、豊穣の角や船の舵輪などの象徴と共に描かれることが多い。もともとはイタリアの女神で、豊穣を司っていたと考えられている。

🈟 コルヌコピア

フォルネウス
【ふぉるねうす】🈡

イスラエルの王**ソロモン**が封印、使役したと伝えられる72柱の悪魔の1柱で、29の軍団を率いる地獄の侯爵。海の怪物の姿で現れるが、命じられれば人間の姿になる。あらゆる言語、芸術、修辞学について教え、良い評判をもたらし、敵対する人間から愛されるようにする能力を持つ。

フギン
【ふぎん】🈡

北欧神話に登場する鴉。名前は「心」を意味する。**オーディン**の使いで人語を理解し、**ムニン**と共に世界中から情報を集めていた。魔術で肉体から離れたオーディン自身の魂の一部と解釈する研究者もいる。

参 ゲリ、フレキ

福音
【ふくいん】概

ギリシア語の「良い知らせ」を意味するエヴァンジェリオンの日本語訳。英語ではエヴァンジェル、またはゴスペル。古典ギリシア語文献では戦勝の知らせなどに使われていたが、『新約聖書』では、「イエスの言葉を伝えることによってなされる神の支配」が福音という言葉で表された。

伏羲
【ふっき】キ

古代中国の伝説の帝王。人の頭に蛇の体を持ち、八卦や文字などの文化を人にもたらした。女媧の兄弟にして夫であり、女媧と共に人類の祖となった。

巫覡
【ふげき】職

神に仕えて祭祀、神楽などを行い、神と人との間をつなぐ人々。「巫」は女性で「めかんなぎ」、「覡」は男性で「おかんなぎ」という。
参 巫女

武士
【ぶし】職

もののふともいう。平安時代中期に登場した日本の社会階層のひとつ。古くは武術を身に着けて軍事に従事する人々のことを指した。自衛のために武装化した地方豪族から発生したもので、土着化した中央の役人や開発領主など、その出自は様々である。源氏、平氏がその代表格で、平安時代末期以降は急速に力をつけ、政権運営を担う支配階層に成長した。戦国時代を経て江戸政権が成立すると軍人より官僚としての側面を強めるが、明治時代まで社会階級として存在し、それ以降も大きな影響力を持っていたとされる。
参 侍

プセウデピグラファ
【ぷせうでぴぐらふぁ】物

→偽典

扶桑
【ふそう】物

中国神話に登場する神木。はるか東の海上にある湯谷という谷に生える巨大な桑の木。10個の太陽の宿る木であり、9個の太陽は扶桑の下で休み、1個の太陽は上の枝に宿る。扶桑の実は9千年に1度しか実らず、それを食べた仙人は、金色に輝き、空中に立つことができる。

プタハ
【ぷたは】キ

ペテハともいう。古代エジプトの神の1柱。古代都市メンフィス（メン＝ネフェル）の創造神。戦いと破壊の女神セクメトを妻とし、息子のネフェルトゥムと共に三位一体で崇拝されてい

た。神聖動物は聖牛アピス。職人用のピッタリとした帽子をかぶるミイラ姿の男性として描かれる。世界の起源となる原初の卵を創造する神々の職人であり、王族だけでなく鍛冶屋や手工業者にも崇拝された。また葬祭神ソカル、冥界神**オシリス**と習合し、葬祭神プタハ＝ソカル＝オシリスとしても崇拝されている。もっとも、プタハを中心とする神話伝承は、ほとんど残されていない。なお、プタハの葬祭殿のギリシア語読み「アイギュプトス」は、今日のエジプトの名の由来とされている。

参 クヌム

布津御魂剣

【ふつのみたまのつるぎ】物

日本神話に登場する神剣。**アマテラス**の命を受けた雷神**タケミカヅチ**により、熊野で苦戦する神武天皇の軍を助けるべくタカクラジという人物を通じて授けられた。神格を持つ存在であり、石上神宮（いそのかみじんぐう）や香取神宮（かとりじんぐう）の祭神として祀られている。なお、この剣の写しとされる長大な片刃の直刀も鹿島神宮（かしまじんぐう）で展示されている。

『風土記』

【ふどき】キ

日本最古の地誌。元明天皇（げんめい）の勅命により8世紀初頭に編纂（へんさん）されたもので、土地の状況、産物、地名の由来、古老の伝承などの内容が漢文で書かれてい

る。現存するものは**出雲**（いずも）、播磨（はりま）、常陸（ひたち）、豊後（ぶんご）、肥前（ひぜん）の5つ。この中で『出雲国風土記』（いずものくにふどき）だけがほぼ完璧な形で、ほかのものは断片的にしか残されていない。このほか、引用の形で残る逸文（いつぶん）が20ほど確認されている。

ブネ

【ぶね】キ

イスラエルの王**ソロモン**が封印、使役したと伝えられる72柱の悪魔の1柱で、30の軍団を率いる地獄の公爵。3つの頭のうち1つが人間の頭をした竜の姿で現れる。**グリフィン**、犬、人間の頭を持っているとする文献もある。また、会話には真摯に答えるが、その際は神々しい声で話すとも、全て身ぶりで会話するともいう。富と雄弁さを与え、墓場の遺体の場所を動かし、墓の周りに悪魔を集める能力を持つ。

『プラーナ』

【ぷらーな】物

ヒンドゥー教において、『**ヴェーダ**』に次ぐ第二の**聖典**。『**ラーマーヤナ**』『**マハーバーラタ**』の二大叙事詩と同時期に編纂された。ヴィシュヌ派、シヴァ派など宗派ごとにいくつものプラーナがあり、それぞれの記述が矛盾することもある。とくに18のプラーナが大プラーナとして重要視される。「古仙説」「古潭」の訳語をあてられることもある。

ふ

プライド

【ぷらいど】概

英語で「誇り」の意味。また、**七つの大罪**のひとつ、「傲慢」の英語読み。

フラウロス

【ふらうろす】王

ハウルス、ハウラス、ハヴレスともいう。**イスラエル**の王**ソロモン**が封印、使役したと伝えられる72柱の悪魔の1柱で、36、もしくは20の軍団を率いる大公爵。豹の姿で現れるが、燃える瞳の恐ろしい顔の人間の姿にもなる。過去、現在、未来の知識を教えるが、魔法の三角形の外では嘘をつくので信用できない。召喚した魔術師をほかの悪魔から守り、敵を焼き尽くす力を持つともされる。

フラガラッハ

【ふらがらっは】物

アンサラー、リベレイター、応答丸などとも呼ばれる。ケルト神話に登場する魔法の剣。ダーナ神族の海神**マナナーン**の持ち物で、**フォーモリア族**との戦いに際して光神**ルーグ**に贈られた。この剣につけられた傷は癒えず、突きつけられると力を失うという。

ブラギ

【ぷらぎ】王

北欧神話に登場する神の1柱。**オーディン**の息子とされ、詩芸と雄弁を司る。妻は永遠の若さの林檎(りんご)を守る**イズ**ン。知恵に優れ、天界では接待役として戦死者の中から**エインヘリアル**に選ばれたものたちや巨人族(ヨトウン)などをもてなした。しかし、悪神**ロキ**には臆病者と酷評されている。実在の詩人、ブラギ・ボッタソンを神格化したもの、オーディンの一側面ともされる。

ブラフマー

【ぷらふまー】王

ヒンドゥー教の三主神の1柱。世界を作った創造主。ガチョウに乗り、**サラスヴァティ**を妃とする。ヒンドゥー教では、宇宙の最高原理がブラフマーとして世界を創り、**ヴィシュヌ**として維持し、**シヴァ**として破壊する、三神一体説が唱えられている。仏教に取り入れられ、梵天となった。

ブラフマーンダ

【ぷらふまーんだ】概

インド神話に登場する概念で、創造神**ブラフマー**が天地創造以前に眠っていた黄金の卵。この卵を割って世界が作られた。

ブラフマシラス

【ぷらふましらす】物

『**マハーバーラタ**』の英雄アルジュナが**シヴァ**神から得た最強の武器。「**ブラフマーの頭**」の意味。弓により発射される武器で、**マントラ**を唱えると、千の槍、恐ろしい形の棍棒、毒蛇のような矢が生じる。世界の終末におい

て、全世界を滅亡させる。

『フランケンシュタイン』
【ふらんけんしゅたいん】物

19世紀の女流作家メアリー・シェリーの怪奇小説。夫である詩人P・B・シェリー、友人バイロンと共にスイスに滞在していたおり、暇潰しとして書き始めた小説が原型になっているとされる。好奇心から怪物を産み出してしまったスイスの医学生フランケンシュタインの混乱と後悔、醜い姿から誰からも愛されなかった怪物の苦悩と陰惨な復讐、そして北極での2人の運命の結末が、彼らと出会った北極探検隊の船長の体験として語られている。

フランベルク
【ふらんべるく】物

17～18世紀のドイツで用いられた刀剣。細身の片手剣レイピアの一種で、波打つ刀身を炎に見立てて名付けられている。両手剣のフランベルジェと似ているが、こちらのほうが世に出たのは早い。

フランベルジェ
【ふらんべるじぇ】物

17～18世紀のヨーロッパで用いられた両手剣。名前はフランスの建築様式で「炎が燃えあがるような」という意味を持つ「フランボワイヤン」に由来し、波打った独特な形状の刀身を持つ。これは殺傷力を高めるための工夫

とされるが、実用性を疑問視し、単に技術力や装飾性を示すためとする研究者もいる。その優美な形状から儀礼用として近年まで用いられていた。

ブリージンガメン
【ぶりーじんがめん】物

北欧神話に登場する首飾り。4人の小人（ドヴェルグ）が作ったもので、その美しさに惚れ込んだ女神フレイヤが、彼らとそれぞれ一夜を共にするという条件で手に入れた。しかし、悪神ロキに盗み出され、彼の告げ口で事情を知ったオーディンによって没収される。その後、「2人の王を永遠に争わせる」という条件つきでフレイヤに返却された。盗みを見とがめた神々の見張り番ヘイムダルとロキがアザラシの姿で争ったとも伝えられている。
参 テュルフィング

プリースト
【ぷりーすと】職

司祭ともいう。キリスト教の職階のひとつ。ビショップの下で神の恩寵を示す儀式である秘蹟（ひせき）を執り行い、教会の儀式、典礼を司り、信者たちを霊的に導くことを職務としている。

フリーメイソン
【ふりーめいそん】概

18世紀のイギリスで結成された、世界で最も有名な秘密結社。慈善活動を目的とした友愛団体とされ、ロッジと

呼ばれる集会とそれを統括するグランド・ロッジから構成されている。名前は直訳すると「自由な石工」という意味で、13世紀のストラスブール大聖堂建築で石工たちが税を免除されたことに由来している。一説には彼らは古代エジプトを源流として、**イスラエル**の神殿建設にも携わったのだという。会員には徒弟、職人、親方の身分を反映した最高33の階位があり、階位をあげるためには暗号化された儀式書で学び厳しい審査を受けなければならい。その思想は近代以降の欧米に大きな影響を与えたとされ、現在も世界の裏側で暗躍していると考える人々もいる。
参 イルミナティ、薔薇十字団

ブリガンダイン
【ぶりがんだいん】物

ブリガンディーンなどともいう。14世紀中ごろのイタリアで登場した、革などで作った袖のないジャケットに金属製の小札を鋲で裏打ちした鎧。柔軟かつ軽量で扱いやすいため、15〜16世紀にかけてヨーロッパ各地で用いられた。

ブリギッド
【ぶりぎっど】キ

アイルランドで信仰されていた治癒、工芸、詩芸の女神。ダーナ神族の大神**ダグザ**の娘とされ、同名の姉妹2柱とセットで扱われている。キリスト教布教後は、聖ブリジットと習合され信仰

の対象となった。

フリズスキャルヴ
【ふりずすきゃるう】物

北欧神話に登場する魔法の玉座、もしくは高座。**オーディン**とその妻**フリッグ**だけが座ることを許されており、世界中を見渡し、何が起きているのかを知ることができるとされる。オーディンの留守中、豊穣神**フレイ**が座ったことがあったが、その結果フレイは**巨人**の娘ゲルズへの恋煩いに悩まされることとなった。

フリッグ
【ふりっぐ】キ

北欧神話に登場する女神の1柱。**オーディン**の妻で神々の女王。結婚や出産、豊穣を司り、未来を知ることができたが、それを口外することはないとされる。息子の光神**バルドル**を生かすために奔走する反面、夫のオーディンとは争うことが多い。空を飛ぶことのできる鷹の羽衣を所持しており、頼まれれば気前良く貸し出した。様々な女神が彼女に仕えているが、それは彼女の神性の一側面にすぎないとする研究者もいる。時代が下ると女神**フレイヤ**と同一視されるようになる。

プリドゥエン
【ぷりどぅえん】物

アーサー王伝説に登場する盾。アーサー王の持ち物で、表面には聖母**マリ**

アが描かれている。より古い伝承には同名の船が登場しており、アーサー王と騎士たちがアイルランドに向かう際に用いられた。両者を同一視する研究者もいる。

フリムファクシ

【ふりむふぁくし】 キ

北欧神話に登場する名馬。夜を司る女巨人ノートの乗る馬で、その馬衝からこぼれる泡が毎朝谷間を濡らす露になるとされる。

参 スキンファクシ

ブリューナク

【ぶりゅーなく】 物

ケルト神話に登場する魔法の槍。日本では広くこの名前で知られているが、神話中でこの名前が出ることはない。ダーナ神族の光神**ルーグ**の持ち物で、勝利を約束する槍とされる。彼らの故郷のひとつ**ゴリアス**からもたらされた。なお、ルーグの槍とされるものは複数伝えられており、その特徴や外見もまちまちである。

ブリュンヒルド

【ぶりゅんひるど】 キ

北欧神話やドイツの伝説に登場する王女。ブズリ王の娘で、呪われた**戦乙女**ともされる。英雄**シグルズ**と将来を誓い合っていたが、そのシグルズ本人の計らいでギューキ一族の王グンナルの妻となった。しかし、シグルズがグン

ナルの妹グズルーンと結婚したこと、シグルズが自分を騙したことに耐えられず、グンナルに彼を暗殺させ、後を追うように自決する。ドイツの『ニーベルンゲンの歌』では、怪力無双の処女王として登場しており、ジークフリート（シグルズ）との悲恋は語られていない。

プリンシパリティ

【ぷりんしぱりてぃ】 キ

権天使、アルカイ、プリンスダムともいう。偽ディオニシウスの定めた**天使**の階級では第7位。複数形はプリンシパリティーズ。2枚の翼を持ち、剣や王杓、冠を身につけ鎧の上にゆったりとした外衣をまとった姿で描かれることが多い。地上の国家や都市を守護し、宗教を支配するとされる。

プルート

【ぷるーと】 キ

ローマ神話で重要視される「同意する神々（ディ＝コンセンテス）」の1柱。「富めるもの」を意味するギリシア神話の冥界神**ハデス**の尊称「プルトン」をラテン語化したもの。ローマの冥界神ディス・パテルや死の神オルクスと同一視されたことから冥界神の名として取り入れられた。

フルーレ

【ふるーれ】 物

フォイル、フェンシング・フォイルと

もいう。18世紀から現代まで用いられているヨーロッパの刀剣。刃のない針のような細い刀身で、鍔にはカップ型の護拳がつけられている。切っ先は丸い。剣術の練習用に考案されたもので、現在はオリンピック競技に取り入れられている。

フルカス
【ふるかす】 キ

イスラエルの王**ソロモン**が封印、使役したと伝えられる72柱の悪魔の1柱で、20の軍団を率いる騎士。手に槍などの鋭利な武器を持ち、青白い馬に乗った残忍そうな老人の姿で現れる。修辞学、論理学、哲学、天文学、手相占い、火占いなどについて教える。**フォラス**と共通する部分が多い。

プルソン
【ぷるそん】 キ

クルソンともいう。**イスラエル**の王**ソロモン**が封印、使役したと伝えられる72柱の悪魔の1柱で、22の軍団を率いる地獄の王。ライオンの頭のたくましい大男の姿で、手には毒蛇を持ち、トランペット隊の演奏の後から熊にまたがって現れる。過去、現在、未来や天界と人間界の正しい知識を持ち、隠された財宝のありかを教え、良い**使い魔**を与える力を持つ。

フルフル
【ふるふる】 キ

イスラエルの王**ソロモン**が封印、使役したと伝えられる72柱の悪魔の1柱で、26の軍団を率いる地獄の伯爵。燃え盛る蛇の尾と翼を持った牡鹿の姿で現れる。魔法の三角形の外では嘘をつくため信用できない。魔法の三角形の中では美しい天使の姿となり、しわがれ声で真実を話す。夫婦の仲を取り持ち、隠された秘密を暴き、稲妻や雷を起こす力を持つ。

フルンティング
【ふるんてぃんぐ】 物

イギリス最古の英雄叙事詩『ベーオウルフ』に登場する名剣。デンマークのフロースガール王に仕えるウンフェルスの家に伝えられていたもので、長い柄を持ち必殺の刃紋が浮かぶ鋼造りの剣。数々の戦いを潜り抜け、血で鍛えられたとされる。怪物グレンデルの母との戦いに赴く英雄ベーオウルフに貸し出されたが、戦いにおいて剣が役に立たないという彼の宿命のためか、全く手傷を負わせることができなかった。

プレアデス
【ぷれあです】 種

プレイアデスともいう。**ティターン**族の**アトラス**の娘たち。マイア、タユゲテ、エレクトラ、アルキュオネ、ケイラノ、ステロペ、メロペの7人姉妹。別のグループに大神**ゼウス**を育てた

ヒュアデスたちがおり、プレアデスたちもヒュアデスたちと共に酒と酩酊の神**デュオニソス**を育てている。メロペを除く6人は神々に愛されたが、メロペだけはコリント王シシュフォスの妻だった。彼女たちは後に天にあげられプレアデス星団となったが、その理由は狩人オリオンに追われたからとも、**アトラス**やヒュアデスの死を悼んだからともされる。

フレイ

【ふれい】 王

北欧神話に登場する神の1柱。眉目秀麗で力の強い神で、天候や豊穣を司り、奴隷を解放し、神々の祭司役も勤める。本来はヴァン神族に属しているが、父ニョルズや妹**フレイヤ**と共に人質としてアース神族に加わった。**ラグナロク**においては**ムスペル**の長**スルト**と戦うが、**巨人**の娘ゲルズを娶るために魔法の剣を従者スキールニルに与えてしまっていたため敗れるのだという。北欧には各地に信仰の形跡が残されており、スウェーデン王家のユングリング家は彼の末裔とも伝えられている。

参 『ヘイムスクリングラ』

フレイヤ

【ふれいや】 王

北欧神話に登場する女神の1柱。眉目秀麗で力が強い女神で、豊穣を司り、恋愛に対する願いを叶える。性魔術で

あるセイズ魔術を神々にもたらしたともされる。本来はヴァン神族に属するが、父ニョルズや兄**フレイ**と共に人質としてアース神族に加わった。神々や**妖精**族、**小人**族、人間たちなど多くのものと奔放に関係を持つ反面、情は深く、夫オーズが行方知れずになると彼を探して血涙を流しながらさまよったとされる。この涙が地面に染み込んだものが黄金なのだという。戦争を司る女神でもあり、戦死者の半分は彼女の取り分として**フォールクヴァング**に招かれた。2頭の猫が引く戦車に乗っているともされる。空を飛ぶことのできる鷹の羽衣を持っていたが、本人が使うことはほとんどなかった。

参 ブリージンガメン

フレイル

【ふれいる】 物

長短2本の棒、あるいは重りと棒をつないだ打撃武器。脱穀用の農具から発展したとされ、洋の東西を問わず古くから同種の武器が用いられている。力のないものでも強力な打撃を与えられるものの、戦闘での扱いは難しかった。ヨーロッパでは12世紀ごろから戦場で用いられており、当初は歩兵の武器であったが、次第に**騎士**たちにも用いられるようになったとされる。

フレーセイ

【ふれーせい】 地

スウェーデンとデンマークの間にある

カテガット海峡に浮かぶレーセー島の古名。北欧神話では海の富と水死者を支配する巨人エーギルとその妻ラーンの住居とされる。また、雷神トールが女ベルセルクと戦った場所ともされている。

プレート・アーマー

【ぷれーと・あーまー】物

板金鎧ともいう。ヨーロッパで用いられた鎧。板金で全身を覆う鎧で、13〜14世紀にかけて武器の進化に合わせて試行錯誤が始まり、15世紀ごろに完成を見た。16世紀には全盛期を迎え、華麗な装飾を施したものも登場するが、17世紀に入ると戦術の変化から部分的にしか用いられなくなり、次第に姿を消していった。

フレキ

【ふれき】キ

北欧神話に登場する狼。ゲリと共にヴァルハラ宮殿で食事をするオーディンの足元に侍り、ぶどう酒しか口にしないオーディンに代わって食事を片付けている。ゲリに比べ名前が出てくることは少ない。
参 フギン、ムニン

プレシューズ

【ぷれしゅーず】物

フランスの叙事詩『ロランの歌』の敵将バリガンの剣。また、敵方の鬨の声にもなっている。バリガンはバビロニ

アの総督で、フランスの大帝シャルルマーニュとの一騎打ちの末倒された。

ブレス

【ぶれす】キ

ケルト神話に登場する神。ダーナ神族とフォーモリア族の混血児で、見た目の美しさから片腕を失ったヌァザに代わって王座に就いた。しかし、圧政から反感を買い、国を追われる。その後、故郷でバロールの協力を取り付けアイルランド支配に乗り出すが、光神ルーグ率いるダーナ神族の軍勢に敗北した。
参 ゲイ・ムアスリ

フレスヴェルグ

【ふれすうぇるぐ】キ

北欧神話に登場する巨人族。大鷲の姿で天の北の一角に棲んでおり、その羽ばたきから世界をめぐる風が生み出されているとされる。名前は「死体を貪り食うもの」の意味で、世界樹ユグドラシルに棲む大鷲や、ラグナロクにおいて死者を貪り食うという青い嘴の大鷲と同一視されることも多い。

不老不死

【ふろうふし】概

いつまでも老いず、死なないこと。人類普遍の夢のひとつであり、洋の東西を問わず多くの権力者たちが追い求めてきた。歴代皇帝も熱をあげた中国の神仙思想の発展は、不老不死への憧れ

によるところが大きい。また、**錬金術**の目的のひとつである**エリクサー**も不老不死をもたらす霊薬である。創作における**ヴァンパイア**の人気も、不死の存在への憧れを示すものといえるかもしれない。その一方で、『**ギルガメシュ叙事詩**』のように不老不死を見果てぬ夢として、現世での生活に目を向けるように諭す物語も存在している。なお、多くの神話において人類は本来不老不死の存在であったが、様々なトラブルから死を定められることになったと伝えられている。

プロキオン
【ぷろきおん】物

こいぬ座の一等星。春に北の空に見える。ギリシア語の「犬に先立つもの」の意味。おおいぬ座の一等星**シリウス**に先立って姿を見せることから。

フロギストン
【ふろぎすとん】概

燃素、固定光ともいう。18世紀の科学において、物体の燃焼を説明するために用いられた架空の元素。太陽光が物質化したものとされ、燃焼は物体の中のフロギストンが過熱により光に戻る現象であり、物体の固体化、液体化、気化はフロギストンの増減によって起こると考えられていた。物体が燃焼すると重さが減ることがフロギストンの実在の証明とされていたが、実際には燃焼することで重さを増すものも

あり、現在ではその存在を否定されている。

フロッティ
【ふろってい】物

北欧神話に登場する剣。グニタヘイズの野にこもる竜**ファブニール**の宝物のひとつ。ほかの宝物ともどもファブニールを退治した英雄**シグルズ**の戦利品となった。

プロトゥ
【ぷろとぅ】地

ポリネシアの神話に登場する冥界。目に見えない島、あるいは天空にある土地で、船で渡るのだとされている。神々が暮らす場所であり、死んだ首長など「魂を持つ高貴な存在」が迎え入れられると考えられていた。

プロミネンス
【ぷろみねんす】概

英語で太陽から噴き出す比較的低温のガスである「紅炎」のこと。または「突出、傑出したもの、人」のこと。

プロメテウス
【ぷろめてうす】キ

ギリシア神話に登場する**ティターン**族の1人。パンドラの夫エピメテウスの兄。神々の勝利を予見し、いち早く彼らの味方についた。しかし、大神**ゼウス**に逆らい人間に火を与えたことから、コーカサス地方の岩山につなが

れ、鷲に肝臓をついばまれるという罰を受ける。その後、英雄**ヘラクレス**に解放されゼウスと和解すると、賢者**ケイローン**から不死の力を譲渡され神々として迎えられた。

参 パンドラの箱

丙子椒林剣

【へいししょうりんけん】物

大阪四天王寺に伝わる7世紀の刀剣。切刃造と呼ばれる鎬が刃側にぐっと寄った直刀で、佩裏（刃を下に腰に吊った時内側になる方）に「丙子椒林」の金象嵌があるため、この名がある。聖徳太子の愛刀とも伝えられている。現在は東京国立博物館蔵。

ヘイズルーン

【へいずるーん】キ

北欧神話に登場する牝山羊。**ヴァルハラ**宮殿の上に繁る大樹レラーズ（世界樹**ユグドラシル**の別名ともされる）の葉を食べて、蜜酒の乳を出すとされる。ヴァルハラに集う**エインヘリアル**たちはこの蜜酒でもてなされていた。

『ヘイムスクリングラ』

【へいむすくりんぐら】物

13世紀のアイスランドの詩人、スノッリ・ストルルソンのスウェーデン王朝史。名前は「世界の輪」を意味する。序章と16の**サガ**からなる長編で、9世紀のハラルド美髪王から始まる歴代王たちの歴史約300年間を扱っている。

神々を歴史上の人物として扱うエウヘメリズムの手法が用いられ、王家は**オーディン**やその跡を継いだ**フレイ**に連なる一族として描かれている。異教時代の風習に関する記述も多く、神話資料として扱われることも多い。

ヘイムダル

【へいむだる】キ

北欧神話に登場する神の1柱。**オーディン**と9人の波の乙女の息子で、神々の見張り番。天地をつなぐ橋**ビフレスト**の袂にあるヒミンビョルグに館を設けて通行を監視し、**ラグナロク**の際には敵の襲来を伝えるために角笛**ギャラルホルン**を吹き鳴らす役割を持つ。100マイル先を見通し、植物や羊毛の育つ音を聴き逃さない驚異的な視力、聴力の持ち主で睡眠時間も極端に少ない。黄金の歯を持つ美しい神でもあり、リーグと名のって人々と交わり、人類に階級を産み出す役割も果たした。悪神**ロキ**の仇敵で、**ラグナロク**では相討ちになって命を落とすのだという。

ベーオウルフ

【べーおうるふ】キ

イギリス最古の英雄叙事詩『ベーオウルフ』に登場する英雄。スウェーデン南部を支配したイェーアト族の王ヒイェラークの甥。デンマーク王を苦しめる怪物**グレンデル**を退治するなど各地で武功を立てている。怪力無双の勇

士であるが、肝心な戦いではその怪力ゆえに剣が役に立たないという欠点を持っていた。ヒイェラークの死後はその王子を支えていたが、彼が戦死するとやむをえず王位を継いでいる。晩年、国内で宝物を盗まれた竜が人々を襲うようになり、これを退治することを最後の仕事として戦いに挑み相討ちとなった。

参 フルティング

ペガサス

【ぺがさす】基

ギリシア神話に登場する天馬。海神**ポセイドン**と怪物**メデューサ**の子供。メデューサが英雄**ペルセウス**に退治された際、切られた首から溢れた血だまりから生まれたとされる。様々な怪物の父**クリューサーオール**とは兄弟。英雄ベレロフォンと共に多くの手柄を立てるが、ベレロフォンが慢心したため彼の手を離れ天に昇り神々のために働くようになった。

ヘカテ

【へかて】基

ギリシア神話に登場する女神。**ティターン族**のペルセスとアステリアの娘で、**アポロン**と**アルテミス**の母レトの姉妹ともされる。豊穣を司るが時代が下るにつれ冥界と結びつけられ夜の魔物や悪霊、魔術師の女王と考えられるようになった。恐ろしい顔の三面三体の姿で描かれる。

ヘカトンケイル

【へかとんけいる】種

ギリシア神話に登場する50頭100腕の巨人。名前は「100の手」の意味。天空神**ウラノス**と地母神**ガイア**の息子たちで、ブレアリオス、コットス、ギュエスの3人兄弟。**ウラノス**、**クロノス**らに疎まれ幽閉されたことから、大神**ゼウス**たちに味方するようになった。特にブレアリオスは忠臣としてゼウスに仕え、神々がゼウスに反旗をひるがえした際にもいち早く駆けつけて窮地を救っている。

ヘカトンペドン

【へかとんぺどん】地

→パルテノン

ベク・ド・コルヴァン

【べく・ど・こるづぁん】物

14～17世紀のヨーロッパで用いられた打撃武器。名前はフランス語で「鴉の嘴」の意味で、鎚頭の一端が鴉の嘴に似ていることから名付けられた。1.5mほどの長柄のウォーハンマーで、歩兵を中心に用いられたが、銃器の発展により戦場から姿を消している。しかし、**騎士**たちのトーナメント試合では人気の武器として長く用いられていた。

ヘケト

【へけと】基

ヘカトともいう。古代エジプトの女神

の1柱。カエルの頭部を持つ女性、もしくはカエルの姿で描かれる。出産や誕生を司り、夫である創造神**クヌム**と共に未発見の都市ヘル＝ウェルで信仰されていたとされている。後に太陽神**ラー**と結びつけられ、その口から誕生したと考えられるようになった。**オシリス神話**では、大女神**イシス**と共にオシリスを蘇生し、イシスの出産を助けたとされる。

圧切

【へしきり】 物

南北朝時代の山城国（京都）の刀工、長谷部国重作の刀。国重は**正宗**の弟子とされる正宗十哲の1人。もともとは太刀であったが、短く磨りあげられている。身幅は広く反りは浅い。織田信長の愛刀のひとつで、御膳棚の下に逃げ込んだ茶坊主を棚ごと「圧し切った（押しつけて切った）」という逸話から名付けられた。

ベス

【べす】 王

古代エジプトの神の1柱。獅子のたてがみのような巻き毛と髭を生やした、年老いた小人の姿で描かれる。頭には大きな異国風の冠をかぶっており、舌を垂らしていることが多い。ベスは守り神として大衆から愛された存在で、特に蛇を家屋から遠ざけると考えられていた。また、愛の神**ハトホル**や生殖の神ミンと結びつき、音楽や踊り、出

産、精力増進の神としても崇拝されていたとされる。

ヘスティア

【へすてぃあ】 王

ギリシア神話に登場する女神。農耕神**クロノス**とレアの娘で、かまどや家庭内の平和、結婚生活の維持などを司る。本来は神々の中心的存在**オリンポス12神**の1柱であったが、酒と酩酊の神デュオニソスにその地位を譲った。大神ゼウスに処女の誓いを立てて恋愛と距離をおき、もっぱら子供たちを庇護したともされる。

ベスティア

【べすてぃあ】 概

スペイン語で「動物、獣」の意味。英語のビースト。

ヘスペリデスの園

【へすぺりですのその】 地

ギリシア神話に登場する楽園。世界の西の果てにあり、**ティターン**族の**アトラス**の娘「黄昏の娘」たちが怪物ラドンと共に黄金の林檎の樹を守っている。この黄金の林檎の樹は、大神**ゼウス**と**ヘラ**の結婚祝いに大地母神**ガイア**から贈られたものだった。

ベテルギウス

【べてるぎうす】 物

オリオン座の右肩の一等星。オリオン座の下の一等星はリゲル。冬に見え

る。名前の由来は諸説あるが、アラビア語の「巨人の手」の記述ミスという説が有力である。

ベノム

【べのむ】物

英語で「毒」。特に蜂や蠍など、生物の毒液のこと。植物由来や精製された毒物はポイズン。

ヘパイストス

【へぱいすとす】ギ

ギリシア神話に登場する**オリンポス**12神の1柱。鍛治と火山などの火を司る。大神**ゼウス**の妻**ヘラ**が独力で生んだが、足が不自由で醜い姿を嫌われ地上に投げ落とされた。母を守ってゼウスに逆らい、怒ったゼウスが投げ落としたともされる。地上で鍛治の腕を磨いたヘパイストスは、ヘラに自分の素性を認めさせ神々の仲間入りを果たした。愛と美の女神**アフロディテ**を妻とするが後に彼女と別れ、別の美の女神を妻に迎えたともされる。

参 サイクロプス

ベヒモス

【べひもす】ギ

『旧約聖書』に登場する巨大な生き物。『旧約聖書』では、草食で、頑丈であり、神の作ったもののなかで最もすぐれたものであると称えられている。**偽典**では**リバイアサン**と同じく、神によって食物として与えられる。

別 べヘモット

ヘブン

【へぶん】地

キリスト教の概念で、現在の世界がほろんだ後にもたらされる、神によって統治される神の国。イエス・キリストはこの国に入るためには、罪を悔い改め、神の教えを守らなければならないと説いた。そこは、義と平和と喜びに満ちている。

べヘモット

【べへもっと】ギ

→ベヒモス

ヘラ

【へら】ギ

ギリシア神話に登場する**オリンポス**12神の1柱。農耕神**クロノス**とレアの娘で、結婚と出産を司り、家庭の主婦たちを守護する。大神**ゼウス**の正妻という立場から、ゼウスと関係を持った女性や子供たちに激しい憎悪を燃やした。毎年春になるとカナトスと呼ばれる泉で身を清め、老いと憎しみの心を洗い流したとされる。

ヘラクレス

【へらくれす】ギ

ギリシア神話に登場する英雄。大神**ゼウス**とミケーネの王女アルクメネの息子。名前は「ヘラの栄光」を意味する。本来の名はアルケイデス。ゼウス

の妻ヘラの策略で狂気に陥り自分の子を殺害したことから、その罪を清めるためにヘラが王座につけた従兄弟の要求する12の課題をこなすことになった。その後も数々の偉業を成し遂げるが、彼の愛情を取り戻そうとした後妻デイアネイラに毒を塗った下着を渡され、苦悶の末に自らを焼き天に昇ったとされる。死後はヘラと和解し、神々の仲間入りをはたした。

参 アケオロス、アトラス、ケルベロス、ケンタウロス、タナトス、ヒュドラー、ラドン

ベリアル

【べりある】卡

イスラエルの王**ソロモン**が封印、使役したと伝えられる72柱の悪魔の1柱で、80の軍団を率いる地獄の王。炎の戦車に乗った美しい**天使**の姿で現れる。心地よい声で穏やかに話すが、神の名のもとに真実を話すことを命じない限り嘘をつくため信用できない。地位や名誉を与え、友人や敵から好意を得られるようにし、良い**使い魔**を与える力を持つ。また、自分を信じるものの危機を救うともされる。呼び出すためには生け贄が必要とする文献もある。

ヘリオス

【へりおす】卡

ギリシア神話に登場する太陽神。**ティターン族**の**ハイペリオン**と**テイア**の息子で、月の女神**セレネ**、暁の女神**エオ**

スの兄。太陽の運ぶ馬車の御者であり、乗り物として使える黄金の杯などを持っている。後に**アポロン**に習合され、太陽神としての役割はアポロンのものとなった。ローマではソルと同一視されている。

ベリト

【べりと】卡

ベルフリ、ビアル、ボフィともいう。**イスラエル**の王**ソロモン**が封印、使役したと伝えられる72柱の悪魔の1柱で、26の軍団を率いる地獄の公爵。頭に黄金の冠をかぶり、全身赤ずくめの若い兵士の姿で、赤い馬に乗って現れる。過去、現在、未来の知識に詳しく、あらゆる金属を黄金に変える力を持つ。魔法の指輪で操ることができるが、基本的には二枚舌でよく嘘をつくとされる。

ヘル

【へる】卡

北欧神話に登場する冥界の支配者。また、彼女の支配する冥界の名ともされる。悪神**ロキ**と女**巨人**アングルボザとの間に産まれた3兄妹の1人。産まれてすぐ極寒の世界**ニブルヘイム**の地下に投げ落とされたが、**オーディン**はそこで彼女に9つの世界を支配する権限を与え、寿命や病気で死んだ人間の住居を用意させた。半分は青（死体、腐っているとも表現される）、半分は肉色で、険しく恐ろしい表情をしてい

るとされる。光神**バルドル**の復活を条件つきとはいえ了承するなど、ほかの兄弟に比べ神々との関係はそれなりに良好だった。

ペルセウス

【ぺるせうす】🈚

ギリシア神話に登場する英雄。大神**ゼウス**とアルゴスの王女ダナエの息子。「孫に殺される」という予言を恐れた祖父により、母と共に箱詰めされ海に流された。セリフォス島に漂着して成長したペルセウスは、ダナエを妻にしようと望む王ポリュデクテスの要求で怪物**メデューサ**を退治する。その後、王位を求めて故郷に戻るが、祖父を事故死させてしまったことからアルゴスを離れテュリンスの王になった。

📖 アンドロメダ、ゴルゴン、ペガサス

ベルゼブブ

【べるぜぶぶ】🈚

ベルゼブル、ベルゼビュートともいう。『**新約聖書**』に登場する悪魔、悪霊たちの首領。一説には古代シリアで信仰されていた神「バアル・ゼブル（高山の王）」を意図的に「バアル・ゼブブ（糞山の王）」に呼び変えたものとされる。中世以降の悪魔学では地獄の支配者と考えられており、**サタン**ともしばしば同一視された。**魔女狩り**や悪魔祓いの記録においても、ベルゼブブの名前が数多く見られる。19世紀

の悪魔学者プランシーの『**地獄の辞典**』では、羽にドクロの模様のある巨大なハエの姿で描かれているが、その姿には諸説あり一定ではない。

ペルセポネ

【ぺるせぽね】🈚

ギリシア神話に登場する女神。大神**ゼウス**と、穀物と豊穣の女神**デメテル**の娘。「娘(コレー)」とも呼ばれる。ゼウスに焚きつけられた冥界神**ハデス**に花嫁として冥界に連れ去られるが、デメテルの猛烈な反対を受け地上に戻された。どうしてもペルセポネを返したくないハデスは、彼女が帰る前に石榴(ざくろ)の実を数粒食べさせ「土地のものを食べたらその土地の住人、客人」という古い住所法を主張。1年のうち石榴の実1粒につき1ヶ月を冥界で過ごすように求め認められた。

📖 エレウシス

ベルセルク

【べるせるく】🈷

北欧神話に登場する戦士集団。名前は「熊の皮をまとうもの」の意味。戦いでは鎧をまとわず、狂ったように盾に噛みつき、火や鉄で傷つくことはなかった。また、「ベルセルクの激怒」と呼ばれる状態になると手がつけられないほどの強さを発揮するが、それが終わると虚脱状態になる。当初は**オーディン**に仕える戦士たちと考えられていたが、後には単なる無法者の代名詞

として扱われるようになった。

参 フレーセイ

ペルソナ

【ぺるそな】概

ラテン語で、劇で役者がかぶる仮面の
こと。そこから劇の登場人物、ひいて
は人間を指す言葉になった。心理学で
は、他人から見える表向きの自分。

ベルダンディ

【べるだんでぃ】神

ヴェルザンディともいう。北欧神話に
登場する女神の1柱。3柱1組で行動す
る運命の女神ノルニルの代表格の1柱
で、過去、現在、未来のうち現在を担
当する。アース神族とされるが、神々
の黄金時代を終わらせた3人の巨人の
娘と同一視されることも多い。**ウル
ド**、**スクルド**と違い古詩にはほとんど
名前が登場しておらず、その出自や役
割ははっきりしない。

参 ノルン

ベルフェゴール

【べるふぇごーる】神

バアル・ペゴル、ベルファゴルともい
う。中世以降の悪魔学に登場する悪
魔。古代アッシリア人やモアブ人など
に信仰された神ともされる。地上に
「結婚の幸福」が存在するのかどうか
を確かめるために地獄から現れたとい
う伝承があり、それをもとに17世紀
に多くの戯曲が作られた。19世紀の

悪魔学者プランシーの『**地獄の辞典**』
において、便器に腰を掛けた個性的な
姿で描かれ、以降はこのイメージが主
流となっている。若い女性の姿で現れ
るとする説もある。

ヘルヘイム

【へるへいむ】地

北欧神話に登場する9つの世界のひと
つ。冥界の女王**ヘル**の支配する世界
で、ニヴルヘルあるいは単にヘルとも
呼ばれる。極寒の世界**ニヴルヘイム**の
地下にあり、この世界に入るためには
猛犬**ガルム**の守る洞窟や罪により幅が
変わる黄金の橋**ギアラル**などの難所を
越えなければならない。そのため、北
欧の古い風習では死者の履き物が重視
されていた。無事ヘルヘイムにたどり
着いた死者はヘルの館に住むことにな
るが、「餓え」のナイフや「空腹」の
皿、「病床」のベッドなどが並ぶのを
見る限り、あまり住み心地の良いもの
ではなかったようである。

ヘルメス

【へるめす】神

ギリシア神話に登場する**オリンポス**
12神の1柱。大神**ゼウス**と**アトラス**の
娘マイアの息子で、商業、牧畜、富を
司るほか、旅人や盗人を保護した。ま
た、神々の伝令役として各地を飛び回
り、死者を冥界に案内する役目も持っ
ている。つば広帽子と翼の生えたサン
ダル、伝令の杖を持つ青年の姿で描か

れることが多い。
参 パン、プレアデス

『ヘルメス文書』
【へるめすもんじょ】物

1〜3世紀にかけてのエジプトで成立したと考えられる文書群。**錬金術**の始祖とされるヘルメス・トリス・メギストスの著作と考えられたことからこう呼ばれている。内容は神学、魔術、**占星術**、医学、錬金術など多岐にわたり、その内容の多くに**ゾロアスター教**、ユダヤ教、ギリシア哲学、**グノーシス主義**の影響が見られる。アラビア圏では9世紀ごろからイスラムの学者サービトの著書などで知られていたが、ヨーロッパで知られるようになるのは遅く、15世紀のイタリアの哲学者フィチーニによるラテン語翻訳以降のことだった。もっとも、ヘルメス文書を通じてもたらされた「ヘルメス思想」は当時の社会に大きな衝撃をもたらし、魔術や近代科学の分野の発展を促したとされている。

ヘルモーズ
【へるもーず】キ

北欧神話に登場する神の1柱。**オーディン**の息子であるがアース神族の主要な12柱の神には含まれていない。光神**バルドル**が悪神**ロキ**の策略で殺害された際、その復活の交渉をする使者として死者の女王**ヘル**のもとに赴いた。戦死者の中で**エインヘリアル**に選

ばれたものたちを出迎える接待役ともされる。

ペレ
【ぺれ】キ

ポリネシアの神話に登場する女神の1柱。火山を司る女神で、絶壁のようにまっすぐな背と月のように丸い胸を持つ。姿は美しいものの感情の起伏が激しく、彼女の怒りをかったものは石にされたり、火で責め立てられたりした。その一方で、夫が行方不明になった際には、乾いた大地に海ができるほどの涙を流したという話も残されている。ハワイでは豚神カマプアアに見初められ、激しい争いの後に彼の妻になったと伝えられている。

ベレト
【べれと】キ

ビレトともいう。**イスラエル**の王ソロモンが封印、使役したと伝えられる72柱の悪魔の1柱で、85を超える軍勢を率いる地獄の王。かつては**能天使**(バワー)の地位にあり、天界に帰ることを夢見ているという。地上に呼び出されることを極端に嫌っており、青ざめた馬に乗って憤怒の表情で音楽隊と共に現れる。召喚する魔術師は銀の指輪などで身を守らねばならず、怯えた様子を見せれば命令を聞かない。男女の仲を取り持つ力を持つ。ベレトの怒りを和らげるためにワインを1本勧めると良いとする文献もある。

『変身物語』

【へんしんものがたり】物

古代ローマの詩人オウィディウスの長編叙事詩。「変身」をテーマとしてギリシア神話を扱い、神々の時代や英雄の時代が描かれている。そのため、神話の怪物たちや妖精、動植物の誕生経緯を扱ったエピソードが多い。なお、最終巻ではローマの英雄カエサルの昇天と、皇帝アウグストゥスの支配を神々が承認する様子も描かれている。

ペンタクル

【ぺんたくる】概

魔術において特定の目的を叶えるため、あるいは身を守るために用いられた図形の総称。より狭い意味ではペンタグラムのことをいう。**タリスマン**に刻まれる図形や、儀式を行う際に用いる**魔法円**の図形などがこれにあたる。

ペンデュラム

【ぺんでゅらむ】概

英語で「振り子」の意味。揺れるもの、定まらないもの。

ペンドラゴン

【ぺんどらごん】王

アーサー王伝説に登場するブリタニアの王ウーサー（イシル、イゼル）の称号。「竜の頭」、「竜の主」を意味する。夜空に現れた竜の頭の形をした彗星を見た魔術師**マーリン**が、ウーサーが将来ブリタニアの王となると歓迎したこ

とに由来するとされる。

ポ

【ほ】地

ポリネシアの神話に登場する冥界。地下にある暗黒の世界とされる。

『ボアズキョイ文書』

【ぼあずきょいぶんしょ】物

20世紀初頭トルコの小村ボアズキョイで発見された、楔形文字を用いた粘土板群。この地はヒッタイトの首都ハットゥシャの跡地で、王家の書庫や神殿跡には公文書や宗教文書、神話文学など多くの粘土板が残されていた。しかし粘土板の欠損は激しく、古代エジプトの**アマルナ文書**などと突き合わせてその内容が補われている。

『ボイニッチ写本』

【ぼいにっちしゃほん】物

20世紀にアメリカの古書商ボイニッチによって発見された250枚に及ぶ羊皮紙群。植物や天体などの図と共に解読不明の文字が書かれている。由緒を示す16世紀の手紙によれば、エリザベス1世に仕えた数学者ジョン・ディー博士により珍奇なものを好む神聖ローマ帝国皇帝ルドルフ2世の宮廷に持ち込まれたものなのだという。

鳳凰

【ほうおう】王

中国の伝説上の霊鳥。雌雄一対で、鳳

が雄、凰が雌。孔雀のような長い尾羽と冠羽を持つ姿で描かれる。龍と並び称される霊獣であり、鳳凰が現れるのは天下泰平の証とされた。四神の朱雀と同一視される場合もある。

『法の書』
【ほうのしょ】㊩

『ベール・エル・ベル・レジス』ともいう。20世紀の悪名高い魔術師アレイスター・クロウリーの啓示書。新婚旅行中に彼の守護霊エイワスが新妻に憑依し、書き取らせたものとされる。全220節の3章構成で自己に内在する「意思」の尊重と、神に隷属する「奴隷の宗教」の終わりを主張しているが、内容は混乱して攻撃的な文言が多い。赤と黒のインクを用いることなど出版に際しての細かいルール付けも行われている。

『抱朴子』
【ほうぼくし】㊩

4世紀の末に葛洪によって書かれた道教の基礎理論書。神仙や鬼、練丹術について理論と実践を説いているが、この書において「道教」という言葉は使われていない。

蓬莱
【ほうらい】

中国の東方の海の彼方にあると考えられた三神山のひとつ。三神山は蓬莱のほか、方丈、瀛州。豪華な宮殿があ

り、高位の仙人が住み、食べると不老不死になれる果実が実っている。

ホープダイヤ
【ほーぷだいや】㊩

呪われた逸話のあるアメリカの巨大なブルーダイヤモンド。名前はこのダイヤの所有者の1人で宝石商のヘンリー・フィリップ・ホープにちなんでいる。17世紀にインドからフランスに持ち込まれ、ルイ14世の王冠にはめ込まれて以降はフランス王室に伝えられていたが、フランス革命の際に盗難被害に遭い姿を消す。再び姿を現した後は多くの所有者の手を渡り歩いた。所有者の多くが不幸な目にあったとされるが、ほとんどの場合偶然か噂話に過ぎない。最終的に宝石商ハリー・ウィンストンの手に渡り、スミソニアン博物館に寄贈された。神像の目から盗賊によって盗み出されたという伝説がある。

ホーリー
【ほーりー】㊤

英語で「神に捧げられた、神聖な」の意味。「ホーリー・オブ・ホーリーズ」で至聖所、「ホーリー・グレイル」で聖杯、「ホーリー・ゴースト」で聖霊を指す。

牧師
【ぼくし】㊩

パスター、レクターなどともいう。キ

リスト教プロテスタントの聖職者。説教や礼拝を通じて、信徒を導く立場にある。中世以降、**司教**<ruby>司教<rt>ビショップ</rt></ruby>や**司祭**<rt>プリースト</rt>のような特権階級的聖職者に役割を吸収されていたが、彼らの立場を否定する16世紀の宗教改革において復活した。名目上、信徒とは平等の立場にあるが、実際には教会の指導者として機能していることも多い。他のキリスト教聖職者と違い、配偶者を持つことも許されている。

ボコール

【ぼこーる】職

ヴードゥー教における邪悪な魔術師。祭司の**ウンガン**とは表裏の関係にあり、「右手で仕えるもの」がウンガンであり、「左手で仕えるもの」がボコールであるとされている。秘密結社の長などは、その両方を兼ねる「両手で仕えるもの」が多い。バロン・サムディやゲデといった死を司る精霊の力や、多様な毒物などを用いて呪術を行い、個人的な願望を叶え、あるいは社会的な制裁を行うとされている。

ボズン

【ぼずん】物

北欧神話に登場する壺。賢者クヴァシルの血から詩人の蜂蜜酒が醸されたとされる容器のひとつ。**巨人**スットゥング<rt>ヨトゥン</rt>が娘のグンロズに守らせていたが、**オーディン**の策略により中身を全て持ち去られてしまった。

参 オーズレーリル

ポセイドン

【ぽせいどん】キ

ギリシア神話に登場する**オリンポス**12神の1柱。農耕神**クロノス**とレアの息子で、泉や川、海の支配者。また、地震もポセイドンの領域とされる。激しい性格で、自らの領土を増やそうと**女神アテナ**をはじめとする多くの神々と争った。兄弟の大神**ゼウス**同様に恋多き神で、多くの王族の祖となっている。三ツ又の矛を持つ荒々しい壮年の姿で描かれることが多い。

参 アンドロメダ、カリュブデス、サイクロプス、クリューサーオール、ペガサス、メデューサ

ボティス

【ぼてぃす】キ

オティスともいう。**イスラエル**の王**ソロモン**が封印、使役したと伝えられる72柱の悪魔の1柱で、60の軍団を率いる地獄の総統、兼伯爵。まむしの姿をしているが、命じられれば鋭い剣を持ち、2本の角と牙を生やした人間のような姿になる。過去、現在、未来の知識を教え、友人や敵との仲を取り持つ力を持つ。

『ポポル・ヴフ』

【ぽぽる・うふ】物

グアテマラのマヤ系先住民キチェ族の村の教会で発見された、神話や伝承を

まとめた書。スペイン征服後にもたらされたアルファベットを用いて書かれている。

ホムンクルス

【ほむんくるす】種

錬金術の文献に登場する人造生物。人間の精液などの材料をクリスタルのフラスコに封入し、複雑な行程を経て生み出される。男女1対の小人で、6日間に渡って多くの知識を授けてくれるが、7日目になるとフラスコの中心に生えた樹の果実を口にして大爆発するとされる。フラスコに十分な強度がない場合、大惨事になるという。16世紀の医師パラケルススが生み出すことに成功したとされる。

ホルス

【ほるす】主

古代エジプトの神の1柱。古王朝初期から崇拝を受けていたハヤブサの姿の天空神であり、その勢力拡大の過程で多くの神々と習合し、多面的な役割と姿を持つようになった。一般的なホルスは冥界神**オシリス**と大女神**イシス**の息子で、王権の象徴である。このホルスはハヤブサ頭で二重冠かアテフ冠を頭上に頂いた王の姿で表された。オシリス神話において、ホルスは死せるオシリスとイシスの魔術的な結合によって誕生し、成長後は父の仇であり王権を簒奪した暴風神**セト**を倒している。その際、ホルスは月を象徴する左目を失ったが、知恵の神**トート**、もしくは妻である愛の女神**ハトホル**により癒された。

参 ウジャト

ポルターガイスト

【ぽるたーがいすと】概

騒霊（そうれい）とも訳される。家屋で原因不明の怪音が続いたり、誰も触れていない物品が移動したりするなどの現象が起こること。ドイツ語で「ノックする霊」を意味する。古代ローマ時代から逸話が残されているが、その原因ははっきりしない。こうした現象が起こる家庭にはトラブルを抱えた若者や子供がいることが多く、彼らが何らかの形で関わっているのではないかとする研究者もいる。

ボレアス

【ぼれあす】主

ギリシア神話に登場する風の神。星神アストライオスと暁の女神**エオス**の息子で、激しく厳しい北風を司る。海難を起こすため船乗りに恐れられた反面、ペルシアなどの外敵を打ち払う神でもあった。トラキア山中に居を構え、アテナイの王女との間に7人の子をもうけたほか、牡馬の姿となり雌馬たちとの間に12頭の駿馬をもうけたともされている。

ま

マージ
【まーじ】概

英語で「合体させる、混ぜ合わせる」の意味。

マーシナリー
【まーしなりー】職

英語で「傭兵」の意味。または「金銭絡みの、欲得ずくの」という意味もある。

マーゼンダラーン
【まーぜんだらーん】地

ペルシア神話に登場する魔都。イラン北部に位置し、たどり着くためには安全な道で6ヶ月、危険な道で7日かかる。難攻不落の悪魔の巣窟で、凶悪な蛇王ザッハークですら攻めるのをためらった。カヤーニー朝の王カイ・カーウスは慢心からこの地を攻め、白魔と呼ばれる悪魔の首領に捕らえられる。王家に仕える英雄ロスタムは案内役と共に単騎で7日の道を進み、王を救い出して魔都を征服した。

マアト
【まあと】キ

古代エジプトの女神の1柱。頭にマアトの羽根と呼ばれるガチョウの羽根をつけ、宝石で飾られたドレスを身にまとった、しゃがんだ女性の姿で描かれる。単にガチョウの羽根、彼女の座る台座で代用されることも多い。マアトは本来「公正な宇宙秩序」を示す概念であり、その中には法的正義なども内包している。神々にとっての最大の供物であり、人間がマアトに従うことは何よりも喜ばれた。女神としてのマアトは太陽神ラーの娘であり、ヘルモポリス（古名クムヌ）では知恵の神トートの妻とされる。冥界神オシリスの裁判では彼女の羽根が天秤に置かれ、死者の心臓の罪の重さを計る重りの役割を果たした。

マーメイド
【まーめいど】種

ヨーロッパの伝承に登場する人魚。名前は「海の乙女」の意味で、男性は「海の男」でマーマン。人間の上半身と魚の下半身で描かれるが、小さな2本の足があるものや、魚の尾が脚のように二股に分かれたものなどもある。キリスト教においては誘惑の象徴であり、櫛と手鏡が持ち物とされた。また、嵐の前兆や男性を誘惑して海に引きずり込む恐ろしい存在ともされている。19世紀になると日本産の人魚のミイラがヨーロッパで流行し、大量に輸出された。

マーラ
【まーら】種

仏教の開祖ブッダが悟りを開こうとするのを邪魔した悪魔。人間の内面に潜む魔であり、煩悩のことでもある。

マーリン

【まーりん】[王]

マルジン、ミルディン、メルリンともいう。**アーサー**王伝説に登場する魔術師。悪魔と人間の女性の間に生まれた子とされる。幼いころから優れた力を発揮し、ウーサー、アーサーの2代に仕え彼らを支えた。しかし、求愛した湖の淑女**ヴィヴィアン**に魔術を授けたことから、彼女の魔術で幽閉されてしまう。なお、狂気から森に入り予言の力を身につけた野人としての伝承もあり、19世紀には多くの作品の主題となった。

マイトレーヤ

【まいとれーや】[王]

弥勒菩薩のサンスクリット語よみ。慈尊とも訳される。釈迦なきあとの**娑婆**を救うとされる仏。兜率天で修業しており、釈迦入滅後56億7千万年ののちにこの世に現れ、衆生を救済するとされる。

マイナス

【まいなす】[職]

ギリシア神話に登場する酒と酩酊の神**デュオニソス**の女信者。バッカイとも呼ばれる。獣の皮をまとっただけの裸に近い状態で歌い、踊り、そして狂乱し、出会った生き物は人間であっても八つ裂きにして貪り食った。自分たちの意に沿わない吟遊詩人**オルフェウス**を殺したとも伝えられる。

[参]テュルトス

マインゴーシュ

【まいんごーしゅ】[物]

→マン・ゴーシュ

マウイ

【まうい】[王]

ポリネシアの神話に登場する文化英雄。神々の末裔であるが自由気ままないたずら者で、様々な騒動を引き起こした。しかし、天地を切り分け、太陽の運行を遅くし、冥界の先祖から火を奪い、ハワイ、あるいはマウイ島を海底から釣りあげるなどの行為は人間に大きな恩恵を与えている。最後にマウイは眠っている老地母神の胎内に入り込んで人間を不死にしようと試みるが、これに気づいて怒った老地母神によって殺害された。

勾玉

【まがたま】[物]

主に縄文時代から古墳時代にかけて用いられた日本の装飾品。巴型に加工された玉で、太い部分に穴を開け糸を通す。動物の牙に穴を開けたものが原型とされ、後には翡翠、瑪瑙、水晶、琥珀、ガラス、滑石など様々な材料が用いられるようになった。仏教装飾や海外への贈答品としても用いられている。

マギ

【まぎ】職

ラテン語で神官、魔術師などを表す言葉。古代ペルシア語のマグ、ギリシア語のマゴイを経てラテン語のマギとなった。複数形はマグス。本来はメディア人の親族的神官団のことをいう。彼らは**ゾロアスター教**やミスラ教などのアーリア人宗教と合流して勢力を伸ばしたとされ、ギリシア人やユダヤ人といった近隣の外国人からペルシアの神官、バビロニアの魔術師、占星術師の総称と見なされるようになった。「魔術」を意味する「magic」の語源ともされる。

マキナ

【まきな】概

ラテン語で「機械、道具」の意味。また、「マキナ・トリナ」は土、水、火の三原素のこと。

マク・ア・ルーイン

【まく・あ・るーいん】物

ケルト神話に登場する剣。名前は「槍の息子」の意味。英雄**フィン・マックール**の持ち物で、巨人の王を苦しめる化け物を退治した際に用いられた。

孫六

【まごろく】物

室町時代後期の美濃国の刀工、兼元の一族とその作刀の愛称。碁石が並んだような「互の目」という刃紋に、杉の木様に高く鋭いものが混じる「三本杉」と呼ばれる刃紋が特徴とされるが、中には直線的な「直刃」のものもある。関と赤坂の2系統があり、関のものは関鍛冶として有名。特に2代目兼元（初代とする説もある）は「関の孫六」として、最上大業物と評されている。

參 業物

正宗

【まさむね】物

鎌倉時代後期の相模国の刀工、正宗とその作刀のこと。硬軟の地鉄を用いる総州伝を完成させ、天下の名工として名高い。その華やかな見た目と鋭い切れ味から戦国時代に人気となり、江戸時代には大名必須の持ち物となった。ところが、過剰な需要を満たすために偽物が横行し、明治時代には正宗という刀工の存在自体が疑われてしまう。在銘のものは短刀のみで数も少ない。

參 左文字、圧切

魔術

【まじゅつ】概

超常的な存在や力を通じて自然や動物、人間などに働きかけようとする技術。人類誕生から存在するものであり、神を通じて様々なものに働きかけようとする「宗教」とは裏表の関係にある。使用者の目的により**白魔術、黒魔術**と呼び分けられることもあるが、

厳密なものではない。技法的には望んだ状況を象徴的に模倣、再現する「共感魔術」と、様々な儀式を通じて願望を叶えようとする「儀式魔術」などに分類することができる。

魔術書

【まじゅつしょ】物

→グリモア

魔女

【まじょ】職

毒薬や超常的な力を用いて様々な害をもたらす人々のこと。英語の「witch（ウィッチ）」の訳語。「魔女」という呼び名ではあるが、男性も含まれる。悪魔と契約し、ホウキで空を飛ぶ醜い老女などの現在のイメージは、15世紀以降にキリスト教の聖職者が体系化した悪魔学の影響が強い。18世紀以降になると、ロマン主義を背景に古代の知識や失われた異教の伝統を受け継いだ人々とも考えられるようになった。

魔女狩り

【まじょがり】概

異常気象による災害や不作、人畜の疫病、人間関係でのトラブルなどの原因を特定の個人や集団に求め、迫害する行為のこと。狭義には14〜18世紀に欧米諸国で行われた魔女への迫害行為を指す。当初は民衆の不満解消の手段であったが、教会内の権力争いに端を発する異端審問の激化や悪魔学の体系化、行きすぎた正義感や個人利益の追求を行う魔女狩人の登場など様々な要素が加わり、多くの無実の人々が処刑された。こうした異常事態の背景には、気象の寒冷化に伴う貧困や法の不整備、政治的動乱があったとされる。

『魔女への鉄槌』

【まじょへのてっつい】物

『魔女に下す鉄槌』、『魔女の鉄槌』ともいう。15世紀のドミニコ会修道士、ハインリッヒ・クラーメルの悪魔学書。大まかに分けて「神学における魔女の定義」、「魔女の行動や見分けかた」、「裁判から処刑に至るまでの法的手続き」の3つの部分からなり、質疑応答の形式で書かれている。「魔女の多くは女性である」など内容は偏執的で識者からの批判もあったが、悪魔学を体系化した初期の印刷物の傑作として、数百年に渡って繰り返し重版された。この書物の登場により、魔女を「正式に」裁判にかけ、処刑するまでの手順がヨーロッパ中に広まったとする研究者もいる。

参 魔女狩り

マスケット

【ますけっと】物

16世紀ごろから用いられ始めた大口径の小銃。名前はハイタカの意味。銃弾と火薬を銃口から詰める前装式の小銃全般の名称としても用いられる。当初は銃身内部が滑らかな滑腔式の火縄

銃であったが、時代が進むにつれ着火に火打石を用いるものや、銃身に線条（ライフリング）を施して命中精度を高めたものも登場した。

魔弾

【まだん】物

ドイツの伝説や物語に登場する魔法の弾丸。悪魔との契約によって得られるとされる。弾丸は射手の思い通りに目標に命中させられるものと、悪魔の意思によって目標が決まるものの2種類があり、使ってみるまでその区別はつかない。18世紀の作曲家ウェーバーの戯曲『魔弾の射手』では、主人公の恋人に横恋慕した友人が悪魔の弾丸を盗んで自滅するが、古い物語では主人公が悪魔の弾丸で恋人を撃ってしまうという悲劇で終わっている。

マチェット

【まちぇっと】物

マシェット、マチェーテなどともいう。英語で鉈、山刀などの大型の刃物のこと。主に野外での作業で用いられることが多いが、武器として用いられることもある。

『マナス』

【まなす】物

マナスチュと呼ばれる語り部に受け継がれたキルギスの口承文学。駿馬アクララや盟友アルマンベトらと共に周辺部族との闘争に明け暮れるキルギス族

の英雄マナスの活躍を描く叙事詩である。非常に長い物語であり、少年編、青年編、壮年編を合わせると、その長さは3万9079行にも及ぶ。

マナナーン・マクリル

【まななん・まくりる】キ

ケルト神話に登場するダーナ神族の海の神。**リール**の息子で、光神**ルーグ**の養い親とされる。神々や王侯のパトロンとして様々な魔術や宝物を与える存在として描かれているが、初期の文献には登場していない。マン島とかかわりが深く、マン島の旗にある3本脚はマナナーンの象徴とされている。

『マハーバーラタ』

【まはーばーらた】物

インドの長編叙事詩。聖典でもあり、『**ヴェーダ**』などの天啓聖典（シュルティ）（神から授かった聖典）に対して、伝承聖典（スムリティ）と呼ばれる。今の形にまとまったのは西暦400年ごろで、18篇10万詩節に及ぶ大作。パーンドゥの5王子とクルの100王子の戦いを主筋として、随所に神話や伝説、哲学などが挿入されている。なかでも、**クリシュナ**が主人公アルジュナに生き方についての哲学を語る部分を抜き出した『バガヴァッド・ギーター』はヒンドゥー教において重要視されている。

『マビノギオン』

【まびのぎおん】物

19世紀に刊行された中世ウェールズ物語集。14～15世紀の写本『レッゼルフの白本』、『ヘルゲストの赤本』からシャーロット・ゲスト女史が11編の物語を抜き出し英訳したもの。「マビノギ4つの枝」と呼ばれる物語を中心に初期の**アーサー**王物語、詩人タリエシンの物語などが含まれている。なお、題名は「マビノギ（若者の物語）」に複数形の「on」をつけたものだが、もともと複数形であるため誤訳とされる。

参 アリアンロッド

魔法円

【まほうえん】概

悪意のある存在から身を守るために用いられる魔力のある図形。図形として「閉じていること」が重要で、必ずしも円を描いているわけではない。また、図形の各所には魔除けのシンボルが巧妙に隠されている。魔法円は聖別されたチョークや木炭など様々なものを使って描かれるが、血液や絞首刑に用いられた鎖など気味の悪いものが使われることもあった。近年のフィクションでは、その見栄えの良さから召喚や攻撃の手段など様々な用いられ方をしている。

魔方陣

【まほうじん】概

方陣ともいう。連続した自然数、もしくはアルファベットを縦横に同数並べたもの。魔除けの意味でアクセサリーなどにも盛んに刻み込まれていた。数字の魔方陣は縦、横、斜め、どの列の数字の和も同じ数になるように構成されている。一方、アルファベットの魔方陣は**カバラ**の数秘術を用いたものや、単語の組み合わせ、文字数に2重3重の意味を持たせたものなど、その法則性は多種多様である。数学的な研究の対象とされ、一種のパズルとしても世界各地で楽しまれていた。近年のフィクションで「魔法陣」と書かれている場合は、**魔法円**を意味していることが多い。

マリア

【まりあ】キ

キリスト教の開祖イエス・キリストの母。聖母。マリアは結婚していたものの、処女のまま聖霊によって身ごもり、イエスを産んだとされる。イエスが活躍するようになってからのマリアはほとんど言及されていないが、後のキリスト教世界では篤く信仰された。また『**新約聖書**』には、もと遊女でイエスの処刑、埋葬に立ち会い、後に聖女となったマグダラのマリアも登場する。

マルコシアス

【まるこしあす】🎴

イスラエルの王**ソロモン**が封印、使役したと伝えられる72柱の悪魔の1柱で、30の軍団を率いる地獄の侯爵。かつては**主天使**(ドミニオン)の地位にあった。**グリフィン**の翼と蛇の尾を持つ獰猛な牝狼、もしくは牡牛の姿で現れ、口からは火を吹く。命じられると背の高い兵士の姿となり、召喚した魔術師に誠実に仕え、あらゆる質問に答えるとされる。また、闘争を助ける力を持つ。1200年後に天界に戻ることを夢見ているという。

マルス

【まるす】🎴

ローマ神話で重要視される「同意する神々」(ディニコンセンテス)の1柱。牧畜、農業の守護者とされるが、後に軍神とも考えられるようになった。古くは主神ユピテル、クゥイリヌスの三身一体で信仰されていたという。しだいにギリシア神話の嫌われもの**アレス**と同一視されるが、ローマでは変わらず信仰を集めていた。ローマの建国者ロムルスとレムスは、マルスとウェスタの巫女(みこ)の間に産まれた子とされる。また、重要な祭器としてマルスの盾とその11枚の写しが神殿で祀られていた。

📖 ジュピター、ゼウス

マルドゥーク

【まるどぅーく】🎴

古代バビロニアの神。名前は「太陽の雄の子牛」の意味。複数の神々と習合し、バビロニアの最高権力者となった英雄神。救済をもたらす神であり、また太古の母神**ティアマト**を倒し、世界を創造した神ともされている。さらに魔術や悪魔祓い、天候、豊穣など多くの事柄を司った。知恵の神エアの息子で、妻は輝きの女神ザルパニトゥ、息子は書記の神ナブー。象徴は矢印型の鋤(すき)で、随獣は**ムシュフシュ**とされる。生まれながらに、エアからほかの神に倍する能力を与えられており、その力ゆえに4つの目と4つの耳を持ち、口からは炎を吐くと称された。マルドゥークは古代都市**バビロン**の守護神であり、バビロニアの国神として、その神殿である**エサギラ**で崇拝を受けていた。

マルバス

【まるばす】🎴

バルバスともいう。**イスラエル**の王**ソロモン**が封印、使役したと伝えられる72柱の悪魔の1柱で、36の軍団を率いる地獄の総統。猛り狂うライオンの姿で現れるが、人間の姿になることもできる。隠された事柄や工芸について教え、人間を病にしたり、様々なものに変身させたりする力を持つ。

マルファス

【まるふぁす】　王

マルパスともいう。**イスラエル**の王**ソロモン**が封印、使役したと伝えられる72柱の悪魔の1柱で、40の軍団を率いる地獄の総統。巨大な鴉（からす）の姿で現れ、人間の姿になるときはしわがれ声で話す。優れた建築家で難攻不落の塔や要塞を築き、敵の城壁を破壊する。また、腕のよい職人を集め、よい**使い魔**を与える力を持つ。生け贄は喜んで受けとるが、その上で人間を平気で欺（あざむ）く。ソロモンの命令で神殿を建築したとする文献もある。

マン・ゴーシュ

【まん・ごーしゅ】　物

マインゴーシュともいう。16～17世紀ごろのヨーロッパの短剣。名前はフランス語で「左手用短剣」を意味する。敵の攻撃を払い、受け流すことに主眼を置いた短剣で、**レイピア**とセットで用いられた。外見も対となるレイピアに合わせたものが多い。敵の剣を折るための櫛刃や複数の刃があるもの、長い棒状の鍔（つば）を持つもの、大きな護拳（ごけん）のあるものなど、防御用に様々な工夫がなされていた。

曼荼羅

【まんだら】　概

仏教で仏の世界の配置を描いて悟りの世界、宇宙観を示した絵図。仏を直接描かず象徴を描いたものや幾何学的（きかがく）な

もの、情景的なものなど、様々な種類がある。特に**密教**においては重要視される。

マンティコラ

【まんてぃこら】　種

マンティコア、マンティコラスともいう。ヨーロッパの伝承に登場する怪物。老人のような顔には3列の歯列があり、ライオンに似た体と毒針のついた尻尾を持つ。インド原産で森林に棲み、人を好んで食べるとされる。キリスト教においては、その残忍さから悪魔の象徴とされた。尻尾を痛めつけて毒針を取り除き、飼い慣らす人々がいるとする書物もある。

マントラ

【まんとら】　概

ヒンドゥー教、**密教**などで使われる呪文。**真言**と訳される。マントラを集めた書物は全25巻にもなるほどその種類は多く、正しい発音、使用するシチュエーション、必要な儀式などが細かく決められている。マントラの中で全能、志尊のものは**ブラフマー**、**ヴィシュヌ**、**シヴァ**の三大神の力を持つ「オーム」である。

マンドラゴラ

【まんどらごら】　種

マンドレイクともいう。ヨーロッパの伝承に登場する妖花。目薬、麻酔、嘔吐剤の原料となり、憂鬱を晴らすとさ

れる一方、中世以降はワインで洗い清潔な布でくるむなど正しく祀ることで金運などをもたらすとも考えられていた。白いものは雄種、黒いものは雌種とされ、細い葉と毛の生えた茎、2〜3本の根を持ち、ハシバミほどの大きさの実をつける。毒、もしくは危険な叫び声をあげるため、採取には特別な儀式や自分の代わりにマンドラゴラを引き抜かせる犬が必要とされた。現実のマンドラゴラはナス科の植物で、麻酔などの原料とされる。

マンドレイク

【まんどれいく】種

→マンドラゴラ

ミイラ

【みいら】物

乾燥状態にあり、長期間形が保たれている遺体の総称。自然に生成されたものと、何らかの意図を持って人工的に作られたものがある。「ミイラ」もしくは英語圏の「マミー」という言葉は、古代エジプトのミイラ加工に用いられた「没薬」やアラビア語の「ムミアイ」（瀝青を使用したもの）に由来しており、その技術は死後の再生のために肉体を保存することを目的としていた。当初は王侯貴族のためのものだったが、時代が下るにつれ神聖な動物や庶民にまで広まるようになる。なお、一部のヨーロッパの教会、中南米、オセアニア諸島、中国、日本など

でも保存目的の遺体の加工は行われていた。

ミカエル

【みかえる】キ

ユダヤ教、キリスト教、イスラム教において重要視される大天使。**ラファエル**、**ガブリエル**、**ウリエル**たちと共に四大天使と呼ばれることもある。剣や槍、天秤を持ち、**サタン**を踏みつけた戦士の姿で描かれることが多い。ユダヤ教においては**イスラエル**の民の守護者であり、キリスト教においては天使長として天使たちの最上位に位置し、教会と信者を守りサタンの軍勢と戦う。また、死者を導く天使、**煉獄**の守護者でもあり、死者たちの救済を願っているともされる。イスラム教では食と知恵を司る天使。

三日月宗近

【みかづきむねちか】物

平安時代の山城国（京都）三条派の刀工、宗近作の太刀。**天下五剣**のひとつ。柄付近の反りが高い（大きい）細身の優美な姿で、切っ先はほかの太刀に比べても極端に小さい。刃紋の脇に「打ちのけ」と呼ばれる線状の紋がならび、これを雲間から覗く三日月に見立てて名付けられた。足利将軍家から豊臣家に伝わり、豊臣秀吉の正妻ねね（高台院）から徳川家に贈られたとされる。

参 小狐丸

ミクトラン

【みくとらん】地

アステカの神話に登場する地下世界。死んだ者が赴く世界で、死者はミクトランまで4年もの間旅をしながら様々な試練を受ける。

ミクトランテクトリ

【みくとらんてくとり】キ

アステカの冥界の神。死者の世界**ミクトラン**を治めており、妃はミクテカシワトル。骨の体にむき出しの頭蓋骨という姿で描かれる。

巫女

【みこ】職

神や精霊に仕える女性のこと。神がかりになり、神や精霊の言葉を伝える役割を与えられることが多い。日本では主に神社で神職の仕事を補佐し、**神楽**（かぐら）や祈祷などの神事に従事する女性のことをいう。しかし、歴史的に神社に所属し神の**依代**（よりしろ）として未婚の女性が選ばれた巫女、神社に所属せず地方を遊行、あるいは村落に居ついて口寄せ、占いなどをし、後に遊女化した巫女、**山伏**の妻として連れ添い、**加持祈祷**（かじきとう）の補佐役をした巫女など様々な系統があるため、押し並べて論ずることは難しい。

参 シャーマン、巫覡（ふげき）

ミズガルズ

【みずがるず】地

ミッドガルドともいう。北欧神話に登場する9つの世界のひとつ。宇宙の中央の海に浮かぶ人間たちの住む世界。名前は「中央の囲い」の意味で、神々が**巨人族**（ヨトゥン）の侵入を防ぐために原初の巨人**ユミル**のまつげで人間の世界に囲いを作ったことに由来する。しかし、**オーディン**が**エインヘリアル**を集めるべく、王族たちに不和の種を撒いて歩くため、決して平和な理想郷というわけではなかった。

蛟

【みづち】種

湖や川の淵に棲む**龍**に似た種族。500年生きた蛟は龍になるのだという。蛟が龍になるときには嵐が起き、暴風雨のなかで天に昇っていくとされる。「蛟」は中国からきた漢字だが、「みずち」は「水の霊」（ち）の意味で、日本では水辺の精霊のようなものと考えられた。

ミストルティン

【みすとるてぃん】物

アイスランド語で「宿り木の枝」のこと。北欧神話において、光神**バルドル**を傷つけることができる唯一の存在。**オーディン**の妻**フリッグ**は世界中のあらゆる存在に息子バルドルを傷つけないように誓わせていたが、唯一宿り木の若芽だけは脅威にならないと思い見

263

過ごしていた。神話中では武器として描写されていないが、魔剣、魔槍と解釈する研究者もいる。また、『ゲスタ・ダノールム』では、英雄ホテルがバルドルを倒すための武器として「森の神の魔剣」を用いている。

『水の神』
【みずのかみ】物

20世紀のフランスの文化人類学者マルセル・グリオールの著作。西アフリカのマリに住むドゴン族の呪医オゴテメリから神話と伝承を伝えられた経緯を、小説形式で描いている。ここで語られた神話体系、特に肉眼で見ることのできるシリウスの伴星やそこから飛来したとされるノンモと呼ばれる神々についての伝承は、各界に大きな驚きを持って迎えられた。しかし現在、彼のフィールドワークやドゴン族の伝承についてのレポートの信頼性には、疑問符が投げかけられている。

ミスリル
【みすりる】物

イギリスの作家トールキンの小説『指輪物語』に登場する金属。銀のような輝きを持ち、軽くて丈夫。モリアという地域でしか産出せず、ドワーフが独占的に採掘、加工しており、武器や装飾品に使われている。

ミセリコルデ
【みせりこるで】物

14〜15世紀のフランスやイギリスなどで用いられた短剣。名前はフランス語で「慈悲」を意味しており、重傷を負ったものを介錯するために用いられていたとされる。剣身はまっすぐで、断面や柄の形状は様々である。

禊
【みそぎ】概

身についた罪や穢れを、川や海で洗い清めること。神事や祭事の際に、今も各地で行われている。黄泉から戻ったイザナギが、阿波岐原で穢れを清めたのが最初の禊だとされる。イザナギの禊では、アマテラスたち三貴子のほかにも、穢れが凝った八十禍津日神や、海神である綿津見神たちなど、計26柱もの神が生まれている。

密教
【みっきょう】概

仏教の宗派のひとつ。名前は一般の仏教（顕教）に対して深遠な秘密の仏教であるという意味で、秘密教などともいう。大乗仏教の発展が極まった7世紀末のインドで成立し、中国を経てネパールやチベット、日本に伝えられた。もっとも、インドでは13世紀、中国では9世紀に衰退してしまっている。日本の密教は空海の真言宗（東密）、最澄の天台宗（台密）の2つの系統があり、現世利益を説いたことか

ら平安貴族たちの間で広く受け入れられた。大日如来によって直接説かれたという『大日経』、『金剛頂経』を根本経典としており、古代インド由来の神々や儀礼を取り入れ、手に印を結び（身）、真言を唱え（口）、心に仏を念じる（意）ことで即身成仏できるとしている。

ミッドガルド
【みっどがるど】地
→ミズガルズ

ミドガルズオルム
【みどがるずおるむ】キ
→ヨルムンガンド

ミトラ
【みとら】キ
ミスラともいう。非常に多くの地域で信仰を受けた光明神。源流は古代インドのバラモン教と考えられている。インドにおけるミトラは夜を司る水神ヴァルナと対をなす神で、昼と契約を司る至高神の立場にあった。インドの神が悪魔として扱われた中東でもミトラは神として扱われ、アフラ・マズダの息子であり、光明や戦争を司る存在とされている。やがてミトラの教義は東方世界に到達したローマへと流入し、ミトラス教と呼ばれる密儀宗教の神として崇拝されるようになった。この宗教におけるミトラもまた光明神、太陽神であり、その再生を促すために

牡牛を屠る儀式が行われたとされる。兵士から皇帝まで広く崇拝を受けたが、密儀宗教の性格上、その祭祀の詳細は分かっていない。

ミネルヴァ
【みねるゔぁ】キ
ローマ神話で重要視される「同意する神々」の1柱で女神。英語ではミナーヴァ。知識と学芸、医療を司る女神で、一説には王政ローマの2代国王ヌマの宗教改革の際にエトルリアから持ち込まれたとされる。古代ローマの聖地のひとつカピトリヌスの神殿では主神ユピテル、その妻ユノーと共に三身一体で祀られていた。後にギリシア神話のアテナと同一視され、軍神としても扱われるようになった。
参ジュピター

ミノタウロス
【みのたうろす】キ
ギリシア神話に登場する怪物。海神ポセイドンが地上に送った白い牡牛と、クレタ島の王ミノスの王妃パシパエの息子。名前は「ミノスの牡牛」の意味で、本来の名はアステリオン。牛頭人身の大男で、人肉を食う。そのためミノスの命令で名工ダイダロスの迷宮ラビュリントスに閉じ込められた。予言に従って幽閉したともされる。年に一度アテナイから生け贄として送られてくる美男美女7人ずつを餌として与えられていたが、アテナイの王子テセウ

み

スによって退治された。

ミュルグレス
【みゅるぐれす】物

フランスの叙事詩『ロランの歌』の武将ガヌロンの剣。ガヌロンは主人公ロランの義父だが、ロランに恨みを抱き、敵に寝返ってロランを死地においやった。

ミュルミドン
【みゅるみどん】種

ギリシア神話に登場する戦士団。大神**ゼウス**と妖精**ニンフ**のアイギナとの間に生まれた息子アイアコスに仕えさせるために、ゼウス、もしくは伝令神**ヘルメス**によってアリから生み出されたとされる。獰猛で疲れを知らない戦士たちで、褐色の鎧を好んだ。アイアコスの息子ペレウス、孫**アキレウス**にも忠誠を誓っており、**トロイア**戦争ではアキレウスの下で活躍した。

ミョルニル
【みょるにる】物

北欧神話に登場する魔法の鎚。雷神**トール**の持ち物で、**小人**族のブロッグとシンドリが作り出した3つの宝物のひとつ。彼らは悪神**ロキ**と「イーヴァルディの子ら」より優れた品が作れるか賭けをしていた。ミョルニルは決して壊れることがなく、投げれば必ず当たり、戻ってこないほどには遠くにいかず、服の下にしまえるほど小さ

くなるが、度重なるロキの妨害のせいで、柄が極端に短くなっている。そのため、扱うには特殊な手袋が必要となるが、それでも神々が一番優れた品と褒め称える出来だった。以来トールの代名詞となっており、北欧では十字架に似たミョルニル型の護符も数多く残されている。花嫁の祝福など様々な儀式でも用いられた。

参 グリンブルスティ、グングニル、スキーズブラズニル、ドラウプニル

ムー
【む―】物

太平洋に存在されたとされる幻の大陸、またその大陸の王国。フランスの聖職者ブラッスールや医師のル・プロンジョンが独自に翻訳したマヤ語のテキスト『トロアノ絵文章』の中に頻出した、「Mu」という言語に由来している。ブラッスールらはこのテキストから、ムーという王国が水没し滅亡したという物語を読み取った。また、イギリスの自称陸軍大佐チャーチワードは、『失われたムー大陸』でこの王国を12,000年前に壊滅した超文明国家であり、世界中の巨石文明はこの王国の遺産であるとしている。しかし、現在『トロアノ絵文書』は占星術のテキストと判明しており、太平洋に水没した大陸も存在しなかったことが分かっている。

ムーインデルグ

【むーいんでるぐ】物

ケルト神話に登場する槍。名前は「赤い首」の意味。英雄**フィン・マックール**の持ち物と伝えられ、後に**オルラスラハ**と共にコナハトの王子たちに贈られた。

武曲

【むこく】物

道教の星の名前。北斗七星の柄の先から2番目の星。西洋名はミザール。

ムシュフシュ

【むしゅふしゅ】王

古代シュメール・アッカドの伝承に登場する怪物。名前はシュメール語で「恐ろしい蛇」、もしくは「怒れる蛇」を意味する。バビロニアのイシュタル門などの遺跡では、角の生えた蛇の頭部とウロコを持つ胴、獅子の前足と鷲の後足を持つ姿で描かれている。神の随獣であり、エシュヌンナの都市神ニンアズやティシュパク、グデア王の個人神として知られるニンギシュジダなど多くの神に仕えていた。バビロニアの創世神話『**エヌマ・エリシュ**』によれば、ムシュフシュは原初の母神**ティアマト**が神々に復讐するために生み出した魔物の1匹とされる。しかし、戦いに敗れた後、**マルドゥーク**やその息子**ナブー**の随獣として扱われた。

ムスペル

【むすべる】王

北欧神話に登場する神々の敵対者。灼熱の世界**ムスペルヘイム**の住人たちで、普段はほかの世界の住人たちと関わることはない。しかし、**ラグナロク**においては黄金の鎧を身につけ、独自の陣形を組んで神々の住む**アースガルズ**に攻め上るのだという。その際は馬に乗っているとも、死者の爪で作られた船**ナグルファク**に乗り込んでいるともされる。彼らの名前は「審判の日、世界の終末」を意味しており、世界を滅ぼすための存在と考える研究者もいる。

ムスペルヘイム

【むすべるへいむ】地

北欧神話に登場する9つの世界のひとつ。南方に位置する灼熱の世界で、明るく、熱く燃え盛っており、この地で産まれた**ムスペル**たち以外は住むことができなかった。この世界から吹き出る火花と熱風が、極寒の世界**ニブルヘイム**の霜とぶつかり、原初の巨人**ユミル**を産み出したとされる。また、火花は神々が天を飾る星を作るための材料ともなった。

ムニン

【むにん】王

北欧神話に登場する鴉。名前は「識別の力」を意味する。**オーディン**の使いで人語を理解し、**フギン**と共に世界中から情報を集めていた。魔術で肉体

267

から離れたオーディン自身の魂の一部と解釈する研究者もいる。オーディンはフギンよりもムニンを重要視していたようである。

📖 ゲリ、フレキ

夢魔
【むま】種

→インキュバス

村雨
【むらさめ】物

江戸時代後期の伝奇小説『南総里見八犬伝』に登場する宝刀。殺気を含んで抜き放てば水が滴り、刃を血糊で汚すことがないのだという。また、鉄を断ち、岩をつんざく切れ味ともされる。鎌倉公方足利持氏の持ち物であったが、持氏一族が幕府軍に敗戦したおりに家臣大塚（犬塚）番作の手に預けられ、息子で八犬士の犬塚信乃に伝えられた。その後、紆余曲折を経て持氏の子孫に返却されたとされる。

村正
【むらまさ】物

室町時代末期の伊勢国（三重県）の刀工、村正の一族とその作刀。千子派の始祖。表裏が揃った刃紋が特徴で、実用本意の鋭い切れ味を誇る。徳川家康が「当家に不吉」と破棄を命じたという逸話や、後の演劇などの影響から妖刀という不名誉な扱いを受けるようになった。そのためか反徳川派の大名や倒幕の志士などは好んで村正を求めたという。名工正宗の弟子とされることもあるが、時代的に接点はない。

📖 蜻蛉切

ムリアス
【むりあす】地

ケルト神話に登場する都市。アイルランド北方の4島にあるダーナ神族の故郷のひとつで、この都市から大神ダグザの魔法の巨釜がもたらされた。

📖 コールドロン、聖杯

ムルムル
【むるむる】キ

ミュールミュールともいう。イスラエルの王ソロモンが封印、使役したと伝えられる72柱の悪魔の1柱で30の軍団を率いる公爵、兼伯爵。かつては座天使の地位にあった。公爵冠をかぶり、グリフィンに乗った武装した兵士の姿で、2人の従者が吹き鳴らすラッパの音に続いて現れる。哲学について教え、死者の魂を呼び出して質問に答えさせる力を持つ。

メイヴ
【めいう】キ

ケルト神話に登場するコナハトの女王。名前は「酩酊させるもの」の意味。アイルランド上王の娘でプライドが高く、夫アリルをはじめとする多くの男性と関係を持ち最終的には破滅させた。その逸話や姿を変えるなどの

不思議な能力から、本来は王権の女神だったと考える研究者もいる。

参 アルスター、クーフーリン、フェルグス・マク・ロイヒ

冥界

【めいかい】地

死者の赴く世界、あの世のこと。仏教では「みょうかい」と読み、**地獄**、餓鬼、畜生の3つの悪道、あるいは地獄の意味でも用いられる。多くの文化圏で暗い地下世界として扱われ、たどり着くためには洞窟や河川、あるいは門といった境界を越えなければならない。冥界の食物を一度口にすれば地上に戻ることはできず、生きたまま冥界に留まるためにも様々な制約が課せられた。このほか、天界、山地、海の果て、特定の方角が死者の赴く場所とされることもある。

メイス

【めいす】物

鎚矛ともいう。英語で棍棒の総称。儀礼用の職杖の名称としても用いられる。時代や地域により様々な形状のものが存在していた。ヨーロッパでは板金鎧に対抗するために14～17世紀ごろに発展し、鎚頭に7枚の尖った金属板の畝がつけられた片手用のメイスが主流となっている。

メイルシュトローム

【めいるしゅとろーむ】概

ノルウェー北西岸沖に発生する大渦巻。海に沈んだ2つの魔法の臼が引き起こしているという伝説がある。

メール山

【めーるさん】地

ヒンドゥー教で、世界の中心にあると考えられた山。光り輝く最高の山で、黄金で飾られ、神々や**ガンダルヴァ**が住む。恐ろしい野獣が徘徊し、多くの宝に満ち、神的な薬草が山全体を輝かせている。メール山の雲の中には**ス ヴァルガ**という天国があり、雷神**インドラ**が支配しているのだという。

参 須弥山

メギド

【めぎど】地

『**旧約聖書**』に登場するパレスチナの古代都市。交易路の重要な地点に位置したため、古来様々な争いの舞台になった。『**ヨハネの黙示録**』で示唆される善と悪の最終戦争は、「メギドの丘（**ハルマゲドン**)」で行われる。**ソロモン**王もこの地に要塞を築いた。

メギンギョルズ

【めぎんぎょるず】物

北欧神話に登場する魔法の帯。雷神**トール**の持ち物で、彼はこの帯を巻くことでアースメギンと呼ばれる特別な神力を2倍に高めることができた。

メシア

【めしあ】概

ユダヤ教とキリスト教で、世界を救う**救世主**のこと。ヘブライ語の「油を注がれたもの」に由来し、ギリシア語ではクリストス、キリストと訳された。『**旧約聖書**』で、神によってユダヤ民族を救うべく選ばれたものに油を注いで聖別したことから、メシア＝救世主となった。ユダヤ教の歴史の中で何度もメシアを自称する者が現れて粛清されてきたが、イエスをメシアとする一派は生き残り、キリスト教になった。

メタトロン

【めたとろん】キ

ユダヤ教において重要視される**天使**。義人エノクが天界に昇り、天使になった姿とされる。太陽のように輝く顔の巨大な火柱のような体で、36対の翼と36万5千の目を持つ。「小**ヤハウェ**」とも呼ばれ天使たちの最高位に位置し、この世のあらゆる出来事を記録する天界の書記のほか、様々な役割を持っているとされる。そのためか、多くの異名が与えられており、**ミカエル**などの天使たちと同一視されることも多い。

参 サンダルフォン

メテオ

【めてお】物

英語で「流星、隕石」のこと。

メデューサ

【めでゅーさ】キ

メドゥーサともいう。ギリシア神話に登場する怪物。**ゴルゴン**3姉妹の末妹で、海神**ポセイドン**の恋人の1人であった。しかし、女神**アテナ**を怒らせたため、見たものを石に変える恐ろしい怪物にされてしまう。姉妹のうち1人だけ不死ではなかったため、英雄**ペルセウス**によって退治されたが、その首には石化の魔力が残っていた。ペルセウスはこの首を武器として用いるが、後にアテナに献上したとも、海中に投じたとも伝えられている。なお、彼女が退治された際に産まれた天馬**ペガサス**、怪人**クリューサーオール**は、ポセイドンの子供たちとされている。

メノラー

【めのらー】物

ヘブライ語で燭台のこと。ユダヤ教で用いられる7つ枝の燭台で、早くからユダヤ教のシンボルのひとつとして扱われてきた。なお、ギリシアから神殿を奪還したことを記念するハヌカー祭で用いられる8、もしくは9つ枝の燭台は、メノラーとは区別されハヌキアと呼ばれている。

メビウス

【めびうす】キ

ドイツの数学者、天文学者アウグスト・フェルディナンドのこと。「メビウスの輪」は彼が提唱した、細長い帯

を一ひねりして両端をくっつけたもの
で、英語では「メビウス・ストリップ」
または「メビウス・バンド」という。

メフィストフェレス
【めふぃすとふぇれす】[キ]

メフィストフィリス、メフィストフィ
ラスともいう。16～17世紀にかけて
ドイツで流布した「ファウスト伝説」
に登場する悪魔。初期の伝説では魔術
師ファウスト博士と契約して破滅をも
たらす存在で、その方法も惨たらしい
ものが多い。19世紀のドイツの詩人
ゲーテの『ファウスト』において「悪
を欲して善をなす」というシニカルで
機知に富んだ性格を与えられ、以降の
イメージが決定づけられた。悪魔学に
おいては、地獄の支配者の1人に加え
られている。

メメント
【めめんと】[概]

英語、ラテン語で「形見の品、警告す
るもの」の意味。メメント・モリは
「死を警告するもの、死の象徴」の意
味でしゃれこうべを指すこともある。
または「死を思い出せ」という意味の
慣用句として古代ローマから使われて
いた。

メルカバ
【めるかば】[物]

『旧約聖書』に登場する神の戦車。ケ
ルビムとソロネによって構成され、神

の玉座を運ぶ役割を持つ。このほか、
メルカバの名はグノーシス主義の影響
を受けたユダヤ教神秘主義思想の名称
としても用いられている。この思想は
断食と特殊な瞑想により「神の座」に
至る精神的変容を目標としたもので、
後にカバラ思想の原型のひとつとなっ
た。なお、現在のイスラエル軍の戦車
も、この神の戦車の名を冠している。

モイラ
【もいら】[種]

ギリシア神話に登場する運命の女神。
複数形はモイライ。大神ゼウスと掟の
女神テミスの娘で、糸を紡ぐクロト、
糸を糸車に巻き取り計るラケシス、糸
を切るアトロポスの3姉妹とされる。

モードレッド
【もーどれっど】[キ]

メドラウド、モルドレ、モルドレート
ともいう。アーサー王伝説に登場する
円卓の騎士の1人。ごく初期の文献で
はカムランの戦いにおいてアーサーと
戦死したことだけが書かれていたが、
12世紀の『ブリタニア列王史』以降
アーサーに反旗を翻し相討ちになった
甥と考えられるようになった。後の物
語では、アーサーと姉モルゴースとの
間に生まれた不義の子とされている。

モーニングスター
【もーにんぐすたー】[物]

13～17世紀ごろのヨーロッパの棍棒。

球形や円錐形などに膨らませた鎚頭(つちがしら)に、無数のトゲが放射状に植えつけられている。名前は英語で「明けの明星」の意味で、同様の鎚頭を持つ長柄武器や連接棍棒などもモーニングスターと呼ばれていた。ドイツで考案された武器で、ドイツ語ではモルゲンステルンという。「聖水散布棒(ホーリーウォータースプリンクラー)」とも呼ばれるが、その意図は諸説ありはっきりとしない。

モーリュ
【もーりゅ】物

ギリシア神話に登場する薬草。魔除けの力を持っており、黒い根に乳白色の花をつけるとされる。**トロイア**から故郷に帰ろうと旅を続ける英雄オデュッセウスが魔女キルケーの館を訪ねた際、伝令神**ヘルメス**がキルケーの魔力からオデュッセウスを守るために与えた。

参 『オデュッセイア』

黙示録
【もくしろく】概

キリスト教の概念で、神による世界の終末を伝える文書のこと。英語ではアポカリプス。『**新約聖書**』の最後に置かれている『**ヨハネの黙示録**』で初めてこの言葉が使われた。黙示録であるかどうかは内容により、『**ヨハネの黙示録**』をはじめとして、『**旧約聖書**』の一部、また**外典**や**偽典**にも多数の黙示録文書がある。

モラクス
【もらくす】キ

フォライー、フォルファクスともいう。**イスラエル**の王**ソロモン**が封印、使役したと伝えられる72柱の悪魔の1柱で、36の軍団を率いる地獄の総統、兼伯爵。牡牛の頭を持つ人間の姿で現れる。人間の姿になると、占星術、薬草や宝石の効能について教える。中東の神**モロク**と関係があると考える研究者も多い。

モリガン
【もりがん】キ

アイルランドの神話、伝承に登場する戦いの女神。ダーナ神族とフォーモリア族の戦いに際して、ダーナ神族の大神**ダグザ**と関係を持って彼の戦いを支えることを誓う。また、英雄**クーフーリン**が敵国コナハトと争うのを邪魔し、これを退けたクーフーリンに警告を与えた。戦いの女神ネヴァン、バウヴ、マハとは姉妹とされる。

モレク
【もれく】キ
→モロク

モロク
【もろく】キ

『**旧約聖書**』に登場するフェニキア、パレスチナのアンモン人たちによって崇拝されていた神。子牛の頭を持つ人形の青銅の像で表される。この青銅の

像の胸部には7つの小部屋があり、それぞれ小麦、雉鳩、牝羊、牝山羊、子牛、牡牛、子供が押し込められ犠牲として焼かれた。その際には楽団により演奏が行われ、犠牲者の声を打ち消したとされる。後の悪魔学では**モラクス**と同一視されることも多い。

モンク
【もんく】職

英語で「修道士」のこと。貞潔、清貧、服従の3つの誓いを立て、修道院で厳格な共同生活を行う。制度としては11世紀ごろに確立し、16世紀以降は伝道活動の中心となった。また、仏教僧の訳語としても用いられている。ファンタジー小説やゲームに登場する格闘術に優れた「モンク」は、中国嵩山少林寺などの修行僧との混同から来たものかもしれない。

文曲
【もんごく】物

道教の星の名前。北斗七星の柄の先から4番目の星。西洋名はメグレズ。

紋章
【もんしょう】概

ヘラルドリーともいう。個人や家柄、国、団体などを示すために用いられた図像。ヨーロッパでは12世紀ごろから王公貴族が用いる紋章が成立し、後に都市や聖職者、**ギルド**、大学なども許可を得て独自の紋章を用いるように

なった。盾に描かれた模様を原型としており、盾型の輪郭に家柄、地位、家族内の序列などを意味する図像と地紋が組み合わされている。その解釈は複雑であり、15世紀ごろには紋章学や個人を特定する紋章官などが登場した。日本の家紋も紋章の一種で、平安時代から鎌倉時代にかけて貴族や武士の家柄を示すものとして定着した。江戸時代には庶民の間でも様々な家紋を用いることが流行するようになり現在に至っている。

『門の書』
【もんのしょ】物

古代エジプトの葬祭文書。新王朝時代（紀元前16〜11世紀ごろ）のもので、冥界**アメンティ**（ドゥアト）にある12の門と守護神、そして彼らに門を通してもらうための「真の名」が書かれている。しかし、版や葬祭文書によっては門の数や内容が異なるものも多い。

も

や

『薬物誌』

【やくぶつし】物

『薬物論』、『デ・マテリア・メディカ』ともいう。ローマ皇帝ネロに軍医として仕えた医師、植物学者のディオスコリデスの本草学書。全5巻構成で、600に及ぶ項目は薬効により分類され、正式名称、異名、産地などが記載されている。その内容も実践、観察を通じて書かれており、当時としては画期的なものだった。古代ローマ世界を通じて受け継がれ、中世、近世のヨーロッパにも影響を与えたとされている。

八尺瓊勾玉

【やさかにのまがたま】物

日本神話に登場する装身具。『日本書紀』では八坂瓊曲玉などとも書かれる。名前は大きな勾玉、もしくは8尺の紐に連ねた勾玉の意味。皇位継承権を象徴する**三種の神器**のひとつ。**天岩屋戸**に隠れた**アマテラス**の興味を引くための祭儀の際に作成された。『日本書紀』や別伝では八坂瓊之五百箇御統という名が盛んに登場しており、**スサノオ**からアマテラスに献上されたり、アマテラスの髪を飾ったりしている。

夜叉

【やしゃ】種

インド神話や仏教の説話などに登場する精霊、鬼神の一族。名前はサンスクリット語の「ヤクシャ」の音訳で、女性は「ヤクシニー」という。古くは水辺、森林の精霊と考えられ、財宝とも結び付けられていたが、次第に人を害する鬼神と考えられるようになった。仏教では、仏教を守護する8つの種族、天竜八部衆のひとつとされている。

『ヤシュト』

【やしゅと】物

ゾロアスター教の聖典『アヴェスター』の一部で21篇の神々を称える歌を納めた書物。補佐的神格である陪神ヤザダをはじめ、ゾロアスター教に取り込まれた古代イランの神々を対象としており、内容的には『アヴェスター』そのものより古いものが含まれているとされる。

『ヤスナ』

【やすな】物

ゾロアスター教の聖典『アヴェスター』の一部で、主要な祈祷用文献。ゾロアスター教徒としての信条が主な内容となっている。このうち予言者ザラスシュトラ本人が基本教義や神との関わりあいを謳った詩編「ガーサー」17篇は特に重要視されている。

八咫鏡

【やたのかがみ】物

日本神話に登場する神鏡。『古事記』では八尺鏡などとも書かれる。名前は

大きな鏡の意味。皇位継承権を象徴する**三種の神器**のひとつ。**天 岩屋戸**（あめのいわやと）に隠れた**アマテラス**の興味を引くための祭儀の際に作成された。鏡作りの神イシコリドメが2枚鋳造したうちの出来の良い方で、岩屋戸が開かれた際に小さな傷がついたのだという。当初、宮 中三殿（きゅうちゅうさんでん）のひとつ賢 所（かしこどころ）に安置されていたが祟りがあり、当時の天皇の娘ヤマトヒメの手で各地を巡り**伊勢神宮**（いせじんぐう）で祀られるようになった。

ヤヌス

【やぬす】🈁

古代ローマで信仰されていた門神。2つ、もしくは4つの顔を持つ老人として描かれ、物事の始まりを司るともされる。古代イタリアのラチウム地方に黄金時代を築いた伝説的王で、後に神として扱われるようになった。ローマがまだ新興国家であったころ、硫黄の熱泉を吹き出してサビニ人の侵攻を防いだとされる。この逸話から、ローマが交戦中はヤヌスの神殿の門は開かれ、平和な時には閉じられていたのだという。

ヤドリギ

【やどりぎ】🈟

半寄生性の常緑低木。鳥によって運ばれ、糞の落ちた場所で育成する。落葉樹などに寄生して、ほかの葉が落ちても青々とした葉やつややかな果実を残す姿からか、ヨーロッパでは治癒や魔除けといった魔術的な力を持つ植物と考えられてきた。現在でも夏至や冬至にヤドリギを切り取って飾る風習が残された地域も多い。『ガリア戦記』には、**ガリア**人（ケルト人）たちが細心の注意を払って、黄金の鎌でヤドリギを採取する様子が描かれている。

📖ドルイド、バルドル、ミストルティン

ヤマタノオロチ

【やまたのおろち】🈁

日本神話に登場する怪物。『**古事記**』では八俣 遠呂智（やまたのおろち）、『**日本書紀**』では八岐 大蛇（やまたのおろち）と書かれる。8つの頭と尾を持つ大蛇で、鬼灯のような赤い目を持ち、背中は苔むして杉や 桧（ひのき）といった樹木が生い茂り、腹は重さからか爛れて血が滴っていたとされる。簸川上流（ひのかわ）に棲みアシナヅチ、テナヅチ夫妻の娘たちを生け贄としていたが、地上に追放された**スサノオ**の手で退治された。一説には異民族や製鉄民族のこととされ、九頭 竜（くずりゅう）や伊吹山に住む伊吹大 明神（いぶきだいみょうじん）などと同一視されることもある。

山伏

【やまぶし】🈺

修験者（しゅげんじゃ）ともいう。**修験道**に基づいて山野で修行し、まじない、**加持祈祷**（かじきとう）などを行う宗教家。僧侶と違い有髪妻帯で、ある意味俗人に近い生活をしている。交通事情に通じ全国通行が慣例的に許されていたことから、軍事、政治目的の情報収集や隠密行動に利用され

ることも多かった。

参 巫女

ヤルダバオト

【やるだばおと】 天

グノーシス主義における造物主。光の国プレーローマの神的存在アイオーンの最上位ソフィアが単独で産み出したが、不具なのを知り遺棄した。ライオンと蛇を組み合わせたような姿で、両性具有、あるいは無性とされる。『**旧約聖書**』の神を戯画化した存在であり、天使アルコーンたちと物質世界を創造し、自らが唯一の神と宣言した。その無知蒙昧さから「盲目の神」**サマエル**、姿から「ライオンの神」アリエルとも呼ばれる。最終的に息子サバオトに反逆され地下世界に幽閉された。

唯一神

【ゆいいつしん】 概

神は世界で唯一の存在とする宗教においての神。ユダヤ教、キリスト教、イスラム教などがこれにあたり、唯一神を信仰する宗教は一神教と呼ばれる。これに対し、複数の神を信仰する宗教は多神教という。

幽都

【ゆうと】 地

中国の地母神后土が支配する地下の国。全てが暗く、玄鳥、玄蛇、玄豹、玄虎などがいる。

ユートピア

【ゆーとぴあ】 地

空想上の理想社会のこと。イギリスの人文主義者、政治家のトマス・モアがギリシア語の「無い」と「場所」を組み合わせて作った造語で、「どこにもない場所」の意味。理性の支配する社会主義、共産主義的社会を描き、現体制を批判したモアの啓蒙小説『ユートピア』のタイトルにもなっている。

ユグドラシル

【ゆぐどらしる】 物

北欧神話に登場する巨大な樹木。トネリコの樹とされ、その根は9つの世界、もしくは3つの世界に伸びていた。名前は「ユッグの馬」という意味で、ユッグとも呼ばれる**オーディン**がこの樹で首を吊り、**ルーン**文字を見いだしたという逸話に由来するともされる。ホッドミミル、ミーマメイズ、レラーズなどの大樹と同一視されることが多い。青々と繁っているものの、葉や幹、根などを動物たちにかじられて、幹の一部は腐って柔らかくなってしまっていたため、**ウルズ**たちが根に白い泥をかけて枯れてしまわないようにしていた。**ラグナロク**では自らの運命を知ってかその巨体を震わせるが、なんの抵抗もできず**スルト**の放った炎で焼きつくされるのだという。

参 ヴァルハラ、ヴィゾフニル、世界樹、ヘイズルーン

ユダ

【ゆだ】[キ]

『旧約聖書』と『新約聖書』に登場する人名、氏族名。ユダと呼ばれる人物は何人か登場するが、最も有名なのは、「ユダヤ人」の名前の祖となったヤコブの子ユダと、イエス・キリストを裏切ったイスカリオテのユダである。イスカリオテのユダは、銀貨30枚でイエスをユダヤ教指導者たちに売ったが、後に後悔して自ら命を絶った。しかし、彼の行動はイエスの指示によるものだったとする**外典**『ユダの福音書』なども存在している。

ユニコーン

【ゆにこーん】[種]

ヨーロッパの伝承に登場する一角獣。長い角を持つロバ、もしくは馬の姿で描かれることが多い。古代ギリシアの時代から様々な書物に登場しているが、「ユニコーン」の名前自体は17世紀の『欽定約聖書』に登場して以降広まったものである。角には解毒作用があると信じられており、偽物が高値で取引された。ライオンや象を襲って殺すほど狂暴だが、処女に手懐けられるという伝承から、聖母**マリア**やキリストと関連付けられる。

ユノー

【ゆのー】[キ]

ローマ神話で重要視される「同意する神々」の1柱で主神ユピテ <small>ディ＝コンセンテス</small>

ルの妻。英語ではジュノーン。もともとはイタリアの結婚や女性の生活全般、月の運行などを司る女神。後にギリシア神話の主神**ゼウス**の妻ヘラと同一視されるようになった。ギリシア神話とは違い、軍神**マルス**は彼女が花の女神フローラから受け取った花を用いて独力で産み出したとされる。古代ローマの聖地のひとつカピトリヌスの神殿では主神ユピテル、**ミネルヴァ**と共に三身一体で祀られていた。

[参] ジュピター

『指輪物語』

【ゆびわものがたり】[物]

イギリスの作家J・R・R・トールキンが1954年に出版した物語。トールキンは独自の設定と、**エルフ**や**ドワーフ**といった既存の神話、伝承の存在を融合させ、本当に存在するかのような「もうひとつの世界」を作りあげた。作品はファンタジー小説の代名詞ともなり、エルフやドワーフの印象を決定づけ、その後の創作作品に大きな影響を与えた。

[参] ミスリル

ユミル

【ゆみる】[キ]

北欧神話に登場する原初の巨人。極寒の世界**ニブルヘイム**の霜、もしくは毒の川**エーリヴァーガル**の氷が、灼熱の世界**ムスペルスヘイム**の熱で溶かされて誕生したとされる。同時に誕

生した牝牛**アウドムラ**の乳を食料とし、単体で多くの霜の巨人たちを産み出した。しかし、その邪悪な性質と醜い姿を嫌った**オーディン**によって殺害され、巨大な死体は世界を作るための材料として用いられた。

参 ヨトゥン

妖怪

【ようかい】概

科学では解明できない超自然的な存在、あるいは現象のこと。特定の場所、時間、行為と結び付けられていることが多い。民俗学では、彼らを本来の信仰や存在意義が失われた零落した神々と定義することもある。明治時代の学者井上円了（いのうええんりょう）は、妖怪をイタズラなど人為的な原因の「偽怪」、自然現象が原因の「仮怪」、恐怖や誤認が原因の「誤怪」、これらに当てはまらず解明できない「真怪」に分類している。

妖精

【ようせい】概

ヨーロッパの伝承、物語などに登場する超自然的な存在。狭義でいえば英語の**フェアリー**のことであるが、現在では世界各国の神話に登場する半神的存在も含む雑多な意味合いでも用いられている。**妖怪**と同じく零落した異教の神々、先住民の記憶、祖霊崇拝の名残など、様々な解釈や考察がなされているが、娯楽的な昔話や不思議な出来事への説明から生み出されたと思われる

ものも多い。

参 アールヴ、エルフ、ニンフ、ピクシー

妖刀

【ようとう】物

持ち主や周囲の人々を傷つけ、不幸にすると考えられた刀剣。徳川家に祟るという**村正**（むらまさ）が有名で、多くの演劇で血を見なければ収まらぬ妖刀ぶりを発揮した。なお、江戸時代中期には剣相学という学問が流行し、刃紋や姿の特徴から刀剣の吉凶が占われたとされる。

ヨーガ

【よーが】概

インドの修行法。宇宙の真理に至り、解脱（げだつ）するために行われる。大きく6種類に分けられ、心の動きを制御するラージャ・ヨーガ、神への帰依に専心するバクティ・ヨーガ、社会的義務を実践するカルマ・ヨーガ、知ることによって解脱を目指すジュニャーナ・ヨーガ、**マントラ**を唱えるマントラ・ヨーガ、肉体を宇宙として制御するハタ・ヨーガがある。

『ヨーガ・スートラ』

【よーが・すーとら】物

インド哲学の一派「ヨーガ派」の聖典。紀元450年〜540年ごろに成立した。

預言者

【よげんしゃ】職

キリスト教、イスラム教、ユダヤ教において、神の言葉を預かり、民に伝えるべく選ばれた人。『旧約聖書』の時代には、数多くの預言者が現れ、神の言葉をもって民を導く指導者の役割を果たした。イスラム教では、『旧約聖書』時代の預言者、イエスに続く最後の預言者がムハンマドだとされる。

予言者

【よげんしゃ】職

何らかの手段によって未来の出来事を予知し、伝える人。**シビュレ**や**ヴォルヴァ**のような古代の**巫女**から『百詩篇』を著したノストラダムスなど、様々なタイプの予言者がいる。

ヨトゥン

【よとぅん】種

北欧神話に登場する巨人族。原初の巨人**ユミル**を祖とする一族は「霜の巨人」とも呼ばれる。神々とは血縁関係にあるが、多くは狂暴で邪悪な性質を持っていた。**オーディン**がユミルを殺害した際に起きた洪水で滅びかけており、基本的には神々と敵対している。特に雷神**トール**は彼らの仇敵ともいえる存在だった。もっとも、海を支配する**エーギル**のように同盟関係にあるものや、**スカジ**やゲルズのように神々の妻として迎え入れられたものもいる。彼らヨトゥンは力や知識、財力に優れ

たものも多く、それを狙った神々に計略を仕掛けられることも少なくない。**ラグナロク**においては**ムスペル**と共に神々に戦いを挑むのだという。

ヨトゥンヘイム

【よとぅんへいむ】地

北欧神話に登場する9つの世界のひとつ。**巨人族（ヨトゥン）**の住む土地で、**ミズガルズ**の囲いの外側や**イアールンヴィズ**の森とその向こう側などが、こう呼ばれている。また、北方や東方にあるとも考えられていた。「囲いの外」を意味するウートガルズと呼ばれることもある。

『ヨハネの黙示録』

【よはねのもくしろく】物

『**新約聖書**』の巻末に置かれた1書。中央アジアで迫害を受けるキリスト教徒を励まし、ねぎらう目的で書かれたもので1世紀ごろに成立したと考えられている。イエスの再臨、地上の王国の滅亡、神の国の到来などを様々な象徴を用いて表現しており、**ミカエル**に敗れ堕天する**ドラゴン**の姿の**サタン**や、海から現れる2匹の穢（けが）れた獣、ラッパを吹きならし終末を伝える4人の天使などのイメージは後の創作の世界に大きな影響を与えた。

黄泉

【よみ】地

日本神話における冥界。暗く穢（けが）れた恐

よ

279

ろしい地下世界で、ヨモツイクサと呼ばれる軍勢やヨモツシコメと呼ばれる鬼女などが住み着いている。ここで煮炊きされた食物を口にすると現世に戻ることはできなくなり、女神である**イザナミ**ですら黄泉神の許可を得なければならなかった。結局、現世に戻ることができなかったイザナミは、この地で人々の死を司る黄泉津大神（よもつおおかみ）となったとされる。

黄泉比良坂

【よもつひらさか】地

日本神話において現世と**黄泉**をつなぐと考えられていた坂。妻**イザナミ**の腐乱した姿に驚き黄泉から逃げ戻った**イザナギ**により、イザナミや彼女が率いる追手が現世に出てこないように千引（ちびきのいわ）石と呼ばれる巨岩で入り口を塞がれた。イザナギ、イザナミ夫婦はこの岩を境に絶縁したとされている。**出雲**（いずも）にあったとされるが、詳細な場所はわかっていない。

依代

【よりしろ】概

形代（かたしろ）、霊代（みたましろ）ともいう。祭祀などにおいて神霊が招き寄せられ、乗り移るとされるもの。樹木、岩石、柱、祭具、人形、動物、人間などがあり、人間の場合は尸童（よりまし）と呼ばれる。神霊が自らの意思を伝えるべく現れる際、現世での体を必要とするという考えに基づくもので、これらの品々は神霊の代わりと

して信仰の対象になった。

ヨルムンガンド

【よるむんがんど】主

北欧神話に登場する怪物。悪神**ロキ**と女巨人（ヨトゥン）アングルボザとの間に産まれた3兄妹の1人。蛇の姿をしており、災厄をもたらすものとして産まれてすぐに神々によって海に投げ込まれた。しかし、そこで成長し、最終的には世界をぐるりと取り囲み、自らの尾をくわえるほどの巨体となったとされる。幻影で猫の姿にされ力比べに使われたり、牛の頭を餌に釣りあげられたりするなど、何かと雷神**トール**と縁が深い。**ラグナロク**においても雷神トールと戦い相討ちになるのだという。

別 ミドガルズオルム

参 フェンリル、ヘル

ら

ラー

【らー】👑

古代エジプトの神の1柱。ヘリオポリス（古名イウヌ）の太古の太陽神で、第2王朝時代（紀元前2800年ごろ）には信仰が始まっている。通常、頭上に太陽円盤を頂く鷹の頭の男性の姿で描かれるが、夜の太陽として牡羊の姿でも描かれた。ラーは世界に恵みをもたらす太陽であり、毎朝天空の女神**ヌート**から生まれ、多くの神々や従者と共に太陽の船で昼と夜の空を旅するとされる。そのため、ラーもしくはラーと習合した神は、至高の存在として崇拝されていた。しかし、その権威は絶対ではなく、自分に従わない傲慢な人間たちを成敗すべく戦いと破壊の女神**セクメト**を派遣したという神話や、大女神**イシス**に脅迫され自分を支配する秘密の名前を明かしたという神話も残されている。

ラーヴァナ

【らーうぁな】👑

インドの叙事詩『**ラーマーヤナ**』に登場する**羅刹**の王。10の頭と20の腕を持つ。修行によって神にも悪魔にも殺されない体となっていたが、英雄ラーマの妻シータを誘拐し、人間であったラーマに倒された。

📖 ヴィシュヌ、ハヌマーン

ラース

【らーす】概

七つの大罪のひとつ、「憤怒」の英語読み。

『ラーマーヤナ』

【らーまーやな】物

インドの長編叙事詩で、ヒンドゥー教の聖典でもある。全7編で、2世紀ごろに成立した。ヴァールミーキ作とされる。『**マハーバーラタ**』と合わせて、二大叙事詩と称される。コーサラ国の王子ラーマが、**羅刹**の王**ラーヴァナ**にさらわれた妃シータを取り戻しに行く物語。

📖 ハヌマーン

雷切

【らいきり】物

豊後国（大分県）の戦国武将、立花道雪が愛用した太刀。当初は「千鳥」と呼ばれていたが、大樹の下で昼寝をしていた道雪が落雷にあった際、その雷、もしくは原因となった妖怪**雷獣**を切ったことから「雷切」と呼ばれるようになった。その後、立花家の家宝として伝えられたが、現在は短く磨りあげられており刀工の銘も伝わっていない。

雷獣

【らいじゅう】種

落雷の際に現れるとされる妖怪。雷と共に天から落ちてくるともされる。猫

やムジナ、ハクビシンのような姿とされることが多い。しかし、中には虫のような顔で鱗と毛が生え、四肢の先端に蟹のような爪のある奇妙な姿で描かれたものもある。江戸時代に多く記録され、『南総里見八犬伝』の作者、滝沢馬琴なども研究していた。

雷上動
【らいじょうどう】物

日本の伝説に登場する弓。源頼光が夢の中に現れた美女、椒花女から水破、兵破の矢と共に授けられた。椒花女は中国楚の国の弓の名手で文殊菩薩の化身、養由基の娘とされる。中国の五台山に棲む双頭の蛇に信楽懺愧の布を弦にしてかけて弓としたものとされ、名前はその弦の音の高いところから名付けられたのだという。その後、頼光の孫、源頼政に受け継がれ、鵺退治に用いられた。なお、水破、兵破の鏃は文殊菩薩の両眼から作られたとされる。

ラウム
【らうむ】キ

ライムともいう。イスラエルの王ソロモンが封印、使役したと伝えられる72柱の悪魔の1柱で、30の軍団を率いる地獄の伯爵。鴉の姿で現れるが、人間の姿になることもできる。過去、現在、未来について教え、都市や支配者を滅ぼし、金持ちから財宝を奪い、敵同士を和解させる力を持つ。

ラクシュミー
【らくしゅみー】キ

インドの女神。不死の霊薬アムリタを作成した際に海中から生まれた女神で、幸運、美、豊穣、王権を象徴する。別名シュリー（繁栄）。ヴィシュヌ神の妃で、ヴィシュヌ神がアヴァターラとなるときには、ラクシュミーも姿を変えて寄り添う。仏教にとりいれられ、吉祥天となった。

ラグナロク
【らぐなろく】概

北欧神話における世界の終末。「神々の没落」などを意味するが、ワーグナーの歌劇『ニーベルンゲンの指輪』以降は「神々の黄昏」と訳されることが多い。その前兆は天界、地上、冥界に棲む魔法の雄鶏たちが時を告げることとされる。その後、長い荒廃の時代が続き、大寒波の到来や太陽と月の消失を経て巨人族とムスペルの軍勢の侵攻が始まる。彼らと神々は壮絶な戦いを繰り広げるが、最終的には全てがムスペルの長スルトの放つ炎で焼き尽くされ海に沈むことになる。しかし、世界は滅びるわけではなく、新たな太陽と月、理想的な大地が現れ、生き延びた神々や人間が戻り、大いなる支配者が到来するのだという。

ラケシス

【らけしす】固

ギリシア神話に登場する運命の女神モイライの1柱。姉妹たちが紡ぐ、人間の一生を象徴する糸を糸車に巻き取り計る役割を持つ。

参 アトロポス、クロト、モイラ

羅生門

【らしょうもん】地

平城京（奈良県）、平安京（京都）の南北を走る朱雀大路の南端に位置する都の正門。ここから外を洛外という。平安京のものは建築時に桓武天皇が高すぎることを指摘したという逸話があり、一度大風で倒壊している。再建された後も都の外れという立地からか荒廃し、盗賊や鬼の住処と考えられるようになった。源 頼光の家臣、渡 辺 綱が鬼の 茨 城童子の腕を切ったという話や、御所から琵琶の名器玄 象 を盗んだ鬼が住んでいたなどの話も伝わっている。

参 朱雀門

ラスト

【らすと】概

七つの大罪のひとつ、「色欲」の英語読み。

羅刹

【らせつ】種

インド神話や仏教の説話などに登場する悪魔の一族。サンスクリット語の

「ラークシャサ」の音訳。女の羅刹は羅刹女という。強い力を持つものもおり、『ラーマーヤナ』で主人公ラーマの妻シーターをさらう羅刹の王ラーヴァナが有名。日本の説話では、人を食う恐ろしい鬼として描かれている。

ラドン

【らどん】固

ギリシア神話に登場する怪物。ヘスペリデスの園にある黄金の林檎を守っていた、尾の付け根まで開く口と剣のように鋭い歯を持つ大蛇。黄金の林檎を手に入れるために訪れた英雄ヘラクレスに、蜂の巣を口に投げ込まれ退治された。

ラピュタ

【らぴゅた】地

イギリスの作家スウィフトの『ガリバー旅行記』に登場する巨大な浮き島。大きさは直径約7.2キロ、厚さは約270メートルほどで、滑らかな一枚岩で支えられている。島の地下には巨大な舟形の磁石がいくつかのタガと軸で固定されており、その力で宙に浮き、移動することができる。もっとも、その範囲は磁石が反応する土地の上に限られていた。住人の男性は数学と音楽、天文以外頭になく、女性たちはそんな男たちに嫌気がさして地上の男性と関係を持っている。ラピュタの王と貴族たちは地上のバルビバーニという地域を支配しているが、そこでは

「最新の学問」という名の机上の空論がもてはやされ、街や土地は荒れ果てていた。

ラビュリントス
【らびゅりんとす】地

ギリシア神話に登場する宮殿、またはそれを模した図案のこと。英語で迷路、迷宮などを意味するラビリンスの語源。「もつれにもつれし紆余曲折に出口を惑わす」とされ、容易に出ることはできない。クレタの王ミノスの妻パシパエが産んだ牛頭の怪物ミノタウロスを閉じ込めるために、名工ダイダロスによって建造された。なお、現在のように遊びの場としての迷路が登場するのは17世紀ごろのこととされる。

ラファエル
【らふぁえる】キ

ユダヤ教、キリスト教、イスラム教において重要視される大天使。ミカエル、ガブリエル、ウリエルたちと共に四大天使と呼ばれることもある。旅人に身をやつして少年トビアに同行したことから、旅人の姿で描かれることが多い。また、このエピソードから癒しの天使、旅人の守護者などの役割を持つと考えられている。ユダヤ教の伝承では大地を癒す存在である一方、幽閉された堕天使たちを監視する役割も持つ。

ラミア
【らみあ】キ

ギリシア神話に登場する怪物。上半身は美しい女性の姿で、下半身は蛇、言葉は喋らず口笛のような声を出すとされる。本来はリビアの王女であったが、大神ゼウスに愛されたことから女神ヘラに憎まれ、子供たちを惨殺されたことから怪物になった。伝承により、子供を貪り食うとも、若者の血を吸うともされる。

ラメラ・アーマー
【らめら・あーまー】物

革や金属の小札を紐でつづり合わせた鎧。紀元前にはすでに登場しており、時代を問わず世界各地で同様の鎧が用いられていた。日本の鎧もラメラ・アーマーの一種といえる。

ランサー
【らんさー】職

英語で槍騎兵のこと。アメリカの超音速戦略爆撃機の名称としても用いられている。

ランス
【らんす】物

16〜20世紀ごろまで用いられた騎兵用の槍。6世紀ごろの歩兵槍が原型とされる。3〜4mと長く、三角錐の護拳がついたものが多いが、東欧ではよりシンプルで切っ先が鋭いものも用いられている。馬上試合が人気になる

と、騎士たちの安全を考慮してコロネルと呼ばれる刺さりにくい王冠状の切っ先をしたものや、中空で壊れやすいものなどが登場した。

ランスロット
【らんすろっと】[王]

ランスロともいう。**アーサー王の円卓**の騎士の1人。西フランス領ベイノックの王子。湖の淑女**ヴィヴィアン**によって育てられ、「湖のランスロット」とも呼ばれる。「騎士の中の騎士」と称賛されていたが王妃**グィネヴィア**との恋愛関係が発覚し、円卓の騎士はアーサー派とランスロット派に分かれ争うこととなった。アーサーの死後は隠遁し、グィネヴィアが死ぬと彼女を追うようにこの世を去ったとされる。

ランツ・クネヒト
【らんつ・くねひと】[職]

15世紀末に神聖ローマ帝国皇帝マクシミリアン1世によって編成された歩兵部隊と、そこから派生した傭兵部隊。編成当初はスイス傭兵たちから技術を学んでいたが、次第に関係は悪化し、最終的には犬猿の仲となった。奇抜で派手な服装を好んだことで知られ、後の貴族たちのファッションにも少なからず影響を与えている。歩兵槍のパイクや**ハルバード**、**ツヴァイハンダー**、**カッツバルゲル**など大柄、実用本意な武器を用いることが多かった。

リア・ファイル
【りあ・ふぁいる】[物]

リア・ファール、ファール石ともいう。ケルト神話に登場する魔法の石。正当な王が上に乗ると叫び声をあげるとされる。ダーナ神族の故郷のひとつ**ファリアス**からもたらされ、アイルランドの**タラ**の王宮に置かれた。

リージェント
【りーじぇんと】[概]

英語で「摂政、王権代行者」の意味。古英語では統治者、支配者の意味でも使われていた。

リール
【りーる】[王]

ケルト神話に登場するダーナ神族の1柱。名前は「海」の意味。海神**マナナーン・マクリル**の父親で、古い資料には登場しない。ダーナ神族の王位を争った赤毛のボウヴの娘との間に3男1女をもうけるが、後妻の嫉妬から子供たちは白鳥に変えられ追放された。

『リグ・ヴェーダ』
【りぐ・ゔぇーだ】[物]

インドの宗教書『**ヴェーダ**』のひとつで、最も古く、紀元前1200年ごろに成立した。神々への讃歌を集めた讃歌集で、全10巻、1028讃歌からなる。そのうち、雷神**インドラ**への讃歌が4分の1、火神**アグニ**への讃歌が5分の1を占める。

リバイアサン

【りばいあさん】 キ

『旧約聖書』に登場する怪物。海に棲み、剣も槍も通さず、鼻から煙を吹き、口からは炎を吐く。邪悪な存在として神に頭を砕かれると描写される一方、食料として砂漠の民や選ばれた人々に供されるのだという。後に悪魔とも考えられるようになり、その顎は地獄の入り口と同一視された。

別 レビヤタン

リベリオン

【りべりおん】 概

英語で「反乱、謀反、抵抗」の意味。

龍

【りゅう】 種

中国の霊獣。四霊のひとつ。水を司り、鱗を持つ生き物366種類全ての祖先だとされている。雲を呼び、空を自在に駆けることができる。駱駝の頭、鹿の角、兎の目、蛇の首、蜃（蜃気楼を起こす蛇に似た伝説上の生き物）の腹、魚の鱗、鷹の爪、虎の掌、牛の耳と9つの動物の特徴を持つ。中国では、龍は皇帝のシンボルとされた。英語の**ドラゴン**、インドの**ナーガ**の訳語としても使われ、慣例的に中国と日本の龍は「龍」、それ以外は「竜」と書くこともあるが（本書もそれにならっている）、竜は龍の略字であり、両者の厳密な使い分けはされていない。

龍王

【りゅうおう】 概

龍を統べる王。インドでは、竜族**ナーガ**の中でも特に有力な個体、**ヴァースキ**や**アナンタ**などが王とされている。中国では、各王朝が治水を願って、四方の海と河、風雨を司る四海龍王を祀った。『**西遊記**』などの創作物にもそのほか様々な龍王が登場する。

龍宮

【りゅうぐう】 地

たつのみや、うみのみやなどともいう。日本の神話、伝説に登場する異界、あるいは宮殿。海、川、井戸などの底、海の果てなど地上とは隔絶された場所にあり、**龍王**や乙姫などが住んでいる。珍しい宝物に溢れ、住人は**不老不死**の理想郷であるが、神に愛されたものや住人に招待されたものしかたどり着くことはできない。多くの伝説で龍宮を訪れたものには宝物が贈られるが、それらの宝物には**禁忌**があり、やぶられると効果が失われるか持ち主に不幸をもたらした。**綿津見国**と同一視されることもある。

龍神

【りゅうじん】 種

龍が神として祀られたもの。主に海や氾濫を起こす川などで、水の安全を祈願する対象として祀られる。

リュングヴィ

【りゅんぐうい】地

北欧神話に登場する小島。アームス
ヴァルトニール湖に浮かんでいる。魔
法の紐**グレイプニル**で拘束された魔狼
フェンリルが、**ラグナロク**の訪れる日
まで幽閉されているのだという。

『聊斎志異』

【りょうさいしい】物

17世紀の清の文人、蒲松齢の文語体
怪異小説。一般に流布しているもので
も16巻445篇と膨大な量の短編が収
録されており、神仙、狐、鬼（幽霊）、
怪人物などを扱った話が多い。怪異と
人間の交流を巧みなユーモアと社会風
刺を交えて描いており、中国怪異小説
の傑作のひとつと位置付けられてい
る。日本にも早くから入ってきてお
り、明治時代には多くの翻案小説が書
かれた。

梁山泊

【りょうざんばく】地

中国山東省の梁山の麓にある沼沢。こ
の沼沢内の島に盗賊が砦を作ったとい
う故事があり、それをもとに作られた
小説『**水滸伝**』でも主人公たちの拠点
として描かれた。

リリス

【りりす】‡

リリトともいう。ユダヤ教、キリスト
教、イスラム教の伝承に登場する夜の
魔物。女の顔で長い髪と翼を持ち、妊
婦や新生児、若い男性を**襲う**とされ
る。18世紀まではヨーロッパ各地で
実際にリリス避けの護符や呪文が用い
られていた。ユダヤ教の伝承によれ
ば、かつては**アダム**の妻であったが、
男性優位の思想に嫌気がさして逃げ出
し、罰として子供たちを殺害されたこ
とを恨んで人間を襲うようになったの
だという。イスラム教の伝承では、悪
魔**シャイタン**の妻とされる。

リンドブルム

【りんどぶるむ】種

ドイツ、北欧などの伝承に登場する**ド
ラゴン**。コウモリのような翼と先端の
尖った尻尾を持つ。北欧には、たてが
みのある馬のような頭に燃える石炭の
ような眼、蛇の尾を持つ海蛇とする伝
承もある。稲妻や流星などは、リンド
ブルムが発する光と考えられた。勇猛
さの象徴として**紋章**などに盛んに用い
られている。

輪廻

【りんね】概

死んだ後**カルマ**に応じて**六道**の別の世
界に生まれ落ち、生と死を何度も繰り
返すこと。サンスクリット語ではサン
サーラといい、サンサーラは「流転」
とも訳される。仏教やヒンドゥー教で
は、悟りを開いてこの輪廻から外れる
解脱（モークシャ）を目指す。

参 ニルヴァーナ

り

リンボ

【りんぼ】地

キリスト教カトリックの教義において、有徳の異教徒や洗礼前に死んだ子供たちなどが行くとされる死者の国。地獄の片隅にあるこの地に来た死者たちは天国の至福を味わうことがない代わりに、地獄の苦しみとも無縁なのだという。

参 地獄、煉獄

ルイン

【るいん】概

英語で「遺跡、廃墟」または「破滅、没落、崩壊」の意味。

ルーグ

【るーぐ】キ

ルー、ルグとも呼ばれる。ケルト神話に登場するダーナ神族の光神。あらゆる技芸に通じ、様々な武器を操ることから「百芸に通じた（イルダーナフ）」、「長い腕の（ラムファダ）」などとも呼ばれる。**フォーモリア**族の王**バロール**の孫で、ダーナ神族の王として祖父の軍を破り勝利をもたらした。また、英雄**クーフーリン**の父であり、彼の戦いを陰から支えたとされる。

参 ゴリアス、フラガラッハ、ブリューナク、マナナーン・マクリル

ルーン

【るーん】概

1〜3世紀ごろから用いられていたとされる古代ゲルマン人の文字。先頭の6文字からフサルク、フソルクともいう。木片や石、骨などに刻みつけたため、基本的には直線と斜線で構成されている。本来は24文字であるが、イギリスでは28〜33文字、北欧では16文字と、現地の言葉の音韻に合わせて文字数は変化していった。多くの場合は碑文や呪文を書くために用いられていたが、後には私文書や詩なども書かれることもあったとされる。北欧神話においては、**オーディン**が首を吊り、自らに槍を指して瞑想することで発明したが、学術的には南欧の古代エトルリア文字と関係が深いと考えられている。創作の世界では現実のルーン文字ではなく、魔術的な文字全般をルーン文字と呼ぶこともある。

ルサールカ

【るさーるか】種

ロシアや東欧の伝承に登場する淡水に住む精霊、妖精。南部地域では白い薄絹をまとった金髪の美しい少女の姿と伝えられているが、北部地域では巨大な乳房を持つ緑色の髪の老婆と伝えられている。夏になると水地からあがり、森の中で歌い踊りながら過ごす。男性を誘惑して水中に引きずり込み命を奪うが、恋仲になり地上で結婚するものもいた。

ルシファー

【るしふぁー】キ

ルシフェル、ルチフェル、ルキフェル

ともいう。ユダヤ教、キリスト教の伝承に登場する**堕天使**。『イザヤ書』で痛烈に非難される堕落した王の呼び名「明けの明星」のラテン語訳「光をもたらすもの」に由来する名前で、ヘブライ語ではヘレス、ギリシア語ではヘオスポロスという。5世紀ごろには堕天使の名と考えられるようになり、**サタン**と同一視されるようになった。また、ユダヤ教の死の天使**サマエル**とも同一視されている。現在のカリスマ的イメージは、イタリアの詩人ダンテの『**神曲**』やイギリスの詩人ミルトンの『**失楽園**』によるところが大きい。

ルナ

【るな】[キ]

ローマ神話の古い月の女神。ギリシア神話の月の女神**セレネ**と同一視される。セレネが月の女神となった**アルテミス**の影に隠れたのと同様に、**ディアナ**の影に隠れ逸話はほとんど伝わっていない。

ルミナス

【るみなす】[概]

英語で「光を発する、輝く」の意味。

レイス

【れいす】[種]

スコットランドの伝承に登場する幽霊。いわゆる生き霊で、死の予兆として本人や親しい人々の前に現れるとされる。

霊媒

【れいばい】[職]

神々や精霊、死者の霊などを憑依（ひょうい）させ、彼らの意思を伝えることができるとされる人々。憑依は彼ら自身の能力、もしくは指導霊と呼ばれる存在の仲介によって行われるとされる。19世紀に心霊主義が流行した欧米諸国では、霊媒によるパフォーマンス的交霊術が人気を博した。しかし、多くの場合こうした霊媒はインチキであり、仮に彼らの能力が本物だったとしても呼ばれた神々や霊が「本物」なのか判別できないという危険を常に孕んでいた。言葉を伝えるだけでなく、物理的な現象を起こす霊媒もいたとされる。
[参] エクトプラズム

レイピア

【れいぴあ】[物]

16～17世紀ごろのヨーロッパの刀剣。スペインの上流階級用の刀剣「ローブで用いる剣」（エスパダ・ロペラ）から発展したもので、名前はフランス語の「刺突剣」（エペ・ラピエレ）に由来している。片手用の細身の両刃剣で、鍔（つば）や柄には様々な工夫、装飾が凝らされていた。戦場でも用いられていたが、宮廷でのファッションや決闘などに主眼が置かれ、専用の剣術も発展している。より洗練されたスモールソードが登場すると、次第にその地位を譲り渡していった。

れ

レーヴァテイン

【れーゔぁていん】物

北欧神話に登場する魔法の剣。名前は「傷つける魔の杖」という意味で、世界樹**ユグドラシル**と同一視される大樹ミーマメイズの頂上に棲む黄金の雄鶏**ヴィゾフニル**を殺すことのできる唯一の武器。**ムスペル**の長**スルト**の持ち物で、普段は彼の妻シンモラがレーギャルンと呼ばれる箱に9つの鍵をかけて保管していた。悪神**ロキ**が**ニブルヘイム**の門の前で**ルーン**文字を用いて鍛えたとされるが、それが彼らの手に渡った経緯についてはわかっていない。**ラグナロク**においてスルトが手にしていた炎の剣と同一視されることも多いが、それに反対する研究者もいる。

レガリア

【れがりあ】概

英語で「王権、王権の象徴」の意味。王権の象徴としてのレガリアは王冠や王笏、オーブなど。

レギオン

【れぎおん】概

古代ローマ帝国の軍制のうち、最も大きな集団の呼称。8人の内務班、80人の百人隊、百人隊6個の大隊があり、大隊が10個でレギオン（軍団）となる。『新約聖書』では、悪霊の集団の名称としても登場している。

レクイエム

【れくいえむ】概

英語で「鎮魂曲、死者のためのミサ」のこと。ラテン語の、死者の安息を祈る祈祷文の冒頭部に由来する。

『レゲンダ・アウレア』

【れげんだ・あうれあ】物

日本語では『黄金伝説』と訳される。キリスト教の**聖人**の伝記「レゲンダ」をまとめたもので、13世紀にジェノバ大司教ヤコブス・デ・ウォラギネによって編集された。原題は『レゲンダ・サンクトルム』で280章であったが、各国で写本され、翻訳される間に増補されていき、15世紀には「黄金」の名がつき、440章になるものもあった。聖ジョージのドラゴン退治など、中世的な伝説が多数収録されている。

参 **アスカロン**

レテ

【れて】地

ギリシア神話の冥界を流れる5つの川のひとつ。名前は「忘却」の意味で、その名の通りこの川の水を飲むことで全てを忘却できた。本来はこの川を渡る死者が飲むべきものだが、多くの死者は飲まなかったようである。

参 **コキュートス、ステュクス**

レビヤタン

【れびやたん】キ

→リバイアサン

レプラホーン

【れぷらほーん】😈

アイルランドの伝承に登場する妖精の靴屋。もっとも片方の靴しか修理しない。クルーラホーンをはじめ多くの別名を持つ。革の前掛けに赤いチョッキ、黒い留め金つきの靴、トンガリ帽子に髭を蓄えた老人、もしくは緑ずくめの姿で描かれる。運良く彼らを捕まえた場合、じっと目を離さずにいることが出来れば、音をあげて蓄えた財宝のありかを教えてくれるという。

レムリア

【れむりあ】🗺

マダガスカルから東南アジアにかけて、海を隔てて生息するキツネザルの分布を説明しようとしたイギリスの博物学者、スクレーターが提唱した仮想の大陸。しかし、近代オカルト思想で取りあげられたことにより、この大陸が持つ意味は変容する。**神智学会**のブラヴァツキー夫人によれば、この大陸は人類初期の第3民族と呼ばれる種族が活動した土地で、南半球を帯状に半周するほど広大であったという。しかし、火山活動により崩壊し、オーストラリアやマダガスカル、イースター島などだけが残ったとしている。もっとも、この説は現在プレートテクニクス理論の発展により完全に否定されてしまっている。

レメゲトン

【れめげとん】📦

『ソロモンの小さな鍵』、『小さな鍵』ともいう。ヨーロッパに流布した**魔術書**（グリモア）のひとつ。現在知られているもっとも古い版は17世紀初頭のものとされる。**ソロモン**の72柱の悪魔を扱う『**ゲーティア**』、方位の悪魔を扱う『テウギア・ゴエティカ』、黄道**12宮**と時間の天使を扱う『パウロの術』、蝋（ろう）人形などに四方の天使を宿す『アルマデル』の4部からなるが、本来は独立していた書物の抜粋、寄せ集めにすぎない。もっとも、その内容は同時期に流布した魔術書に比べ、遥かに優れたものだったとされる。

レラジェ

【れらじぇ】😈

オライ、レライエともいう。**イスラエル**の王**ソロモン**が封印、使役したと伝えられる72柱の悪魔の1柱で、30の軍団を率いる地獄の大侯爵。弓矢を持ち、緑色の服を着た狩人の姿で現れる。争いや戦争を活気づかせ、敵に癒えない矢傷を負わせる力を持つ。

レリック

【れりっく】📦

英語で遺跡や**聖遺物**のこと。複数形はレリクス。

錬金術

【れんきんじゅつ】概

アルケミーの訳語で、貴金属や不死の霊薬を作ることを目的とした技術のこと。アルケミーの名はアラビア語で「黒い大地（エジプト）の技」、や「技術」を意味する「アル・キミア」に由来するもので、エジプトやバビロニアの冶金術に始まり、ギリシア哲学やヘルメス思想の影響を受けながら、7～10世紀ごろのアラビアで成立したと考えられている。ヨーロッパには書物や修道士などを通じてもたらされ、14～15世紀に全盛期を迎えた。現代の目で見れば怪しげな疑似科学にすぎないが、その実験過程で生み出された器具や物質、それらの分類法などは、のちの科学の発展を多いに促すものだったといえる。

錬金術師

【れんきんじゅつし】職

錬金術の実験を行う人々のこと。パトロンを見つけることは難しく、多くは修道士や医者などほかの生業を持つ傍ら実験にいそしんでいた。彼らの目的は本来、自然を理解することや錬金術を通じての人格形成にあったとされているが、実際には金の作成や**不老不死**など現世利益を追求するものがほとんどだったとされている。

煉獄

【れんごく】地

キリスト教カトリックの教義において、罪の償いが終わっていない魂が行くとされる場所。浄罪界、プルガトリウム、プルガトリーともいう。ここに来た魂は浄化のための炎で苦しんでおり、彼らの苦痛を和らげるべく教会で祈ることは善行とされる。

参 地獄、リンボ

レンジャー

【れんじゃー】職

遊撃兵、特別攻撃兵などと訳される。もともとは第二次世界大戦中、ロバート・レンジャー少佐が率いた米陸軍の精鋭部隊のこと。現在では、森林の警備隊や特殊攻撃部隊などがレンジャーと呼ばれる。

煉丹術

【れんたんじゅつ】概

道教の目的のひとつである、**不老不死**になるための薬を研究した術。4世紀には葛洪が煉丹術の技術と理論を集大成した『**抱朴子**』を著し、その後唐代に隆盛を極めた。しかし、有毒の鉱物などを材料としていたため、煉丹術による薬を服用していた皇帝が早世するなどして、宋代には衰退した。

廉貞

【れんてい】物

道教の星の名前。北斗七星の柄の先か

ら3番目の星。西洋名はアリオト。

ロア

【ろあ】種

ミステールともいう。**ヴードゥー教**で信仰の対象となっている神々、精霊。その数は400柱程度とされているが、その実態は把握されていない。アフリカから奴隷として連れてこられた人々の故郷の神々であり、国ごとに分かれたグループがあったが、これらはやがてラダ群と呼ばれる一群に分類されるようになった。これに対して、植民地生活の中で生まれたロアたちもいて、こちらはペトロ群に分類されている。ラダ群のロアが蛇の姿で豊穣を司るダンバラーのように正の属性であるのに対し、ペトロ群のロアは死を司るバロン・サムディのように負の属性を持っているとされる。

ロイヤル

【ろいやる】概

英語で「王の、王家の」の意味。

ローゼンクロイツ

【ろーぜんくろいつ】王

正式にはクリスチャン・ローゼンクロイツという。17世紀ごろのドイツの秘密結社、**薔薇十字団**の始祖とされる魔術師。『友愛団の名声』によれば、14世紀末ごろのドイツ貴族で、東方で魔術を学び、帰国後は僧院を開いて弟子と共に慈善活動に励んだとされ

る。106歳で寿命を迎え、「永遠の灯り」で照らされた地下霊廟に多くの著作と共に埋葬された。17世紀に発見された際、その遺体は腐っておらず、100年後の復活を予言する紙を持っていたとされる。埋葬されたという著作にパラケルススのものがあることから、両者を同一視する研究者もいる。

ロード

【ろーど】概

英語で神や統治者、封建君主などのこと。また、高位の貴族や教会の主教、行政機関や裁判所の長官の尊称としても用いられる。「パンを守るもの」に由来するとされ、古くは家の主などの意味でも用いられた。

ロートス

【ろーとす】物

ギリシア神話に登場する魔法の果実。ロトパゴス人の主食で、オリーブのように甘い大粒の赤い果実とされる。ロトパゴス人は、この果実から酒も作った。英雄オデュッセウスの一行は、リビア沿岸に住む彼らのもとを訪れ、この果実を振る舞われる。しかし、口にしたものは全てを忘れ帰国を嫌がったため、無理矢理船に乗せ縛りつける羽目になった。蓮の実ともされる。

参 『オデュッセイア』

ろ

293

ローレライ

【ろーれらい】[キ]

ルアライ、ローレレイともいう。ドイツの伝承に登場する水の精霊。もともとは恋人の裏切りを嘆いてライン川に身を投げた女性とされる。難所の岩場に棲み、美しい歌声で船乗りを惑わせ座礁させた。**セイレーン**と同一視されることも多い。19世紀の詩人ハイネの詩で有名になったが、伝承のもとになった物語もごく新しいものとされる。

ロキ

【ろき】[キ]

北欧神話に登場する神の1柱。巨人族（ヨトゥン）のファールヴァウティとラウフェイの息子。本来は巨人族に属するが、**オーディン**と義兄弟となり神々の仲間に加えられた。容姿は美しいが、性格は気まぐれでひねくれ、奸智に長けている。しかし、調子に乗りすぎて自ら窮地に陥ることも多い。神々に厄介ごとをもたらす半面、様々な恩恵や宝物をもたらしてもいる。光神バルドル殺害から神々との仲は険悪になり、最終的に捕らえられ地下に幽閉された。妻シギュンが器で受けないと顔に毒蛇が毒を垂らすようにされており、その痛みで苦しむのが地震の原因とされている。**ラグナロク**においては巨人族の軍勢に加わり、神々の見張り番**ヘイムダル**と相打ちになるのだという。

[参]レーヴァティン

禄存

【ろくぞん】[物]

道教の星の名前。北斗七星の柄杓の先から3番目の星。西洋名はフェクダ。

六道

【ろくどう】[概]

仏教の概念で、生まれ変わりのサイクルである**輪廻**（りんね）から逃れられない命が生まれ巡る6つの世界。天道、人間道、阿修羅道、畜生道、餓鬼道、地獄道の6つ。天が最も苦しみが少なく、地獄が最も苦しみが多い。

[参]ニルヴァーナ

六芒星

【ろくぼうせい】[概]

上下が逆の2つの正三角形を組み合わせるとできる星形の図形。古来から洋の東西を問わず、魔術的な力を持つと考えられてきた。「ダビデの星」、もしくは「ダビデの盾」とも呼ばれる。ユダヤの象徴として扱われるようになるのは17世紀以降であり、比較的時代は浅い。ヨーロッパではしばしば魔術の記号として用いられており、日本でも「籠目模様」（かごめ）は魔除けの一種として扱われている。

[参]五芒星

ロザリオ

【ろざりお】[物]

キリスト教で祈りの際に用いられる珠を連ねた用具。ロザリオはポルトガル

語で、ラテン語ではロザリウム、英語ではロザリー。大きな珠5つと小さな珠を50個連ねてあり、十字架などがつけられることもある。もともとは主の祈りを1回、アヴェ・マリアを10回で1ターンとする祈りの名称で、その祈りの数を数えるために用いられていた用具だった。

ロスタム

【ろすたむ】王

ペルシア神話最大の英雄。白髪の**ザール**と蛇王**ザッハーク**の血を引くアラビアの王女ルーベーダの息子。胎児のころから巨大で、霊鳥**シームルグ**の助けを借りてようやく産まれた。男8人分の背丈と象の力、ラクダの素早さを誇り、愛馬ラクシュと共にイラン王家の守護者として700年にわたって世界中で奮戦する。しかし、実の息子を知らずに殺害するなど私生活は恵まれず、彼を憎む異母弟の計略で殺害された。

ロゼッタ・ストーン

【ろぜった・すとーん】物

1799年にエジプトのエル゠ラシード（ロゼッタ）の村で発見された聖刻文字（ヒエログリフ）、民衆文字（デモティック）、ギリシア文字の3種の文字が刻まれた黒色花崗岩（かこうがん）製の石板。内容はメンフィスで発布された法令で、紀元前2世紀の王プトレマイオス5世がもたらした恩恵について記述されている。複数の学者がヒエログリフ解読のための重要な手がかりである

と着目し、最終的にフランスのジャン゠フランソワ・シャンポリオンが解読した。これにより、古代エジプトに関する研究は飛躍的に発展した。

ロッド

【ろっど】物

英語でまっすぐな細い棒のこと。釣竿やアンテナなどの意味で用いられることが多いが、権威の象徴としての杖や鞭（むち）の意味でも用いられる。

参 ワンド

ロノウェ

【ろのうぇ】王

ロノベ、ロネヴェ、ロンウェともいう。**イスラエル**の王**ソロモン**が封印、使役したと伝えられる72柱の悪魔の1柱で、19の軍団を率いる地獄の侯爵、兼伯爵。怪物の姿で現れる。外国語や万人から好意を得る方法を教え、良い**使い魔**を与える力を持つ。

ロビン・フッド

【ろびん・ふっど】王

イギリスの伝説に登場する英雄。12～13世紀ごろのシャーウッドの森を根城にする義賊で、悪代官や悪徳**司教**を懲らしめ、奪った金を貧しい人々に施したとされる。民衆に人気の題材で、14世紀にはすでに様々な物語が作られていた。19世紀の『アイヴァンホー』では、国王リチャード1世に仕え、彼の弟ジョンの圧政に抵抗する

英雄として描かれている。実在の人物ではないが、モデルになったと思しき人物の記録は複数残されている。

ロンギヌス

【ろんぎぬす】 [キ]

キリスト教の教祖イエス・キリストが十字架刑に処せられたとき、槍でイエスの脇腹を刺したとされる人物。ローマ帝国の軍人で、百卒長だった。ロンギヌスはイエスの処刑時に起きた奇跡を目のあたりにしたことでキリスト教に改心し、キリスト教を広め、殉教者となった。『**レゲンダ・アウレア**』では、盲目であったが、イエスの血を浴びて視力を取り戻したとされる。ロンギヌスがイエスを刺した槍は「ロンギヌスの槍」「**聖槍**」として、後世様々な伝説の題材になった。

わ

ワーウルフ
【わーうるふ】種
→人狼

ワイト
【わいと】種
ウィヒトともいう。ヨーロッパの伝承に登場する邪悪な精霊、妖精。本来は「存在するもの」や「生き物」を意味するゲルマン語であったが、次第に超常的な存在の意味で用いられるようになった。

ワイバーン
【わいばーん】種
ヨーロッパの伝説、伝承に登場する**ドラゴン**。1対の翼と2本の脚、尖った尾を持ち、飛竜とも訳される。古くは「毒蛇」を意味する「ワイバー」と呼ばれていた。もっとも、「ワイバー」という名前が確認できるのは13世紀ごろからであり、**紋章**の図像として登場するのは17世紀以降のこととされる。なお、ワイバーンの名は15世紀ごろのイギリス北部ソックバーンの領主ジョン・コニャーズがワームと呼ばれる竜を退治した際に、その別名として用いられたのが古い例とされ、その記録も18世紀ごろのものである。

ワカ
【わか】物
南米で信仰されていた石像や建造物。神々が宿る場所と考えられていた。

脇差
【わきざし】物
日本の刀剣類。1尺（約30cm）以上、2尺（約60cm）未満のものをいう。腰の脇に差したことからこの名がある。江戸時代以降は武士の正装として**刀**と共に用いられたが、脇差だけであれば武士以外にも持つことが許されていた。

業物
【わざもの】概
名工の作とされる切れ味鋭い刀剣のこと。なお、江戸時代後期に流行した刀剣書では「業物位列」という試斬に基づく序列が定められており、上から最上大業物、大業物、良業物、業物、その他の5つに分類されていた。あくまで試斬に基づくので、古来名刀とされるものはあまり含まれていない。

綿津見国
【わたつみのくに】地
日本神話に登場する異界。海神ワタツミの治める国で、ワタツミノミヤと呼ばれる立派な門と垣根を持つ宮殿がある。ワタツミたちは陸地を上国と呼ぶことから海中にあると考えられ、ヤマサチヒコが訪れた際には竹籠の船で海中に潜る必要があった。魚たちは自由

わ

に活動しているが、浜辺があるなど水で満たされた空間ではない。

参 龍宮

ワルキューレ

【わるきゅーれ】種

ヴァルキュリャ、ヴァルキリー、ワルキュリア、戦乙女ともいう。北欧神話に登場する女神の一団。**オーディン**や女神**フレイヤ**に仕え、戦場で有望な戦士たちを守護し、彼らが戦死すると魂を神々のもとへ導く。オーディンが支配する**ヴァルハラ**では給仕役として**エインヘリアル**となった戦士たちをもてなした。その出身は様々で人間の王族や巨人族などからも選ばれたとされる。必ずしも神々に忠実ではなく、命令に逆らって罰せられるものもいた。天を駆ける馬や白鳥に変身できる羽衣を持っているとされ、羽衣を盗まれ人間の妻になる話も残されている。

ワルキュリア

【わるきゅりあ】種

→ワルキューレ

ワルプルギス

【わるぷるぎす】概

魔術や悪魔の害を払うと考えられていた8世紀のイギリスの聖人、聖ワルプルガのドイツでの呼び名。兄と共にドイツに渡り、修道院の尼僧として伝道活動に従事したとされる。870年5月1日、ドイツのアイヒシュテットに彼女の**聖遺物**がもたらされたことから、5月1日は彼女の祝祭日と定められた。その前日、4月30日は「ワルプルギスの夜」と呼ばれ、ドイツのブロッケン山に悪魔や**魔女**が集まり大規模な集会が行われるとされる。

参 サバト

ワンド

【わんど】物

英語で細長い棒、もしくは魔術師や占い師、手品師などが用いる魔法の杖のこと。権威の象徴としての杖の意味でも用いられる。

参 ロッド

※辞典で項目となっている用語は**アーヴァンク**のように太字で表記した。

310

な行

な

ま行

ま

322

や行

ら行

参考文献一覧

■ 世界の神話、宗教

『ラールス　世界の神々・神話百科』フェルナン・コント著／蔵持不三也訳　：原書房

『宗教学事典』星野英紀、池上良正、氣多雅子、島薗進、鶴岡賀雄編　：丸善

『図説世界の神話伝説怪物百科』テリー・ブレヴァートン著／日暮雅通訳　：原書房

『図説世界女神大全2』アン・ベアリング、ジュールズ・キャシュフォード著／藤原達也訳　：原書房

『世界の神話伝説図鑑』フィリップ・ウィルキンソン編／井辻朱美監修／大山晶訳　：原書房

『世界樹木神話』ジャック・ブロス著／藤井史郎ほか訳　：八坂書房

『世界宗教史1』ミルチア・エリアーデ著／中村恭子訳　：筑摩書房

『世界宗教大事典』平凡社

『世界宗教百科事典』世界宗教百科事典編集委員会編　：丸善出版

『世界宗教用語大事典』須藤隆仙著／新人物往来社

『世界神話事典』大林太良、伊藤清司、吉田敦彦、松村一男編　：角川書店

『世界神話辞典』アーサー・コッテル著／左近司祥子、宮元啓一、瀬戸井厚子、伊藤克巳、山口拓夢、左近司彩子訳　：柏書房

『世界神話伝説大事典』篠田知和基、丸山顕穂編　：勉誠出版

『主題別事典　世界の神話』マイケル・ジョーダン著／松浦俊輔他訳　：青土社

■ 北欧、ゲルマンの神話、伝承

『Heimskringla: or, The Lives of the Norse Kings』Snorri Sturluson　：Dover Publications

『Hervarar Saga ok Heidreks 』Gabriel Turville-Petre, Christopher Tolkien　：Viking Society for Northern Research

『THE POETIC EDDA』　：OXFORD WORLD'S CLASSICS

『アイスランドサガ』谷口幸男訳　：新潮社

『エッダ　古代北欧歌謡集』谷口幸男著　：新潮社

『エッダとサガ　北欧古典への案内』谷口幸男著　：新潮社

『ゲルマン神話　ニーベルンゲンからリルケまで…』吉村貞司著　：読売新聞社

『スカンジナビヤ伝承文学の研究』松下正雄著　：創文社

『デンマーク人の事績』サクソ・グラマティクス著／谷口幸男訳　：東海大学出版会

『ベーオウルフ』小川和彦訳　：武蔵野書房

『ルーン文字　古代ヨーロッパの魔術文字』ポール・ジョンソン著／藤田優里子訳　：創元社

『古代北欧の宗教と神話』フォルケ・ストレム著／菅原邦城訳　：人文書院

『広島大学文学部紀要43特輯号3』「スノリ「エッダ」「詩語法」訳注」谷口幸男著

『赤毛のエリク記　古代北欧サガ集』山室静著　：冬樹社

『大阪外国語大学学報41号』「ソリルの話　ヘジンとホグニのサガ」　菅原邦城訳

『中世イギリス英雄叙事詩　ベーオウルフ』忍足欣四郎訳　：岩波書店

『北欧とゲルマンの神話事典　伝承・民話・魔術』クロード・ルクトゥ著／篠田知和基監訳／広野和美、木村高子訳　：原書房

『北欧神話』菅原邦城著　：東京書籍

『北欧神話の神々と妖精たち』山室静著　：岩崎美術者

『北欧神話物語』K・クロスリイ・ホランド著／山室静、米原まり子訳　：青土社

『巫女の予言　エッダ詩校訂本』シーグルズル・ノルダル著／菅原邦城訳　：東海大学出版会

■ ケルト、アイルランドの神話、伝承

『CATH MAIGE TUIRED The Second Battle of Mag Tuired』Edited by Elizabeth A. Gray　：IRISH TEXTS SOCIETY

『Dictionary of Celtic Mythology』Edited by Peter Berresford Ellis ：ABC-CLIO

『アーサー王ロマンス』井村君江著 ：筑摩書房

『オシァン　ケルト民族の古歌』中村徳三郎訳 ：岩波書店

『ケルト事典』ベルンハルト・マイヤー著／鶴岡真弓監修／平島直一郎訳 ：創元社

『ケルト神話・伝説事典』ミランダ・J・グリーン著／井村君江監訳／渡辺充子、大橋篤子、北川佳奈訳 ：東京書籍

『ケルト神話と中世騎士物語 「他界」への旅と冒険』田中仁彦著 ：中央公論社

『トーイン クアルンゲの牛捕り』キアラン・カーソン著／栩木伸明訳 ：東京創元社

『ブリタニア列王史　アーサー王ロマンス原拠の書』ジェフリー・オヴ・モンマス著／瀬谷幸男訳 ：南雲堂フェニックス

『マビノギオン　中世ウェールズ幻想物語集』中野節子訳 ：JULA出版局

『神話伝説大系　第七巻　愛蘭篇』八住利雄編 ：近代社

『Truth In Fantasy58　アーサー王』佐藤俊之＆F.E.A.R.著 ：新紀元社

『アーサー王の死　中世文学集Ⅰ』T・マロリー著 ：筑摩書房

■ ギリシア、ローマの神話

『イーリアス　下』ホメーロス著／呉茂一訳 ：岩波書店

『イーリアス　上』ホメーロス著／呉茂一訳 ：岩波書店

『イーリアス　中』ホメーロス著／呉茂一訳 ：岩波書店

『オデュッセイア 下』ホメーロス著／呉茂一訳 ：岩波書店

『オデュッセイア 上』ホメーロス著／呉茂一訳 ：岩波書店

『ギリシア・ローマ神話事典』マイケル・グラント、ジョン・ヘイゼル著／西田実ほか訳 ：大修館書店

『ギリシア神話』フェリックス・ギラン著／中島健訳　青土社

『ギリシア神話』呉茂一著　新潮社

『ギリシア神話小事典』バーナード・エヴリスン著／小林稔訳　社会思想社

『ギリシア文明』フランソワ・シャムー著／桐村泰次訳 ：論創社

『ティマイオス／クリティアス』プラトン著／岸見一郎訳 ：白澤社

『ヘシオドス全作品』ヘシオドス著／中務哲郎訳 ：京都大学学術出版会

『ラルース　ギリシア・ローマ神話大事典』ジャン＝クロード・ベルフィオール著／金光仁三郎主幹／小井戸光彦ほか訳 ：大修館書店

『ローマ神話　西欧文化の源流から』丹羽隆子著 ：大修館書店

『ローマ神話』スチュアート・ペローン著／中島健訳 ：青土社

『古代ローマの庶民たち　歴史からこぼれ落ちた人々の生活』ロバート・クナップ著／西村昌洋監訳／増永理考、山下孝輔訳 ：白水社

『図説ギリシア・ローマ神話文化事典』ルネ・マルタン監修／松村一男訳 ：原書房

『変身物語 下』オウィディウス著／中村善也訳 ：岩波書店

『変身物語 上』オウィディウス著／中村善也訳 ：岩波書店

■ 古代オリエントの神話

『「知の再発見」双書43　メソポタミア文明』ジャン・ボッテロ、マリ＝ジョゼフ・ステーヴ著／高野優訳 ：創元社

『オリエント神話』ジョン・グレイ著／森雅子訳 ：青土社

『オリエント神話と聖書』S・H・フック著／吉田泰訳 ：山本書店

『ギルガメシュ叙事詩』月本昭男訳 ：岩波書店

『ギルガメシュ叙事詩』矢島文夫訳 ：筑摩書房

『メソポタミアの神像　偶像と神殿祭儀』松島英子著 ：角川書店

『古代オリエントの宗教』E・ドリオトン、G・コントノー、J・デュシェーヌ・ギュイュマン著／稲垣良典訳 ：ドン・ボスコ社
『古代オリエントの神々』増田精一著 ：弥呂久
『五〇〇〇年前の日常 シュメル人たちの物語』小林登志子著 ：新潮社
『図説メソポタミア文明』前川和也編著 ：河出書房新社
『世界最古の物語 バビロニア・ハッティ・カナアン』T・H・ガスター著／矢島文夫訳 ：社会思想社

■ エジプトの神話
『エジプトの神々』J・チェルニー著／吉成薫、吉成美登里訳 ：弥呂久
『古代エジプトの神々 その誕生と発展』三笠宮崇仁著 ：日本放送出版協会
『古代エジプト神々大百科』リチャード・H.ウィルキンソン著／内田杉彦訳 ：東洋書林
『図説エジプトの「死者の書」』村治笙子、片岸直美著／仁田三夫 写真 ：河出書房新社
『図説エジプトの神々事典』ステファヌ・ロッシーニ、リュト・シュマン=アンテルム著／矢島文夫、吉田春美訳 ：河出書房新社
『大英博物館古代エジプト百科事典』イアン・ショー、ポール・ニコルソン 著／内田杉彦訳 ：原書房

■ 古代ペルシアの神話、ゾロアスター教
『シリーズ世界の宗教 ゾロアスター教』P・R・ハーツ著／奥西俊介訳 ：青土社
『ゾロアスター教の悪魔払い』岡田明憲著 ：平河出版社
『ペルシア神話』ジョン・R・ヒネルズ著／井本英一、奥西俊介訳 ：青土社
『王書 古代ペルシャの神話・伝説』フェルドスィー著／岡田恵美子訳 ：岩波書店
『世界の神話5 ペルシア神話 光と闇のたたかい』岡田恵美子著 ：筑摩書房
『世界古典文学全集3 ヴェーダ アヴェスター』辻直四郎編 ：筑摩書房
『世界神話伝説体系4 ペルシアの神話伝説』村松武雄篇 ：名著普及会
『刀水歴史全書99 新ゾロアスター教史 古代中央アジアのアーリア人・中世ペルシアの神聖帝国・現代インドの神官財閥』青木健著 ：刀水書房

■ ユダヤ教、キリスト教、聖書学、ユダヤ教神秘学
『ゾーハル カバラーの聖典』エルンスト・ミュラー編訳／石丸昭二訳 ：法政大学出版局
『ユダヤの神話伝説』デイヴィッド・ゴールドスタイン著／秦剛平訳 ：青土社
『ユダヤ教の本 旧約聖書が告げるメシア登場の日』学研
『ユダヤ教小辞典』吉見崇一著 ：リトン
『ユダヤ神秘主義 その主潮流』ゲルショム・ショーレム著／山下肇、石丸昭二、井ノ川清、西脇征嘉訳 ：法政大学出版局
『ユダヤ神話・呪術・神秘思想事典』ジェフリー・W・デニス著／木村光二訳 ：柏書房
『神の世界史 ユダヤ教』小滝透著 ：河出書房新社
『総説カバラー ユダヤ神秘主義の真相と歴史』山本伸一著 ：原書房
『はじめての死海写本 (講談社現代新書)』土岐健治著 ：講談社
『ナグ・ハマディ文書I 救済神話』荒井献、小林稔、大貫隆訳 ：岩波書店
『フローベル全集4 聖アントワーヌの誘惑 三つの物語』フローベル著／渡辺一夫、平井照敏、山田九朗訳 ：筑摩書房
『七十人訳聖書入門』土岐健治著 ：教文館
『新約聖書外典』荒井献編／八木誠一、田川建三訳 ：講談社
『聖書 新共同訳』 ：日本聖書協会
『聖書外典偽典 第3巻 -旧約聖書偽典Ⅰ-』日本聖書学研究所訳 ：教文館

『聖書外典偽典　第4巻 -旧約聖書偽典Ⅱ-』日本聖書学研究所訳　：教文館
『中型聖書 旧約続編つき　新共同訳』 ：日本聖書協会
『Truth In Fantasy36 聖書人名録』草野巧著　：新紀元社
『聖書大事典』 ：新教出版社
http://www.hebrewoldtestament.com/
https://www.sacred-texts.com/bib/wb/index.htm

■ イスラム教、アラビアの伝説、物語
『イスラーム教を知る事典』渥美堅持著　：東京堂出版
『クルアーン　やさしい和訳』水谷周監訳著／杉本恭一郎訳補完　：国書刊行会
『新イスラム事典』日本イスラム協会、嶋田襄平、板垣雄三、佐藤次高監修　：平凡社
『聖クルアーン　日亜対訳・注解　改訂版』三田了一訳・注解　：日本ムスリム協会
『聖クルアーン』モハマッド・オウェース、小林淳訳／マグフール・アハマド・ムニーブ監修　：イスラム・インターナショナル・パブリケーションズ
『「千夜一夜物語」の謎を楽しむ本　あのアニメゲームがもっと楽しくなる!』グループSKIT編著　：PHP研究所
『アラビアン・ナイト99の謎　アリババとシンドバードの国への招待』矢島文夫著　：PHP研究所
『図説千夜一夜物語』A・J・ルスコーニ編／谷口 伊兵衛訳　：而立書房
『東洋文庫388　アラビアン・ナイト11』前嶋信次訳　：平凡社

■ インドの神話、仏教、密教
『図説チベット密教』田中公明著　：春秋社
『印度古代精神史』金倉円照著　：岩波書店
『図説曼荼羅大全　チベット仏教の神秘』マルティン・ブラウエン著／森雅秀訳　：東洋書林
『図説 インド神秘事典』伊藤武著　：講談社
『インド神話　マハーバーラタの神々』上村勝彦著　：筑摩書房
『インドの神々』斎藤昭俊著　：吉川弘文館
『ヒンドゥー神話の神々』立川武蔵著　：せりか書房
『インド神話入門』長谷川明著　：新潮社
『リグ・ヴェーダ讃歌』辻直四郎訳　：岩波書店
『原典訳マハーバーラタ』上村勝彦訳　：筑摩書房
『バガヴァット・ギーター』上村勝彦訳　：岩波書店
『東洋文庫628　完訳カーマ・スートラ』ヴァーツヤーヤナ著／岩本裕訳著　：平凡社
『総合仏教大辞典』法蔵館
『目で見る　仏教小百科』村越英裕、藤堂憶斗著　：鈴木出版
『気になる仏教語辞典』麻田弘潤著　：誠文堂新光社
『なるほど仏教400語』宮元啓一著　：春秋社
『Books　Esoterica第1号 密教の本』 ：学習研究社

■ 中国の神話、道教
『道教の神々 (講談社学術文庫)』窪徳忠著　：講談社
『道教の神々と祭り(あじあブックス58)』野口鐵郎、田中文雄編　：大修館書店
『東方選書26　古代中国人の不死幻想』吉川忠夫著　：東方書店
『道教と中国文化』葛兆光著／大形徹、戸崎哲彦、山本敏雄訳　：東方書店
『中国の鬼神』實吉達郎著　：新紀元社
『中国妖怪・鬼神図譜』相田洋著　：集広舎

『中国神話・伝説大事典』袁珂著／鈴木博訳　：大修館書店
『「知の再発見」双書150　道教の世界』ヴァンサン・ゴーセール、カロリーヌ・ジス著／松本
浩一監修／遠藤ゆかり訳　：創元社
『Books　Esoterica第4号 道教の本』　：学習研究社

■ 日本の神話、伝説、歴史
『Books　Esoterica第2号 神道の本』　：学習研究社
『わたしの家の宗教事典選書　日本の神々神徳・由来事典　神話と信仰にみる神祇・垂迹の姿』
三橋健編著　：学習研究社
『古事記』倉野憲司校注　：岩波書店
『国史大系　第7巻』経済雑誌社編 経済雑誌社
『新・日本伝説100選 (新100選シリーズ)』村松定孝著　：秋田書店
『神道事典』国学院大学日本文化研究所編　：弘文堂
『通俗日本全史　第2巻』早稲田大学編輯部編　：早稲田大学出版部
『日本「神話・伝説」総覧 (歴史読本特別増刊　事典シリーズ第16号)』新人物往来社
『日本の神々　神社と聖地　第9巻』谷川健一編／白水社
『日本の神様読み解き事典』川口謙二編著　：柏書房
『日本古代の神と霊』大江篤著　：臨川書店
『日本古典文学大系 第32　平家物語上』岩波書店
『日本古典文学大系　第67　日本書紀　上』岩波書店
『日本書紀1』坂本太郎、家永三郎、井上光貞、大野晋校注　：岩波書店
『歴史人物怪異談事典』朝里樹著　：幻冬舎
『完本忍秘伝』中島篤巳訳註　：国書刊行会
『完本万川集海』藤林保武著／中島篤巳訳註　：国書刊行会
『完訳からくり図彙　注解付き』細川半蔵著／村上和夫編訳　：並木書房
『宮本武蔵「五輪書」』宮本武蔵著／魚住孝至編　：角川学芸出版
『月之抄』柳生三厳著／今村嘉雄校註　：野島出版
『南総里見八犬伝 第1』曲亭馬琴著／小池藤五郎校　：岩波書店
『南総里見八犬伝 第2』曲亭馬琴著／小池藤五郎校　：岩波書店
『南総里見八犬伝 第3』曲亭馬琴著／小池藤五郎校　：岩波書店
『忍者の歴史』山田雄司著　：角川書店
『朝日カルチャーブックス71　日本陰陽道史話』村山修一著　：大阪書籍
『十二支読本』稲田義行著　創元社

■ マヤ・アステカ神話
『マヤ文明を知る辞典』青山和夫著　：東京堂出版
『マヤ神話　ポポル・ヴフ』A・レシーノス原訳／林家永吉訳　：中央公論新社
『Truth　In Fantasy69　マヤ・アステカの神々』土方美雄著　：新紀元社
『「知の再発見」双書07　マヤ文明』クロード・ボーデ、シドニー・ピカソ／落合一泰監修／
矢部敬一訳　：創元社
『図説アステカ文明』リチャード　F.タウンゼント著／増田義郎監修／武井摩利訳　：創元社
『マヤ・アステカの神話』アイリーン・ニコルソン著／松田幸雄訳　：青土社

■ その他の神話、宗教
『アフリカの神話的世界』山口昌男著　：岩波書店
『カレワラ　フィンランド叙事詩　下』リョンロット編／小泉保訳　：岩波書店
『カレワラ　フィンランド叙事詩　上』リョンロット編／小泉保訳　：岩波書店

『カレワラ物語　フィンランドの国民叙事詩』キルスティ・マキネン著／荒牧和子訳　：春風社
『ヴードゥー教の世界　ハイチの歴史と神々』立野淳也著　：吉夏社

■ 妖精、妖怪、モンスター
『100%ムックシリーズ 完全ガイドシリーズ290　日本の妖怪と幽霊完全ガイド　最恐保存版』
晋遊舎
『「魔」の世界』那谷敏郎著　：講談社
『ヴィジュアル版世界幻想動物百科』トニー・アラン著／上原ゆうこ訳　：原書房
『画図百鬼夜行全画集（角川ソフィア文庫）』鳥山石燕著　：角川書店
『怪談のウンチク101　大江戸オカルト事情の基礎知識』髙山宗東著　：学研パブリッシング
『怪物の事典』ジェフ・ロヴィン著／鶴田文訳　：青土社
『怪物の友：モンスター博物館 荒俣宏コレクション』荒俣宏著　：集英社
『鬼がつくった国・日本　歴史を動かしてきた「闇」の力とは』小松和彦、内藤正敏著　：光文
社
『吸血鬼の事典』マシュー・バンソン著／松田和也訳　：青土社
『吸血鬼伝承「生ける死体」の民俗学』平賀英一郎著　：中央公論新社
『驚異と怪異　想像界の生きものたち』国立民族学博物館編　：河出書房新社
『幻獣辞典』ホルヘ・ルイス・ボルヘス、マルガリータ・ゲレロ著／柳瀬尚紀訳　：晶文社
『Truth In Fantasy4 幻想世界の住人たち2』健部伸明著　：新紀元社
『幻想世界幻獣事典　モンスターの美麗イラスト500体収録!!』幻想世界を歩む会著／スタジオ
エクレア編　：笠倉出版社
『図説・日本未確認生物事典』笹間良彦著　：柏美術出版
『図説ヨーロッパから見た狼の文化史』ミシェル・パストゥロー著／蔵持不三也訳　：原書房
『図説ヨーロッパ怪物文化誌事典』藤持不三也監修／松平俊久著　：原書房
『図説日本の妖怪百科』宮本幸枝著　：学研プラス
『図説妖精百科事典』アンナ・フランクリン著／井辻朱美監訳　：東洋書林
『世界の「神獣・モンスター」がよくわかる本』東ゆみこ監修／造事務所編著　：PHP研究所
『世界の妖精・妖怪事典』キャロル・ローズ著／松村一男監訳　：原書房
『妖怪お化け雑学事典』千葉幹夫著　：講談社
『妖怪と精霊の事典』ローズマリー・E・グィリー著／松田幸夫訳　：青土社
『妖精キャラクター事典』中山星香著／井村君江監修　：新書館
『妖精学大全』井村君江著　：東京書籍
『妖精事典』キャサリン・ブリックス監修／平野敬一、井村君江、三宅忠明、吉田新一共訳　：
冨山房
『ドラゴンの教科書　神話と伝説と物語』ダグラス・ナイルズ著／高尾菜つこ訳　：河出書房新
社
『Fantasy World1　幻獣ドラゴン』苑崎透著　：新紀元社

■ 天使、悪魔、魔術、錬金術
『エピソード魔法の歴史　黒魔術と白魔術』ゲリー・ジェニングズ著／市場泰男訳　：社会思想
社
『記号・図説錬金術事典』大槻真一郎編著　：同学社
『高等魔術の教理と祭儀　教理篇』エリファス・レヴィ著／生田耕作訳　：人文書院
『高等魔術の教理と祭儀　祭儀篇』エリファス・レヴィ著／生田耕作訳　：人文書院
『黒い錬金術』種村季弘著　：白水社
『黒魔術の手帖』澁澤龍彦著　：河出書房新社
『図説近代魔術』吉村正和著　：河出書房新社

『図説錬金術』吉村正和著 ：河出書房新社
『世界で最も危険な書物―グリモワールの歴史』オーウェン・デイビーズ著／宇佐和通訳 ：柏書房
『世界の魔法・魔術事典』歴史雑学探究倶楽部編 ：学習研究社
『西洋の魔術書 ヨーロッパに伝わる"秘密の書"を全解読! 決定版』ヘイズ中村著 ：学研パブリッシング
『法の書』アレイスター・クロウリー著／島弘之、植村靖夫訳 ：国書刊行会
『魔術の復権 イタリア・ルネサンスの陰と陽』澤井繁男著 ：人文書院
『錬金術 宇宙論的生の哲学』澤井繁男著 ：講談社
『錬金術 秘密の「知」の実験室 (アルケミスト双書)』ガイ・オグルヴィ著／藤岡啓介訳 ：創元社
『錬金術 秘密の「知」の実験室』ガイ・オグルヴィ著／藤岡啓介訳 ：創元社
『錬金術とカバラ』ゲルショム・ショーレム著／徳永恂、波田節夫、春山清純、柴嵜雅子訳 ：作品社
『ヴィジュアル版 天使と悪魔の事典 神の御使いと闇の反逆者のすべてがわかる!!』ヘイズ中村著 ：学研パブリッシング
『悪魔の事典』フレッド・ゲティングズ著／大滝啓裕 ：青土社
『図説天使と精霊の事典』ローズマリ・エレン・グィリー著／大出健訳 ：原書房
『図説天使百科事典』ローズマリ・エレン・グィリー著／大出健訳 ：原書房
『地獄の事典』コラン・ド・プランシー著／床鍋剛彦訳／吉田八岑協力 ：講談社
『天使の博物誌』デイヴィッド・コノリー著／佐川和茂、佐川愛子訳 ：三交社
『刀水歴史全書87 魔女と魔女狩り』ヴォルフガング・ベーリンガー著／長谷川直子訳 ：刀水書房
『別冊宝島2409 「魔女」の世界史 初めて明かされる"魔女"の歴史と真実』黒川正剛監修 ：宝島社
『魔女と魔術の事典』ローズマリ・エレン・グィリー著／荒木正純、松田英監訳 ：原書房
http://www.esotericarchives.com/solomon/goetia.htm

■ オカルト、神秘学、その他

『H・P・ラヴクラフト大事典』S・T・ヨシ著／森瀬繚監修 ：エンターブレイン
『「超図解」竹内文書2』高坂和導著／徳間書店
『「超図解」竹内文書 地球3000億年の記憶』高坂和導編著／徳間書店
『オカルトの事典』フレッド・ゲティングズ著／松田幸雄訳 ：青土社
『幻影の偽書『竹内文献』と竹内巨麿 超国家主義の妖怪』藤原明著 ：河出書房新社
『失われたエイリアン「地底人」の謎』飛鳥昭雄、三神たける著 ：学研パブリッシング
『渋沢竜彦文学館1 ルネサンスの箱』澁澤龍彦著 ：筑摩書房
『神智学』ルドルフ・シュタイナー著／高橋巖訳 ：筑摩書房
『神秘オカルト小事典』B・W・マーチン／田中千代松監修／C&F、たま編集部訳 ：たま出版
『図説偽科学・珍学説読本』グレイム・ドナルド著／花田知恵訳 ：原書房
『図説世界霊界伝承事典』ピーター・ヘイニング著／阿部秀典訳 ：柏書房
『世界お守り・魔よけ文化図鑑 民族に受け継がれる神秘のパワー』シーラ・ペイン著／福井正子訳 ：柊風舎
『世界の王』ルネ・ゲノン著／田中義広訳 ：平河出版社
『世界の奇書・総解説 不思議を体験するめまいの読書百科 [1992]改訂版』自由国民社
『世界の猫の民話』日本民話の会、外国民話研究会編訳 ：三弥井書店
『世界を動かした「偽書(フェイク)」の歴史』中川右介著 ：ベストセラーズ

『世界神秘学事典』荒俣宏編　：平河出版社
『世界秘儀秘教事典』エルヴェ・マソン著／蔵持不三也訳　：原書房
『世界不思議百科』コリン・ウィルソン、ダモン・ウィルソン著／関口篤訳　：青土社
『猫のフォークロア：民俗・伝説・伝承文学の猫』キャサリン・M・ブリッグス著／アン・ヘリング訳　：誠文堂新光社

■ヨーロッパの歴史、文学、その他

『100語でわかる西欧中世』ネリー・ラベール、ベネディクト・セール著／高名康文訳　：白水社
『ガリヴァー旅行記』J・スウィフト作／坂井晴彦訳／C・E・ブロック画　：福音館書店
『ジャンヌ・ダルク』ジョゼフ・カルメット著／川俣晃自訳　：岩波書店
『スコットランド文化史事典』木村正俊、中尾正史編　：原書房
『トールキンハンドブック』コリン・ドゥーリエ著／田口孝夫訳　：東洋書林
『ドイツ伝説集 下』グリム兄弟著／桜沢正勝、鍛治哲郎訳　：人文書院
『ドイツ伝説集 上』グリム兄弟著／桜沢正勝、鍛治哲郎訳　：人文書院
『フィシオログス (Documenta historiae naturalium)』オットー・ゼール著／梶田昭訳　：博品社
『ロランの歌』有永弘人訳　：岩波書店
『ヨーロッパ異教史』プルーデンス・ジョーンズ、ナイジェル・ペニック著／山中朝晶訳　：東京書籍
『私のとっておき24　スコットランドタータンチェック紀行』奥田実紀著　：産業編集センター
『失われた地平線』ジェームズ・ヒルトン著／増ири正衛訳　：新潮社
『詳説世界史研究』木下康彦ほか編　：山川出版社
『図説ジャンヌ・ダルク』上田耕造著　：河出書房新社
『図説中世ヨーロッパの暮らし』河原温、堀越宏一著　：河出書房新社
『図説英国貴族の暮らし』田中亮三著　：河出書房新社
『世界史研究双書4　騎士団』橋口倫介著　：近藤出版社
『世界史事典 三訂版』：旺文社
『世界文学全集 [第2期] 第3巻 (古典篇 中世叙事詩篇)』河出書房編　：河出書房
『世界文学大系66　中世文学集2』：筑摩書房
『聖堂騎士団 (中公新書)』篠田雄次郎著　：中央公論社
『西洋の歴史基本用語集　近現代編』望田幸男編　：ミネルヴァ書房
『西洋の歴史基本用語集　古代・中世編』朝治啓三編　：ミネルヴァ書房
『中世紋章史』ゲオルク・シャイベルライター著／津山拓也訳　：八坂書房
『文明の誕生』C・レンフルー著／大貫良夫訳　：岩波書店
『世界史パノラマ・シリーズ 図解 ヨーロッパ中世文化史百科　上』ロバート・バートレット著／樺山紘一監訳　：原書房
『世界史パノラマ・シリーズ 図解 ヨーロッパ中世文化史百科　下』ロバート・バートレット著／樺山紘一監訳　：原書房

■武器、防具、軍事

『図解日本刀事典　刀・拵から刀工・名刀まで刀剣用語徹底網羅!!』歴史群像編集部編　：学習研究社
『世界の刀剣歴史図鑑』ハービー・J・S・ウィザーズ著／井上廣美訳　：原書房
『伝説の「武器・防具」がよくわかる本』佐藤俊之監修／造事務所編著　：PHP研究所
『Truth In Fantasy30 聖剣伝説』佐藤俊之、稲葉義明、F.E.A.R.著　：新紀元社
『Truth In Fantasy39 聖剣伝説2』佐藤俊之、稲葉義明、F.E.A.R.著　：新紀元社

『聖剣・魔剣　神話世界の武器大全』TEAS事務所著　：ホビージャパン

『知っておきたい伝説の武器・防具・刀剣』金光仁三郎著　西東社

『刀剣 (Hoikusha:quality books)』小笠原信夫著　：保育社

『刀剣 (カラーブックス 175)』小笠原信夫著　：保育社

『刀剣鑑定手帳』佐藤寛一著　：日本美術刀剣保存協会

『刀剣人物伝　図解』刀剣人物研究会編著　：カンゼン

『日本の刀剣　エピソードや見どころでわかる日本刀の入門書』：枻出版社

『日本刀鑑定必携 第2版』福永酔剣著　：雄山閣出版

『日本刀物語 (目の眼ハンドブック)』杉浦良幸著　：里文出版

『日本刀名工伝』福永酔剣著　：雄山閣出版

『武器　歴史、形、用法、威力』ダイヤグラム・グループ編／田島優、北村孝一訳　：マール社

『武器の歴史大鑑　A VISUAL HISTORY OF ARMS AND ARMOUR』リチャード・ホームズ編／五百旗頭真、山口昇日本語版監修／山崎正浩訳　：創元社

『武器甲冑図鑑』市川定春著　：新紀元社

『武将とその愛刀』佐藤寒山著　：新人物往来社

『柳川立花家の至宝　特別展図録』福岡県立美術館、御花史料館編　：福岡県立美術館

『戦いの世界史　一万年の軍人たち』ジョン・キーガン、リチャード・ホームズ、ジョン・ガウ著／大木毅監訳　：原書房

『ビジュアル版　中世ヨーロッパの戦い』フィリス・G・ジェスティス著／川野美也子訳　：東洋書林

『オスプレイ戦史シリーズ1　グラディエイター』ステファン・ウィズダム著／斉藤潤子訳　：新紀元社

■ その他

『「世界遺産」20年の旅』髙城千昭著　：河出書房新社

『「知の再発見」双書127　宝石の歴史』パトリック・ヴォワイヨ著／ヒコ・みづの監修／遠藤ゆかり訳　：創元社

『すごい物理学講義』カルロ・ロヴェッリ著／竹内薫監訳／栗原俊秀訳　：河出書房新社

『はじめて読む物理学の歴史　真理の頂を目指して』安孫子誠也、岡本拓司、小林昭三、田中一郎、夏目賢一、和田純夫著　：ベレ出版

『ディオスコリデスの薬物誌』ディオスコリデス著／鷲谷いづみ訳／小川鼎三ほか編　：エンタプライズ

『プリニウスの博物誌　縮刷版6　第34巻〜第37巻』プリニウス著／中野定雄、中野美代、中野里美訳　：雄山閣

『宝石』エルンスト・A・ハイニガー、ジャン・ハイニガー編／菱田安彦訳　：平凡社

『本草綱目 第21冊 (第34〜35巻)』李時珍撰、李建中図　：和古書・漢籍

『星の文化史事典[増補新版]』出雲晶子著　：白水社

『東洋秘教書大全』藤巻一保、岡田明憲著　：学研パブリッシング

■ 事典類

『広辞苑　第五版』岩波書店

『百科事典 マイペディア 電子辞書版』日立システムアンドサービス

『ブリタニカ国際大百科事典 小項目電子辞書版』ブリタニカ・ジャパン

『ジーニアス英和辞典 第3版』大修館書店

『ランダムハウス英和大辞典　第2版』小学館

『新英和大辞典』研究社

『ケンブリッジ英英和辞典』小学館

『ブルーワー英語故事成語大辞典』大修館書店
『羅和辞典』田中秀央編 ：研究社

■ Truth In Fantasy事典シリーズ（すべて新紀元社刊）
『武器事典』市川定春著
『幻想動物事典』草野巧著
『魔法事典』山北篤監修
『西洋神名事典』山北篤監修
『悪魔事典』山北篤、佐藤俊之監修
『魔導具事典』山北篤監修
『東洋神名事典』山北篤監修
『英雄事典』山北篤監修
『幻想地名事典』山北篤監修
『幻想図書事典』山北篤監修

■ F-Filesシリーズ（すべて新紀元社刊）
F-Files No.001 『図解 近代魔術』羽仁礼 著
F-Files No.004 『図解 錬金術』草野巧 著
F-Files No.007 『図解 近接武器』大波篤司 著
F-Files No.009 『図解 天国と地獄』草野巧 著
F-Files No.010 『図解 北欧神話』池上良太 著
F-Files No.019 『図解 西洋占星術』羽仁礼 著
F-Files No.027 『図解 悪魔学』草野巧 著
F-Files No.032 『図解 魔導書』草野巧 著
F-Files No.033 『図解 日本神話』山北篤 著
F-Files No.038 『図解 紋章』秦野啓 著
F-Files No.040 『図解 黒魔術』草野巧 著
F-Files No.044 『図解 ケルト神話』池上良太 著
F-Files No.048 『図解 魔術の歴史』草野巧 著
F-Files No.050 『図解 忍者』山北篤 著
F-Files No.051 『図解 旧約聖書』池上良太 著
F-Files No.054 『図解 中世の生活』池上良太 著

幻想用語辞典

2021年5月25日　初版発行

執筆　　　　　　池上良太
　　　　　　　　川口妙子
編集　　　　　　株式会社新紀元社編集部

デザイン・DTP　　株式会社明昌堂

発行者　　　　　福本皇祐
発行所　　　　　株式会社新紀元社
〒101-0054　　　東京都千代田区神田錦町1-7
　　　　　　　　錦町一丁目ビル2F
　　　　　　　　TEL：03-3219-0921
　　　　　　　　FAX：03-3219-0922
　　　　　　　　http://www.shinkigensha.co.jp/
　　　　　　　　郵便振替　00110-4-27618

印刷・製本　　　中央精版印刷株式会社

ISBN978-4-7753-1923-9
定価はカバーに表示してあります。
Printed in Japan